지도자론

지도자가 갖추어야 할 자질과 리더십

지도자론

지도자가 갖추어야 할 자질과 리더십

이진호 지음

이담 Books

가장 강력한 힘은 지식이 아니라 그것을 활용하는 능력이다. 그러므로 지식과 경험을 창조적으로 활용해야 한다. 능력은 고여 있는 물이 되어서는 안 된다. 끊임없이 양성되고 발전되어야 한다. 어떤 지식이든 지혜가 되려면 경험에 의한 확신과 예증이 필요하다. 자신이 다양한 지식을 갖고 있다는 것, 많이 안다는 것은 중요하지 않다. 사용하지 못하면 그것은 무용지물이다. 사용할 수 있는 지식을 습득하는 것이 무엇보다 우선이다. 수동적 경험은 유능해지는데 그다지 도움이 되지 않는다. 경험에 지식과 기술이 더해져야만 이것에서 교훈을 얻을 수 있다. 다른 사람의 경험을 통해 자신의 경험을 수정하고 완성하는 것이 중요하다. 어떤 기술이나 도구를 가졌더라도 능숙하게 사용할 수 없다면 못 가진 사람보다 나을 게 없다.

일은 대개 필요와 문제 인식에서 시작된다. 리더가 리더십을 발휘해야 할 때와 대상을 제대로 인식하지 못하면 자질이 부족한 것이다. 그러나 리더가 문제에 대한 인식 능력을 갖추고 있으면 리더십 역량을 인정받는 데 큰 어려움이 없다. 대개 일상적인 업무인 관리만 잘해도 리더십이 뛰어난 리더로 인정받을 수 있다. 그런데 너무나 많은 리더가 관리를 제대로 하지 못해 문제를 해결하는 것이 아니라 오히려 커지게 하고, 상당수는 잘못된 생각이나 욕심으로 문제를 만든다.

리더는 자신이 리더십을 발휘해야 할 대상이 무엇인지 구분하고 그것을 인식해 해결 방법을 찾아내고 실제 해결해 보일 때 리더십이 있는 것으로 평가받는다. 그러므로 뛰어난 리더십을 발휘하는 리더가 되기 위해서는 구성원과 소통하며 여론의 변화를 관찰하고 문제를 인지하기 위해 노력을 지속해야 한다. 리더의 문제 인식 능력이 뛰어나면 문제가 확대되기 전에 해결할 수 있으므로 구성원들은 평온한 삶을 살 수 있다. 그러나 문제해결 요구가 빗발치는데도 문제를 제대로 인식하지 못해 해결 능력을 발휘하지 못하면 리더십이 부족한 무능한 사람 취급을 당한다.

집단이나 사회조직 내에서 일은 지도자 혼자 하는 것이 아니다. 리더십도 리더 혼자만의 노력으로 이루어지는 것이 아니다. 지도자와 구성원이 함께하는 것이다. 그러므로 지도자가 좋은 리더십을 발휘하기 위해서는 지도자의 역량이 뛰어나고 구성원의 자질이 우수하고 협력해 열심히 노력할 수 있어야 한다. 양쪽 중 어느 한 쪽이 부실하거나 문제가 있으면 뛰어난 리더십은 발휘할 수 없다. 성공하는 집단, 성공하는 리더를 위해서는 리더와 뜻을 함께하고 행동하는 건전한 팔로어(Follower)가 필요하다.

성과가 좋지 않거나 일이 잘못되었을 때, 리더만을 비방하거나 리더에게 모든 책임을 지우는 경우가 종종 있다. 그렇지만 손뼉도 마주쳐야 소리가 난다. 리더 혼자만 뛰어난 실력을 갖추고 있거나, 홀로 고군분투한다고 해서 좋은 성과를 얻을 수 있는 것은 아니다. 리더의 미래상을 함께 바라보고 이를 뒤에서 적극적으로 지원하는 팔로어십이 필요하다. 어느 집단이나 리더와 함께하여 조직을 성공으로 이끄는 팔로어들이 있는가 하면, 리더의 노력을 헛되게 하여 조직과 리더를 실패의 나락에 빠뜨리는 팔로어도 있다.

어떤 일이든 목표를 달성하기 위해서는 구성원 모두가 적극적으로 동참하지 않으면 좋은 결과를 가져올 수 없다. 모두가 동참하기 위해서는 동기부여와 목표의식 등 여러 가지 요소가 필요하다. 그중에서 가장 핵심이 되는 것이 상호존중이다. 모든 인간관계 문제의 열쇠가 되는 것은 '상호존중'이다. 상호존중하는 체제에서 일은 그것을 행할 필요가 있기 때문에 행해지고 만족은 일을 함께하는 둘 또는 그 이상 사람들의 조화로부터 나온다. 그러므로 뛰어난 리더십을 발휘하는 지도자가 되고 싶다면 그 첫걸음은 구성원과 상대방을 존중하는 일에서 시작해야 한다. 자신이 존중받지 않는다고 생각하면 사람들은 비협조적인 태도를 보인다. 그동안 개혁이 실패로 돌아가고 좋은 리더십을 발휘하지 못한 사람들의 공통점은 구성원들을 존중하지 않았다는 것이다. 구성원들이 지도자의 진정성을 의심하고 지도자가 구성원의 적극적인 협조와 동참을 유도하지 못하면 모든 일은 실패하기 마련이다. 집단이나 사회조직이 최고가 되고 최고의 실적을 낸다는 것은 전체적인 평균이 최고가 되어야 한다는 것을 의미한다. 그러므로 구성원이 최고가 되지 않으면 안 된다. 구성원 개개인이 최고 수준에 도달할 때 집단이나 단체도 자연히 최고 실적을 낼 수 있다. 유능한 지도자가 갖춘 탁월한 능력 덕분에 최고 실적을 내는 것은 우연히 한 번은 가능하다. 하지만 지속적으로 최고 실적을 내는 것은 전체 구성원이 최고가 되는 길밖에 없다. 이를 위해서는 구성원 스스로 노력도 해야 하지만 지도자는 구성원들이 능동적으로 일할 수 있도록 지원하며, 잠재력을 개발하고 성장할 기회를 제공해야 한다. 구성원 육성에 대하여 지도자는 자신이 조직을 떠난 후에도 조직은 존재하고 지속적으로 높은 성과를 낼 수 있게 하겠다는 사명감이 있어야 한다.

지도자는 당연히 리더십 발휘 대상과 리더십을 발휘할 때를 알아야 한다. 그런데 의외로 많은 지도자가 리더십에 대한 개념도 부족하고 리더십을 발휘해야 할 때와 그 대상도 제대로 모른다. 이런 사람들이 지도자와 정치가라며 높은 자리를 꿰차고 앉아 이념이나 세력 대결을 일삼는 나날을 보내며 권력 획득과 유지에만 급급한 모습을 보인다. 정작 리더십이 필요한 때조차 개인의 탐욕을 즐기는 엉뚱한 짓을 하다가 사회적 관심사가 되는 대형 사건이나 사고가 터지면 실무책임자들에게 화를 내는 모습을 어렵지 않게 볼 수 있다. 나는 ≪한국사회 대립과 갈등 진단(상)(하)≫, ≪부정부패 원인과 대책≫, ≪한국 공교육 위기 실체와 해법(상)(하)≫, ≪독도 영유권 분쟁 과거 현재 그리고 미래≫등 일련의 저술 작업을 진행하면서 오늘날 한국사회에 나타나는 이러한 여러 가지 문제점의 원인이 지도자의 리더십 부족 때문이라는 것을 알게 되었다. 또한 구성원들도 리더십을 잘 알아야 함에도 일부 국민은 자신들은 이질적인 존재나 이방인인 것처럼 멋대로 행동하며 뚜렷한 근거나 대안도 없이 지도자에 대한 일방적인 비판과 비방, 억지를 일삼는 모습을 자주 보아 왔다.

세상에는 헤아리기 어려울 정도의 많은 리더십 모형과 이론이 있다. 이 말은 역설적이게도 누구나 공감할 수 있는 리더십 정의가 없고 틀도 아직 갖추어지지 않았다는 것을 의미한다. 이것은 우리나라에만 해당하는 문제가 아니다. 나는 그동안 많은 리더십 정의를 보았지만 쉽게 이해되지 않았다. 그래서 7년 동안의 정치사회문제 분석과 연구를 통해 누구나 쉽게 이해할 수 있도록 리더십 모형을 정립하여 정의하고 지도자가 갖추어야 할 요건과 자질 그리고 리더십을 발휘하기 위해 어떤 도구는 사용하고 어떤 도구는 사용하지 않아야 하는지 구분하여 참고하도록 정리했다. 이 책을 나의 사랑하는 아들과 딸 그리고 이 땅의 젊은이에게 바친다. 그들이 살아갈 밝은 세상을 만드는 데 도움이 되었으면 하는 바람이다.

2011년 10월 15일
이진호

:: 목 차

:: 표 · 그림 목차

제1장

리더십에 대해 갖는
의문과 이해 제고

제1절 지도자와 리더십에 대해 갖는 의문

1. 리더는 왜 필요한가

리더십[1](leadership, 지도력)에 접근하기 위해 가지는 첫 번째 의문은 '리더[2](leader, 지도자)는 왜 필요한가'라는 것이다. 지도자가 필요한 핵심적인 이유는 삶이 생각대로 안 되고 인간관계가 어그러져 괴리감이 생기고 문제가 발생하기 때문이다. 필요(必要)는 반드시 요구되는 바가 있음, 문제(問題)는 해결하기 어렵거나 난처한 대상 또는 그런 일을 말한다. 만약 세상을 살아가면서 모든 것이 생각대로 되고 인간관계가 원만하게 이루어져 문제가 발생하지 않는다면 해결할 것도 없으므로 지도자를 두어야 할 이유도 없다.

우리는 여기서 또 다른 몇 가지 의문을 가진다. 첫째는 삶이 생각대로 되지 않는 이유는 무엇인가? 그것은 자연자원과 재화의 편중 및 한정된 양, 인간이 가진 육체적·정신적 능력의 한계성 때문이다. 필요한 재화가 충분해 모두에게 골고루 분배되고 인간이 갖춘 능력이 무한하면 문제가 될 것이 없다. 문제가 생기면 바로 해결하면 되기 때문에 문제라는 개념도 필요 없다. 둘째는 어그러짐은 왜 생기는 것인가? '어그러지다'라는 말은 잘 맞물려 있는 물체가 틀어져서 맞지 아니하다. 지내는 사이가 나빠지다. 계획이나 예상 따위가 빗나가거나 달라져 이루어지지 아니하다는 뜻이다. 인간관계가 어그러져 맞지 않으면 지내는 사이가 나쁘게 된다. 사이가 나쁘면 대립하고 갈등이 생기며 의사소통이 제대로 되지 않기 때문에 괴리감을 느낀다. 괴리감(乖離感)은 서로 어그러져 동떨어진 느낌을 뜻한다. '서로 어그러져 동떨어짐'의 뜻인 괴리(乖離)와 '느낌'의 뜻인 감(感)의 합성어이다. 인간관계에서 어그러짐이 나타나는 것은 각자 타고난 본능적 욕구와 재능에 차이가 나고 추구하는 이상과 마음이 다르기 때문이다. 따라서 개인의 생각과 행동, 지향하는 삶도 다를 수밖에 없다. 집단이나 사회 속에서 어그러짐으로 각자가 발휘하는 힘이 분산되려는 것을 잘 맞추어 단합된 힘을 발휘하고 공동의 발전을 모색하기 위해 리더십이 필요한 것이다. 인간관계에서 괴리감이 생기지 않고 모두 잘 맞으면 리더십의 가치는 작아진다. 셋째는 문제가 왜 생기는가? 문제가 생기는 원인은 크게 보면 인간의 욕심·본능·재능의 차이, 인간의 불완전성, 자연의 이치 때문이다. 사람은 각자 본능과 재능에 차이가 있고 욕심에 의해 더 많은 것, 더 좋은 것을 끊임없이 갖고 싶어 한다. 그리

---

1) 리더십(leadership)은 지휘자로서의 지위·임무 또는 통솔력. 지도력.
2) 리더(leader)는 전체를 이끌어 가는 위치에 있는 사람. 지도자.

고 인간은 불완전한 존재이므로 갈등이나 모순이 발생하지 않는 질서 부여 방법을 만들 수 없다. 끊임없이 세상에 질서를 부여하고 이해관계를 조정하고 갈등이나 모순을 제거하기 위해 법규와 제도를 만든다. 하지만 아무리 법규와 제도를 잘 만들려고 하여도 상충(相衝)하는 부분이 있어 문제가 생긴다. 사계절과 같은 자연의 변화나 물의 운동과 같은 물질순환, 먹이사슬의 불균형, 이상기후 현상 등 자연의 이치에 의해 어느 해는 먹을거리가 많이 생산되고 어느 해는 적게 생산된다. 풍수해를 입거나 세균이 번성하여 질병이 확산하는 등 자연의 이치에 따른 환경 변화도 문제를 만든다. 각자 타고난 본능적 욕구와 재능에 차이가 나고 마음이 다른 것도 자연의 이치 때문이다. 살아 있는 인간에게는 어떤 형태로든 항상 문제가 생긴다. 넷째는 '목표는 문제가 아니지 않느냐'라는 것이다. 아니다. 목표 달성은 집단과 사회 발전을 통해 구성원의 삶의 질을 향상하기 위해 인위적으로 설정한 일로 문제에 포함된다.

2. 리더의 역할은 무엇인가

역할(役割)은 자기가 마땅히 하여야 할 맡은 바 직책이나 임무이고, 발휘(發揮)는 재능, 능력 따위를 떨치어 나타냄을 뜻한다. 집단이나 사회조직 내에서 리더의 역할은 무엇인가? 리더십 발휘를 통해 미래상(vision)을 제시하고 그것을 달성하기 위해 구성원을 선도하며, 문제를 해결하여 인간 존엄성을 실현하고 삶의 질을 향상하는 등 리더십 발휘 목표 달성에 있다. 이를 위해 지도자는 집단이나 사회 조직의 유지관리, 성장 기반 마련, 변화 선도, 점진적이고 지속적인 성장을 통한 발전을 추구해야 한다. 인간 존엄성을 실현하고 삶의 질을 향상하기 위해서는 일을 해야 한다. 집단이나 사회에서 창출하는 결과는 합력에 의해 이루어진다. 그러므로 리더(leader)는 자신은 물론 구성원들로 하여금 열심히 일하게 하여 당면한 문제를 해결하고 한계를 극복하며 주어진 목표를 효과적으로 달성하는 능력을 발휘해야 한다.

3. 리더가 갖추어야 할 요건은 무엇인가

리더가 제 역할을 하기 위해 갖추어야 할 요건은 무엇인가? 그것은 리더십이다. 리더십을 발휘하여 문제를 해결하고 좋은 결과를 창출해야 한다. 그래야 집단이나 사회를 발전시키고 구성원들의 존엄성 실현과 삶의 질을 향상할 수 있다. 리더십은 그것을 가졌다는 것만으로는 의미가 없다. 적용을 통해 문제를 해결하고 좋은 결과를 창출할 때 가치가 생성된다. 리더가 제 역할을 하기 위해서는 리더십 발휘를 통해 구성원이 당면하거나 요구하는 문제를 해결하고 결과를 창출해 존엄성을 실현하고 삶의 질을 향상할 수 있어야 한다.

리더십을 잘못 이해하는 사람들은 권력과 권한이 리더십 발휘의 전제 조건인 것처럼 생각하는 경향이 있다. 권력과 권한이 리더십을 발휘하기 위한 중요한 요소이기는 하지만, 전제 조건은 아니다. 같은 권력과 권한을 가져도 발휘하는 리더십 역량은 각자 다르다. 작은 권력과 권한을 갖고도 뛰어난 리더십을 발휘하는 사람도 있고, 큰 권력과 권한을 갖고도 별 볼 일 없는 리더십을 발휘하는 사람도 많다. 그리고 뛰어난 능력을 갖춘 사람들은 성과를 창출하고 구성원의 신뢰를 구축함으로써 스스로 권력과 권한을 확대해 나갈 수 있다. 그러므로 리더가 관심을 두어야 할 것은 리더십 역량 제고이지, 권력과 권한의 크기나 확대가 아니다.

4. 리더십은 무엇인가

리더십은 인간이 살아가고 일을 하는 과정에서 나타나는 제반 문제를 해결하고 성과를 창출해 집단이나 사회를 유지, 발전시키고 구성원의 권익 신장과 복리 증진을 통해 인간 존엄성[3]을 실현하고 삶의 질을 향상하기 위해 리더가 갖추어야 할 자질과 마음가짐이다. 즉, 리더십을 발휘해야 하는 목적은 인간 존엄성 실현과 삶의 질 향상에 있다. 자질(資質)은 어떤 분야의 일에 대한 능력이나 실력의 정도, 마음가짐은 마음을 쓰는 태도 또는 마음의 자세, 일은 무엇을 이루거나 적절한 대가를 받기 위하여 어떤 장소에서 일정한 시간 동안 몸을 움직이거

---

3) 인간 존엄성은 인간의 존재는 그 자체로 가치 있는 것이므로 함부로 해서는 안 되며 인종, 종교, 국적, 성별에 관계없이 인간으로서 존중받아야 한다는 것이다. 인간 존엄성 실현을 위해서는 자유, 평등, 박애가 바탕이 되어야 한다. 자유(自由)는 남에게 구속을 받거나 무엇에 얽매이지 않고 자기 마음대로 행동함, 법률의 범위 안에서 자기 마음대로 하는 행위, 평등(平等)은 권리·의무·자격 등이 모든 사람에게 차별 없이 똑같음, 박애(博愛)는 모든 사람을 차별 없이 사랑함, 사랑은 아끼고 위하는 따뜻한 마음, 동정하여 친절히 대하고 너그럽게 베푸는 마음, 육정적·감각적이 아닌 동정·긍휼(矜恤)·구원·행복의 실현을 지향하는 정념, 존엄(尊嚴)은 인물이나 지위 따위가 감히 범할 수 없을 정도로 높고 엄숙함, 존엄성(尊嚴性)은 감히 범할 수 없는 높고 엄숙한 성질이다.
   인간의 존엄성은 상호 존중하고 배려하는 데서 나온다. 이타적이며 상호 호혜로써 이루어진다. 사람을 죽이고, 때리고, 욕하고, 차별하고, 괴롭히고, 착취하고, 속일 때는 인간 존엄성이 실현될 수 없다. 정의, 법, 윤리, 도덕은 인간의 존엄성 실현을 위한 것이다. 인간 존엄성은 '나'라는 존재가 존중받고 싶으니, 남 또한 그렇게 함으로써 나도 존중받고자 하는 것이다. 이것은 경제적인 문제해결 없이는 어려우므로 존재의 영속을 위한 것이기도 하다. 즉, 다시 말하자면 인간의 존엄성은 평등하고 자유로운 사회 속에서 모든 사람을 차별 없이 사랑하며 기본적인 의식주 문제를 해결하고 인간으로 존중받으면서 살고자 하는 최소한의 권리라고 할 수 있다.

나 머리를 쓰는 활동 또는 그 활동의 대상, 어떤 계획과 의도에 따라 이루려고 하는 대상, 어떤 내용을 가진 상황이나 장면, 해결하거나 처리해야 할 문제 또는 처리하여야 할 행사이고, 활동(活動)은 몸을 움직여 행동함, 어떤 일의 성과를 거두기 위하여 힘씀, 동물이나 식물이 생명 현상을 유지하기 위하여 행동이나 작용을 활발히 함 또는 그런 일이다.

이제까지 수많은 리더십 연구자들이 리더십을 정의할 때 주로 능력이나 힘으로 접근했다. 능력(能力)은 일을 감당해 내는 힘, 힘은 일을 하는 능력, 영향력(影響力)은 영향을 미치는 힘이다. 영향(影響)은 한 가지 사물로 말미암아 다른 사물에 미치는 결과를 말하는데, 힘 중에서도 영향력으로 생각하거나 분석한 사람들이 많았다. 이것은 틀린 것은 아니지만, 그 한계를 노출할 수밖에 없었다. 일부 마음가짐에 대해 언급한 사람들도 있었다. 그러나 능력이나 힘을 마음가짐과 분리하여 취급하고, 그 기준이나 내용이 모호하고 빈약한 것이 문제였다. '리더는 구성원들보다 더 높은 도덕성이 요구된다'는 말이 널리 통용되는 정도였다.

이러한 요구는 지나치게 추상적이어서 그동안 상당수 지도자가 어떤 마음가짐을 가져야 하는지 제대로 몰랐다. 알았더라도 여론의 비판을 피해 갈 수만 있다면 별로 문제가 되지 않는 것으로 생각했다. 그러므로 한편으로는 도덕적인 행위와 비도덕적인 행위를 넘나들면서 권력 유지에 힘쓰고 공적을 쌓으면서, 다른 한편으로는 비도덕적인 행위를 숨기기에 급급한 사람이 많았다. 이런 사람들이 발휘하는 리더십이 그동안 많은 물의를 일으킴으로써 비도덕적인 행위나 비도덕적인 행위와 도덕적 행위를 넘나드는 행동을 통해 발휘되는 리더십에 대해 사람들로 하여금 능력과 힘이 어떻게 사용되는 것이 올바른 것인가 하는 점에 대한 정당성과 합리성에 의문을 제기하게 했지만, 누구도 이렇다 할 답을 내놓지 못했다.

리더십은 활동과 일을 전제로 하므로 능력이나 실력이 있어야 한다. 하지만 인간의 행위는 정신과 육체가 하나가 되어 일하고 삶을 살아간다. 따라서 어떤 정신이나 마음 자세를 갖고 일하느냐에 따라 결과가 현저하게 달라진다. 우리는 일을 해 좋은 성적을 얻고, 실적을 올렸다고 항상 리더십이 뛰어나다고 말하지 않는다. 개인적인 욕구 충족과 입신출세, 권력에 대한 탐욕을 실현하기 위해 국민을 들러리로 세우고 민주화나 도탄에 빠진 민중을 구한다는 허울 좋은 명분을 내세워 권력투쟁을 하고 권력 쟁취에 이용하는 사례도 적지 않았다. 진정한 리더십은 결과뿐만 아니라 실적을 만드는 과정과 방법에 대해 구성원들이 공감할 수 있어야 한다. 구성원의 공감은 올바른 마음가짐으로 일하고 능력을 발휘했을 때 그 결과를 인정하는 것으로 나타난다. 그러므로 제대로 된 리더십을 발휘하기 위해서는 뛰어난 능력과 올바른 마음가짐을 갖추어야 한다.

5. 리더십 발휘에서 기회 생성, 왜 중요한가

발휘(發揮)는 재능이나 능력 따위를 충분히 밖으로 드러냄, 기회(機會)는 어떤 일을 해 나아가는 데 가장 알맞은 시기나 경우, 생성(生成)은 사물이 생겨남 또는 생겨 이루어지게 함이다. 개인이 공감받을 수 있는 리더십을 갖추는 데는 장시간이 소요된다. 그러나 어느 집단이나 사회조직 할 것 없이 어렵게 갖춘 지도력도 소수의 몇 사람만 발휘할 수 있을 뿐이다. 위로 올라갈수록 자리 숫자가 적어지므로 기회는 제한된 사람들에게만 주어진다. 개인이 아무리 뛰어난 능력을 갖추어도 기회가 주어지지 않으면 리더십을 발휘할 수 없다.

기회는 타인이 제공할 수도 있지만, 가장 좋은 기회는 스스로 자신에게 제공하는 것이다. 이미 인간의 활동이 가능한 세계 모든 영역이 국가로 구분된 현대 사회에서 모든 개인에게는 국가구성원으로 최고 지도자가 될 수 있는 일차적인 기회가 주어져 있다. 하지만 이 일차적인 기회는 국가 내의 인종이나 민족, 이념, 종교, 학벌, 지연, 혈연 중심의 집단이기주의 등 여러 가지 요소에 의해 제약을 받는다. 이러한 제약을 극복하기 위해서는 국가 내에 존재하는 사회단체 활동이나 취업 후 직업을 통한 경력 증가 등을 통하여 스스로 기회를 만들고 장애를 극복해야 한다.

오늘날 리더십 발휘의 생성 기회는 주로 3단계로 이루어진다. 1단계는 공교육 기관을 통한 지식 함양과 학맥 구축이다. 지도자가 리더십을 발휘하는 데는 여러 가지 요소가 작용하지만, 지식과 인간관계는 필수다. 인간 삶에 필요한 기초지식 축적과 사회활동을 하기 위한 인간관계는 공교육을 통하여 형성된다. 특히 학맥이 중요한 역할을 한다. 2단계는 직업인으로서 집단이나 사회조직 편입과 활동이다. 사회에 대해 경험을 하고 실제 리더십을 함양하면서 일을 통하여 연마하는 과정은 주로 조직 내의 사회활동을 통해 이루어진다. 이러한 일련의 과정을 통하여 지식을 더욱 발전시키고 다양한 경험을 축적하며 인간관계 확장을 통하여 일을 감당할 수 있는 능력이 배양된다. 3단계는 지도자 진입이다. 자신이 가진 리더십을 발휘하는 지도자가 되려면 기회를 잘 엿보아야 한다. 기회는 누가 가져다주는 것보다는 스스로 준비하고 자연스럽게 찾아오는 것이 가장 바람직하다. 위로 올라갈수록 경쟁이 치열하므로 스스로 나서 자신이 리더가 되고 싶다고 하면 견제와 질시(嫉視)를 받기 쉽고 때로는 반대자나 반대 세력을 형성하게 할 수 있다. 그렇다고 나서야 할 때 나서지 않아 기회를 잃는 것은 안타까운 일이다.

지도자가 되고자 하는 사람에게 자신을 자연스럽게 드러내는 방법은 아주 중요하다. 가장 대표적인 것 두 가지를 예로 들면 다음과 같다. 첫째는 지도자가 되려고 하는 사람은 주위 사람들이 자신을 지도자로 추대할 기회를 제공해야 한다. 이러한 방법은 지지자를 만들고, 그

지지자들로 하여금 자신을 추대하게 하는 자연스러운 흐름을 만드는 일이다. 중요한 시기에 자신의 의중을 가까운 사람들이 언급하고 자신은 지지자들의 요구를 거절할 수 없어 결단을 내리고 행동에 나선다는 모양을 갖출 수 있다. 대의명분을 내세우는 데도 아주 유리하다. 둘째는 드러난 사회적인 문제와 사건, 쟁점에 대해 해결 능력을 발휘하여 타인이 지도자로 인정하게 하는 방법이다. 이러한 방법들은 지지자가 리더십을 발휘하는 협력자나 중심세력이 될 수 있으므로 일을 하는 데 큰 도움이 된다.

인간관계를 잘하더라도 능력이 부족하거나 능력은 뛰어난데 인간관계를 잘못하면 지도자가 되기 어렵다. 지도자에게 요구되는 능력배양과 인간관계 활성화는 평상시에 이루어져야 한다. 기회가 왔을 때는 도전하여 성취해야지, 그때부터 준비하는 것은 늦다.

6. 리더십, 발휘해야 할 때와 대상은 무엇인가

리더십을 발휘하기 위해 지도자는 당연히 리더십 발휘 대상과 리더십을 발휘할 때를 알아야 한다. 그런데 많은 지도자가 리더십을 발휘해야 할 때와 그 대상을 제대로 모른다. 그래서 정작 리더십이 필요한 때조차 개인의 탐욕을 즐기는 엉뚱한 짓을 하는 것을 어렵지 않게 볼 수 있다. 리더가 리더십을 발휘해야 할 때와 대상은 상황에 따라 다르다. 구성원의 요구와 리더의 인식에 따라 두 가지가 일치하는 것도 있고 일치하지 않는 것도 있다.

리더가 리더십을 발휘해야 할 때와 내용은 크게 보면 3가지이다. 첫째는 관리 부실에 따른 사건이나 사고 발생이다. 사건이나 사고는 자연적인 이치 변화에 따라 우연하게 일어나는 자연재해와 질병 확산 등도 있다. 하지만 이러한 것들도 현대 국가들은 사전에 대응할 수 있는 과학 기술적 체계를 어느 정도 갖추고 있기 때문에 사회적 관심사가 되는 사건과 사고가 발생한다는 것은 감독기관의 관리 부실과 담당자의 무책임한 행동에서 기인한다. 수요 예측을 잘못하고 발전소 수리를 위해 가동을 중단하여 전국적인 정전사태가 빚어지는 등 사회적인 관심사가 되는 대형 사건이나 사고가 발생한다는 것은 지도자의 리더십이 부족해서 나타나는 현상이다. 관리를 잘하면 사각지대가 생기지 않기 때문에 대형 사건이나 사고가 쉽게 발생하지 않는다. 둘째는 구성원의 필요에 따른 해결 요구가 표출된 때이다. 이때 리더십 발휘 대상은 구성원 다수가 불편을 느껴 해결이 필요하거나 문제로 인식하는 것이 대상이 되고 해결 요구를 지도자가 인식하는 때이다. 구성원의 필요와 문제 제기, 지도자의 문제 인식을 통해 해결을 요구하는 리더십 발휘 대상은 여러 가지이다. 정책 중단, 제도 변경을 위한 집단민원

제기 같은 직접 요구와 항의와 비난 등 불만을 표시하는 간접 요구가 있다. 사회적 논란 대상이 되는 쟁점, 집단 간 대립과 갈등, 사건 수습과 방지책 마련 등이 이에 해당한다. 셋째는 지도자 스스로 문제가 커지면 폐해를 가져올 것으로 인식한 것이 대상이 되고 스스로 해결을 추진하는 때이다. 이것은 구성원이 문제를 인식한 것일 수도 있고 아닐 수도 있다. 그러나 구성원이 해결을 요구하기 전에 대개 문제 지적 단계에서 지도자가 인지한 것들이 그 대상이 된다. 지도자가 스스로 문제를 인식하고 리더십을 발휘해야 할 대상은 발전을 통해 구성원의 삶의 질을 향상하고 자부심 고양을 위해 설정한 목표 달성, 국가 발전 방향 제시, 재해 예방대책 마련, 국방력 강화를 위한 무기체계 개발과 군수산업 육성, 효율적인 치안 대책 마련, 인접 국가와 전쟁 억제, 새로운 기술이나 신제품 개발 등이다.

리더가 리더십을 발휘해야 할 때와 내용 가운데 지도자가 가장 치중해야 할 것은 스스로 문제를 인식하고 리더십을 발휘해야 할 대상을 파악하여 그에 필요한 일을 하는 것이다. 리더는 자신이 리더십을 발휘해야 할 대상이 무엇인지 구분하고 그것을 인식해 해결 방법을 찾아내고 실제 해결해 보일 때 리더십이 있는 것으로 평가받는다. 그러므로 뛰어난 리더십을 발휘하는 리더가 되기 위해서는 구성원과 소통하며 여론의 변화를 관찰하고 문제를 인지하기 위해 노력을 지속해야 한다. 리더의 문제 인식 능력이 뛰어나면 문제가 확대되기 전에 해결할 수 있으므로 구성원들은 평온한 삶을 살 수 있다. 그러나 문제해결 요구가 빗발치는데도 문제를 제대로 인식하지 못해 해결능력을 발휘하지 못하면 리더십이 부족한 무능한 사람 취급을 당한다.

일은 대개 필요와 문제 인식에서 시작된다. 리더가 리더십을 발휘해야 할 때와 대상을 제대로 인식하지 못하면 자질이 부족한 것이다. 그러나 리더가 문제에 대한 인식 능력을 갖추고 있으면 리더십의 역량을 인정받는 데 큰 어려움이 없다. 리더가 실무에서 리더십을 발휘해야 할 내용은 대부분 소소하다. 대단한 리더십을 발휘해야 할 것은 몇 가지가 되지 않는다. 그러므로 대개 일상적인 업무인 관리만 잘해도 리더십이 뛰어난 리더로 인정받을 수 있다. 그런데 너무나 많은 리더가 관리를 제대로 하지 못해 문제를 해결하는 것이 아니라 오히려 커지게 하고, 상당수는 잘못된 생각이나 욕심으로 문제를 만든다.

7. 리더십 이론의 한계와 중요성

이론(理論)은 어떤 사물에 관하여 원리와 법칙을 근거로 하여 조리를 세워 생각한 인식의 체계 또는 실천에 대응하는 순수한 논리적 지식, 관념적으로 세워진 논리이다. 이론은 일을 진행하는 데 지식을 제공하고 문제해결에 도움이 될 수도 있지만, 적용하지 않으면 소용이 없다. 적용하더라도 상황이 변화하면 도움이 되지 않는다. 이처럼 리더십 이론과 현실 사이에는 적용과 상황변화가 존재한다. 어떤 리더십 이론도 변화하는 상황이나 여건을 모두 반영할 수 없는 한계를 지니고 있다. 그러나 이론을 알고 일했을 때와 모르는 상태에서 일했을 때의 결과에는 많은 차이가 난다.

많은 리더가 리더십 이론이 자신이 소속된 집단이나 사회 현실에 적용하기 어렵거나 맞지 않다고 생각한다. 이것은 당연한 일이다. 리더십 이론은 효율적으로 일하고 집단이나 사회를 발전시키기 위한 지식이다. 그 내용에 따라 참고 자료나 도구로 활용할 수 있다. 이를 위해 리더십을 정의하고 틀을 제공하는 것이다. 지식(知識)은 배우거나 실천하여 알게 된 명확한 인식이나 이해 또는 알고 있는 내용이고, 도구(道具)는 어떤 목적을 이루기 위한 수단이나 방법이다. 문제를 해결하기 위해 일하는 데 지식을 활용하고 도구를 사용하는 것은 사람, 특히 중심이 되는 사람은 리더이다. 지식이나 도구가 일하는 데 맞지 않으면 누구나 새로운 지식을 함양하고 다른 도구를 채택하거나 만들어 사용할 줄 알아야 한다.

설비가 부족할 때 새로운 설비를 도입할 것인가 하지 않을 것인가 하는 점은 리더의 선택과 판단 등 의사결정 문제, 즉 리더십을 발휘해야 할 대상이다. 부족한 지식과 낡은 도구를 탓하는 사람은 리더의 자질이 부족하다. 어떤 리더십도 변화하는 환경이나 여건을 모두 반영할 수는 없다. 따라서 완벽한 리더십 이론이란 존재하지 않는다. 모든 리더십은 운용자에 따라 결과도 다르게 나타난다. 심지어는 같은 리더가 같은 집단이나 사회를 대상으로 같은 리더십을 운용하더라도 어느 시점이 되면 환경과 여건 변화로 어떤 때는 잘 맞다가도 다른 어떤 때는 맞지 않는 현상이 나타난다. 그러므로 리더의 노력이 필요한 것이고 새로운 리더십 이론이 생성되는 것이다.

리더의 역할은 리더십 이론과 현실에 차이가 있기 때문에 필요성이 존재한다. 리더십 이론이 환경변화를 모두 반영하여 누구나 좋은 리더십을 발휘할 수 있으면 리더의 존재 가치는 크게 떨어질 수밖에 없다. 하지만 현실에는 환경변화를 모두 반영할 수 있고, 누구나 좋은 리더십을 발휘할 수 있는 리더십 이론은 드물다. 즉, 실제 일을 진행하면서 보다 효율적으로 처리하고 문제를 해결해 나가는 것은 리더의 몫이다. 필요하다면 스스로 리더십을 개발하고 정립해야 한다. 구성원인 사람이 생물이므로 집단이나 사회도 생물과 같다. 생물의 활동은 환경에 적응하며 끊임없이 변화한다. 변화를 관찰하고 상황에 적합한 방법을 찾아내 일을 하고 리더십을 발휘하는 것이 리더가 해야 할 일이다. 그러므로 리더는 자신이 당면한 상황에서 더 좋은 리더십을 발휘하기 위해 끊임없이 리더십을 연구해야 한다.

제2절 지도자와 리더십에 대한 이해 제고

1. 능력이 뛰어나고 성과와 실적만 좋으면 되는가

리더십에 대해 잘못된 생각을 가지고 있는 사람들은 힘이나 능력 자체를 리더십의 실체로 정의하는 경향이 있다. 리더가 구성원으로부터 위임받은 권력과 권한을 바탕으로 집단이나 사회조직을 운용하면서 발휘하는 힘이나 개인적인 능력은 리더십의 중요한 요소임이 틀림없다. 리더가 가진 힘과 능력을 바탕으로 성과를 만들어 내거나 실적을 올릴 수 있기 때문이다. 성과(成果)는 이루어진 결과이고, 실적(實績)은 실제의 업적·공적이다. 그러나 우리가 리더십을 생각할 때 법과 규칙을 어기고 구성원이 공감하지 않는 강압적인 방법이나 비겁한 방법을 사용하여도 좋은 결과물만 창출하면 좋은가 하는 점을 반드시 생각해 보아야 한다.

상황에 따라 강한 억압과 통제가 필요할 때도 있다. 그러나 구성원이 공감하지 않는 방법에 의존한 결과의 창출은 반드시 다음에 후유증을 수반한다. 즉, 구성원이 공감하지 않는 방법에 의한 능력 발휘나 실적을 올린 것은 그 결과가 좋은 것으로 인정받기 어렵다. 당대에는 뛰어난 리더십을 발휘하거나 좋지 않은 리더십을 발휘한 것으로 평가받았던 사람들이 후대에 평가 결과가 바뀌는 것을 우리는 종종 보아 왔다. 제대로 발휘된 리더십은 세대가 바뀐다고 결과가 바뀌지 않는다. 일시적으로 못된 무리에 의해 음해를 받아 좋지 않은 평가를 받았다고 하더라도 대개 세월이 흐르면 진실이 밝혀지고 고유의 가치가 빛을 보게 된다.

좋은 리더십은 리더인 내가 좋은 리더십을 발휘했다고 생각하고 구성원이나 타인이 그것을 공감할 수 있을 때 진정으로 좋은 것이 된다. 그러므로 좋은 리더십은 단순한 힘이나 능력 이외에 무엇인가가 필요하다. 그것이 마음가짐이다. 올바른 마음을 가진 지도자는 처음부터 정정당당한 방법으로 리더십을 발휘하고 잘못이 생기면 사실을 시인하고 반면교사로 삼아 역량을 강화함으로써 스스로 떳떳하고 훌륭한 업적을 쌓아 후대에까지 존경받는다. 하지만 올바르지 않은 마음을 가진 사람은 도덕적 행동과 비도덕적 행동을 넘나들며 권력을 탐하고 비도덕적인 행위를 숨기기에 급급하다. 자신이나 추종자가 나서 스스로 뛰어난 지도자라고 자랑하는 사람이 많지만, 대개는 자신이 저지른 잘못이 드러나 힘들여 쌓은 공적과 명성까지 훼손하고 결국은 사람들로부터 손가락질을 당한다.

2. 마음가짐 왜 중요한가

리더십을 발휘하는 데 왜 마음가짐이 중요한가? 인간은 육체와 정신으로 이루어져 있다. 이 두 가지가 각각 고유의 기능을 하면서 서로 유기적으로 연계되어 일할 때 최고의 능력을 발휘한다. 리더십에서 자질은 육체에 해당하고 정신은 마음가짐에 해당하는 것으로 생각할 수 있다. 몸과 마음이 하나가 되어 올바른 행동을 할 때 정상적인 사람 취급을 받는다. 이처럼 어떤 분야의 일에 대한 능력이나 실력의 정도인 자질(資質)과 올바른 마음가짐이 하나가 되어 리더십을 발휘했을 때 사람들은 그 결과를 인정한다.

마음가짐은 공존공영4) 문제와 연관된다. 리더에게 요구되는 중요한 마음가짐은 도덕성과 이타성 두 가지이다. 인간의 불완전성에 기인하는 모든 법률과 제도의 구조적인 문제를 극복할 방법이 여기에서 나온다. 도덕성과 이타성이 인간이 공존공영할 수 있는 가장 현실적인 방법이다. 모두가 살기 좋은 세상은 많은 능력을 갖춘 사람과 능력을 제대로 갖추지 못한 노약자가 더불어 사는 세상이다. 능력자와 부족한 능력자가 어우러져 살아가는 세상이 되기 위해서는 상대적으로 많은 능력을 갖춘 사람들이 자신이 가진 것을 나누고 사회를 위해 봉사해야 한다. 이러한 행동은 이타성에서 나온다.

인간은 법이나 규칙을 전혀 위반하지 않고도 표정이나 언행, 몸짓을 통한 감정표현으로 다른 사람들에게 심한 불쾌감을 주거나 행동하게 할 수 있다. 이러한 감정표현은 공개적인 자리에서보다는 특정한 공간에서 상사와 부하가 일대일로 대면하는 자리에서 주로 이루어진다. 협박이나 공갈, 겁박까지는 아니더라도 권력과 직위를 이용한 강박(強迫)을 통해 목표 달성이나 이행을 요구하는 으름장을 놓으면, 구성원은 그것이 부당한 줄 알면서도 반발하면 자신이 불이익을 당하거나 존재가치가 위협받을 수 있다는 것을 알기 때문에 리더나 상사, 즉 권력자인 힘 있는 사람의 요구를 수용하는 일이 많다. 그러므로 겉으로 드러난 좋은 결과라고 모두 좋은 것은 아니다.

정상적인 리더십이 발휘되었을 때는 법규에 따라 정당한 절차를 거쳐 명령과 지시, 요구가 이루어지고 부당한 명령과 지시, 요구에 대해 부하직원이나 구성원도 필요한 때는 자신의 의견을 말할 수 있어야 한다. 집단이나 사회 현실 속에서 힘이 있거나 권력을 가진 사람, 직위가 높은 사람들은 종종 강박을 사용한다. 하지만 높은 도덕성을 가진 리더는 강박을 사용하지 않는다. 도덕은 인간으로서 마땅히 지켜야 할 도리 및 그에 따른 행위를 말한다. 그러므로 도덕성이 있는 사람은 도리를 지키는 행위를 하므로 다른 사람들에게 해가 되는 방법이나 일을

---

4) 공존공영(共存共榮)은 함께 존재하고 함께 번영함. 함께 잘 살아감.

하지 않는다. 지도자라고 모두 같은 지도자가 아니다. 올바른 마음가짐을 가진 사람과 그렇지 않은 사람의 행동은 전혀 다르다.

올바른 마음가짐을 가진 사람은 자신과 구성원의 공동발전을 모색한다. 그러나 자신의 입신출세와 권력에 대한 탐욕을 일삼는 사람은 계파를 만들고 정실인사를 하고 지역주의를 부추긴다. 스스로 만든 정당의 수장이 되어 온갖 전횡을 일삼는 독재자로 군림하면서 겉으로는 민주화를 부르짖으며 도덕적인 사람인 것처럼 행동하기도 한다. 그러면서 권력에 집착하며 상대 정당의 권력자나 경쟁자를 독재자라고 비난하고 국민을 분열시키고 갈등을 조장하는 이중성을 보일 수도 있다. 이런 사람들은 국가와 국민을 위한다는 명분을 내세워 자신의 권력 욕구를 채우기 위해 사회와 국가를 투쟁과 갈등, 전쟁의 혼란 소용돌이로 몰아넣는 일도 서슴지 않는다. 우리가 마음가짐을 리더십의 중요한 덕목으로 생각해야 하는 이유가 여기에 있다.

3. 공약 지키지 않아도 좋은가

약속(約束)은 장래에 할 일에 관해 상대방과 서로 언약하여 정함, 공약(公約)은 국민에게 실행할 것을 약속함 또는 그 약속이다. 약속에는 계약과 같이 법적 책임이 따르는 것과 개인 간의 약속이나 정치 공약과 같이 법적 책임은 따르지 않고 신뢰의 척도로 판단되는 것이 있다. 특히 공약은 지지를 통해 주권의 위임이 수반되는 중요한 일로 법적인 책임은 따르지 않지만, 그것을 이행하지 않으면 논란의 대상이 되기도 한다. 국민의 신뢰를 받지 못하는 사람이 국가 최고 지도자가 된다는 것은 국가와 국민 모두를 위해 불행한 일이다. 그러므로 사회 환경의 급격한 변화에 따라 누구나 공약을 시행하기 곤란한 것으로 용인(容認)하는 때 외에는 모든 공약은 이행되어야 마땅하고, 지도자는 이행하기 위해 온 힘을 기울여야 한다.

우선 득표를 통한 권력 획득을 목적으로 이행하기 곤란한 공약을 내세우는 것은 추후 사회적 논란을 불러일으키고 지도자의 신뢰성과 도덕성을 훼손하는 일이 된다. 이행할 수 없는 내용을 공약으로 내세우거나 쟁점으로 부각하는 것은 사회 갈등을 해결하는 것이 아니라 오히려 유발하는 일이므로 지도자가 해야 할 일이 아니다. 제대로 된 지도자라면 터무니없는 공약은 하지 말아야 한다. 이행하지 못할 것인 줄 알면서도 득표를 목표로 무리한 공약을 하는 사람은 지도자의 자질이 부족한 사람이다. 능력이 부족하므로 옳지 않은 방법인 줄 알면서도 편법을 사용하는 것이다.

구성원들도 이기주의 실현을 위해 이행할 수 없는 것을 공약으로 요구하지 않아야 한다. 허황한 공약을 내세우는 사람은 강력하게 견제 비판하고 될 수 있으면 지도자로 지지하지 않아야 마땅하다. 그런데 세상에는 입신출세, 권력 욕구 실현, 우선 득표와 편익을 위해 실천할 수 없는 무리한 공약을 남발하고, 무리한 공약인 줄 알면서도 지지한 후 그것을 이행해야 한다고 억지를 부리는 사람들이 너무 많다. 이렇게 잘못된 이해의 일치는 결국 정국을 혼란 속으로 몰아넣고 사회갈등이 고조하게 한다. 국민 스스로 국가와 정당, 정치와 정치가를 불신하는 풍조를 만들고 그 결과 국가적인 비극적 사건을 만들기도 한다. 이러한 일은 후진국과 독재자가 장기 집권하는 국가에서 많이 일어난다. 특히 무리한 공약은 대중영합주의(populism)로 이어질 수 있기 때문에 경계하지 않으면 안 된다.

4. 위법과 편법 항상 나쁜 것인가

리더십을 발휘하는 데 불법과 편법이 문제가 되는 일이 많다. 법은 필요에 의해 만들어지고 한계가 있으므로 제한하는 영역의 경계부분에서는 항상 편법 문제가 발생한다. 불법(不法)은 법에 어그러짐, 편법(便法)은 간편하고 손쉬운 방법이다. 편법적인 것에는 불법적인 내용이 포함되는 것도 있고 불법은 아니지만 질서나 도덕, 관습 위반 등 일반적으로 공인되지 않는 옳지 않은 방법이 있다.

편법은 문제가 있는 것으로 인식되기 때문에 사회적으로 통용하도록 허용하지 않는다. 그럼에도 편법을 사용하는 사람들이 소수이고, 그들의 행동 결과가 제한적인 영향력을 미칠 때는 크게 문제가 되지 않는다. 여러 사람에게 작은 피해를 줄 때는 손해를 입는 사람들이 타인과의 갈등을 피하려는 마음 때문에 불편함이나 피해를 감수하고 참고 넘어감으로써 용인하는 것으로 비치는 때도 있다. 그러나 지도자는 편법적인 방법을 활용하는 것을 삼가야 한다. 다른 사람에게 공감받고 인정받을 수 있는 능력에 의한 실적과 결과를 만들어 내는 리더십은 편법적이어서는 곤란하다.

그럼 '위법과 편법은 항상 나쁜 것인가?' 하는 의문을 가질 수 있다. 이것은 국내적인 문제로 볼 때와 국제적인 문제로 볼 때 답이 달라질 수 있다. 국내적으로 발휘되는 리더십은 위법과 편법적인 방법을 이용하지 않는 것이 바람직하다. 하지만 국가와 국가 간의 문제인 국제문제는 상황이 다르다. 국가 간에 적용되는 국제법은 국내법과는 그 체계가 다르다. 가령 인접하여 적대적인 대치 관계를 유지하는 국가 사이에 군 정보기관 등 국가 정보기관, 경쟁 기업에서 상대국의 정보를 수집하고 무기 제조기술을 빼내오는 산업스파이5) 활동, 외교관의 주재국에 대한 정보 수집은 자국민 보호와 자국 산업의 보호 육성을 위해 필요한 활동이다. 그러므로 고유의 특성이 반영되는 기관이나 단체의 활동 중 정당화될 수 있는 위법과 편법은 용인된다.

5. 지도자에게 왜 더 높은 도덕성을 요구하는가

어떤 집단이나 사회든 대체로 지도자에게는 구성원보다 높은 도덕성을 요구한다. 왜 지도자에게 구성원보다 더 높은 도덕성을 요구하는가? 그 이유는 지도자가 갖는 권력의 정당성과 연관이 있다. 우리가 도덕성을 강조하는 이유는 인간으로서 도리를 지키고, 옳고 그른 것을 분별하여 옳은 행위를 하라는 요구이다. 인간 사회에서 옳은 것과 그른 것의 구분 기준은 법과 규칙이고, 인간으로 마땅히 지켜야 할 도리와 연관된 전통과 관습이다. 지도자가 구성원을 통치할 수 있는 권력의 기반이 모두 법과 규칙, 전통과 관습에서 나온다. 이것에 의해 지도자가 갖는 권력과 권한이 생성되고, 공감을 통해 힘을 발휘한다.

구성원 모두가 법과 규칙을 지키지 않고, 전통과 관습을 계승 발전하는 노력을 하지 않고, 위임된 권력을 인정하지 않으면 역사와 전통도 의미가 없고 권력자가 가진 권력은 힘을 발휘할 수 없다. 구성원이 의무를 부담하고 스스로 통제받는 것을 자원하기 때문에 힘이 생기고 통치도 할 수 있다. 구성원이 그렇게 하는 이유는 집단과 사회 발전을 통하여 자신의 권익 신장과 복리증진 등 삶의 질을 향상하기 위함이다. 그런데 지도자가 법과 규칙을 지키지 않고, 전통과 관습을 무시하거나 유지 발전 노력을 하지 않는 등 비도덕적인 행위를 하면서 자신의 이기심을 채우거나 권력을 남용하면 구성원에게 법규와 전통, 관습을 지키라고 요구하기 어렵다. 의무의 부담을 증가하면 불만이 고조된다. 이기적인 행동도 계도하기 어려워 갈등과 반발, 혼란이 늘어나 집단과 사회 발전의 장애로 작용해 구성원의 삶의 질도 떨어질 수밖에 없다.

인간의 모든 활동을 법률로 제약하고 권력으로 억압하는 데는 한계가 있다. 법을 어기지 않더라도 얼마든지 피해를 주거나 이익을 제공할 수 있다. 사람들은 다른 사람이 하는 행동이 옳은 것인지 그른 것인지 안다. 구성원이 지도자에게 최고 수준의 도덕성을 요구하는 것은 옳은 방법을 통해 집단과 사회를 발전시키고 삶의 질을 향상하라는 주문이자 요구이고, 동시에

---

5) 산업스파이: 이해가 상반하는 국내외 경쟁기업의 최신 산업정보를 입수하거나 교란시키는 공작 등을 전문으로 하는 사람.

명령이기도 하다. 그동안 많은 지도자가 뛰어난 업적에도 하루아침에 몰락(沒落)하거나 퇴임 후에 비판과 비난의 대상이 된 것도 도덕적 행위와 도덕적이지 않은 행위나 방법을 넘나들며 사용했기 때문이다.

기존 국가가 망하고 새로운 국가 탄생 과정에서 안정 단계로 접어드는 시기 등 극심한 혼란이 수반되는 전환기에는 간혹 비도덕적인 방법뿐만 아니라 폭력까지도 필요성에 의해 허용되거나 용인되는 일도 있다. 특히 이민족 지배로부터 독립할 때는 더욱 그렇다. 하지만 그렇다고 비도덕적인 방법과 폭력이 정당화될 수 있는 것은 아니다. 현실적인 필요성 때문에 군대나 국가 정보기관이 존재하지만, 거기에도 반드시 나름대로 원칙과 기준이 있어야 한다. 그렇지 않으면 부작용이 따르고 문제를 일으킨다. 지도자는 현재의 어려움을 어물쩍 넘기려고 꼼수를 부리기보다는 당당하게 맞서며 역사 앞에 승부를 해야 한다.

6. 공적과 과오 동시에 많은 지도자 어떻게 볼 것인가

지도자 중에는 공적과 과오가 동시에 많은 사람이 있다. 공적(功績)은 공로의 실적, 과오(過誤)는 잘못이나 과실(過失)을 말한다. 공적이 많아도 과오가 동시에 많은 지도자는 제대로 된 지도자가 아니다. 이런 사람들은 대개 이중인격자로 다른 사람이 보는 앞에서는 도덕적인 행동을 하면서 뒤에서는 몹쓸 짓이나 불법적인 행동을 서슴지 않는다. 공적이 아무리 많아도 과오가 동시에 많으면 우리는 후학이나 후세에게 좋은 지도자였다고 말할 수 없고, 좋은 지도자라고 해서도 안 된다. 공적이 아무리 커도 과오를 덮을 수는 없다. 그러므로 좋은 지도자는 과오는 아주 적고 공적이 훨씬 커야 한다.

인간이기 때문에 완벽할 수는 없다. 따라서 과오가 없을 수는 없지만, 과오 중에도 용인할 수 있는 것과 하기 어려운 것이 있다. 과오와 공적이 동시에 큰 사람을 좋은 지도자로 평가하고 내세우게 되면 과오를 당연한 것으로 인정하는 잘못을 초래할 수 있다. 과오 인정의 일반화는 독재자의 행위나 불법적인 방법을 사용하는 사람들을 정상적인 리더십을 발휘한 지도자로 정당화할 수 있는 심각한 문제를 불러일으킨다. 과오가 있다고 공적이 없어지는 것은 아니므로 공적과 과오가 동시에 많은 사람은 추종자가 살아 있는 당대에 인위적으로 평가하기보다는 공적은 공적대로 과오는 과오대로 정리해 모두 공개하는 것이 바람직하다. 평가는 항상 후세의 몫이다.

7. 구성원의 리더십 육성 어떻게 할 것인가

　구성원의 리더십 육성은 현재 추진하고 있는 일에 대한 성과 창출은 물론 집단이나 사회조직의 유지발전을 위해서도 중요하다. 이기적인 지도자는 집단이나 사회조직을 운영하는 과정에서 자기 혼자만을 염두에 두고 일을 한다. 이런 지도자에게는 구성원이 일정한 단계 이상 성장하는 것이 두려움의 대상이 되므로 부담스러워하며 견제한다. 그러나 이것은 온당한 행동이 아니다. 반대로 이타성이 있는 지도자는 구성원의 입장을 고려하여 성장을 적극적으로 지원하고 육성한다. 자신이 떠나더라도 집단이나 조직은 새로운 지도자에 의해 유지, 발전될 수 있어야 한다는 것을 알기 때문이다.

　구성원이 최고가 되어야 집단이나 사회조직도 최고 실적을 낼 수 있으므로 구성원의 리더십을 육성하는 지도자는 대부분 좋은 성과를 올린다. 이들은 순리대로 내가 구성원의 지지로 최고 지도자가 된 것처럼 다음 세대가 최고 지도자가 될 수 있도록 자연스러운 흐름에 맡긴다. 나에게 더 뛰어난 능력이 있으면 구성원들이 계속 최고 지도자 자리를 유지하길 바랄 것이고, 나보다 더 뛰어난 지도자가 출현하면 그들에게로 최고 지도자의 자리가 돌아가는 것은 당연하다고 생각한다. 그러므로 집단이나 사회조직의 발전을 위해 구성원이 최고가 되도록 하는 교육 훈련에 힘쓴다.

　구성원의 성장은 구성원들이 능동적으로 일할 수 있도록 지원하며, 잠재력을 발휘하여 성장할 기회를 제공하는 행위이다.[6] 그러므로 구성원 육성에 대하여 지도자는 자신이 조직을 떠난 후에도 조직은 존재하고 지속적으로 높은 성과를 낼 수 있게 하겠다는 사명감이 있어야 한다. 지도자가 조직을 생각하여 준비해야 할 중요한 사항이 육성이며, 높은 역량을 갖는 구성원은 성과를 높이는 데도 도움이 된다. 구성원을 육성하는 제일 쉬운 방법은 조직에서 제공하고 있는 조직 내외의 교육을 보내는 것이다. 이것은 기본적이다. 더 나아가 지도자는 구성원에게 성장의 밑거름이 되기 위하여 노력하는 모습을 보여 주어야 한다. 조직 내외 교육 이외에 지도자는 여러 가지 방법을 사용할 수 있다. 제일 많이 사용하는 것 중의 하나가 일을 통한 구성원 육성 개념이다.

　일을 통한 육성은 구성원의 역량과 일의 시급성 및 중요성을 고려하여 차등적인 일을 배정하고, 성장에 따라 좀 더 어려운 일을 배정하여 도움을 주는 방법이라 할 수 있다. 따라서 지도자들은 일대일 면담을 통해 구성원의 역량과 조직 내 장래희망 등에 대해 잘 파악하고, 구성원의 희망이 일을 통해 실현될 수 있도록 도와주는 역할을 담당해야 한다. 또한 지속적으로

---

6) 김석우・이상호 지음(2008), ≪공학기술과 리더십≫, 지호, p.180.

구성원의 성장을 관리하고 격려해 주면서 코칭[7], 조언(mentoring), 집단 내 자체 워크숍[8] 등을 통한 학습 촉진 등 다양한 육성방법을 추구하는 자세가 필요하다. 이 외에도 지도자가 학습에 솔선수범하는 모습을 보이는 것은 집단 내 구성원에게 학습의 중요성을 전달하는 또 다른 방법이 될 수 있다.[9]

리더십 전문기관들은 경험 부여를 통한 육성이 가장 효과적인 리더 육성 방법이라고 말한다. 미국의 피어슨 컨설팅(Pearson Consulting)이 76개 세계적 기업의 인사담당 임원과 리더십 개발 담당 임원을 대상으로 실시한 설문 결과를 보면 리더 육성을 위해 가장 효과적으로 생각하고 있는 방법은 경험을 통한 육성인 것으로 나타났다. 이처럼 리더의 육성에 가장 효과적인 방법은 경험을 통한 육성이라는 데는 이견이 없다. 대부분의 기업도 일의 부여를 통해 리더를 육성한다.[10] 행정기관이나 군대도 마찬가지이다.

---

7) 코칭(coaching)은 성과 향상에 걸림돌이 되는 장애들을 극복하고 핵심역량을 극대화하기 위해 설계된 지속적인 공정(process). 코칭은 행동의 변화를 유발하며, 학습자 능력이나 지식을 갖고 있음에도 성과가 떨어질 때, 이를 다시 상승시킬 수 있는 매우 유용한 방법이다. 즉, 코칭은 코치와 발전하려고 하는 의지가 있는 개인이 잠재능력을 최대한 개발하고, 발전 공정을 통해 목표 설정, 전략적인 행동 그리고 매우 뛰어난 결과의 성취를 가능하게 해주는 강력하면서도 협력적인 관계로 정의할 수 있다. 조직 내 리더의 개발자로서의 역할이 대두하면서 그 해법으로 코칭이 주목받게 되었다.
8) 워크숍(workshop)은 전문적인 기술이나 아이디어를 실험적으로 실시하면서 검토하는 연구회나 세미나. 참가자들이 스스로 조사ㆍ연구하고 토의한다.
9) 서재현(2009), ≪리더십 베이직≫, 한경사, pp.157~158.
10) 한상엽(2009), "리더를 잘 육성하는 기업', ≪LG Business Insight≫, LG경제연구원 pp.23~24.

제2장

지도자 자질과
창조적 리더십

제1절 창조적 리더십

1. 창조적 리더십의 정의

창조적 리더십은 인간이 살아가고 일을 하는 과정에서 나타나는 제반 문제를 해결하고 성과를 창출해 집단이나 사회를 유지·발전시키고 구성원의 권익 신장과 복리 증진을 통해 인간 존엄성을 실현하고 삶의 질을 향상하기 위해 리더가 갖추어야 할 자질과 마음가짐을 말한다. 즉, 리더십을 발휘해야 하는 목적은 인간 존엄성 실현과 삶의 질 향상에 있다. 문제해결과 일 처리의 핵심인 창의성과 올바른 마음가짐에 역점(力點)을 둔다. 이를 위해 지도자는 평상시에 기본정신을 가지고 기본 요소에 충실하며 교육과 훈련, 경험과 숙련을 통해 핵심 요소를 효율적으로 활용할 수 있는 능력을 함양하고 누구나 공감할 수 있는 리더십을 발휘하여 스스로 추동력을 만들어 내고 인간 존엄성을 실현하며 구성원의 삶의 질을 향상하는 것이다. 창조적 지도자는 창조적 리더십에 의존하여 일한다.

1) 리더십과 창조적 리더십

이제까지 리더십에 대한 정의는 여러 사람에 의해 이루어져 왔다. 그 내용을 개략적으로 정리하면 리더십은 문제를 해결하고 성과를 창출해 집단이나 사회를 발전시키고 삶의 질을 향상하기 위해 지도자가 갖추어야 할 자질이라고 할 수 있다. 이는 창조적 리더십과 크게 다르지 않다. 그럼에도 그동안 우리 주위에는 뛰어난 성과를 창출하고도 비판 대상이 된 사람들이 많았다. 이것은 기존의 리더십이 자질에 중점을 두고 마음가짐에 대해 제대로 규정하지 않았기 때문에 빚어진 잘못이다. 단순하게 높은 도덕성을 강조하는 정도의 추상적인 행동 속에 결과만 좋으면 된다는 안이한 생각을 하게 만든 것이 원인이다.

마음가짐은 아무렇게나 하면서 창의성이 뛰어나고 창조적 지도자가 될 수 있는 것은 아니다. 특정한 리더십에서도 창의성에 상대적으로 높은 비중을 둘 수 있고 핵심 요소도 나름대로 정립할 수 있다. 창조적 리더십은 기존에 널리 알려진 일반적인 리더십과 구분, 특화하기 위해 규정된 것이다. 창조적 리더십과 리더십은 동일한 것으로 간주해도 무방하다. 그러나 창조적 리더십을 발휘하기 위해서는 반드시 창의성, 도덕성, 이타성을 갖추기 위해 노력하고 관심을 둬야 한다.

2) 지도자가 갖추어야 할 요건과 창조적 리더십

지도자가 갖추어야 할 요건은 리더십을 발휘하기 위한 자질과 마음가짐이다. 요건(要件)은 필요한 조건, 조건(條件)은 어떤 사물이 성립되거나 성립되지 못하게 하기 위하여 갖추어야 할 상태·요소를 말한다. 지도자가 되기 위해 갖추어야 할 요소는 창조력, 추진력, 통제력, 통찰력, 통합력, 도덕성, 이타성 등이다. 이것은 창조적 리더십의 핵심 요소와 같다. 그러나 지도자가 제대로 된 리더십을 발휘하기 위해서는 이 외에도 창조적 리더십의 기본정신, 일반적 특징, 기본 요소에 대해 관심을 두고 행동에 충실하게 반영하여야 한다.

3) 창조적 리더십 발휘 전제조건 2가지

개인은 누구나 자신에 대해 리더십을 발휘할 수 있다. 그러나 집단이나 사회조직 내의 리더십은 개인이 마음대로 발휘하고 싶다고 되는 것이 아니다. 우리의 관심 대상이 되는 것은 집단이나 사회조직의 리더십이다. 일반적인 리더십도 그렇지만 창조적인 리더십을 발휘하기 위해서는 2가지 전제조건(前提條件)이 필요하다. 첫째는 기회 포착과 리더십 인프라 구축이다. 아무리 뛰어난 능력을 갖추고 있어도 발휘할 기회가 주어지지 않으면 소용이 없다. 대개 사람들은 기존 집단이나 사회조직에 소속되는 것으로부터 리더십을 발휘하는 길로 나아간다. 하지만 창조적 리더십을 갖춘 사람은 그렇게 할 수도 있고, 스스로 리더십 인프라 창출을 통해 집단이나 사회조직을 만들 수도 있다. 리더십을 발휘할 기회는 조직 내에 들어가 포착하든, 스스로 조직을 만들든 어느 쪽도 상관없다. 실제 리더십을 발휘하기 위해서는 기존 조직의 인프라를 이용하거나 필요한 새로운 인프라를 구축해야 한다. 일반적으로 산업기반시설을 뜻하는 인프라(infrastructure)는 도로·항만·철도·통신·학교·병원·상수(上水)·하수처리시설 따위의 생산이나 생활의 기반이 되는 중요한 시설을 말한다. 리더십 인프라는 리더십을 발휘하는 데 필요한 집단이나 사회단체 등 조직 구성, 준칙 마련, 업무 분장, 각종 제도 도입 등 여러 가지가 있다. 둘째는 기존 조직이나 만들어진 조직을 통하여 리더십을 발휘하기 위해서는 능력을 갖추는 것이 필요하다. 능력을 갖추는 것은 사전 검정이 이루어지면 더욱 좋다. 리더십 발휘에 선행되는 것이 좋지만, 조직 내에서 쌓을 수도 있다. 자신의 직위나 직책에 알맞은 교육과 훈련, 일과 주어진 업무를 통해 차근차근 실력을 기르고 지식을 쌓아야 한다. 그래야 기회가 왔을 때 능력을 곧바로 발휘할 수 있다. 목표를 달성하고 위기를 관리하고 문제와 갈등을 해결하고 구성원의 삶의 질을 향상하기 위해서는 지도자가 갖추어야 할 자질과 마음가짐이 있다. 그 자질은 창의력, 추진력, 통제력, 통찰력, 통합력이고 마음가짐은 도덕성과 이타성이다. 이것을 창조적 리더십의 핵심 요소라고 한다. 누구나 일정한 권력과 권한을 주면 상당한 리더십을 발휘할 수 있다. 하지만 각자 리더십을 발휘하고도 평가가 달라지는 것은 지도자의 자질과 마음가짐이 다르기 때문이다. 중요한 것은 지도력을 발휘하는 것이 아니라 공감할 수 있는 지도력을 발휘하는 것이다. 아무리 뛰어난 능력을 발휘해도 마음가짐이 올바르지 못하면 공감을 얻지 못한다.

2. 창조적 리더십의 기본정신

창조적 리더십을 발휘하기 위해서는 기본정신이 있어야 한다. 정신을 갖는다는 것은 그렇게 살겠다는 마음을 정했다는 것을 의미하는 것으로 집단이나 사회조직에서 정신은 조직 운영의 방침이나 이념, 덕목이 된다. 예를 들어 기업의 사훈(社訓)은 사원이 지켜야 할 회사의 방침, 학교의 교훈(校訓)은 학교의 교육 이념을 간명하게 표현한 말, 학급의 급훈(級訓)은 그 학급에서 교육 목표로 정한 덕목을 말한다. 이처럼 웬만한 집단이나 사회단체에는 대개 기본정신이 이미 정해져 있다. 그러므로 기존 조직은 이미 존재하는 내용에 충실하고 새로운 집단이나 사회조직을 만들 때는 기본정신을 설정하면 된다.

집단이나 사회조직에서 가장 경계해야 할 것 중 하나가 생각이 다른 것이다. 사상의 자유는 반드시 인정되어야 한다. 그러나 마음에 느끼는 의견인 생각이 가치 있는 것으로 인식되어 정신이나 이념으로 발전하고, 그것이 다른 사람과의 인간관계를 통해 이념을 가진 세력으로 발전하여 대중에 확산하면 이념 대립을 통한 갈등 유발 등 심각한 문제를 일으키는 원인으로 작용할 수 있다. 마르크스에서 시작된 공산주의 이론이 레닌에 의해 공산주의를 만들어 냈다. 공산주의 종주국인 소련의 팽창정책에 의해 한동안 세계 여러 국가가 편을 갈라 동서로 분리되고 양 진영이 극심하게 대립하는 냉전시대에 접어들면서 세계 곳곳에 공산국가가 건설되었다.

이처럼 생각은 인간 삶에 엄청난 변화를 수반하기도 한다. 기업은 비슷한 생각을 하는 이기적인 사람들이 노동조합을 결성하면 노사갈등의 원인으로 작용하고, 임원이 편을 갈라 뭉치면 경영권 장악을 위한 분쟁이 발생하기도 한다. 생각의 차이는 다른 한편으로는 창의성이나 다양성, 견제 작용 등 긍정적인 측면도 많으므로 집단이나 사회조직에서 너무 지나치게 개인의 자유를 억압하는 것은 곤란하다. 그러나 분명한 것은 지도자와 생각이 다른 사람들이 늘어나고 그들이 정당성과 합리성을 부정하며 자신들의 주장을 고집하고 억지 부릴 때, 권력 다툼이 일어나는 등 조직은 심각한 위기에 직면할 수 있다는 점이다. 이런 측면에서 볼 때 집단이나 사회조직의 기본정신은 대단히 중요하다.

정신(精神)은 근본이 되는 이념이나 사상이다. 인간이 갖는 원천적인 힘은 올바른 정신에서 나온다. 특히 집단이나 사회조직의 힘은 더욱 그렇다. 기본정신의 함양을 통하여 비슷한 이념과 사상이 일정한 흐름을 유지할 때, 협동력을 발휘하고 일을 더욱 잘하게 하는 데 도움이 된다. 육체를 움직이는 것은 정신이다. 개인이 갖는 육체적 힘의 합력을 넘어선 시너지 효과 (synergy effect)는 모두 정신에서 나온다. 창조적 지도력의 기본정신은 근면, 자조, 협동이다. 근면(勤勉)은 부지런하게 힘씀, 자조(自助)는 스스로 자기를 도움, 협동(協同)은 서로 마음과 힘을 합함이다.

사람이 스스로 자기를 돕는 가장 대표적인 방법은 긍정적인 사고와 자기암시 두 가지가 있다. 첫째는 긍정적인 사고이다. 긍정(肯定)은 어떤 사실이나 생각에 대하여 그렇다고 인정 또는 승인함, 긍정적(肯定的)은 어떤 사실이나 생각 등을 그렇다고 인정하거나 승인하는 (것), 부정(否定)은 그렇지 않다고 단정함, 부정적(否定的)은 부정의 내용을 갖는 (것), 사고(思考)는 생각하고 궁리함, 궁리(窮理)는 사물의 이치를 깊이 연구함 또는 좋은 도리를 발견하려고 곰곰이 생각함을 뜻한다. 이것을 정리하면 긍정적인 사고는 자신의 마음가짐이나 자신이 하고자 하는 일 또는 자신이 자신을 믿는 마음에 대하여 옳다고 인정하거나 승인하고 좋은 도리를 발견하려고 곰곰이 생각하는 것을 말한다. 부정적인 사고는 자신의 마음가짐이나 자신이 하고자 하는 일 또는 자신이 자신을 믿는 마음에 대하여 그렇지 않다고 단정하고 좋은 도리를 발견하려고 곰곰이 생각하지 않는 것을 말한다. 긍정적인 사고를 하면 내면에서 이미 자신의 능력을 인정하고 모든 것들을 결집해 최고의 실력을 발휘할 수 있는 준비가 이루어진다. 그러므로 실제 일을 진행하는 과정에 장애물이나 난제, 한계상황에 직면할 때 자신의 모든 것을 투입하여 해결하기 위해 노력하게 된다. 하지만 부정적인 사고를 하면 내부에서 자신이 능력을 갖췄다는 것을 부정하게 되기 때문에 이미 가지고 있는 역량을 제대로 발휘할 수 없다. 일을 하는 동안에도 내부에서 항상 논란과 갈등이 이루어진다. 그러므로 최고의 실력을 발휘할 수 있는 준비가 이루어지지 않아 실제 일을 진행하는 과정에서 장애물이나 난제, 한계상황에 직면할 때 자신의 모든 것을 투입하지도 못하고 해결하기도 어렵다. 긍정적 사고는 자신의 능력을 스스로 인정하고 승인하여 자신감을 갖게 하고 실제 어떤 문제에 당면했을 때 좋은 해결방안을 발견하기 위해 노력하게 하므로 창조적 지도력을 발휘하는 데 아주 중요하다. 둘째는 자기암시이다. 인간은 자신이 생각하는 대로 되어 간다. '나는 할 수 있다', '잘 살 수 있다', '나에게는 능력이 충분하다' 등 긍정적인 생각을 하고 자기암시를 통해 자신이 능력이 있는 사람임을 각인하면 실제로도 그러한 능력을 갖추기 위해 노력하고 좋은 결과를 만들어 낸다. 자기암시(自己暗示)는 일정한 관념을 되풀이함으로써 자기 자신에게 암시를 주는 심리작용, 각인(刻印)은 도장을 새김, 자신감(自信感)은 자신이 있다고 여겨지는 느낌을 말한다. 인간의 모든 행동은 정신의 통제를 받기 때문에 마음속에서 자신이 능력이 있다고 생각하면 별다른 노력을 하지 않아도 능력이 있는 모습을 보일 때도 있다. 그 가장 대표적인 것이 자신감이다. 자신감은 무형의 가치이다. 그것을 느끼는 것은 자신의 마음이다. 자신감이 있는 사람과 자신감이 없는 사람의 행동과 태도, 성취에는 차이가 난다. 새마을운동[11]은 잘살 수 있다는 생각을 하고 노력하면 정말 잘살 수 있다는 것을 보여 주었다. 이처럼 좋은 경험은 자신감과 자기암시 효과를 제고시키는 데 도움이 된다.

일을 하는 데는 노동이 반드시 필요하므로 근면은 육체적인 것도 포함되지만, 특히 정신적인 부지런함이 중요하다. 생산성 향상, 비효율적인 방법 개선, 문제해결은 창의적인 생각에서 나온다. 그러므로 고안이나 착상 산책이 중요하다. 여러 사람이 일할 때는 마음을 합해야 한다. 각각의 나뭇가지는 잘 부러지지만, 같은 것 여러 개를 묶어 놓은 것은 누구도 쉽게 부러뜨리기 어려운 큰 힘을 발휘한다. 뛰어난 리더십을 발휘하는 원천이 되는 시너지 효과를 내는 힘은 구성원의 근면, 자조, 협동에서 나온다.

3. 창조적 리더십의 개요와 일반적 특징

1) 창조적 리더십의 개요

창조적 리더십은 주어진 환경 속에서 현실적인 여러 가지 어려움과 한계를 극복하고 지도자와 구성원이 공동의 노력을 통해 목표를 달성하고 목표달성 과정에서 획득되는 일에 대한

---

11) 새마을운동은 1970년에 시작된 우리나라의 범국민적 지역사회 개발운동으로 1970년 4월 22일 전국 지방 장관(특별시장, 직할시장, 도지사급) 회의에서 박정희 대통령이 처음 제창함으로써 시작되었다. 정부는 1970년 5월 6일 새마을운동 추진방안을 수립하고, 그 첫 단계로 농촌환경정비 사업을 시작하였다. 당시 정부는 정부가 1개 리·동(里·洞)에 시멘트 335부대를 지원하고 이를 이용해 농촌 주민 스스로 환경개선 사업을 펴도록 하는 등 정부 주도로 이루어졌다. 새마을운동은 이처럼 농촌 근대화운동으로 시작되었다가 도시·학교·공장을 불문하고 전국적으로 일어났고 이것은 경제 성장과 발전의 기초가 되었다. 하지만 새마을운동은 민간 주도가 아닌 관 주도로 진행되는 과정에서 국민의 자발적인 참여보다는 정부의 적극적인 개입에 의한 강제성을 띠었기 때문에 일부 부작용도 있었다.

자신감을 성장 동력으로 이용하여 더욱 상위의 목표를 설정하고 다시 노력과 도전, 성취를 통해 지속적으로 발전해 나가는 지도력이다. 매출이나 실적, 문제해결 등 목표달성을 위해 일시적으로 외부 도움이 필요하다면 받을 수도 있다. 그러나 기본적인 힘은 자력에 의존한다. 자력을 구비하고 있는 사람들은 세상 어디서든 스스로 잘 살아간다.

지도자가 발휘해야 할 창조적 리더십은 구성원 스스로 자신의 목표를 향해 자발적으로 노력하고 도전하고 자기 속에 있는 능력을 끄집어내어 성취하는 삶을 살아가게 하는 것이다. 구성원이 노력하더라도 우선은 실적이 기대에 못 미치고 어설퍼 보일지도 모른다. 하지만 자신의 힘으로 살아가는 방법을 터득한 사람들은 자신의 몫을 다하며 독자적인 삶을 살아갈 수 있다. 그러므로 자신의 가치를 일깨워 주고 자기 힘으로 자신의 삶을 개척해 나가는 능력을 갖출 수 있게 해주는 것이 가장 뛰어난 지도자이다.

2) 창조적 리더십의 일반적인 특징

• 창조적 리더십은 모든 지도자가 리더십을 발휘하기 위해 추구(追究)해야 할 기본적인 리더십 모형이다.

• 창조적 리더십은 핵심 요소를 갖추는 것으로도 충분한 리더십을 발휘할 수 있으며, 주어진 여건에 맞게 재정립하여 운영하거나 상황에 적합한 리더십을 창조하는 것까지 포함된다. 그러므로 같은 조직 내에서도 응용(應用)하는 사람에 따라 여러 가지 다른 형태로 동시에 사용될 수 있다.

• 창조적 리더십은 결과에 대해 그 정당성과 합리성을 구성원으로부터 공감받을 수 있어야 한다. 성과가 좋아도 불법적이거나 비도덕적인 방법, 구성원에게 부담을 전가하면서 만들어진 결과는 아무리 높은 실적을 올렸다고 해도 창조적 리더십을 발휘한 것이 아니다.

• 창조적 리더십의 기본정신과 핵심 요소를 비롯한 제반 가치들은 지도자 한 사람이 발휘하거나 갖추어야 할 것을 규정하는 것이 아니라 집단에 소속된 모든 구성원과 지도자가 동시에 갖추고 역량을 발휘할 일반적인 요소이다.

• 창조적 리더십은 개인, 집단, 사회, 국가, 국제기구 차원에서 모두 활용 가능하다. 삶의 질을 향상하기 위한 개인의 목표 달성, 성적이나 실적 향상, 수입 증대, 한계극복 활동 등은 자신의 노력과 자신의 능력을 끄집어내 활용한 데서 비롯된 것이기 때문에 창조적 리더십을 발휘한 것이다.

• 창조적 리더십은 미래 변화, 상황 인식, 고안과 착상 4가지 산책을 통하여 문제에 접근하

고 해결방안을 찾아 기대한 바의 결과를 창출하는 과정을 거친다. 창의적인 생각을 바탕으로 제한된 인력과 예산, 장비를 활용하여 좋은 성과를 올리는 방안을 찾아내 제시하고 이행을 통해 문제해결과 한계를 극복하고 목표를 달성함으로써 집단 내에서 스스로 발전 추동력을 만들어 내는 지도력이다.

• 창조적 리더십의 핵심은 지도자가 발전적인 미래상을 제시하고, 조직에 활력을 불어넣고, 지도자가 구성원이 능력을 끄집어내도록 도와주고, 구성원이 창의력을 발휘하고, 구성원 개인은 물론 집단이나 사회조직이 자체적으로 성장할 수 있는 추동력을 스스로 만드는 것이다. 지도자는 구성원이나 추종자들이 자유롭게 활동할 수 있도록 힘을 실어 줌으로써 목표를 달성하게 해야 한다. 한계를 뛰어넘어 성과를 내는 것은 단순한 노력으로는 곤란하다. 단합된 힘과 노력도 중요하지만, 특히 우리 속에 있는 최고를 끄집어내는 작업이 중요하다.

• 창조적 리더십은 일을 한 후 결과 창출은 물론 추동력과 여세를 가질 수 있어야 한다. 추동력과 여세가 있어야 다음 일을 추진하는 데 탄력이 붙고 집단이나 조직은 유지, 발전할 수 있다. 여세와 추동력은 무형적인 것과 유형적인 것이 있다. 무형적인 것은 지도자나 구성원 개개인이 한계를 극복하고 목표를 달성했을 때 느끼는 성취감이나 자신감이 대표적이다. 유형적인 것은 이익잉여금 처분 등이 해당한다. 이익잉여금을 처분할 때 일정한 자금을 비축해 차기 연도 사업이나 장기적인 시설투자, 조직보강 등에 활용할 수 있다. 여세(餘勢, momentum)는 어떤 일이 끝난 뒤의 나머지 세력이나 기세, 추동력(推動力)은 물체에 힘을 가하여 앞으로 나아가게 하는 힘이나 어떤 일을 추진하기 위하여 고무하고 격려하는 힘을 말한다. 여세와 추동력을 가지는 것은 달리 말하면 모멘텀을 얻는 것이다. 모멘텀(Momentum)은 그 자체의 성공으로부터 스스로 에너지를 축적해 집단이나 사회조직 성장의 가속 효과를 만들어 내는 힘이다.[12)]

• 창조적 리더십은 자신이나 다른 사람이 가지고 있는 잠재적인 창의적 생각을 발견하고 끌어내어 행동으로 옮기고 결과물을 창출해 내는 것이다. 최고는 외부에 있는 것이 아니라 우리 내부에 있다. 창조적 리더십은 우리 내부에 있는 최고를 이끌어 내는 작업이다. 이 작업은 초기의 작은 일에서 시작된 노력, 목표달성, 할 수 있다는 생각에서 만들어지는 자신감, 능력 개발과 좀 더 큰 목표를 행해 나아가는 과정의 순환을 통해 발전해 나간다. 따라서 창조적 리더십은 노력과 도전, 성취과정에서 자신감을 얻고 생각하는 힘을 키우는 능력 개발을 통해 자신과 자신이 소속된 집단이나 사회를 발전시키는 것이다.

• 외부 지원은 일을 하고, 성과를 올리는 데 상당한 도움이 된다. 그러나 뛰어난 리더십은 외부 지원이 없는 상태에서 구성원이 근면, 자조, 협동 정신을 바탕으로 노력하여 결과를 창

---

12) 아시아경제 2010. 11. 8.

출하는 것이다. 자력으로 창출한 결과는 그 자체로 충분한 가치가 있으며, 구성원들 모두에게 강한 자신감을 갖게 하고 모멘텀도 만들어 낸다.

• 창조적 리더십은 현실적인 여건에서 출발하여 인화를 바탕으로 장애와 한계를 극복, 문제를 해결하고 목표한 바나 기대 이상의 결과를 만들어 내는 것이다. 인화는 창조적 지도력 발휘의 핵심 요소이다. 모두가 필요성을 공감하면 인간은 단합된 행동을 하게 되어 있다. 따라서 모두가 공감하는 것을 추구하고, 공동의 목표와 일을 통해 자연스럽게 단결된 행동을 하게 하는 것이 중요하다.

• 창조적 리더십은 다양한 가치와 이념을 균형 있게 지향해야 하며, 산적한 개혁과제들을 통합하고 상호 연계시켜 추진하여야 한다. 일이란 쉽게 계획한 대로 되는 것이 아니므로, 창조적 지도자는 조직과 구성원이 직면하는 저항이나 기회 등 환경과 여건 변화에 따라 적절하게 대응해 나가야 한다. 창조적 리더십을 발휘하여 좋은 성과를 이루어 내기 위해서는 정보를 공유하고 상부의 의사결정 내용이 조직 구석구석까지 파급될 수 있는 체계를 구축하고 필요한 때 힘을 발휘하도록 해야 한다. 목표달성 과정에는 구성원이 목표달성의 주체로 참여할 기회를 부여하고 자기 주도적인 목표달성 노력이 자발적으로 이루어지도록 유도하는 것이 중요하다. 구성원들을 일방적인 명령, 통제, 지도, 교육 대상으로 생각하고 목표달성을 강요해서는 오히려 구성원들의 저항에 부딪히고 목표를 달성하기 어렵다.

• 창조적 리더십은 우리에게 주어진 환경과 여건을 활용하여 서로 믿고 의지하며 어렵고 힘든 것을 참고 견디며 애[13]를 쓰고 새로운 것을 생각해 좋은 결과를 만들어 내고 모두를 발전시켜 나가는 것이다. 인간의 삶은 기본적으로 80%는 자신이 추구하는 것을 실현하기 위해 힘들고 괴로운 것을 인내하며 잠재력을 키우는 일에 소요된다. 이 과정을 통하여 20%의 성취감과 행복을 누린다. 그러나 20%의 성취도 그냥 지속하는 것이 아니다. 20%가 2%로가 되지 않게 하기 위해서는 일정한 능력을 계속 인정받기 위한 유지 노력이 필요하다.

• 창조(創造)는 전에 없던 것을 처음으로 만듦, 새로운 업적·가치 따위를 이룩함이다. 창조적 리더십에서 추구하는 창조는 지도자가 자신을 포함한 구성원이 가진 재능을 이끌어 내는 것, 공동의 목표를 향하여 협동하고 스스로 행동하게 하는 것, 자신감을 갖게 하는 것, 기대 실현과 목표 달성을 통해 새로운 가치를 만들어 내는 것, 자신이 가진 잠재력을 개발하기 위해 자기 계발과 훈련을 통해 발전을 추구하게 하는 것, 자아존중감의 확인과 자아실현, 공동 발전과 개인 발전의 조화 등이 있다.

• 창의적(創意的)은 창의성을 띠거나 가진 것을 말한다. 인간 삶에서 창의적인 사고방식은

---

13) 애는 마음과 몸의 수고로움.

필수적인 요소이다. 그럼에도 리더십이 창의적 리더십이 아니고 창조적 리더십이 되어야 하는 이유는 리더십이 사람을 움직이고 변화시키고 결과를 만들어 내는 것이기 때문이다. 창의(創意)는 새로 의견을 생각하여 냄 또는 그 의견으로 일을 처리하는 중간 과정에 필요하지만, 창조(創造)는 전에 없던 것을 처음으로 만듦, 새로운 업적・가치 따위를 이룩하므로 결과까지를 포함한다. 그러므로 창조적 지도자는 창의적인 사고에 의존하여 일을 진행하고 창조적인 리더십을 발휘해야 한다.

4. 지도자의 자질과 창조적 리더십 기본요소

기본(基本)은 사물・현상・이론・시설 따위의 기초와 근본, 기초(基礎)는 사물의 밑바탕, 근본(根本)은 사물이 발생하는 근원을 말한다. 지도자의 자질을 발휘하고 창조적 리더십이 생겨나고 시작되는 바탕은 노력과 도전 의지, 긍정적 사고 등 9가지가 있다. 지도자는 자질과 창조적 리더십의 기본요소에 대한 관심이 있어야 한다. 이것들은 인간 삶에 필요한 내용이다. 노력과 도전, 건강관리와 경제관념, 인간관계를 중시하는 것은 반드시 지도자가 아니라도 누구나 해야 할 일이다. 이것이 있어야 결과물을 만들어 내고 발전하며 밝은 미래를 그릴 수 있다. 리더십 발휘에는 이들 중 어느 한 가지만 잘 활용해도 큰 도움이 된다. 그러므로 지도자의 자질과 창조적 리더십의 기본요소 중 어느 한 가지에 집중적으로 관심을 두고 활용해도 좋은 결과를 창출할 수 있다. 예를 들면 인재를 중시하고 걸출한 사람을 참모로 영입하여 전쟁에서 승리하거나 사회혼란을 평정하고 태평성대를 연 사례는 역사상 어렵지 않게 찾아볼 수 있다. 또한 열심히 노력하거나 나름대로 고유한 경제관념으로 대기업을 일군 사람들도 많다.

1) 노력

노력(努力)은 애를 쓰고 힘을 들임이다. 노력은 인간 삶의 기초이고, 인간이 할 수 있는 모든 것이다. 결과 창출은 모두 노력으로 이루어진다. 세상에 그냥 이루어지는 것은 아무것도 없다. 인간 삶에도 공짜는 없다. 우연처럼 어떤 일이 일어나고 결과가 창출된 것은 과거에 내가 한 노력이 이제 시현된 것이 아니라면 다른 누군가의 노력이나 배려의 결과, 자연 작용과 환경 변화 또는 이것이 다른 사람의 노력과 결부되어 나타난 것을 우연히 이루어진 것으로 인지

할 뿐이다. 우연은 자주 일어나지 않는다. 기본적으로 세상 모든 일의 결과는 노력으로 이루어진다.

리더십과 지도자에 대해 오해하는 사람들은 조직의 리더는 남다른 소질과 능력을 갖추고 있는 사람이며, 이러한 특징을 선천적으로 타고나는 것으로 생각하는 것이 일반적이다. 또한 리더는 스스로 내린 결정에 따라 사람들에게 명령만 내리면 되는 것으로 생각하는 사람도 있다.[14] 그러나 실전에서 리더가 의사를 결정하고 명령한다고 하여 사람들이 생각대로 움직여 주고 기대하는 성과를 손쉽게 얻을 수 있는 것은 아니다. 인간 삶은 무엇인가를 이루기 위해서는 변화를 읽고 그것을 관리하는 일을 통해 끊임없이 노력해야 한다. 노력 없이 이루어지는 것은 아무것도 없다.

2) 도전의지

도전(挑戰)은 어려운 사업이나 기록 경신에 맞서는 것, 의지(意志)는 어떤 일을 이루려는 굳은 마음을 말한다. 목표를 갖지 않고 무계획적으로 노력한 것과 뚜렷한 목적의식을 갖고 계획적으로 노력한 것의 결과는 현저한 차이가 난다. 그냥 도전하는 것과 도전의식을 갖고 도전하는 것도 마찬가지이다. 도전은 중요하다. 그러나 도전보다 더 중요한 것은 도전의지이다. 도전의지는 문제를 해결하고 성취하고 새로운 분야를 개척하기 위해 어려운 일이나 사업, 기록 경신 등을 추구하는 과정에서 당면하는 고난, 어려움 또는 여러 가지의 시련과 장애, 한계에 적극적으로 맞서 그것을 넘어서려고 하는 마음이다.

도전은 일회성으로 그칠 수 있다. 의지가 약한 사람은 도전하는 중간에 포기할 수도 있다. 그러나 도전의지를 갖추고 있으면 자신이 뜻하는 바를 이룰 때까지 연속적인 도전을 하게 한다. 도전의지가 있는 사람은 온갖 장애와 역경을 이겨 내고 끝까지 밀고 나간다. 사람이 이루려고 하는 것은 그 내용이나 크기에 따라 차이가 난다. 한 번에 이룰 수 있는 것도 있지만, 그보다는 오랜 시간과 노력, 인내가 요구되는 것이 더 많다. 실력이나 능력도 하루아침에 쌓이지 않는다. 궁극적인 목표를 이루기 위해서는 작은 목표를 세우고 도전하는 과정을 거쳐 경험과 실력, 자신감을 쌓고 좀 더 진전된 목표를 세워 도전하는 방법으로 확장해 일정한 실력의 단계에 올라섰을 때 진정으로 원하는 것에 도전하고 성취하여야 한다. 이를 위해서는 도전은 물론 도전의지를 갖추고 끊임없이 도전하는 도전의지가 필요하다.

---

14) 노용진(2004), "리더십에 대한 3가지 오해", ≪LG주간경제≫, LG경제연구원, p.8.

3) 경제관념

경세제민(經世濟民)은 세상을 다스리고 백성을 구제함이며, 준말은 경제(經濟)이다. 경제(經濟)는 인간 생활의 유지·발전에 필요한 재화를 획득·이용하는 과정의 일체 활동으로 재화의 생산·교환·분배·소비는 모두 경제의 한 부분이다. 관념(觀念)은 어떤 일에 대해 가지는 생각이나 견해(見解), 경제관념(經濟觀念)은 재화나 노력, 시간 따위를 유효하게 쓰려고 하는 생각이다. 경제발전의 기반은 기술혁신이다. 세계사에서 강대국의 위치가 영구히 고정적이지 않았음은 분명하다. 그러나 비교 정치·경제학자들은 모두 서양이 대규모의 육군과 해군력을 유지하는 기반으로 경제발전을 성공적으로 이룩할 수 있었기 때문에 중세 이후 국제정치체제에서 우월한 위치를 차지할 수 있었음을 인정하고 있다.[15]

경제를 발전시키려면 경세제민하려는 마음이 있어야 하고, 경세제민하려는 지도자는 경제를 중시하고 경제관념을 가져야 한다. 지도자는 구성원의 세금 부담으로 조성된 예산으로 경제를 발전시키고, 경제발전을 통해 이룩된 재화나 이윤을 재분배하는 역할을 수행해 구성원의 삶의 질을 향상하는 것이 주요한 임무 중 하나다. 그런데 지도자가 경제관념이 약하면 마련된 재원은 비효율적으로 사용될 수밖에 없다. 정작 혜택을 받아야 할 사람은 못 받고 엉뚱한 사람이 혜택을 받는 등 부정부패가 만연하고, 구성원의 부담은 늘어나기 마련이다. 경우에 따라서는 국가 경제를 도탄에 빠지게 하여 국제통화기금이나 다른 나라로부터 긴급 구제금융을 받거나 모라토리엄[16]을 선언할 수밖에 없는 상태에 이르게 할 수도 있다. 집단과 사회조직이 발전하고 발전하지 않는 것은 지도자가 어떤 경제관념을 갖고 일을 하느냐에 따라 큰 차이가 난다.

4) 인재와 인간관계 중시

세상(世上)은 사람이 살고 있는 모든 사회를 통틀어 이르는 말이다. 그러므로 사람이 항상 최우선이 되어야 하고 될 수밖에 없다. 즉, 세상의 중심은 사람이다. 사람과 사람의 관계 속에서 세상을 변화시키고 발전시키는 힘이 나온다. 이 힘은 인재와 인간관계에 의해 만들어진다. 인간관계는 상호 존중할 때 발전한다. 사회적 자본(Social Capital)은 그 개념을 어떤 맥락에서 사용하느냐에 따라 정의가 달라진다. 대체로 사회적 자본은 사회구성원들이 힘을 합쳐 공동

---

15) 하봉규(2008), 《한국 정치와 현대 정치학》, 팔모, p.19.
16) 모라토리엄(moratorium)은 한 국가가 경제·정치적인 이유로 외국의 차관 따위에 대하여 일시적으로 상환을 연기하는 일. 지급 유예.

목표를 효율적으로 추구할 수 있게 하는 자본을 이르는 말이다. 사람과 사람 사이의 협력과 사회적 거래를 촉진하는 일체의 신뢰, 규범 등 사회적 자산을 포괄하여 말한다. 우리가 인재와 인간관계를 중시하는 것도 사회적 자본 확충과 강한 연관이 있다. 사회적 자본의 생성과 확충을 위해서는 상호 존중이 반드시 필요하다.

이탈리아의 잠바티스타 비코(Giambattista Vico)라는 철학자는 인간사회가 고정되어 있다는 생각을 거부했다. 그가 생각한 인간사회는 동적이고 시대에 따라 변하며 무엇보다도 인간이 의도한 창조적 산물이었다. 그는 "시민사회가 구성하는 세계는 확실히 사람에 의해 만들어지는 것이다"라고 했다. 앨런 스윈지우드(Alan Swingewood)가 '계몽시대 최초의 그리고 가장 위대한 사회학자'라고 부른 몽테스키외(Montesquieu)는 다음과 같이 주장했다. "세계는 운수에 의해 지배되는 것이 아니라 인간의 행위에 의해 지배되는 것이다. 우리는 로마의 멸망에서 이러한 예를 찾을 수 있다. 로마가 멸망할 때 로마의 지도자들은 로마를 세계의 주인으로 만들어 주었던 것과 정확하게 정반대의 방법들을 택했다"고 말했다.

비범한 스코틀랜드 철학자들, 특히 데이비드 흄(David Hume), 애덤 스미스(Adam Smith), 애덤 퍼거슨(Adam Ferguson)은 사회가 신성으로부터 나왔다는 것을 부정하고 인간의 경험과 감각을 강조했다. 인간의 경험과 감각 또는 인간의 상호의존은 물질적 세계에 의해 형성되고 또 물질적 세계를 형성해 가면서 사회 변화를 주도한다. 성선설[17]이나 성악설[18]과 같이 철학적 구체제의 기초에는 인간의 본성은 고정되어 있고, 그 본성은 보편적이라는 가정이 깔려 있었다. 그리스 시대부터 그 가정은 또 다른 가정들을 지지해 왔다. 즉, 인간사회의 본질에 대해, 사회변화에 대해, 자기 계발과 창조적 사유 및 행위의 잠재력에 대해 가정해 왔다.

이에 대해 비코는 치명타를 날린 것이다. 뒤이어 다른 이들도 인간의 본성에 대한 이해가 더는 도그마[19]에 의존해서는 안 된다고 했으며, 흄은 '사람들의 삶에 대한 조심스러운 관찰로부터' 도출된 결론과 함께 과학적으로 접근되어야 한다고 주장했다. 유럽의 탐험가나 식민주의자들이 세상의 다른 쪽에 있는 사회와 문화의 놀라운 다양성을 만나면서 또한 서양 자체가 산업화를 통해 놀라우리만큼 급속한 변화를 경험하면서 인간의 본성 및 인간사회가 신에 의해 주어진 것이고, 이것들이 불변적이라는 믿음이 무너졌다.[20]

이후 사람들의 관심은 인간관계로 옮겨졌고 인간사회에서 발생하는 인과관계의 원인을 규명하는 데 노력했다. 그 결과 사회과학이 크게 발전했다. 그러나 다양한 노력과 시도에도 여

---

17) 성선설(性善說)은 인간의 본성은 선천적으로 착하다는 맹자(孟子)의 설.
18) 성악설(性惡說)은 인간의 본성은 악하다고 하는 순자(荀子)의 설.
19) 도그마(dogma)는 독단적인 신념이나 학설. 이성적이고 논리적인 비판과 증명이 허용되지 않는 교리, 교의, 교조 따위를 통틀어 이르는 말. 교회가 신에 의한 계시라고 인정하여 받아들인 진리로 최고의 권위를 갖고 있다.
20) 제임스 맥그리거 번스 저, 조중빈 옮김, ≪역사를 바꾸는 리더십≫, 한국방송통신대학교출판부, pp.27~28.

전히 인간사회에서 일어나는 인과관계의 정확한 원인을 규명하고 명쾌하게 설명하는 단계에는 이르지 못하고 있다. 제임스 맥그리거 번스(James Mcgregor Burns)는 '철학, 심리학, 역사학, 정치학 등 어떤 하나의 분과학문만으로는 인과 현상을 적절하게 다룰 수 없다. 우리가 관심을 둔 주제는 이 모든 학문분야의 안과 밖에 걸쳐 왔기 때문이다. 현존하는 지적 자원들을 차용하여 종합하고, 그 과정에서 새로운 지적 자원들을 만들어 내기 위해서는 다변 학문이 필요하다. 그래야만 폭넓은 개념적·경험적 도구들을 이용하여 인과관계에 접근할 수 있다. 그 학문이 리더십이고, 리더십이란 바로 역사적 인과관계에서의 X요인을 말한다'라고 했다.[21]

리더십은 사람과 사람의 관계에 관한 것이다. 사람의 삶은 인간관계에 의해 유지되고 힘이 만들어지므로 인간관계에 대한 이야기라고 할 수도 있다. 세상은 혼자 사는 것이 아니므로 일어나는 모든 일의 결과는 사람들 간의 관계에 의해 결정되고 이루어지고 상호 영향을 주고받는다. 전장에서의 승리, 나라를 세우거나 초일류 기업을 만드는 일, 개혁과 혁신, 질서의 창조와 파괴 등 좋은 일도 좋지 않은 일도 모두 사람에 의해 만들어지고 발생한다. 이런 점에 대해 강하게 의식하고 신경을 많이 쓰는 사람들은 지도자의 자질 중에 용병술[22]이나 용인술을 포함하기도 한다. 그러나 용병술이나 용인술은 특별히 구비하거나 고려해야 할 대상이 아니다. 원칙에 따라 인사하고 적재적소[23]에 배치하는 것이면 충분하다. 욕심을 버리고 공정을 추구하면 적재적소 배치는 어렵지 않다.

인간관계(人間關係)는 어떤 조직체 안에 있는 사람과 사람과의 관계, 중시(重視)는 '중대시'와 '중요시'의 준말이다. 중대시(重大視)는 중대(重大)하게 봄 또는 중대하게 여김, 중요시(重要視)는 중요하게 여김이다. 인간관계가 원만해야 만사형통(萬事亨通)[24]한다. 독불장군[25]으로는 아무런 일도 제대로 이루기 어렵다. 세상의 모든 일은 인간관계에 의해 만들어지기 때문이다. 현대사회에서 외치는 내치에 못지않게 중요하다. 국가 안위는 국제 정세 변화나 주변국과의 관계에 강한 영향을 받는다. 그런데 많은 사람이 외치를 외교 능력에서 나오는 것으로 생각하는 경향이 있다. 물론 기술적인 측면에서는 그런 부분이 있다. 하지만 어느 나라든 외교 역량의 바탕이 되는 국민적인 단합이나 경제력은 원만한 인간관계에서 나온다.

어느 집단이나 조직이든 목표를 달성하고 발전적인 방향으로 선도해 나갈 수 있는 인재가 반드시 필요하다. 뛰어난 지도자(leader)는 훌륭한 인재를 알아보고 발굴하고 임용하고 발탁

---

21) 제임스 맥그리거 번스 저, 조중빈 옮김, ≪역사를 바꾸는 리더십≫, 한국방송통신대학교출판부, p.31.
22) 용병술(用兵術)은 군사를 쓰거나 부리는 기술.
23) 적재적소(適材適所)는 마땅한 인재를 마땅한 자리에 씀.
24) 만사형통(萬事亨通)은 모든 일이 뜻한 대로 잘됨.
25) 독불장군(獨不將軍)은 무슨 일이나 자기 생각대로 혼자 처리하는 사람. 따돌림을 받는 외로운 사람을 말하지만 혼자서는 장군이 못 된다는 뜻으로, 남과 협조하여야 한다는 말로 사용된다.

(拔擢)하고 육성하고 경영할 줄 안다. 선진국을 유지하는 것도 그렇지만, 시장을 선도하는 선발 기업이나 선진국을 따라잡아 같은 위치에 올라가는 데에는 자본보다 사람이 더 중요하다. 상상력과 독창력(initiative)이 넘치는 사람, 규모의 경제를 이해하는 사람, 생산 방법과 기계뿐만 아니라 조직운영(software)도 아는 사람, 이런 사람들이 필요한 것이다. 그렇게 되면 자본은 저절로 따라와 점점 늘어나게 된다.[26]

5) 건강

건강(健康)은 정신적·육체적인 이상(異常)의 유무(有無)를 주안(主眼)으로 본 몸의 상태, 몸에 탈이 없고 튼튼함을 뜻한다. 인간에게 있어 건강은 기본이다. 모든 집단이나 사회조직의 최고 지도자는 구성원 중에서 가장 열심히 가장 많은 일을 해야 하는 사람이다. 지도자의 역할과 노력을 통해 발휘되는 리더십은 성과와 직결된다. 그러므로 리더가 되기 위해서는 건강해야 한다. 리더의 건강은 자신의 행동과 관련이 있을 뿐만 아니라 때로는 구성원의 삶, 집단진로에 엄청난 영향을 미치기도 한다. 특히 전쟁 중에 최고 지도자의 와병이나 상처를 입어 활동하기 곤란한 상황이 발생하면 병사들의 사기에 직접적인 영향을 미치는 등 심각한 문제가 되는 일이 많다.

전쟁이나 천재지변, 예기치 않은 사건이나 사고가 발생해 구성원이 공포에 떨며 불안해할 때는 안전이 확보되지 않은 상황에서도 위험을 무릅쓰고 지도자가 최전선(最前線)이나 현장에 나서는 모습을 우리는 종종 보아 왔다. 지도자의 이런 용기 있는 행동은 구성원의 불안을 잠재우고 단결된 힘을 끌어내 더욱 분발하게 하며 어려운 상황을 극복하는 데 큰 힘이 된다. 그러나 건강하지 못하면 의사가 없어서가 아니라 건강이 받쳐주지 못해 지도자들은 자신의 말을 뒷받침해주는 행동을 할 수 없을 때가 있다.

솔선수범(率先垂範)은 남보다 앞장서서 하여 다른 사람에 모범이 되는 것을 말한다. 그러나 솔선수범도 건강이 받쳐주지 않으면 할 수 없는 행동이다. 누구나 행동할 수 있는 순간보다는 모두가 피곤하고 일하기 싫을 때 솔선수범하는 것이 의미가 있다. 건강해야 남보다 많은 일을 할 수 있으며, 남보다 피곤을 덜 느끼고 일을 할 수 있다. 건강은 일반생활에도 중요하지만, 효과적인 리더십 발휘를 위해서는 더없이 중요한 기본조건이다. 그러므로 지도자와 지도자가 되려고 하는 사람들은 건강을 위해 끊임없이 자기 계발을 해야 하고 체계적인 체력관리를 위

---

26) 하봉규(2008), 《한국 정치와 현대 정치학》, 팔모, p.30.

해 노력해야 한다.[27)]

리더십의 결과는 모든 구성원의 합력에서 나온다. 그러므로 지도자뿐만 아니라 구성원의 건강도 아주 중요하다. 구성원의 가족까지 건강하면 더욱 바람직하다. 자신과 가족 모두 건강해야 일터에서 일에 집중하고 더욱 열심히 일할 수 있다. 창조경영시대에는 직원의 에너지 충전 정도가 기업의 성과를 좌우한다. 직원의 에너지는 육체와 정신이 모두 건강할 때 극대화된다. 에너지가 충만하다는 것은 업무 수행에 필요한 육체적인 능력과 정신적인 열정이 제고된 상태를 의미한다. 오늘날의 직장인은 치열한 경쟁 속에서 생존을 위해 일에만 몰두한 결과, 육체적·정신적 건강의 악화가 우려되는 상황이다. 그래서 기업 차원에서 직원의 체계적인 건강관리 필요성이 대두하고 있다.

존슨앤드존슨(Johnson & Johnson)은 1995년 이래 직원의 건강관리에 적극적으로 투자하여 흡연자의 3분의 2, 고혈압 환자의 2분의 1 이상이 감소하고 결근율이 78% 줄어드는 효과를 얻었다. 직원 건강관리 비용으로 1달러를 사용할 때마다 2.71달러의 의료비용 절감 효과가 발생했다. 2002~2008년까지 7년 동안 총 절감액이 2억 5천만 달러에 달한 것으로 알려졌다.[28)]

6) 교육 숭상

교육(敎育)은 가르쳐 기름, 지식과 기술 따위를 가르쳐 개인의 능력을 신장시키고 바람직한 인간성을 갖추도록 지도함을 뜻한다. 그 교육의 장(場)에 따라서 가정교육·학교교육·사회교육 등으로 구분한다. '배우다'에는 첫째, 지식을 얻거나 기술을 익히다. 둘째, 남이 하는 일을 보고 그와 같이하다. 셋째, 학문을 닦다. 넷째, 경험하여 잘 알다. 다섯째, 습관이나 습성을 몸에 익히다 등 여러 가지 뜻이 있다. 일반적으로 '배우다'라는 의미는 타인에게 가르침을 받거나 타인의 행위를 보고 깨달음을 얻는 것이다. 타인에게 배우지 않고 혼자만의 참선이나 수양을 통해 깨달음을 얻고 정신세계를 일정한 경지로 끌어올리는 일은 포함되지 않는다.

'익히다'는 익숙하게 하다. 공부(工夫)는 학문이나 기술을 배우고 익힘, 수행(修行)은 행실·학문 따위를 닦음, 참선(參禪)은 좌선(坐禪) 수행을 함 또는 선(禪)을 참구(參究)함, 학습(學習)은 지식이나 기술 등을 배워서 익힘이다. 깨달음은 진리나 이치 따위를 생각하고 궁리하여 알게 되는 것, 고행(苦行)은 육신을 괴롭히고 고뇌를 견뎌 내는 수행(修行)을 뜻한다. 수양(修養)은

27) 서재현(2009), ≪리더십 베이직: 리더를 꿈꾸는 사람의 참고서≫, 한경사, pp.41~42.
28) 김치풍, "직원 건강도 평가한다? 건강성과표(Wellness Scorecard)", ≪SERI 경영노트≫, 제109호(2011.6.30), 삼성경제연구소, pp.1~4.

몸과 마음을 닦아 품성이나 지식, 도덕심 따위를 높은 경지로 끌어올림, 교습(敎習)은 가르쳐서 익히게 함, 숭상(崇尙)은 높여 소중히 여김이다.

교육은 공부가 바탕이 된다. 공부 방법은 크게 보면 두 가지이다. 타인으로부터 지식이나 기술을 배우고 익혀 지식을 축적하거나 보고 깨달음을 얻는 학습, 스스로 진리나 이치 따위를 생각하고 궁리하여 알게 되는 깨달음을 구하는 수행이 있다. 현대사회에서는 정규교육과정을 통한 공부가 학벌이 되고, 그것이 사회적인 중요한 가치로 통용된다. 그러나 능력주의 사회에서는 학벌보다는 능력이 더 큰 가치를 인정받는다. 특히 종교지도자는 수행을 통해 깨달은 정도에 따라 평판이 결정되는 일이 많다.

기술(技術)은 어떤 일을 효과적으로 하는 방법이나 능력을 말하는데, 이것은 주로 공부, 학습과 교습 등 교육훈련과 업무수행 과정을 통해 전수가 이루어지고 개인이 터득한다. 집단이나 사회조직에서 교육의 중요한 목적 중 하나가 기술 함양이다. 리더십은 타고나는 것이 아니라 만들어지는 것이라고 할 때 기술은 필수적이다. 기술은 개인이 어떤 타고난 천부적인 재능이 있든 없든 필요한 것이다. 모든 집단이나 조직 내에서 뛰어난 능력을 갖춘 사람으로 지칭되는 전문가가 중용되는 것은 학습과 경험을 통해 기술을 연마하고 그것이 성과로 이어지기 때문이다. 실제로 대부분의 구성원은 전문가가 조직발전에 기여하고 더 좋은 결과를 내놓을 것으로 기대한다.

기술은 모든 구성원에게 필요하다. 제품의 개발 담당자는 개발기술, 관리자는 관리기술, 경영자는 경영기술, 지도자는 리더십을 효율적으로 발휘하는 기술을 갖추고 있어야 한다. 기술이 있는 사람과 기술이 없는 사람이 일한 결과에는 많은 차이가 난다. 학습과 경험을 통해 기술을 쌓지 못한 상태에서 지도자가 되면 변화하는 상황에 제대로 대처하지 못하고 집단이나 조직 전체를 위기로 빠뜨릴 가능성이 있다. 그러므로 지도자는 자신뿐만 아니라 구성원을 위해 항상 새로운 것을 공부하고 교육을 통해 기술을 상호 전수(傳授)하는 등 공부와 교육을 숭상해야 한다.

7) 긍정적인 사고

미국 합동참모본부 의장과 국무부 장관을 역임한 콜린 파월(Colin Powell)은 지속적인 긍정적 사고는 능력을 배가시킨다(Perpetual optimism is a force multiplier)고 하였다. 긍정적인 사고는 아무리 강조해도 지나치지 않다. 위기와 절망을 이겨 내는 힘도 긍정적인 사고로부터 비롯되며, 이는 곧 자신감의 원천이 된다.[29] 긍정(肯定)은 어떤 사실이나 생각에 대하여 그렇다고 인정 또는 승인함, 사고(思考)는 생각하고 궁리함이다. 그러므로 긍정적 사고는 주변 상황이나 상태, 사실에 대해 그것이 좋은 것이든 좋지 않은 것이든 그렇다고 인정하고 좋은 결과를 도출하고 바람직한 방향으로 이끌어 가기 위해 생각하고 궁리하는 것이다. 즉, 긍정적인 사고는 어떤 상황에서도 낙관적으로 생각하며 희망을 실현하기 위해 꿋꿋이 앞을 보고 나아가는 사고방식을 말한다. 긍정은 희망을 수반하고 자신에게 기회를 제공한다. 긍정적인 사고가 만들어 내는 것이 '할 수 있다'는 생각이다. 세상의 모든 것은 할 수 있다는 생각에 따라 발전하고 바뀌어 왔다. 상상의 현실화, 불가능한 것처럼 보였던 일들이 가능하게 된 것은 모두 할 수 있다는 생각을 하고 가능한 방법을 찾았기 때문에 실현되었다.

8) 고객 만족 지향

고객(顧客)은 물건을 사러 오는 손님이나 단골손님, 소비자(消費者)는 재화를 소비하는 사람, 재화(財貨)는 돈이나 그 밖의 온갖 값나가는 물건 또는 사람의 욕망을 만족하게 하는 물질, 서비스(service)는 손님을 접대함 또는 장사로서 손님에게 편의를 줌, 편의(便宜)는 형편이나 조건 따위가 편리하고 좋음, 편익(便益)은 편리하고 유익함, 만족(滿足)은 마음에 흡족(洽足)함 또는 흡족하게 생각함을 뜻한다. 리더십에서 고객은 지도자가 리더십 발휘를 통해서 편의를 누리거나 편익을 얻게 되는 모든 사람이다.

고객 중에는 당사자로서 지도자 자신, 조직 내에서 지도자의 리더십 발휘를 지원하고 보조하는 조직구성원, 지도자에 의해 창출된 제도와 정책의 서비스 대상, 생산한 제품을 소비하는 소비자 등이 있다. 지도자는 이 세 분류의 고객이 동시에 만족할 수 있도록 노력해야 한다. 지도자는 자원봉사하는 사람이 아니라 사회와 구성원을 위해 봉사하는 사람이므로 자신이 올린 리더십 발휘 결과를 누릴 권리가 있다. 그리고 조직구성원들도 노력한 대가를 받아야 하고, 소비자나 서비스 대상이 되면서 의무를 부담하는 사회구성원도 만족할 수 있어야 한다.

9) 법규 준수

인간사회에서 지도자의 선출과 권력 행사의 기본은 법규이다. 과거 전제군주시대에는 힘을

---

29) 김종현(2007), 《콘디의 글로벌 리더십》, 일송북, p.206.

가진 사람이나 추종자가 많은 세력을 가진 집단의 수장이 스스로 지도자를 자처하는 때도 있었다. 그러나 이때에도 국민에게 의무를 부담하게 하는 강제나 처벌 등의 통치행위는 법규에 의해 이루어졌다. 법규(法規)는 일반 국민의 권리 의무를 규정하여 활동을 제한한 법률이나 규정, 준수(遵守)는 규칙·명령 등을 그대로 좇아서 지킴을 말한다. 현대 민주주의 사회에서 지도자의 선출과 권력행사 등 리더십을 발휘할 수 있는 기본 바탕 역시 법규이다. 법규에 따라 구성원은 삶의 질 향상을 위해 자신이 가진 주권을 위임하고 의무를 당연한 것으로 받아들이며 자신에게 주어지는 국가의 요구를 자임한다.

지도자가 집단이나 사회조직의 구성원에게 일을 시킬 수 있는 권리도 집단이나 사회조직의 구성원이 의무를 이행하는 것도 모두 법규에서 나온다. 지도자와 구성원 모두 법규를 준수할 때 지도자가 가지는 권리와 구성원이 부담하는 의무도 정당성이 인정될 수 있다. 그러므로 지도자가 되려고 하는 사람은 구성원보다 법규를 더 잘 지켜야 하고, 법규를 위반했으면서도 책임을 지지 않은 사람은 지도자로 나서지 않는 것이 마땅하다. 하지만 실제에는 법규를 위반하고 책임을 지지 않았으면서도 권력에 대한 탐욕으로 지도자가 되기 위해 나서는 사람들이 많다. 이런 사람들에 대해서는 구성원이 강력하게 항의해야 하고 임명권을 가진 지도자는 법규를 위반한 사실이 드러났는데도 그에 합당한 대가를 치르지 않은 사람을 정무직공무원 등 고위공무원에 선임해서는 안 된다.

지도자가 법규를 준수하지 않으면 구성원에 대한 의무 이행을 강제하기 어렵다. 지도자가 자의적 행동이나 판단에 의해 법규를 지켰다 안 지켰다 하면서 구성원에게 의무 부담을 종용하면서 불법을 처벌하려 하면 구성원들은 반발하기 마련이다. 이러한 일이 되풀이되면 법규는 도전받는다. 법을 지키는 것이 손해라는 인식이 확산하면 집단이나 사회는 갈등과 혼란이 고조되어 결국은 구성원 모두를 불행하게 한다.

5. 창조적 리더십 발휘 결과

창조적 리더십을 발휘한 결과는 성취, 만족, 발전으로 나타난다. 이에 수반하여 권리, 편리, 이익, 복리가 신장하고 권력과 명예가 고양된다. 성취(成就)는 목적한 바를 이룸, 만족(滿足)은 마음에 흡족(洽足)함, 발전(發展)은 더 낫고 좋은 상태로 나아감을 뜻한다. 인간은 성취해 욕구를 만족하면 즐거움과 행복을 느끼며 자신감을 얻는다. 한계 극복은 발전으로 이어져 능력은 더욱 증강된다. 이에 따라 활동 반경이 넓어지고 주변에 대한 영향력이 확대된다. 권익이 신장하고 복리도 증진되어 인간 존엄성이 실현되고 삶의 질도 향상된다.

제2절 지도자 요건과 창조적 리더십 실현 핵심 요소

1. 핵심 요소의 필요성

지도자가 요건을 갖추고 리더십을 발휘했을 때와 요건을 갖추지 않고 리더십을 발휘했을 때는 차이가 난다. 핵심 요소를 갖추고 창조적 리더십을 발휘했을 때 우리가 얻을 수 있는 것은 문제해결능력 발휘, 한계 극복, 목표 달성, 효율 향상, 기대하는 좋은 결과 창출, 창조, 생각의 현실화와 상용화, 경쟁력 제고, 차별화, 효용 증대, 난국 타개, 진보와 전진 그리고 발전, 이상 실현, 가치와 감동 그리고 기쁨과 즐거움 창출, 앞서 가도록 하는 것, 고객 만족, 자아존중감 실현, 성취, 잠재능력 발현, 활력 증대, 에너지 생산, 일자리 창출, 결속력 강화, 자신감 획득, 경쟁에서 승리, 수입과 매출 증대, 능력을 인정받음, 실력 향상, 역량 강화, 성적이나 실적 향상, 권익 신장, 편익과 복리 증진 등이다. 이것들이 이루어지면 인간 존엄성 실현과 삶의 질이 향상된다. 개별적인 내용 달성으로도 인간 존엄성 실현과 삶의 질이 향상되는 것을 느낄 수 있지만, 여러 가지가 동시에 실현될 때 더욱 뚜렷하게 체감할 수 있다.

2. 핵심 요소의 내용

창조적 리더십을 발휘하기 위해 지도자가 갖추어야 할 핵심 요소의 내용은 창의력, 추진력, 통제력, 통찰력, 통합력, 도덕성, 이타성이다. 이것은 지도자가 갖추어야 할 기본적인 요소에 해당하고 동시에 창조적 리더십을 발휘하기 위한 구성 요소이다. 요건(要件)은 필요한 조건을 뜻한다. 지도자가 갖추어야 할 기본적인 요건은 리더십이다. 리더십을 제대로 발휘하기 위해서는 자질과 마음가짐이 필요하다. 자질(資質)은 어떤 분야의 일에 대한 능력이나 실력의 정도로 창의력, 추진력, 통제력, 통찰력, 통합력이 있다. 그리고 마음가짐에는 도덕성과 이타성이 있다. 자질과 마음가짐의 내용인 창의력, 추진력, 통제력, 통찰력, 통합력, 도덕성과 이타성이 창조적 지도력의 핵심 요소를 이룬다.

구성원들도 핵심 요소의 내용이 무엇인지 알고 이해해야 한다. 그래야 자신의 능력을 육성할 수 있고 평가 결과에 대해서도 공감하고 승복할 수 있다. 그동안 많은 조직의 인사에서 구성원들이 불만을 품은 것은 지도자가 갖추어야 할 요건의 핵심 요소가 무엇인지 제대로 알지 못하고 분명하지 않은 상태에서 능력 평가가 이루어지고 그것이 승진에 반영되었기 때문이다. 리더십은 육성되어야 하므로 지도자만이 갖추어야 할 고유한 영역이 아니다. 구성원도 누구나 중간간부로 승진하고 차세대 지도자가 되기 위해 리더십의 핵심 요소를 이해하고 함양해야 한다. 핵심 요소를 고루 갖추면 리더십을 발휘하는 데 큰 어려움이 없다. 하지만 핵심 요소를 고루 갖춘 지도자는 극히 드물다.

1) 창의력

기존에 존재하지 않는 것을 만들어 내고, 당면한 문제를 풀고, 효율을 증대시키고, 한계를 극복하는 방법은 모두 새로운 생각에서 나온다. 그러나 새로운 생각이라고 모두가 좋은 것이나 필요한 것은 아니다. 필요(必要)는 꼭 소용이 있음이라는 뜻이다. 인간의 삶이나 일을 하는 데 필요한 것은 특정한 상황이 요구하는 생각이다. 사람은 누구나 생각할 수 있는 능력을 갖추고 있다. 하지만 필요한 때 필요로 하는 새로운 생각을 하는 것은 누구나 할 수 있는 일이 아니다. 그것은 능력이다. 이런 능력을 갖춘 사람을 우리는 창의력이 있다고 한다.

창의력(創意力)은 새로운 생각을 해내는 능력이고, 창의성(創意性)은 새로운 것을 생각해 내는 특성이다. 창의성을 가지고 있다는 것은 그 잠재적 가치를 높이 평가할 수 있다. 그러나 실제 일을 해나가는 데는 어떤 특성이 있다는 것으로는 별로 도움이 되지 않는다. 그것을 필요할 때마다 능력으로 발현(發現)하거나 시현(示現)할 수 있어야 가치가 생기고 발전한다. 창의성이 창의적 능력으로 필요할 때 발현하기 위해서는 공부와 훈련을 통해 관련 분야의 지식과 기술을 축적하고 경험을 쌓는 등 부단한 사전 노력이 필요하다.

경제학자로 유럽부흥개발은행 총재를 역임한 유럽을 대표하는 지성인 중 한 사람으로 꼽히는 자크 아탈리(Jacques Attali) 플래닛 파이낸스(PlaNet Finance) 회장과 차세대 한국의 성장 동력으로 불리는 과학비즈니스벨트를 구상한 민동필 기초기술연구회 이사장은 대담에서 '창조적 인재 육성'은 모든 국가의 당면 과제라고 입을 모았다. 과거의 사회구조에서 생긴 문제를 해결하기 위해서는 체계(system) 자체를 바꿔야 하며, 더 나은 미래상(vision)을 제시하는 사람의 확보 여부가 국가와 기업의 성패를 가른다는 것이다.

두 사람은 2011년에서 2020년까지의 기간 동안 세계의 권력이 급격히 아시아로 이동하는 역사적인 분기점으로 내다봤다. 아탈리 회장은 "아시아는 많은 내부 문제에도 양적인 면에서 이미 서구를 넘어섰고, 질적인 면에서도 급속히 미국을 따라잡고 있다. 시민의식이나 노동문화가 정착하면 더욱 막강한 영향력을 행사하게 될 것"이라고 분석했다. 민동필 이사장은 "아시아에 부족한 것은 오직 창의성뿐이다. 성장을 주도하는 리더십은 결국 창의성에 의해 지배되는 만큼 아시아가 서구를 넘어서는 시기는 창의성의 발전 속도에 달려 있다"고 말했다.30)

2) 추진력

생각이나 계획은 그 자체로서는 별다른 가치를 가지지 못한다. 그것이 실행을 통하여 결과를 도출했을 때 비로소 그 가치가 인정되고 의미가 있다. 일을 해나가는 데는 상황이 수시로 변화한다. 이렇게 변화하는 상황 속에서는 어떤 장애물과 문제가 돌출할지 아무도 모른다. 예상하지 못했던 어려움이 발생하면 애초 기대했던 결과를 실현하기는 쉽지 않다. 그러므로 상황이 어떻게 변화하더라도 돌출하는 장애를 극복하고 문제를 해결하며 목표를 달성하기 위해 계획을 앞으로 밀고 나가는 힘이 필요한데 그것이 추진력이다.

추진(推進)은 목표를 향해 밀고 나아감, 추진력(推進力)은 목표를 향하여 밀고 나아가는 힘을 말한다. 추진력이 약하면 목표를 달성하기 어렵다. 일을 하기 위해 좋은 계획을 세우는 것도 중요하지만, 강력한 추진력을 갖추어야 좋은 결과를 만들어낼 수 있다. 지도자가 발휘하는 사실상의 리더십 역량은 추진력에 의해 결정된다. 창의력, 통제력, 통찰력, 통합력, 도덕성, 이타성은 나름대로 독자적인 가치를 가지고 있지만, 추진력을 발휘하는 과정에서 문제를 해결하고 일을 효율적으로 처리하고 공감받는 성과를 창출하는 데 필요한 도구나 요소이기도 하다.

3) 통제력

인간 삶은 자유가 최대한 보장되고 일을 자율적으로 하는 것이 가장 바람직하다. 그러나 집단이나 사회조직에서 이루어지는 일은 구성원을 통제하지 않고 자율적으로 진행하는 것은 어렵다. 인간은 언제나 자유를 갈망하고 누리기를 원하는 속성을 타고나기 때문에 통제를 꺼린다. 하지만 집단이나 사회 내에서는 누구에게도 방종은 허용되지 않고 허용되어서도 안 된다. 더불어 살아가는 인간사회에서 자유는 천부인권을 누리는 무한대가 아니라 법규가 허용하는 범위로 제한된다. 지나친 자유는 갈등을 유발하는 원인으로 사회는 물론 자신에게 위협이 될 수 있다. 이를 예방하기 위해서는 자신과 집단의 감정을 통제하는 노력이 필요하다. 특히 집

---

30) 서울신문 2011. 1. 10.

단이나 사회의 공동 목표를 달성하기 위해서는 협동력을 발휘하게 하는 통제가 필수적이다.

어느 집단이나 사회할 것 없이 지도자를 선출한다. 집단이나 사회에서 지도자를 선출하는 목적은 효율적인 일 처리를 통해 문제를 해결하고 목표를 달성하여 인간 존엄성을 실현하고 삶의 질을 향상하기 위해 구성원들의 힘과 의견, 지혜를 모으는 구심점이 필요하다는 인식에서 나온다. 구심점이 없을 때 발휘되는 힘은 분산되어 제 가치를 발휘할 수 없기 때문이다. 집단이나 사회조직이 가진 힘을 제대로 발휘하기 위해서는 통제력이 필요하다. 통제(統制)는 전체적인 목적을 달성하기 위하여 여러 부분을 한 원리로 제약하는 일이고, 통제력(統制力)은 제약하는 힘, 지도 제한하는 통제의 힘을 말한다.

통제력에는 두 가지가 있다. 첫째는 자기 통제력이다. 자기 통제력의 목적은 감정적 행동의 제어와 자기중심적 사고에 빠지는 것을 경계하기 위함이다. 이를 위해서는 균형감각, 절제, 자기 성찰, 수신이 필요하다. 특히 의사결정권을 갖고 있는 지도자에게 자기 통제력은 아주 중요하다. 아무리 좋은 견제장치도 자기 통제만 못하기 때문이다. 자기 통제력을 상실했을 때 지도자는 독단에 빠지거나 이기적인 행동을 하기 쉽다. 지도자가 대중의 비판과 비난의 대상이 되는 것은 대개 자기 통제력을 상실하여 비도덕적인 행위를 했을 때이다. 둘째는 조직 통제력이다. 이것은 조직원의 행동 통제와 일 통제가 핵심이다. 공동의 목표를 달성하기 위해서는 조직과 조직원이 보유하고 있는 힘을 적절하게 조정해야 하는데 이를 위해 조직원의 행동 통제는 필수적이다. 우리가 줄다리기를 할 때 모두가 줄을 당기기에 열중하기보다는 기수가 앞에 나서 당기고 버티기를 할 시기를 신호하고, 그에 따라 힘을 써야 좋은 결과를 만들어낼 수 있다. 이처럼 필요한 곳에 적절한 힘을 발휘하도록 강약 조절, 사용해야 할 곳과 사용하지 않아야 할 곳 구분, 상황에 따른 힘의 투입량을 달리하는 조정 등 통제가 필요하다. 구성원을 통합해 단합된 힘을 발현하도록 하기 위해서는 여러 가지 요소가 요구되는데, 이 속에는 조직화와 권한 위양이 필수적이다. 조직의 규모가 커질수록 지도자 혼자 힘으로 통제하는 데는 한계가 있고, 집단이나 사회 전체의 힘보다는 한 부분이나 분야의 부분적인 힘을 투입해야 할 곳이나 상황이 더 많다. 이러한 문제에 능동적으로 대응하기 위해서는 조직이 유기적인 체계를 갖추도록 적절한 권한 위양이 이루어져야 한다. 일 통제는 구성원이 일하는 데 자기 마음대로 일하도록 내버려 두어서는 안 된다는 것이다. 목표를 달성하기 위해 역할을 나누고 업무를 분담하여 일의 투입량은 물론 진행에 대한 완급 등 속도를 조정해야 한다.

우리가 발차기나 주먹 지르기를 통해 상대를 공격하기 위해서는 신체 각 부분의 힘을 발과 주먹으로 모으는 통제가 반드시 필요하다. 하지만 그 힘이 제대로 된 위력을 발휘하기 위해서는 신체 각 부분이 균형을 유지하고 제 역할을 하면서 힘을 필요한 곳에 집중했을 때이다. 편중되어 균형을 잃었을 때 행사되는 힘은 자체에 위험을 초래하거나 위기에 빠뜨릴 수 있다.

이처럼 통제는 필요한 것이기는 하지만, 잘못 사용하면 역효과를 낼 수도 있다. 그러므로 집단이나 사회조직에서 통제는 조직구성원과 내부 주요 기관이 필요성을 공감하고 제 기능과 역할을 수행하는 균형이 유지되면서 목표를 향해 최대한의 합력을 투입할 수 있도록 하는 것이어야 한다. 지도자 자신의 권력에 대한 탐욕과 향유, 이기심 실현을 위해 사적 용도로 사용하는 통제력, 지나친 통제는 반드시 반발과 저항 같은 역효과를 불러온다.

4) 통찰력

미래는 누구도 정확하게 알 수 없다. 그렇다고 지도자는 아무런 대비 없이 앉아서 자신이 소속된 집단이나 구성원이 위험에 노출되도록 내버려 두어서는 안 된다. 인간은 끊임없이 현재에서 미래로 이어지는 순간을 살아간다. 이렇게 매 순간순간 다가오는 미래의 변화에 능동적으로 대응하기 위해 요구되는 것이 통찰력이다. 인간은 불안을 느끼거나 위협적인 상황에서 삶을 영위할 때 지도자가 확신이나 해법을 가져다줄 것을 기대한다. 반드시 어떤 확신이나 해법을 가져다주지는 못하더라도 지도자가 집단이나 사회를 발전적인 방향으로 이끌기 위해서는 어느 방향으로 나아가야 하는지 정도의 미래를 내다보는 혜안(慧眼)은 가지고 있어야 한다. 만약 지도자 자신의 통찰력이 부족할 때는 구성원이 갖춘 혜안을 활용할 수 있는 능력을 반드시 갖추고 있어야 한다.

발전(發展)은 더 낮고 좋은 상태나 더 높은 단계로 나아감, 혜안(慧眼)은 사물을 꿰뚫어 보는 안목과 식견, 통찰(洞察)[31]은 온통 밝혀서 살핌, 전체를 환하게 내다봄, 통찰력(洞察力)은 사물이나 현상을 통찰하는 능력이다. 리더십 발휘에서 통찰(insight)은 경험과 직관력을 가지고 현재와 미래의 결과를 예측할 수 있는 능력을 말하고,[32] 통찰력은 현상의 흐름과 미래에 대한 판단 및 예지력을 뜻한다. 그런데 혁신을 위해 일차적으로 요구되는 지도자의 자질은 발전을 위한 통찰력과 강한 의지이다. 성공적이면서 혁신적인 지도자들은 미래의 바람직한 상 혹은

---

31) 통찰(洞察, insight)은 생활체가 자기를 둘러싼 내적 · 외적 전체 구조를 새로운 시점(視點)에서 파악하는 일이다. 문제해결이나 학습의 한 원리이다. 시행착오와 대비되며, 게슈탈트심리학자들이 학습의 기본적인 행동 형식으로서 강조한다. W. 쾰러는 길을 돌아가지 않으면 철망 너머로 보이는 먹이를 얻을 수 없는 상황에서 굶긴 개를 이용하여 실험하였다. 개는 먹이를 보고, 한순간 멍한 자세로 있다가 곧 행동을 바꾸어 길을 돌아가서 먹이를 얻었다. 이와 같은 통찰은 도구의 발견 · 사용 · 제작 과정에서도 흔히 볼 수 있다. 통찰은 몇 분 동안 주저한 뒤 갑자기 일어나며, 그 결과는 잊히지 않는다(망각저항이 크다)고 한다. 또한 통찰할 수 있으려면 주위의 상황을 새로운 관점에서 종합적으로 고쳐보는 것(知覺的 再體制化)이 필요하다고 한다. 임상심리학에서는 심리요법을 하는 동안에 환자가 지금까지 억압된 움직임에 의하여 의식할 수 없었던 갈등을 알게 되는 것을 통찰이라고 한다. 지적으로만 이해하는 것이 아니라 자아가 강화되지 않으면 안 된다.

32) 김석우 · 이상호 지음(2008), 《공학기술과 리더십》, 지호, p.180.

조직의 일반 구성원들이 보지 못하는 변화에 대한 감을 대부분 보유한다. 그리고 이것을 향한 강력한 의지가 필요하다.[33]

통찰력이 있어야 고객의 요구 변화, 구성원의 불만이나 요구사항, 조직이 필요로 하는 것, 주변의 상황이나 환경 변화 등을 감지하고 대응할 수 있다. 인간은 정신 영역에서 거의 무한대의 능력을 갖추고 있음에도 육체가 갖는 한계성으로 말미암아 실제 발휘되는 능력은 지극히 제한적이다. 그러나 지속적인 노력을 통하여 지식의 함양과 경험이 축적되면 미래의 변화를 내다보고 능동적으로 대응해 나갈 수 있는 능력이 생긴다. 사람들은 대개 통찰력이 미래를 읽는 안목으로 생각하는 경향이 있지만, 이것이 모두가 아니다.

지도자에게 요구되는 통찰력의 내용을 살펴보면 크게 세 가지 측면이 있다. 자신의 잘잘못을 아는 것, 구성원의 불만과 요구 그리고 조직이 처한 상황 등을 아는 것, 미래의 변화를 읽는 안목 등이다. 이 중에서 가장 중요하고 갖추기 어려운 것이 미래의 변화를 읽는 안목이다. 안목(眼目)은 사물을 보고 분별하는 견식이고, 견식(見識)은 견문(見聞)과 학식, 견문(見聞)은 보고 들음, 보고 들어서 깨닫고 얻은 지식, 학식(學識)은 학문으로 얻은 지식, 식견(識見)은 학식과 견문, 곧 사물을 분별할 수 있는 능력, 학문(學問)은 어떤 분야를 체계적으로 배워서 익힘, 일정한 이론에 따라 체계화된 지식이다. 안목이란 보고 들어서 깨닫고 얻은 지식, 어떤 분야를 체계적으로 배워서 익힘, 일정한 이론에 따라 체계화된 지식으로 사물을 분별할 수 있는 능력을 말한다. 안목을 늘리기 위해서는 여러 가지 지식과 경험이 필요하다.

휴대전화 사업으로 순항하던 LG전자가 2010년 스마트폰 쇼크[34]로 일시적인 타격을 입은 것도 미래의 변화를 읽는 안목이 부족했기 때문이다. 안목 있는 뛰어난 인재와 유연한 대처능력을 갖고 있는 집단은 위기를 넘길 수도 있지만, 소비자의 선호와 시장이 급격하게 변화할 때 그 변화를 읽지 못하면 언제든지 회사는 위기에 직면할 수 있다. 국가도 마찬가지다.

5) 통합력

뭉치면 살고 흩어지면 죽는다. 집단이나 단체 간 경쟁에서는 단합된 힘의 크기가 승패를 좌우한다. 한두 명의 출중한 능력을 갖춘 사람도 필요하고 중요하지만, 집단이나 단체의 힘은

---

33) 이종수(2006), ≪정부혁신과 인사행정≫, 다산출판사, p.19.
34) 스마트폰 쇼크는 모토로라를 제치고 세계 휴대전화 시장 3대 기업에 진입했던 LG전자가 스마트폰의 거센 물결에 대응하지 못하는 바람에 1년도 못 돼 걷잡을 수 없이 추락하면서 적자가 지속하자 2010년 9월 LG전자 최고 경영자(CEO)를 전격적으로 교체한 사건을 말한다.

전체 합력이다. 더 큰 합력을 발휘하기 위해서는 통합하는 능력이 필요하다. 통합(統合)은 모두 합쳐 하나로 모음, 통합력(統合力)은 관계 지어 하나로 모으는 힘이다. 구성원을 단결시키고 협동하게 하는 지도자의 통합력에 대한 역량에 따라 같은 집단이나 단체의 합력도 크게 달라진다. 집단이나 사회의 힘이 시너지 효과[35]를 발휘하지 못하고 각 개인이 가진 힘의 합력보다 작다면 단체 활동보다는 개인의 자유로운 활동을 보장해야 한다.

일반적으로 조직화하지 않은 개인의 자유로운 활동보다는 조직화한 집단이나 사회구성원으로 활동하는 것이 더 큰 힘을 발휘한다. 소수가 다수를 이기는 힘은 통합력의 차이가 만들어낸 결과이다. 숫자가 많아도 통합된 힘의 크기가 작으면 숫자가 적어도 통합된 힘의 크기가 큰 집단을 이길 수 없다. 통합된 힘은 단순하게 육체적인 힘과 같은 물리력만을 의미하는 것은 아니다. 협동심, 의지, 지혜, 창의력 등 육체적인 힘과 정신적인 힘까지 가용한 모든 자원과 에너지가 합쳐져 나타난 힘이다.

6) 도덕성

아무리 좋은 실적을 올린 사람도 도덕성을 갖추지 못한 사람은 존경받는 리더가 될 수 없다. 끊임없이 자신을 단련하는 노력과 좋은 습관을 통해서만 훌륭한 인격의 리더가 될 수 있다. 도덕성(morality, 道德性)은 도덕적인 품성 또는 옳고 그른 것을 분별하고, 이러한 분별에 따라 행동하며 바람직한 행위를 하게 되면 자긍심을 경험하고 자신의 기준들을 위반하는 행위들에 대해서는 죄책감 혹은 수치심을 경험하게 되는 능력을 의미한다.[36] 도덕(道德)은 인륜의 대도(大道), 인간으로서 마땅히 지켜야 할 도리 및 그에 준한 행위, 도덕의식(道德意識)은 도덕 현상에 대해 선악·정사(正邪)를 분별하고, 정선(正善)을 지향하며 사악을 멀리하려는 의식을 말한다. 도덕성을 갖추면 인간으로서 마땅히 지켜야 할 도리를 따르는 행위를 한다. 그러

---

35) 시너지 효과(synergy effect)는 하나의 기능이 다중(多重)으로 이용될 때 생성되는 효과. 즉, '1＋1'이 2 이상의 효과를 낼 경우를 가리키는 말이다. 예를 들어 경영다각화 전략을 추진할 경우, 이때 추가되는 새로운 제품이 단지 그 제품 가격만큼의 가치만이 아닌 그보다 더 큰 이익을 가져올 때를 말한다. 신제품을 추가할 때 기존의 유휴설비, 동일기술, 동일 유통경로(구조) 등을 활용함으로써 시너지 효과는 발생한다. 만일 주유소에서 건강식품을 판매한다면 새로운 점포의 설치가 필요 없으며, 유통비용도 절감된다. 신제품에 유명상표를 붙여서 판매한다면 선전비용은 절감된다. 이를 '판매 시너지'라고 하는데, 이 밖에 '생산 시너지', '투자 시너지'도 있다. 또한 '역시너지 효과'가 발생함에 유의해야 한다. 별개의 설비로 생산하려는 제품을 기존의 설비로 무리해서 생산하면 불량품이 속출, 적자를 낼 수도 있다. 지식과 신용 등의 무형자산에는 문제가 없으나, 설비·자재 등의 유형자산에서는 역시너지 효과가 항상 발생할 소지가 있으므로 시너지 효과만을 과신해서는 안 된다.
36) Anita Woolfolk 지음, 김아영 외 옮김(2007), ≪교육심리학≫, 박학사, p.123.

므로 도덕성이 높은 사람은 부끄러움을 당할 행동이나 일을 하지 않으려 하기 때문에 우직할 정도로 규율을 잘 지킨다.

도리(道理)는 사람이 마땅히 행하여야 할 바른길이므로 도덕성을 갖춘 사람은 다른 사람에게 피해를 주는 일을 하지 않게 된다. 또한 도덕의식이 함양되어 올바른 삶을 살게 된다. 인간 삶에서 법보다 도덕을 더 중요하게 생각하는 이유는 법은 강제에 의해 이루어지지만, 도덕은 자각에 의한 자율적인 행동으로 이어지기 때문이다. 세상을 살아가면서 어떤 수단과 방법을 사용하든 일만 잘하는 것이 능사가 아니다. 지도자는 권모술수에 의존하는 것이 아니라 사람의 도리를 지키면서 일을 하고 공감하는 결과를 창출해야 한다. 우리가 리더십을 발휘하는 데 도덕성을 중요하게 생각하는 이유가 여기에 있다.

사람으로서 지켜야 할 도리는 5가지가 있는데 이것을 오상이라 한다. 오상(五常)은 사람으로서 지켜야 할 다섯 가지 도리, 곧 인(仁)·의(義)·예(禮)·지(智)·신(信)을 말한다. 인(仁)은 윤리적인 모든 덕(德)[37]의 기초로 유교(儒敎)에서 추구하는 정치상·윤리상의 이상(理想)으로 극기복례(克己復禮)를 그 내용으로 하는 윤리적 모든 덕(德)의 기초가 되는 심적 상태이다. 극기복례(克己復禮)는 자기의 욕망을 누르고 예의범절을 따름을 말한다. 준말이 극복(克復)이다. 의(義)는 사람으로서 행하여야 할 바른 도리, 예(禮)는 사람이 마땅히 지켜야 할 도리, 지(智)는 사물의 도리·시비·선악을 잘 판단하고 처리하는 능력, 신(信)은 믿음성이 있고 성실함을 말한다.

7) 이타성

이타(利他)는 자기를 희생하면서 남에게 이익을 주는 일이나 다른 사람의 복리를 원하는 일을 뜻한다. 이타성(altruism)은 타인의 행복에 관심을 두고 배려하는 내재적인 심리적 특성이다. 이타심은 한 개인이 자신이 속해 있는 집단, 집단구성원으로부터 인정받고 존경받으며 수용되는가를 결정하는 요인이며, 한 사회의 구성원으로서 그가 속해 있고 집단의 안정과 행복의 정도를 결정하는 중요한 요소가 될 수 있다. 이러한 이타성은 집단구성원이 되어 그 사회의 일원으로서 행동으로 나타날 때 친사회적 행동이 된다. 친사회적 행동(prosocial behavior)이란 타인과의 관계를 맺을 때 서로 나누기, 돕기, 위로하기, 협조하기 등 사회적으로 바람직한 행동을 말한다.[38]

---

37) 덕(德)은 마음이 바르고 인도(人道)에 합당한 일. 도덕적 이상 혹은 법칙에 좇아 확실히 의지를 결정할 수 있는 인격적 능력.

이타주의(利他主義)는 다른 사람의 복지 향상을 행위의 목적으로 하는 생각이나 행위이다. 인간이 갖는 불완전성과 사회에서 발생하는 모든 구조적인 문제를 순화하기 위해서는 이타주의가 필요하다. 이타성의 기본적인 마음은 내가 아닌 다른 사람에게 편익을 제공하려는 마음에서 비롯된다. 그러므로 이타성을 갖는 사람들의 기본적인 행동은 친절하고 상대를 존중하고 만족을 제공하려는 마음이 있어야 한다. 이타성은 자신이 주체라는 주인의식을 가질 때 잘 발휘된다. 통제력과 통합력이 가져올 수 있는 조직의 경색된 분위기를 풀어내고 동료의식을 강화하며 자율적인 능력 발휘 환경을 조성하는 데도 이타적 행동39)만큼 좋은 것은 없다.

3. 다음의 내용은 왜 핵심 요소에 포함하지 않는가

문리(文理)는 사물의 이치를 깨달아 아는 힘이고, '트이다'는 막혀 있던 것을 치우고 통하게 한다. '문리(文理)가 트이다'라는 말은 '사물을 깨달아 아는 능력이 생기다'라는 의미이다. 관용구인 '눈이 트이다'는 사물이나 현상을 판단할 줄 알게 되다, '글귀가 트이다'는 글을 배울 때 '제대로 이해하게 되다'는 뜻이다. 인간은 공부와 교육, 훈련과 경험을 하면 재능이 육성되고, 재능을 육성하여 어느 단계에 이르면 문리가 트여 배우지 않은 것도 자연스럽게 터득되어 알고 이해하고 응용할 수 있는 능력을 타고난다.

창조적 리더십의 핵심 요소에 포함하지 않은 위기관리, 문제해결 등의 여러 가지 요소들도 자연스럽게 터득되어 알고 이해하고 응용할 수 있는 능력에 의해 생성되고 발휘할 수 있다. 이것들은 그 자체를 육성할 수 없는 것은 아니지만, 그 자체를 육성하려고 노력하는 것보다는 대체로 다른 요소를 육성하는 것이 더 효과적이다. 위기관리 능력과 문제해결 능력은 그 자체

---

38) 네이버 블로그.

39) 이타적 행동(altruistic behavior)은 어떤 개체가 자신의 생물적 불이익에도 다른 개체에게 생물적인 이익을 주는 행동이다. 생물적인 이익, 불이익을 측정하는 척도로는 보통 개체의 적응도를 사용한다. 사회성 곤충에서 볼 수 있는 워커(worker: 일개미나 일벌 등)나 솔저(soldier: 병정개미 등)의 사회적 행동은 이타적 행동의 전형으로 간주한다. 또한 조류나 포유류 일부에서 볼 수 있는 경계음 발성이나 번식을 할 때 비번식개체가 근연개체의 새끼 키우기를 원조하는 도움행동 등도 이타적 행동의 예라고 보는 연구자가 많다. 그러나 경계음이나 도움 행동에는 이익 및 불이익을 적응도의 단위로 측정하는 것이 곤란하기 때문에 확실하게 이타적 행동으로 판정한 예는 거의 없다.

이타적 행동의 진화를 설명하는 가설로는 혈연선택설, 부모에 의한 조작설 등이 제시되고 있는데 혈연선택설이 유력시되고 있지만, 이론이 있다. 이종 개체 사이에 이타적 행동이 나타날 때에는 이타적 행동을 한 이후에 최초의 비용(cost)을 상회하는 이익이 초래되는 담보이익에 의한 경우[예: 청소 어류에게 위험을 알리는 숙주(host) 등]와 수익자가 이타적 행동자를 속이는 사회적 기생에 의한 예도 있다. 또 일시적으로 보면 이타적 행동이지만 특정 행위자끼리 서로 이타적인 행동을 주고받음으로써 결과적으로 행위자가 적응도상 순이익을 얻는 유형의 행동은 호혜 행동이라고 하며 협동적 행동의 한 형태로 분류하기도 한다.

를 육성하는 데는 한계가 있다. 그것은 당면하는 위기와 문제 자체는 물론 환경적 요소가 제각기 다르기 때문이다. 같은 위기와 문제는 경험에 의해 쉽게 해결할 수 있다. 하지만 환경의 변화로 실제 같은 위기와 문제는 발생하지 않는다. 우리가 같은 위기와 문제라고 느끼는 것들도 비슷한 것일 뿐이다.

예를 들어 처음으로 남극을 탐험하는 중에 방향을 탐지할 수 있는 장비가 파손돼 쓸 수 없게 되어 길을 잃고 식량은 얼마 남지 않았다고 하자. 우리는 탐험에 앞서 현지에서 발생할 가능성이 있는 안전사고에 대해 교육을 하고 위기대처 요령을 숙지하게 할 수는 있다. 그러나 현장에서 발생하는 위기나 문제에 대해 사전에 위기관리나 문제해결 능력을 육성한다고 모두 해결할 수 있는 것은 아니다. 현장에서 어떤 상황에 당면했을 때 문제해결을 위해 자신의 경험과 지식, 안목에 기대어 살아야 하겠다는 강한 의지로 장애물과 어려움을 헤쳐 나가는 노력이 필요하다. 때로는 동물적 감각에서 뿜어져 나오는 직관에 의존해야 할 수도 있다. 다른 분야에서 쌓아온 위기관리나 문제해결 능력이 있다고 하더라도 환경이 다르므로 쉽게 해결할 수 있는 것이 아니다. 자신이 가진 활용 가능한 모든 지식과 경험, 능력을 동원하고 온 힘을 다하는 노력으로 해결하는 것 외에는 달리 방법이 없다.

1) 위기관리 능력

위기관리(crisis management)는 위기에 대처해 조직에 바람직하지 못한 결과를 최소화시키고 그에 따른 신속한 조처를 하는 일련의 행위이다. 위험요소 확인, 측정, 통제를 통해 최소한의 비용으로 불이익을 극소화하는 활동 전반을 의미한다. 일반적으로 위기관리는 조직구조의 재편성과 위기관리팀 선정, 교육개발, 위기 가능성 평가, 비상계획 마련, 위기관리 실행의 순으로 이루어진다.[40]

국가와 기업 등 모든 집단이나 사회조직은 언제든지 위기에 직면할 수 있다. 위기가 닥쳐오는 형태는 정형화된 것이 아니라 각각의 조직이나 집단이 처한 여건이나 환경에 따라 다르다. 위기는 그 자체는 좋은 것이나 나쁜 것이 아니다. 주로 인간의 불완전성과 환경 변화가 만들어 내는 것으로 사람이 살아가는 가운데 직면하는 일상적인 일 중 한 가지이다. 위기관리는 잘하면 성장과 발전의 기회로 전환할 수 있지만, 잘못 관리하면 심각한 타격을 주거나 때로는 파국에 이르는 원인으로 작용하기도 한다. 따라서 어느 조직이나 집단이든 지도자에게 요구

---

40) 네이버 용어사전.

되는 중요한 자질 중 한 가지가 위기관리 능력이다.

2) 문제해결 능력

　지도자에게 문제해결 능력은 중요하다. 문제해결 능력 없이는 어떤 일도 제대로 할 수 없다. 지도자가 갖춘 리더십 역량의 좋고 나쁨의 평가 결과도 대부분 문제해결 능력과 직결된다. 일하는 과정에서 발생하는 문제는 기업의 공장 내에서 처리하는 업무, 공공기관의 특정 부서에서 처리하는 민원업무와 같이 정형화된 것, 정책 시행에 따른 부작용, 사회적 관심사가 되는 사건이나 사고, 폭우나 폭설에 의한 재해 발생 등 정형화되지 않은 것이 있다. 문제는 경험해본 것도 있지만 경험하지 않은 것도 있다. 지도자에게 요구되는 문제해결 능력은 자신이 경험해 보지 않고 원인을 쉽게 알 수 없는 정형화되지 않은 일이라도 그것을 해결하고 답이나 대안을 내놓고 원만하게 처리해내야 할 일이 많다. 문제를 해결해 나가는 데는 지침에 따라 접근할 수도 있지만, 개개 문제에 대한 전략이 동일한 것은 아니다. 그러므로 문제해결 능력을 제고하기 위해서는 문제해결전략이 필요하다.

　문제해결전략(problem solving strategy, 問題解決戰略)은 문제해결을 위해 사용하는 구조화된 다양한 방법이다. 문제는 최초의 출발 상태, 문제가 해결된 목표 상태, 출발 상태를 목표 상태로 변형시키는 데 필요한 모든 조작과 전략을 포함하는 문제 공간으로 형성된다. 초기의 대표적 문제해결전략은 시행착오를 통하여 획득한 적절한 반응이 자극과 결합하여 문제를 해결한다는 손다이크(E. Thorndike)의 시행착오설과 문제 상황에 대한 전체 구조에서 관계를 파악하여 문제를 해결한다는 형태심리학의 통찰설을 들 수 있다. 하지만 많은 인지심리학자는 시행착오설과 통찰설이 인간의 복잡한 사고 과정을 너무 단순화하였음을 지적하면서 정보처리 이론을 통하여 인간의 문제해결에 대한 체계적인 연구를 하였다.

　그 결과 인지심리학에서는 인간의 일반적 문제해결전략으로 연산법과 발견법을 제시했다. 문제가 간단한 경우에는 연산법을 사용한다. 연산법은 문제해결에 필요한 모든 조작을 단계적으로 명세화한 후, 그 순서에 따라 문제를 해결하고자 하는 전략이다. 반면에 문제가 복잡하고 최선의 대안을 찾는 문제는 발견법을 사용한다. 발견법은 과거에 비슷한 문제를 해결했던 경험을 토대로 문제의 해답을 추측하고, 가설을 형성하여 검증해 나가는 문제해결 방법이다.[41] 문제해결 능력은 그 자체로 양성할 수 없는 것은 아니다. 부분적인 내용이나 특정한 분

---

41) 특수교육학 용어사전.

야에 대한 문제해결은 표본화하고 교육을 통해 숙지하게 하면 대응이나 처리에 상당한 도움이 된다. 하지만 지도자가 전체 업무의 내용을 일일이 모두 숙지하기에는 분야가 너무 넓고 시간이 부족하다.

무엇보다 지도자가 해야 할 일이 너무 많다. 당면하는 문제도 종합적인 문제, 예측을 불허하는 문제가 많다. 이런 문제들은 지도자 자신이 갖춘 자질, 지식, 경험 등을 총동원하고 구성원을 비롯한 모든 가용 가능한 자원을 종합하고 활용하여 풀어 나가는 과정에서 해결 능력이 표출되도록 해야 한다. 이를 위해 지도자는 평상시에 다양한 지식을 쌓고 사례를 연구하며 경험하는 것이 필요하다. 문제의 종류에 따라 용기가 필요한 때도 있고 창의성을 발휘해야 하는 것도 있다. 즉, 지도자가 문제해결 능력 제고를 위해 갖추어야 할 지식과 경험은 종합적인 판단력을 보강하는 데 도움이 되는 모든 내용이 포함된다.

3) 판단력

판단력(判斷力)은 일반적으로 사물을 올바르게 인식·평가하는 사고능력을 말한다. 칸트는 비판철학에서 판단력은 '특수를 보편에 포함되는 것으로 사고하는' 선험적 능력이라 하고, 이것을 두 종류로 나눈다. 이론적 인식에는 오성의 보편적 법칙(인과성 등의 범주)이 이미 아프리오리[42]하게 주어져 있고, 개개의 특수한 대상이 판단력을 매개로 하여 이것에 포함되는 곳에 인식이 성립하는 것으로 보기 때문에, 이 경우의 판단력을 '규정적(bestimmend)'이라 부른다.

이것에 대하여 어떤 특수한 사물이 이론적 인식의 대상이 아니라 감정적 평가의 대상으로 나타나는 경우는 이것을 포함할 만한 보편적 기준은 주어지지 않고, 이 경우에 보편을 추구하는 판단력은 '반성적(reflektierend)'이라 불리며 미학 및 생명철학의 원리가 되고, '판단력 비판' 속에서 취급한다. 여기에서 판단력은 오성과 이성의 중간에 있는 능력이며, 그 대상인 미적(美的) 현상 및 생명 현상의 '합목적성'이 주관의 선험적 형식으로 설명된다. 즉, 미적 판단력은 쾌, 불쾌의 감정에 의해 대상과 주관의 합목적적 형식과의 합치를 판정하는 능력이며, 목적론적 판단력은 합목적성이 대상에 실재적으로 실현되고 있는 것으로 간주하는 능력이다.[43]

---

42) 아프리오리(a priori)는 라틴어로 인식이나 개념이 후천적 경험에 의존하지 않고 그것에 논리적으로 앞선 것으로서 부여된 것. [비슷한 말] 선천적.
43) 철학사전.

판단력(判斷力)은 가장 간단하게 말하면 판단할 수 있는 능력이다. 판단(判斷)은 어느 사물의 진위(眞僞)·선악·미추(美醜) 등을 생각하여 정함 또는 그렇게 정한 내용, 능력(能力)은 일을 감당해 내는 힘이므로 판단력을 기르기 위해서는 안목 등 여러 가지 요소가 필요하지만, 지식과 경험이 가장 큰 도움이 된다.

4) 의사결정

의사결정(decision making, 意思決定)은 조직의 운영정책 및 주요 계획의 목표를 달성할 수 있는 대안 가운데서 가장 바람직한 행동 경로를 선택하는 과정을 말한다. 넓은 의미의 의사결정은 조직관리자가 조직목표를 달성하기 위한 총체적 과정이다.[44]

조직 내에서 의사결정은 중요한 요소이다. 의사결정을 어떻게 하느냐에 따라 모든 것이 달라진다. 실질적인 내용으로 들어가면 '할 것인가 말 것인가, 인력과 비용을 투입한다면 얼마를 투입할 것인가, 이쪽으로 갈 것인가 저쪽으로 갈 것인가, 이것이 나은가 저것이 나은가' 등 대부분은 방향성 결정, 선택과 연관된다. 어느 조직이나 일이 진행되는 현장에서는 상부나 상위기관, 특히 최고 의사결정권을 가진 지휘부나 지도자의 결단을 촉구하고 신속한 의사결정을 요구하는 일이 많다. 그것은 문제해결을 통해 제한된 시간 내에 목표달성이 필요한 경우 더욱 그렇다.

막대한 전비가 소요되고 국가의 명운이 달린 전장에서 '속전속결 전략에 따라 적군을 선제공격할 것인가? 방어에 주력하며 장기전으로 끌고 갈 것인가? 특수부대를 투입한 기습과 교란전을 수행할 것인가? 아니면 육해공군이 동시에 투입되는 전면전을 할 것인가'를 결정하는 것, 제한된 공사기간이 문제가 되고 지연되면 벌금을 물어야 하는 건설공사와 같이 신속한 의사결정이 필요한 때나 일도 있다. 하지만 의사결정에서 가장 중요한 것은 상황과 여건을 반영한 적절성과 합리적 선택이 가장 중요하다. 신속한 의사결정을 해도 잘못된 결정이 이루어지면 오히려 더 큰 폐해가 발생하기 때문이다.

일하는 과정에서 의사결정을 필요로 하는 일반적인 문제는 돌출되는 것으로 비슷한 것은 있어도 동일한 것은 없다. 그러므로 의사결정은 그때그때 상황과 여건에 맞게 적절하고 합리적인 선택을 해야 한다. 의사결정 자체가 능력이라고 생각하는 사람도 있을 수 있다. 하지만 실제로는 여러 가지 갖추어진 자질이나 조직체계, 수집된 정보 등에 의해 의사결정 능력으로

---

44) 네이버 용어사전.

표출되는 것일 뿐이다. 즉, 의사결정 능력은 독립적으로 존재하는 것이 아니라 일과 지식, 경험, 판단력, 의견의 조정과 통합 등 가용 자원을 결집하고 활용하여 내리는 결정에 불과하다. 의사결정이 잘되었는지 잘못되었는지 결과는 일이 끝나면 자연스럽게 드러난다.

5) 결단력

결단력(決斷力)은 결정적인 판단을 하거나 단정을 내릴 수 있는 능력이다. 현장에서 업무를 진행하다가 문제가 발생했을 때 의사결정권이 없는 하위직 종사자들은 부서 책임자나 최고 지도자에게 결단을 내려 달라고 요청한다. 특히 시간이 돈과 직접적인 연관이 있는 정책이나 사업은 무리한 결정이라 할지라도 성공에 대한 확신이 있으면 결정에 주저하지 않아야 할 때도 있다. 결단력은 주로 판단력, 지식, 정보, 기술능력 등 여러 가지 요소가 결합한 의사결정기술에 따라 달라진다.

의사결정기술(self determination skills, 意思決定技術)은 한 개인이 자신의 강점과 약점을 인식하고 활용할 수 있는 자료를 사용하여 목표를 세우고 독립적으로 선택하며, 다른 사람의 목표나 권리를 방해하지 않고 자신의 의견을 주장할 수 있는 능력이다. 인간은 누구나 스스로 선택하고 결정하고자 하는 욕구가 있으며 이러한 욕구를 통해서 삶의 동기가 부여된다.[45] 조직 내에서 관리자나 지도자로서 원만한 의사결정을 하기 위해서는 의사결정기술 함양이 필요하다. 취임 후 곧바로 의사결정력을 발휘하는 지도자나 경영자는 유사 분야나 다른 분야에서 나름대로 경험과 지식을 쌓은 사람들이다.

의사결정기술 함양을 위해서는 조직 목표, 특성, 분위기, 주요 업무 숙지 등 여러 가지 요소가 필요하다. 그러므로 조직구성원에 신규로 영입된 사람은 효과적인 의사결정을 하기 어렵다. 그리고 대부분의 집단이나 사회조직은 의사결정이 잘못되면 본인이나 타인, 조직에 해를 끼칠 수 있다는 것을 알기 때문에 조직과 모든 구성원을 보호하는 차원에서 신입직원에 대한 의사결정 권한을 제한한다. 신입직원이 관리자 과정, 간부를 거쳐 지도자가 되고 리더십을 발휘하기 위해서는 조직 내에서 자신의 역할에 충실함으로써 조직발전에 기여하고 교육과 훈련, 일을 통해 어떤 업무를 주더라도 충분히 감당할 역량과 의사결정기술을 함양(涵養)해야 한다.

---

45) 특수교육학 용어사전.

6) 자신감

자신감(自信感)은 자신이 있다는 느낌, 어떤 일에 대하여 뜻한 대로 이루어낼 수 있다고 자신의 능력을 믿는 마음이다. 자신감은 개인의 삶과 조직의 유지, 발전을 위해 아주 중요하다. 특히 최고의 실력이나 기량을 발휘하기 위해서는 자신감이 반드시 필요하다. 자신감은 개인, 집단이나 사회조직 내 구성원이 갖는 자신 있다는 느낌이므로 외부에서 제공할 수 있는 것이 아니다. 목표달성 등 업무 진행과정에서 성취를 통해 스스로 느끼고 자신의 능력을 믿어야 한다. 집단이나 사회조직에서 지도자가 자신감에 대해 관심을 둬야 할 부분은 자신감과 열등감을 만들어 내는 원인을 분석하는 일이다. 이 일을 통하여 어떻게 하면 더 많은 구성원이 자신감을 갖도록 도와주고 함양하도록 할 것인가 하는 점이다.

7) 조정력과 종합력

일반적인 용어로 조정력은 조정 능력, 종합력은 종합 능력의 약칭이다. '조정력은 상충하는 가치와 이익에 타협점을 발견하여 통합을 이룰 수 있는 능력, 종합력46)은 대상을 여러 측면에서 분석한 후 다시 넓은 각도에서 묶는 능력으로 정의할 수 있다. 이것은 현상을 나누고(分) 쪼개(析) 개별적으로 이해한 후 다시 전체적인 시각에서 각각의 비중과 의미를 판단하는 능력47)'이다. 집단이나 사회조직 내에서 조정하고 종합하는 능력이 중요하다고 인식하는 사람들은 지도자가 갖추어야 할 자질로 분류하기도 한다. 하지만 조정력과 종합력은 지도자가 갖추어야 할 일반적인 역량이 아니라 일을 추진하는 과정에서 발휘해야 할 역량에 속한다.

조정력은 지도자, 그중에서도 특히 국가의 최고 지도자와 같이 집단이나 사회조직의 수장은 수많은 이해관계를 조정하고 여러 가지 의사와 의견을 종합하여 합리적인 의사결정을 해야 한다. 종합(綜合)은 개개의 것을 한데 모아 합함, 조정(調整)은 기준이나 실정에 알맞게 정돈함, 통합(統合)은 모두 합쳐 하나로 모음이다. 조정이나 종합을 원활하게 수행하는 것을 역량으로 생각할 때 조정력과 종합력이 된다. 일을 하다 보면 조정력과 종합력을 발휘해야 할 때도 있고 이것도 리더십을 발휘하는 데 중요하다. 하지만 조정과 종합은 통합에 필요한 요소

---

46) 종합력(synthesis)은 여러 개의 요소나 부분을 전체로서의 하나가 되도록 묶는 방법이나 능력을 의미한다. 이 능력은 이전에 한 경험의 부분을 새롭고 잘 통합된 독창적인 형태, 원리, 관계, 구조 등을 만들어 내기 위하여 주어진 자료의 내용 및 요소를 정리하고 조직하는 능력으로, 고차적인 발산적 사고 능력의 바탕이 되기도 한다.
47) 이종수(2006), ≪정부혁신과 인사행정≫, 다산출판사, p.19.

로 통합력의 구성요소에 해당한다. 통합을 위해서는 조정과 종합이 필요하기 때문이다.

8) 카리스마

카리스마(charisma)는 예언이나 기적을 나타낼 수 있는 초능력이나 절대적인 권위, 다른 사람을 매료시키고 영향을 끼치는 능력을 가리킨다. 카리스마를 뜻하는 영어인 Charisma는 '재능', '신의 축복'을 뜻하는 그리스어의 Khárisma로부터 유래하였다. 카리스마라는 말은 사람들의 관심 및 존경 혹은 반대로 작용할 경우에는 혐오감을 쉽게 끌어내는 특성을 가리키며, 이것은 인격이나 외모 혹은 둘 다의 작용으로 말미암은 것이다.[48] 카리스마는 추종자들이 지도자가 갖추고 있다고 믿는 경외(敬畏)[49]할 속성이나 마력적인 힘 또는 사람을 강하게 끌어당기는 인격적인 특성이다. 종교지도자만이 아니라 세속적·정치적 지도자들에게서도 찾아볼 수 있다.

카리스마라는 말은 독일의 사회학자 막스 베버(Max Weber)에 의해 학술적인 용어로 본격적으로 사용되기 시작했다. 베버는 그의 저서 ≪경제와 사회(Wirtschaft und Gesellschaft, 1921)≫에서 카리스마적 권위를 전통적·법률적 권위와 구별되는 형태의 권위로서 정식화했으며, 이런 권위가 변형되는 과정을 '카리스마의 일상화(routinization of charisma)'라고 표현했다. 일반적인 의미로는 대중적이고 사람을 끌어당기는 힘을 가진 사람들을 카리스마적이라고 하지만, 원래의 뜻에 의하면 예수(Jesus Christ)나 나폴레옹처럼 비범한 인물들만을 카리스마적이라고 규정할 수 있다.[50] 그러나 카리스마가 있다는 사람의 행동이나 업적을 분석하면 뛰어난 리더십을 발휘한 요인을 알아내는 것은 어렵지 않다.

예를 들어 프랑스 황제였던 나폴레옹(Napoleon Bonaparte)이 카리스마가 있다고 했을 때 그 실체는 주로 용기, 강한 의지, 추진력, 창의성이 바탕이 되었다. 전장에서 위험을 무릅쓰고 앞선 용기, 알프스를 넘어 오스트리아를 공격하는 창의적인 생각, 강한 의지, 추진력이 성공과 맞물려 카리스마를 만들어 냈다. 성공은 직위를 높였고 높은 직위는 권한을 확대했다. 나폴레옹은 직위와 권한을 이용하여 프랑스 국민의 구겨진 자존심을 회복하고 유럽의 중심국가로 우뚝 서기 위해 계속 전쟁하며 다른 나라들을 공격했다. 그러나 한때 따랐던 운도 영원하지는 않았고, 대단한 것으로 여겨졌던 카리스마도 권좌에서 물러난 삶을 영위하는 데는 가치를 발

---

48) 위키백과.
49) 경외(敬畏)는 공경하고 두려워함.
50) 브리태니커.

휘하지 못했다.

　카리스마라는 것도 사실은 다른 사람들이 특정인의 권위를 인정하고 성공과 직위가 상승하는 등 상승세를 유지할 때 힘을 발휘하는 인기(人氣) 같은 것에 지나지 않는다. 한때 유명세를 떨쳤던 사람들도 직위에서 물러나고 다른 사람들이 권위를 인정하지 않을 때, 그들이 하는 말과 행동은 얼마든지 조롱거리가 될 수 있다. 우리가 몰락한 정치인이나 기업가, 연예인에게서 이러한 모습을 보는 것은 어렵지 않다. 창조적 리더십의 요소는 노력의 대상으로 육성할 수 있는 것이다. 지도자를 포함한 인간은 누구나 자신만의 카리스마를 타고나며 육성된다. 우리가 일반적으로 이해하는 카리스마는 노력하여 육성하거나 얻기 어려운 것이므로 창조적 리더십의 핵심 요소나 핵심 요소의 원소가 될 수 없다.

　과거 교통, 통신, 운송수단이 발전하지 않았던 시대에는 신비주의가 통용되었다. 그러나 과학과 기술이 발달한 오늘날, 원인을 규명하거나 내용을 정확하게 파악할 수 없는 내용은 나타나는 현상으로서 실체의 가치는 인정할 수 있어도, 인간 삶의 핵심 가치인 노력과 교육을 통하여 육성할 수 없는 것은 리더십, 리더십 요소나 원소, 도구에 해당하지 않는다. 만약 특정인이 카리스마를 가졌다고 할 때, 리더십의 요소나 원소, 도구가 되기 위해서는 그 실체와 결과를 분석할 수 있고 노력과 교육을 통해 육성할 수 있어야 한다. 리더십은 신의 은총을 입고 태어난 능력이 아니다. 만약 카리스마가 창조적 리더십의 요소나 원소가 되려면 그것을 누구나 이해하고 육성하고 평가할 수 있는 내용으로 규정할 수 있어야 한다.

9) 정보 수집 능력

　정보(情報)는 사정이나 정황에 관한 소식이나 자료, 군사학에서는 전쟁 수행에 필요한 첩보를 수집하여 해석·평가·분석한 적의 상황 또는 그에 관한 보고를 말한다. 이처럼 정보는 정형화된 것이 아니라 도움이 되는 것으로 인식되는 것이다. 대부분 담당자나 지도자에 의해 필요한 정보로 정리되고 규정된다. 경쟁이 치열한 현대사회에서 정보는 집단이나 사회의 특성에 따라 최고 지도자의 의사결정에 중요한 역할을 한다. 좋은 정보는 잘 활용하면 엄청난 이익을 가져올 수도 있고, 반대로 잘못된 정보는 집단이나 사회에 손해를 끼치는 것은 물론 생존을 위협하고 위험에 빠뜨릴 수도 있다.

　정보에는 사전에 필요성이 인지된 특정한 정보와 일반정보가 있다. 정보 수집을 위해서는 조직체계 구축과 기술 축적, 인력 양성 등 상당한 노력이 필요하다. 특히 필요성이 있는 고급 정보는 더욱 그렇다. 일반정보는 지도자와 구성원의 활동을 통해 평상시 인간관계나 의사소통 과정에서 자연스럽게 수집, 정리하여 활용하면 된다. 하지만 집단이나 조직에 반드시 필요한 특정한 정보는 수집이 용이하지 않다. 이에 대응하기 위해 지도자는 리더십 인프라 속에 정보 수집 체계를 구축할 필요가 있다. 즉, 정보 수집을 전담하는 조직이나 부서를 만들고 정보 수집 방면에 뛰어난 부하직원의 힘을 활용하면 된다.

10) 인재 육성과 영입

집단이나 사회조직에서 인재 영입이나 지도자 육성은 과거와 현재는 물론 미래에도 가장 중요한 관심사 중 하나다. 치열한 경쟁 속에서 조직이 지속적인 성장을 이루려면 조직 내 각 위치에서 탁월한 리더십을 발휘할 수 있는 리더 육성이 필수적이다.[51] 세계적으로 유명한 최고 경영자와 지도자들은 자사나 자국의 미래 리더를 발굴하고 육성하는 데 많은 시간을 투자하고 있다.[52] 어느 집단이나 최고 경영자나 지도자가 교체될 때는 리더십 공백이 발생하기 마련이다. 이런 공백은 인기(star)가 있는 최고 경영자(CEO)나 뛰어난 지도자가 물러날 때 더욱 크게 발생하고, 상황에 따라서는 기업이나 국가의 급격한 몰락을 초래하는 원인이 되기도 한다. 인기가 있는 최고 경영자나 뛰어난 지도자의 은퇴 이후 발생하는 리더십 공백을 어떻게 메우느냐는 기업과 국가의 지속적 성장이냐? 퇴보냐의 문제로 직결된다.[53]

인재 영입, 지도자 육성을 위한 조언자(mentoring) 제도 운영 등은 리더십 인프라 구축 내용에 포함해 자연스럽게 진행해야 할 사항이다. 즉, 인재 육성은 자원의 보충과 보완 실무에 해당한다. 그러므로 인재 육성이나 영입은 지도자가 갖추어야 할 능력이라기보다는 관심을 두고 시행해야 할 일에 속한다. 인재 영입이 중요한 것은 사실이다. 지도자가 탁월한 인재를 알아보는 능력을 갖추면 더 좋겠지만, 지도자가 해야 할 일이 너무 많다. 그러므로 특별한 몇몇 사람을 제외하고 나머지 인력의 채용과 육성은 조직 특성을 반영한 채용과 승진 규정을 사전에 마련하고 인사담당 부서에서 실무를 처리하면 된다.

---

51) 황인경(2002), "리더 육성의 세 가지 축", 《LG주간경제》, LG경제연구원, p.36.
52) 박기성(2001), "리더 어떻게 육성할 것인가", 《LG주간경제》, LG경제연구원, p.37.
53) 한상엽(2004), "리더십의 연속성을 확보하라", 《LG주간경제》, LG경제연구원, pp.8~9.

11) 신념

신념과 가치관은 사람이 사물·사람·사건을 경험할 때 '정신적 여과기(filter)' 역할을 하는 인식 구조이다. 이 여과기(filter)는 사람의 태도와 의도 그리고 다른 사람들과의 상호작용 방식에 영향을 미친다. 사람들은 신념 체계 사이의 유사성 또는 차이점 때문에 타인을 인정하거나 거부하게 된다. 나이·성별·인종·민족적 배경 등에 근거해 다른 사람을 거부하는 일차적인 원인은 신념 차이 때문이다. 인종은 다르지만, 신념이 같은 사람들은 같은 인종이면서 신념이 다른 사람들보다 더 사이좋게 지낼 수 있다.

신념은 굳게 믿는 마음 또는 어떤 생각이나 인식이 옳다고 정신적으로 인정하는 것이다. 신념은 물론 생각이나 개념이기도 하지만 더 나아가 그 생각과 개념이 어떤 한 유형의 현실에 적합하다는 확신이다. 때때로 신념을 검증할 수 없을 때도 있다. 하지만 '진실'이라고 여겨지는 신념 뒤에는 그것을 뒷받침하는 이유·사실·증거들이 있다. 신념은 정서적이고 인식적이며 행동적인 요소로 구성되어 있다. 대부분의 신념은 정서적인 환경이나 상황에서 만들어진다. 그리고 이 정서적인 환경은 자아, 세계 또는 자아와 세계의 상호작용에 관한 지적인 생각과 관련이 있다.

신념은 정신적으로 체화된 것이지만, 반드시 논리적으로 체계화될 필요는 없다. 신념은 가치관과 가치 체계의 기본이 된다. 그러나 잊지 말아야 할 것은 모든 가치관은 신념이지만, 모든 신념이 가치관인 것은 아니라는 사실이다. 하나의 가치관은 목적이나 수단에 관한 하나의 특정한 신념이다. 가치관을 뒷받침해 주는 다른 신념들(가설들)이 있을 수 있다. 그런데 그 신념 중에서도 최고의 목적이나 수단과 관련된 신념이 있다면 그것은 '가치'라고 불린다.

'가치는 특정한 수단이나 목적을 다른 어떤 수단이나 목적보다 사회적으로나 개인적으로 더 선호하는 오래된 신념이다.' 그것은 구체적인 상황, 사물 또는 사람을 초월하지만 상황, 사물 또는 사람을 통틀어 적용되는 신념이다. 가치는 특정한 목적을 달성하는 데 집중되기도 하고 그 목적을 달성하는 수단에 집중되기도 한다. 그것은 무엇이 더 좋거나 최고로 좋은지 무엇이 좋지 않거나 나쁜지에 대한 기준이다. 목적이 되는 가치의 예는 부자가 되고 싶은 것, 세계 평화를 바라는 것 등이 있다. 수단이 되는 가치의 예는 정직하고 싶은 것, 내가 받고 싶은 대로 남에게 행동하는 것 등이다.[54]

거대 조직을 이끄는 지도자는 신념이 있어야 한다. 그러나 신념은 일부러 가지려고 하기보다는 지도자가 갖추어야 할 자질과 마음가짐인 창조적 리더십의 핵심 요소, 기본정신, 기본

---

54) 켄 블랜차드 외 지음, 조천제·정미우 옮김(2009), 《내 안의 리더》, 21세기북스, pp.155~159.

요소 등을 통해 자연스럽게 생성되거나 육성할 수 있다. 어떤 집단이든 신념이 이념으로 발전하고 리더십 발휘의 기회를 잡기 위해 이념분쟁으로 치닫는 것은 경계해야 한다.

12) 문제 인식과 우선순위 결정

모든 일의 시작은 필요와 문제 인식에서 시작된다. 필요(必要)는 꼭 소용이 있음, 인식(認識)은 사물을 분명히 분별하고 판단하여 아는 일 또는 그 작용, 우선순위(優先順位)는 특별한 대우로 딴것에 앞서 매겨진 차례나 위치를 말한다. 문제(問題)는 해답을 필요로 하는 물음, 연구·논의하여 해결해야 할 사항, 해결하기 어렵거나 난처한 대상, 성가신 일이나 귀찮은 사건, 많은 사람의 관심이 쏠리는 일이다. 문제가 인식되어야 어떤 일부터 시작할지 우선순위를 정하고 어떻게 해결할 것인지 방법을 강구하게 된다. 문제 인식과 우선순위 결정은 일을 하는 데 있어 아주 중요하다. 그러나 이것은 실무를 진행하면서 판단하고 선택해 실행해야 할 사항이지 일부러 교육하고 능력으로 구비해야 할 것은 아니다. 일에 대한 경험을 통하여 자연스럽게 체화되는 것이 바람직하다.

제3절 지도자 자질과 창조적 리더십에 관한 이해 제고

1. 지도자 자질과 창조적 리더십에 대해 갖는 의문

리더십 문제를 대하다 보면 여러 가지 의문이 생길 수 있다. 창조적 리더십도 마찬가지이다. 그중에서 대표적인 것 3가지만 예로 들면, '핵심 요소를 갖추지 않으면 창조적 리더십을 발휘할 수 없나? 핵심 요소의 원소를 모두 갖추어야 하나? 그리고 핵심 요소의 원소에 없는 내용이 주변 요소에 대한 사고의 확장 속에 언급되고 있는 부분이 있는데 이것은 어떻게 이해해야 하나?' 등이다. 첫째는 '핵심 요소를 갖추지 않으면 창조적 리더십을 발휘할 수 없나'이다. 핵심 요소를 갖추지 않아도 창조적 리더십을 발휘할 수 있다. 가령 이런 것이다. 카리스마가 있고 문제해결 능력이 뛰어나도 좋은 리더십을 발휘할 수 있다. 창조적 리더십을 발휘하기 위해 갖추어야 할 핵심 요소의 내용은 창의력, 추진력, 통제력, 통찰력, 통합력, 도덕성, 이타성이다. 핵심 요소나 핵심 요소의 원소 속에는 카리스마와 문제해결 능력은 포함되지 않는다. 즉, 카리스마와 문제해결 능력이 있고 핵심 요소나 핵심 요소의 원소를 갖추면 더 좋은 리더십을 발휘할 수 있다는 것이다. 핵심 요소는 창조적 리더십을 발휘하기 위해 요구되는 핵심적인 내용이다. 이들 가치를 모두 갖추면 좋겠지만, 모두 갖추지 못한다고 리더십을 발휘할 수 없는 것은 아니다. 둘째는 '핵심 요소의 원소를 모두 갖추어야 하나'이다. 핵심 요소의 원소는 핵심 요소를 잘 발휘하기 위해 갖추어야 할 내용이다. 핵심 요소의 원소에는 여러 가지가 있다. 하지만 핵심 요소나 핵심 요소의 원소는 그 속에 포함되는 어느 한 가지만 잘 갖추어도 뛰어난 리더십을 발휘할 수 있다. 여러 가지를 갖추면 리더십을 발휘하는 데 더 많은 도움이 된다. 그러면 여러 가지 요소를 갖추면 리더십이 절로 발휘되는가? 그것은 전혀 아니다. 인간이 리더십을 발휘하는 것은 능력을 갖추었더라도 일을 진행하면서 어떤 상황이나 장애물, 문제 등을 헤쳐나가면서 결과를 창출하는 것이다. 그러므로 좋은 리더십을 발휘하기 위해서는 여러 가지 능력을 구비하고 그것을 발휘할 기회가 주어지고 실제 일에서 결과를 만들어내 능력으로 인정을 받거나 공감을 얻는 것으로 입증해 보여야 한다. 자신이 리더십을 발휘하는 데 필요한 능력을 갖추었다고 하더라도 기회를 잡지 못하면 전혀 리더십을 발휘할 수 없다. 일을 하면서 적용하지 않으면 도움도 되지 않는다. 따라서 리더십을 발휘하기 위해서는 필요한 요소를 갖추는 것도 중요하지만, 스스로 기회를 찾고 자신이 가진 리더십 능력을 발휘하기 위해 적극적인 노력을 기울여야 한다. 그러므로 핵심 요소와 핵심 요소의 원소를 많이 갖추었다고 절로 지도력이 발휘되는 것은 아니다. 셋째는 '핵심 요소의 원소에 없는 내용이 주변 요소에 대한 사고의 확장 속에 언급되고 있는 부분이 있는데 이것은 어떻게 이해해야 하나'이다 핵심 요소와 핵심 요소의 원소는 리더십을 육성하고 발휘하는 데 필요한 도구들을 나열하고 그 기능이나 특성을 설명한 것이다. 하지만 이것이 리더십을 발휘하는 데 필요한 모든 것은 아니다. 리더십을 이해하고 잘 발휘하는 데 필요한 도구이다. 모든 도구를 나열하는 것은 큰 의미가 없다. 핵심 요소의 원소는 핵심적인 것들을 정리한 것으로, 추가할 원소들이 있다. 그리고 여기에 언급되어 있지 않은 내용으로도 리더십을 발휘할 수 있다. 리더십을 필요로 하는 상황은 수시로 변화한다. 그러므로 리더십에 대한 이해의 폭을 넓혀 놓으면 어떠한 상황이 전개되더라도 다양한 리더십을 발휘하여 능동적으로 대응할 수 있다. 주변 요소는 리더십과 직접 관련이 있는 것도 있고, 직접 관련이 없더라도 이해의 폭을 넓히기 위해 언급한 것이다. 특정한 개인이나 집단이 필요로 하는 리더십의 내용은 각기 다르다. 그러한 포괄적인 상황에 대비하도록 하기 위함이다. 모든 리더십은 창조적 리더십 하나로 통할 수도 있지만, 수백 가지의 각기 다른 리더십으로 분화할 수도 있다. 특히 사람을 기준으로 하여 리더십의 명칭을 붙일 때 리더십의 수는 훨씬 많아질 수 있다.

2. 핵심 요소 보유하면 모두 리더가 되는가

리더가 되는 것과 리더의 자질을 갖추는 것, 실제 리더십을 발휘하여 실적을 시현하는 것은 전혀 다르다. 약점이 없다고 해서 탁월한 리더가 되는 것도 아니다.[55] 여러 가지 자질이 있다고 반드시 지도자가 되고, 한 가지 뛰어난 능력만 있다고 지도자가 될 수 없는 것은 아니다. 리더가 되고 되지 않는 것은 자질도 중요하지만, 기회가 더 중요하다. 대개 하나의 조직에 최고 지도자는 한 명이다. 구성원들이 모두 핵심 가치를 보유했다고 하더라도 조직에서 최고 지도자의 수가 한 명으로 고정된 상황에서는 한 명의 리더가 나올 수밖에 없다. 그리고 리더의 교체 시기가 되었을 때 리더가 되기 위한 경쟁에서 각기 나름대로 자질을 갖춘 사람들이 경쟁하게 된다.

이때 실제 리더가 되고 못 되는 것은 기회와 인간관계에 강한 영향을 받는다. 실적과 능력이 아무리 뛰어나도 대중으로부터 인기가 없는 사람은 현대사회에서는 수장(首長)이 되기 어

---

55) 존 H. 젠거 · 조셉 포크먼 지음, 김준성 · 이승상 옮김(2005), ≪탁월한 리더는 어떻게 만들어지는가≫, 김앤김북스, p.55.

렵다. 외형상으로는 모두에게 문호가 개방되어 있어도 기회는 아무에게나 주어지지 않는다. 일반적으로 기회는 대통령이나 국회의원 등 정무직공무원의 임기 만료 등에 따라 정기적으로 도래한다. 그러나 지도자의 사퇴나 사망으로 불시에 찾아올 수도 있다. 그렇지만 지도자 선출에는 기회가 주어지고 문호가 열려 있어도 자의와 타의에 의해 강한 영향을 받기 때문에 마음대로 되지 않는다. 자신은 별로 수장이 되려고 하지 않는데 주위에서 지도자로 나서게 하는 사람도 있고, 자신이 수장이 되기 위해 열심히 노력해도 안 되는 사람도 있다. 후자가 훨씬 더 많다.

자신이 지도자가 되고 싶다고 생각하고 상황에 따라 스스로 유리하다는 판단을 하더라도 여론이 따라 주지 않으면 소용이 없다. 오늘날 민주주의 사회에서는 누구든 지지자가 많으면 그가 리더가 된다. 그러므로 실질적인 리더가 되기 위해서는 핵심 가치를 바탕으로 평상시에 실적을 관리하며 자신의 역량을 쌓고 주어지는 기회를 놓치지 않도록 만반의 준비를 하고 있어야 한다. 어렵게 기회를 잡아 지도자의 반열에 오르고 핵심 가치를 여러 가지 보유하거나 알고 있다고 하더라도 그것을 활용하여 구성원이 공감하는 문제해결 능력을 발휘하거나 성과를 창출하지 못하면 좋은 지도자로 인정받지 못한다.

3. 창조적 리더십과 민주주의의 기본원리

창조적 리더십은 민주주의 기본원리와 일맥상통한다. 민주주의의 이념과 기본원리는 다음과 같다. 이념(理念)은 한 사회나 개인이 이상으로 여기는 근본적인 사상, 철학에서는 이성으로부터 얻은 모든 경험을 통제하는 최고의 개념을 뜻한다. 민주주의의 근본이념은 인간의 존엄성 실현에 있다. 인간은 인종, 종교, 국적, 성별에 관계없이 인간으로서 존중받아야 한다. 이를 위해서는 자유롭고 평등한 존재로서 각 개인의 자율적인 삶이 보장되어야 한다. 즉, 자유와 평등은 인간의 존엄성을 실현하는 데 필요한 가치이다. 따라서 자유와 평등이 어느 한쪽으로 치우치지 않고 조화를 이루고 모든 사람을 차별 없이 사랑해야 한다. 프랑스혁명의 3대 이념은 자유, 평등, 박애였다.

원리(原理)는 사물이 근거로 하여 성립할 수 있는 근본 이치나 법칙, 윤리학에서는 인식 또는 행위의 근본 전제, 철학에서는 기초가 되는 근거 또는 보편적 진리를 말한다. 민주주의에는 5가지의 기본원리가 있다. 첫째는 국민 주권의 원리이다. 나라의 주권이 국민에게 있다는 주권재민(主權在民) 사상, 주권은 나라의 주인 되는 권한으로 민주주의에서는 이 주권이 국민에게 있다는 것이다. 헌법 제1조 2항에 대한민국의 주권은 국민에게 있고, 모든 권력은 국민으로부터 나온다고 명시하고 있다. 둘째는 국민자치의 원리이다. 국민이 자신을 다스리는 정치, 지배자와 피지배자 동일체의 정치로 직접민주정치와 간접민주정치가 있다. 직접민주정치는 그리스의 민회, 스위스의 일부 지역, 간접민주정치는 선거를 통해 선출한 대표로 하여금 국민의사를 대신하게 하는 대의정치가 대표적인 형태이다. 국민 자치의 원리란 국민이 스스로 나라를 다스린다는 것이다. 현재 세계에서 보통 이루어지고 있는 정치는 대의민주정치이다. 나라의 국민이 많아짐에 따라 모든 국민이 정치에 참여하는 직접민주주의를 실행하기 어렵게 되자, 대표를 뽑아 정치하는 대의민주주의가 생겨난 것이다. 지방자치제도는 국민자치의 원리가 반영되어 만들어졌다. 셋째는 권력 분립의 원리이다. 국가기관의 기능분담을 통해 견제와 균형을 실현하고 국민 탄압을 막기 위한 기본권 보장이 목적이다. 입법부는 법의 제정을 담당하는데 국회가 대표적인 기관이고, 사법부는 법의 적용을 담당하며 법원이 대표적인 기관이다. 행정부는 법의 집행을 담당하며 정부가 대표적 기관이다. 권력 분립은 권력이 한쪽에 치우쳐 독재자가 나타나 국민을 탄압하는 것을 애초부터 막기 위해서 입법부, 사법부, 행정부의 3부로 나누어 권력을 삼권으로 분리하는 것을 말한다. 삼권분립을 처음 주장한 사람은 몽테스키외(Montesquieu)이다. ≪법의 정신≫이라는 책에서 처음 소개하였다. 넷째는 입헌주의의 원리이다. 헌법에 국민의 기본권 보장을 명시하고 법치주의를 실현하는 것이다. 입헌주의의 원리란 헌법을 만들고 헌법에 따른 정치를 말한다. 따라서 대통령이라 해도 나라의 최고 법인 헌법을 어기면 처벌을 받게 된다. 다섯째는 다수결의 원리이다. 사람이 많을 때에 다수가 찬성하는 쪽의 의견을 따른다. 자신의 의견이 아니더라도 정해진 의견에 협조해야 한다. 그러나 소수 의견도 존중해야 한다는 것이 핵심적인 내용이다.

창조적 리더십은 기본적으로 자유를 존중하지만, 전체의 이익을 위한 규정에 따라 개인의 자유는 제한될 수 있다. 강압에 의한 노력이 아니라 자발성에 따른 노력이 중심이 되기 때문에 결과의 분배도 개인의 노력이 반영된 차등분배가 이루어진다. 평등은 역할에 따른 차등평등, 구성원 자치의 원리, 내부에서 권력 분립의 원리, 다수결의 원리가 적용된다. 일을 진행해 나가는 데 필요한 경우 합의에 따라 스스로 규정을 만들 수 있다. 각각의 구성원은 직무에 따른 의무와 책임, 고유의 역할을 준다. 리더십 발휘의 결과는 공동의 발전, 구성원의 권리와 이익 신장, 복리증진을 통한 인간 존엄성 실현과 삶의 질을 향상하고자 하는 데 있다. 따라서 창조적 리더십을 발휘하는 데 동참하는 것은 다른 사람을 위한 희생이 아니라 자신을 위한 일이다. 구성원 모두가 공동목표 달성을 위해 자발적으로 참여하고 노력해야 하는 이유가 여기에 있다.

4. 지도자 자질과 창조적 리더십 제 요소에 대한 전제

요소(要素)는 사물의 성립이나 효력 발생 따위에 꼭 필요한 성분 또는 근본 조건, 전제(前提)는 어떠한 사물이나 현상을 이루기 위하여 먼저 내세우는 것이다. 인간의 능력 중에는 공부와 교육, 훈련 등을 통하여 타고난 재능을 육성할 수 있는 것과 재능을 육성하면 문리가 트이듯이 자연스럽게 터득되어 생성되고 발현되는 것이 있다. 지도자가 갖추어야 할 요건과 창조적 리더십을 구성하는 여러 요소에 대한 전제는 공부와 교육, 훈련을 통해 육성할 수 있는 것을 바탕으로 한다. 그리고 이것들은 평가할 수 있어야 한다.

잘잘못이나 수준을 평가할 수 없는 리더십은 제대로 된 리더십이 아니다. 그것은 개인의 리더십 연구에서 드러나는 바와 같이 특정인의 업적을 찬양하고 홍보해 주는 수준을 벗어나기 어렵다. 더 발전시키기도 어렵다. 그러므로 특정인이 가진 카리스마와 초능력은 그 자체의 능력을 인정받고 부러움의 대상이 될 수는 있지만 리더십이 될 수는 없다. 현대 민주주의 사회에서 절대적인 권위는 뛰어난 리더십을 발휘할 때 구성원의 강력한 지지에서 나오는 것이지 특정한 개인이 타고난 능력에서 나오는 것이 아니다.

5. 창조적 리더십 발휘의 관건 준비와 기회

리더십을 발휘하기 위해서는 노력을 통한 준비와 기회가 주어져야 한다. 아무리 능력을 발휘하고 싶어도 기회가 주어지지 않으면 소용이 없고 기회가 주어져도 사전에 노력을 통한 준비가 미흡하면 기회를 살릴 수 없다. 창조적 리더십 발휘도 마찬가지이다. 핵심가치와 그 하위 요소는 물론 부수적인 여러 가지를 갖추기 위해 노력하고 능력을 구비하더라도 기회가 제 때 오지 않으면 창조적 지도력을 발휘할 수 없다. 즉, 능력 구비와 기회 사이에 불확실성이 존재한다는 말이다.

이러한 불확실성은 어떤 사람에게는 능력 구비와 동시에 기회가 주어지고, 다른 사람에게는 한참 후에 기회가 찾아오고, 또 다른 사람에게는 제한된 능력만 발휘할 기회가 주어질 수도 있다. 그러나 구성원으로 소속되어 있는 이상 전혀 기회가 주어지지 않는 경우는 없다. 구성원으로 편입되거나 참여하여 일한다는 자체가 이미 기회가 주어져 있다는 것을 의미한다. 집단 내에서 모든 구성원은 자신의 능력을 발휘하여 일하도록 되어 있다.

단지 능력 발휘의 기회와 내용, 규모, 영향력 면에서 차이가 있을 뿐이다. 이러한 차이는 개인으로 하여금 상시에 존재하는 능력 발휘의 기회를 리더십을 발휘하는 기회가 아니라고 착각하게 할 수 있다. 하지만 리더십은 부하직원이 있어야만 발휘되는 것이 아니다. 혼자서도 얼마든지 발휘할 수 있다. 차이가 있다면 집단의 수장이 되었을 때는 그 책임과 권한, 영향력이 확대되었다는 것에 불과하다.

　노력하고 능력을 갖추는 것은 개인의 몫이지만 기회는 상황변화와 필요에 의해 만들어지므로 언제 찾아올지 기약하기 어렵다. 상황이 변화되지 않으면 마치 도로에 차가 많아 주행 중인 차선과 속도를 유지할 수밖에 없는 경우와 같다. 이런 때 가속하고 추월하는 것은 곤란하다. 상황이 변화하여 차간거리가 넓혀지거나 신호등, 차선 확대 등 변수가 생기면 가속하고 추월할 기회가 생긴다. 상황변화는 내가 원인이 될 수도 있고, 타인이 원인이 될 수도 있다. 집단은 내부와 외부적 상황변화 요소가 많다.

　다음은 필요성이다. 창조적 리더십 발휘를 개인의 관점에서 볼 때 필요성은 나의 필요성과 내가 소속된 집단의 필요성이 동시에 작용할 때 나에게 기회가 주어진다. 상황변화가 항상 필요성과 일치하는 것은 아니다. 주변 환경이 크게 변화하지 않아도 집단은 새로운 사업추진을 통해 기회를 제공할 수도 있다. 상황이 변화하여도 내가 그것을 기회로 생각하지 않거나 기회라고 하여도 필요성을 느끼지 못하면 큰 의미가 없다.

　구성원 개인적인 측면에서 볼 때 열심히 일하고 뛰어난 능력을 구비한 사람에게 기회가 주어지는 체계를 갖추고 있으면 그보다 더 좋을 수는 없다. 그러나 많은 집단이나 사회조직은 외형상 이러한 인사 원칙이나 규정이 있지만, 실제 인사하는 것을 보면 원칙이나 규정이 잘 지켜지지 않는다. 심지어는 대단한 능력을 갖추고 있는 사람도 기회를 주지 않거나 집단 내에서 필요성이 요구되지 않을 때는 무용지물이 될 수 있다. 개중에 아주 유능한 소수의 사람들은 상황변화를 읽고 스스로 기회를 만들기도 하지만, 대부분의 사람들은 그런 능력을 갖추고 있지 않다. 탐욕을 가진 무리는 의도적으로 기회를 조작하여 왜곡시키기도 하지만, 이것은 결코 바람직한 방법이 아니다.

　사전에 노력을 통하여 능력이 구비되어 있지 않으면 기회가 찾아와도 소용이 없으므로 노력을 통한 능력 구비가 기회에 앞서 선행되어야 하고 기회가 왔을 때는 도전하여 성취하여야 한다. 창조적 리더십의 기본요소, 기본정신, 핵심 요소는 어떤 상황에서도 리더십을 발휘하기 위해 갖추고 있어야 할 요건이다. 인간은 한 가지 뛰어난 능력만으로도 때로는 탁월한 리더십을 발휘할 수도 있다. 따라서 모든 것을 갖추어야 하는 것은 아니지만 스스로 일련의 자질을 갖추기 위해 노력해야 한다. 노력과 구비된 자질은 능력을 향상하고 리더십 발휘 결과에 대한 기복을 줄여 준다.

6. 창조적 리더십의 실용성과 한계성

어떤 리더십 이론도 변화하는 상황을 모두 반영할 수는 없다. 그러므로 창조적 리더십을 바탕으로 지도자는 자신이 속한 집단과 사회조직에 가장 적합한 리더십을 정립하여 사용하는 작업이 필요하다. 2006년 7월 5일자 ≪LG주간경제≫ <CEO Report>에는 "신사업 실행의 4S(For Success) 리더십"이 소개되었다. 성공 리더십의 방법으로 첫째는 Sharing Power: 자율성과 지원 강화, 둘째는 Straight Forward Communication: 진솔한 의사소통 장려, 셋째는 Speedy Decision Making: 신속한 의사결정, 넷째는 Strategic Intent: 도전적 목표가 제시되었다.[56] 그런데 창조적 리더십의 기본정신이나 핵심 가치 그리고 핵심 가치의 하위요소에는 '신속한 의사결정', '자율성과 지원 강화' 등의 내용은 언급하지 않고 있다. 이것을 어떻게 받아들여야 할까?

여기에 창조적 리더십을 이해할 수 있는 핵심적인 요소가 있다. 즉, 창조적 리더십은 리더십을 발휘하는 실질적이고 직접적인 내용이 포함된 부분도 있지만, 응용되어야 할 부분도 있다는 것이다. 간단하게 말하면 만능이 아니다. 모든 것을 나열하면 그것은 학문적 가치가 크게 떨어진다. 창조적 리더십이 제시하고자 하는 것은 완성된 리더십 이론이 아니라 하나의 모형을 제시하는 데 있다. 이를테면 리더들이 어떤 요소들을 갖추어야 좋은 리더십을 발휘하도록 할 것인가 하는 방향과 접근 방법을 제시하고 생각하는 기회를 제공하는 데 목적이 있다.

인간의 생존 환경은 제반 요소들이 끊임없이 변화한다. 이 변화를 모두 수용할 수 있는 리더십은 없다. 리더십 연구가 추구하는 가치는 그동안의 경험을 바탕으로 현재의 삶에 대한 결과를 더욱 풍요롭게 하고 발전적으로 이끌어 나가면서 다가오는 미래의 문제들에 능동적으로 대처하는 데 필요한 인간이 갖추어야 할 기본적인 틀이나 도구를 제시하는 데 있다. 그러므로 리더십 이론은 문제를 해결하고 보다 효율적으로 일을 해나가는 방법을 제공하는 것이다. 실제 리더십을 발휘하고 결과를 창출해 실적을 올리는 것은 지도자가 할 일이고 노력한 결과이다. 이것이 리더십이 갖는 한계성이다.

리더십 이론은 그 한계성에도 지도자들에 의해 실용성이 발휘된다. 이론은 연구를 통해 문제해결 방법을 제공하고 일의 흐름을 파악할 수 있도록 해준다. 이것은 대단히 중요하다. 불확실한 미래의 변화 속에서 집단과 사회조직을 발전시키고 구성원의 삶의 질을 향상하기 위해 지도자는 자신이 경험해 보지 않은 일에 대해서도 문제를 해결하고 구성원이 기대하는 수준의 결과를 창출해 내야 한다. 이때 가장 큰 도움이 될 수 있는 것이 이론이기 때문이다. 지도자들이 리더십 이론에 대해 열심히 공부하고 연구해야 할 이유가 여기에 있다. 창조적 리더

---

56) 유호현(2006), "신사업 실행의 4S 성공 리더십", ≪LG주간경제≫, LG경제연구원, pp.1~14.

십도 이론으로서의 한계성과 실용성을 동시에 갖고 있다.

창조적 리더십은 우리가 일반적으로 말하는 리더십과 다르지 않다. 단지 기존에 여러 가지 명칭으로 존재하는 리더십과 구분하기 위해 창조적 리더십이라고 한 것이다. 이미 존재하는 리더십은 개별적 집단의 여건 반영, 특정한 상황극복 필요성 때문에 개발되고 정립된 것들이 많다. 창조적 리더십은 리더십을 발휘하기 위해 갖추어야 할 일반적인 요건을 구체화한 것이다. 창조적 리더십에서 제시하는 핵심 요소를 비롯한 제반 내용을 숙지하면 여건, 환경변화, 필요성이 동시에 변화하더라도 그것을 수용하여 상황에 따라 유연하게 대응하며 뛰어난 리더십을 발휘할 수 있다.

예를 들면 사업 초기에는 모험을 하더라도 집단을 급속하게 성장, 발전시키는 벤처형 리더, 성숙기에는 외과의적 혁신형 리더, 또 다른 상황에서는 통제형 리더가 필요하다고 하자. 이때 카리스마적 리더십이나 섬기는 리더십으로 이렇게 다른 여건과 필요성을 만족하게 하는 일이 쉽지 않다는 것이다. 물론 뛰어난 지도자는 카리스마를 발휘하거나 섬기는 방법에 의해 좋은 결과를 만들어낼 것이다. 그러나 구성원의 창의력이 요구되는 집단은 지도자의 카리스마로 문제를 해결하기 어렵고 강력한 통제가 필요한 집단은 섬기는 것으로는 답이 되기 어렵다. 그러나 창조적 리더십의 요건을 갖추면 위에 제시된 여러 상황에서 리더십을 발휘하는 데 문제가 없다.

7. 공적 가치의 중요성과 창조적 리더십

리더십을 발휘하는 데 있어 리더의 가치관과 공적 가치는 아주 중요하다. 집단이나 사회조직에서 가치나 가치관은 설립 목적, 기본정신 등 여러 가지 특수성이 반영되거나 오랫동안에 걸쳐 경험을 통해 형성된 것도 있지만, 일반적으로 지도자에 의해 설정되고 구성원이 함께 만들어 가는 것이다. 하지만 공적 가치는 공감이 필요하므로 지도자라 하더라도 구성원이 공감하지 않는 상태에서는 마음대로 변경하거나 만들어서는 안 된다. 공적 가치를 함부로 만들거나 제대로 확립되지 않으면 혼란이 발생한다. 가치(價値)는 대상이 주관(主觀)의 요구를 충족시키는 성질 또는 정신 행위의 목표로 간주하는 진(眞)·선(善)·미(美) 따위를 말한다.

가치관은 행동의 표준이면서, 다른 사람보다 항상 우월하다고 생각되는 행동의 표준이라고 정의되어 있다. 일반적으로 가치관의 중요성은 개인의 행동과 태도가 형성되는 데 중요한 역할을 한다는 것이다. 자신이 확실히 중요하게 여기는 가치관에 기초한 행동은 그것이 올바른 행동이라 가정할 때 항상 우수한 행동이라고 생각될 것이며, 다른 사람에게는 쉽게 진정성이 전달되어 믿음을 줄 수 있게 된다. 진정성은 진정한 가치로부터 나온다. 가치관에 기초한 행동을 해야 효과적인 리더십을 발휘할 수 있다. 특히 효과적인 리더십을 발휘하기 위해서는 리더 행동의 진정성이 중요하다.

지도자 행동의 진정성을 구성원에게 쉽게 전달할 수 있는 수단이 가치관에 기초한 행동을 보이는 것이다. 지도자는 상황 또는 조직이 요구하는 행동을 만들어 갈 수 있다. 그러나 그 행동의 효과성은 천차만별이다. 행동이 같은데 효과성이 다른 것은 그 행동을 하는 사람의 진정성 문제이다. 각자의 행동에 깔려 있는 진정성은 사람마다 다를 수 있고, 이 다른 진정성은 주변의 사람들이 금방 알 수 있다. 지도자 행동의 진정성은 가치관에 기초를 둔 행동이 진심으로 진정성이 내재한 행동이라 할 수 있다. 동료의 같은 행동도 다르게 느껴지는 이유가 진정성의 문제이다. 가치관이 결여되면 진실한 행동이 나올 수 없다.[57]

변혁적 지도자들은 사람들이 최상으로 여기고 또 영속적인 행동원리를 포괄하는 공적 가치들의 테두리를 규정한다. 이러한 가치들은 헌법과 법률 그리고 그것들에 대한 해석의 이면에서 사상을 형성한다. 그것들은 독립 선언, 혁명 선포, 지도자가 행하는 중대한 연설의 요체가 된다. 링컨이 행한 게티즈버그 연설(Gettysburg Address)에서처럼 그것은 사건의 핵심을 찌르며, 이 사건에 무엇이 걸려 있는지를 규정해 준다. 그러한 가치들은 대개 일반시민의 일상적 대화의 일부가 되지는 않는다. 그러나 사람들이 거대한 변화의 가능성이나 그러한 징조에 직면하는 시험의 시기가 되면, 그 막강한 기본 가치들이 커다란 위력을 발휘한다. 이러한 가치들은 변화를 만들고자 하는 사람들에게는 영감과 지침이 되고, 가장 숭고한 의도가 실현되었는지 아닌지를 평가하는 기준이 된다. 리더십이 정말 변혁할 수 있는지를 결정한다는 점에서 변혁적 가치들은 변혁적 리더십의 핵심에 자리 잡고 있다.[58]

창조적 리더십에서 규정하고 있는 기본정신, 기본요소, 핵심 요소는 지도자와 구성원이 가져야 할 가치관, 공적 가치와 연관된다. 특히 기본정신과 기본요소에 속하는 내용은 창조적 리더십 발휘를 위한 기본적인 가치관에 해당한다. 이러한 요소들은 지도자와 구성원이 갖추어야 할 자질이나 가치에 속하면서 당면 과제나 문제를 해결하고 성과를 창출하는 리더십 발휘 도구로 활용할 수 있다. 그러나 이것은 고정된 것이 아니므로 각 집단이나 사회조직의 지도자는 특수성을 반영하여 필요에 따라 내용을 다시 구성해 사용하는 것도 괜찮다.

---

57) 서재현(2009), ≪리더십 베이직≫, 한경사, pp.50~55.
58) 제임스 맥그리거 번스 지음, 조중빈 옮김, ≪역사를 바꾸는 리더십≫, 한국방송통신대학교 출판부, p.43.

8. 창조적 리더십 동인은 내부에서 나와야 한다

일을 하는 데는 내적 요인과 외적인 요인이 있고, 때로는 이것들이 상호작용을 하며 결과에 영향을 주기도 한다. 창조적 리더십도 마찬가지이다. 창조적 리더십을 발휘하는 데는 목표달성을 위한 노력, 동인, 동기유발, 리더십이 내부에서 나오고 성장해야 한다. 동인(動因)은 어떤 사태를 일으키는 직접적인 원인, 동기(動機)는 의사결정이나 어떤 행위의 직접적인 원인 또는 계기, 유발(誘發)은 어떤 일이 원인이 되어 다른 일이 일어남, 사태(事態)는 일의 상태나 되어 가는 형편을 뜻한다. 동인은 행동하고 일을 하는 바탕이 되기 때문에 구성원이 공동으로 바라고 원하고 기대하는 것을 목표로 설정하는 것이 중요하다. 그래야 동기를 유발하고 발전적인 에너지를 끌어내는 노력으로 이어지게 할 수 있다.

동인은 선동과는 다르다. 자연스럽게 발생하고 구성원이 원하는 것 중 정당성과 합리성을 갖추고 진선미[59]를 지향하는 것이어야 한다. 선동(煽動)은 남을 부추기어 일을 일으키게 함이다. 따라서 특정한 목표를 달성하기 위해 의도적이고 인위적으로 추진되는 선동을 통해 동인과 동기를 유발해서는 안 된다. 최고가 될 수 있는 자질은 모든 인간과 사회 내부에 존재한다. 창조적 리더십은 각성과 노력을 통하여 스스로 최고가 되고 최고의 결과물을 만들어 내도록 구성원을 분발하게 하는 것이다.

창조적 리더십이 발휘되는 과정에서 동인과 동기유발, 목표의식이 강화되는데 응원이나 선의의 경쟁 등 외부로부터 고무, 자극, 촉진되기도 한다. 고무(鼓舞)는 북을 치며 춤을 춘다는 뜻으로 격려하여 기세를 돋움, 자극(刺戟)은 외부에서 작용을 주어 감각이나 마음에 반응이 일어나게 함, 촉진(促進)은 재촉하여 빨리 나아가게 함이다. 하지만 고무, 자극, 촉진은 사회 내에서 인간관계에 의해 받는 느낌과 자극의 일종으로 이것들은 구성원이 각성하게 하는 데 필요하다. 각성(覺醒)은 눈을 떠서 정신을 차림, 깨달아 정신을 바로 차림, 자기의 잘못을 깨달음, 분발(奮發)은 마음과 힘을 다하여 떨쳐 일어남이다. 지도자는 목표 달성을 위해 필요한 때 구성이 분발하도록 각성시킬 요인과 방법을 가지고 있어야 한다. 그것이 인위적일 때는 파생적인 문제를 유발할 수 있으므로 인간관계와 상황, 목표 속에서 자연스럽게 고무, 자극, 촉진하는 방법을 찾아내기 위해 노력해야 한다.

---

59) 진선미(眞善美)는 참됨, 착함, 아름다움을 아울러 이르는 말.

9. 창조적 지도자의 역할과 자아존중감

지도자가 발휘하는 역량은 비슷해 보여도 다 같은 것이 아니다. 단순하게 같은 일을 해 높은 성과를 올렸다고 일을 잘하는 것만도 아니다. 우선은 좋은 성과를 올리는 것이 중요한 것처럼 느껴질 수 있지만, 정작 중요한 것은 지속적으로 일을 더 잘해 나가도록 하는 것이다. 즉, 구성원이 자아존중감[60]을 자각하고 스스로 일을 해나가게 하는 것이다. 그러므로 창조적 리더십 발휘를 위해 지도자가 해야 할 가장 중요한 역할은 구성원이 자아존중감을 자각하게 하는 일이다.

자아존중감을 자각한 사람들은 스스로 동기를 갖고 각 가정이나 사회 속에서 자신의 발전을 위해 노력하고 그 노력의 결과, 새로운 성장 동력을 만들어 계속적인 성장을 할 수 있다. 이렇게 한번 자신감과 성장 동력이 만들어지면 특별히 뛰어난 지도자가 존재하지 않더라도 사람들은 일정한 기간 사회 공동의 목표와 개인의 목표를 향해 각자의 위치에서 지속적인 성장을 추구해 나간다. 이러한 추세는 자체 에너지가 소진될 때까지는 탄력을 받아 계속 이어진다.

리더십을 발휘하는 데 가장 어려운 일은 구성원들의 초기 행동을 유발하는 일이다. 이것은 처음에 밭을 일구는 일과 같다. 일단 밭을 일구어 놓으면 다음부터는 일을 하기 수월한 것처럼 초기 행동 유발이 아주 중요하다. 일단 지도력이 발휘되어 구성원이 참여하기 시작하면 그때부터는 리더십을 발휘하기가 쉽다. 때로는 지도자가 있으면 더 좋지만, 지도자가 교체되어도 다음 지도자에 의해 지속적인 공동 발전을 이룩하는 등 자연스럽게 움직여 간다. 그러므로 초기에 리더십을 발휘하여 성장 동력이나 발전 계기를 만들어 내는 지도자의 역할이 가장 중요하고 다음 지도자들은 자기 역할에 충실히 하는 것으로 발전을 가속화해 나갈 수 있다.

구성원의 자신에 대한 지도력이 일정한 단계에 이르면 국가나 사회 전체 지도자의 역량이 부족해도 구성원에 의해 발전이 주도되는 상황이 만들어진다. 현재 한국 사회가 그렇다. 정치 지도자에게서 리더십을 찾아보기 어려울 정도로 저급한 행동이 난무해도 국민이 발전을 주도하는 세력이기 때문에 지속적인 발전이 이루어져 나간다. 이러한 일이 가능한 것은 실제 일을 하는 주체가 국민이기 때문이다. 지도자들이 잘못된 행동으로 국민의 의지와 노력, 결집한 힘을 흩트리지 않으면 당당한 선진국이 될 것이다. 한국 국민은 이미 박정희 대통령이 자아존중

---

60) 자아존중감(self-esteem, 自我尊重感)은 자기 자신을 가치 있고 긍정적인 존재로 평가하는 개념이다. 자아효능감이 특정한 과제 극복에 대한 자기 자신의 기대 수준에 따라 달라질 수 있다면, 자아존중감은 자기 자신에 대한 보다 광범위하고 포괄적인 긍정 또는 부정적인 평가를 의미한다. 일반적으로 자아개념과 자아존중감은 혼용되어 사용되기도 하며, 자아존중감은 평가의 측면을 강조한 자아개념의 특별한 유형으로 설명되기도 한다.

감을 자각하고 자신을 위해 노력하도록 일깨워 놓았다.

　역량과 자질에 따라 지도자는 5가지 종류로 분류할 수 있다. 첫째는 뚜렷한 이유가 없는데도 나름대로 노력하고 일은 하지만 제대로 실적을 올리지 못하는 사람이다. 최하급으로 지도자의 자질과 역량이 부족한 사람이다. 둘째는 자신이 열심히 일해 좋은 성과를 올리는 사람이다. 이런 지도자는 하급이다. 일은 혼자서 하는 것이 아니다. 셋째는 자신은 별로 일을 하지 않으면서 구성원들이 열심히 일하게 하여 좋은 성과를 올리는 사람이다. 이런 지도자는 중급이다. 넷째는 자신과 구성원이 협력하여 열심히 일하고 좋은 성과를 올리는 사람이다. 이런 지도자는 상급이다. 다섯째는 열심히 일하고 좋은 실적도 내면서 구성원이 자아존중감을 자각하게 하는 사람이다. 이런 지도자가 최상급이다. 그러므로 유능한 지도자는 구성원이 자아존중감을 자각하고 자력으로 자신들의 삶을 윤택하게 만들게 한다.

제3장

창조적 리더십
핵심 요소의 원소

제1절 핵심 요소의 원소 정의와 기능

1. 핵심 요소의 원소 정의

원소(元素)는 모든 물질을 구성하는 기본적 요소이다. 핵심 요소의 원소는 각각의 핵심 요소를 구성하는 성분으로 핵심 요소를 육성하거나 리더십을 발휘하는 도구로 활용할 수 있다. 그러나 각 원소를 리더십 발휘에 효과적으로 사용하기 위해서는 연구 개발과 경험이 필요하고, 정도를 넘으면 부작용이 따른다. 가령 추진력의 원소에 용기가 있다. 경험하지 못한 일에는 위험부담이 작용하므로, 그 일을 추진해야 하는 지도자에게는 용기가 필요하다. 그러나 용기가 지나쳐 사리를 분간하지 않고 함부로 날뛰는 용맹인 만용(蠻勇)이 되면 안 된다.

핵심 요소의 원소는 지도자가 리더십을 발휘하는 데 반드시 필요하고 도움이 된다. 하지만 인간의 불완전성과 상황 및 환경의 끊임없는 변화로 가치의 평가 결과가 달라져 문제의 원인이 될 수도 있으므로 상황과 환경 변화를 반영해 적절하게 조정하며 사용해야 한다. 그리고 무엇이든 일을 하면서 필요한 때 필요한 곳에 사용할 수 있도록 하기 위해서는 평상시에 그러한 것이 자연적으로 발현되도록 하는 준비와 훈련이 필요하다. 핵심 요소와 핵심 요소의 원소도 마찬가지이다.

2. 핵심 요소의 원소 구성과 이동 가능성

핵심 요소의 원소는 7가지 핵심 요소를 육성하고 리더십 발휘에 도구로 활용할 수 있다. 그러나 핵심 요소의 원소는 반드시 특정한 핵심 요소의 원소에 고정된 것은 아니다. 가령 핵심 요소의 원소 중 하나인 조정은 집단이나 사회의 구성원 전체의 힘을 모으는 통합력, 아이디어를 결집하는 창의력, 일을 진행해 나가면서 구성원이 일하는 속도 등 완급을 조절하는 추진력에도 활용할 수 있다. 즉, 통합력의 원소로 구성되어 있지만, 창의력이나 추진력을 발휘하는 데 활용해도 문제가 될 것이 없다.

지도자 자신이 리더십을 다시 정립해 활용하는 과정에서 집단 내 특수성을 반영하여 창의력이나 추진력의 원소로 구성해도 된다. 그것은 자유재량이다. 조정이나 종합, 통합은 사람이 살아가는 동안 일을 할 때는 항상 필요하다. 그리고 지식과 경험, 학습과 훈련도 마찬가지이다. 전문지식을 보유하고 장기간 같은 분야 업무에 종사해온 사람들이 경험을 전수하는 것, 훈련하는 것은 창의력, 추진력, 통제력, 통찰력, 통합력, 도덕성, 이타성에 모두 도움이 되고, 리더십을 육성하는 좋은 방법이기도 하다.

3. 핵심 요소의 원소 기능

핵심 요소가 능력으로 발현되기 위해서는 여러 가지 도구가 필요하다. 이것이 핵심 요소의 원소이다. 핵심 요소의 원소는 크게 보면 두 가지 기능이 있다. 첫째는 핵심 요소를 이루는 원소이다. 요소(要素)는 사물의 성립·효력 등에 꼭 있어야 할 성분 또는 조건, 원소(元素)는 모든 물질을 구성하는 기본적 요소이다. 핵심 요소는 각 원소의 합력에 의해 생성된다. 그 성분이 되는 것들이 좋은 내용으로 구성되어 있으면 합력의 크기는 더 커진다. 그러므로 핵심 요소를 갖추기 위해서는 각 원소의 활용 능력을 강화해야 한다. 둘째는 리더십 발휘 도구이다. 도구(道具)는 어떤 목적을 이루기 위한 수단이나 방법을 말한다. 핵심 요소를 형성하는 원소이기도 하지만, 일을 하거나 문제를 해결하는 수단이나 방법이 될 수도 있다. 지도자는 만능이 아니다. 핵심 요소의 원소를 모두 갖추면 좋지만 그렇게 하는 것은 현실적으로 어렵다. 중요한 점은 핵심 요소의 원소를 모두 갖추지는 못하더라도 그 내용은 개념적으로 파악하고 있어야 한다. 관심을 두는 부분에 대해서는 평소에 학습하고 연구해 두면 문제가 발생했을 때 도구로 활용할 수 있으므로 신속한 대응이 가능하고 문제를 풀어나가는 데 도움이 된다.

지도자는 문제가 발생할 때 무엇인가 활용할 수단과 방법이 있어야 한다. 그 내용 중 하나가 핵심 요소의 원소이다. 발생한 문제에 대응하는 1차적인 수단과 방법은 핵심 요소이고, 2차적인 것이 핵심 요소의 원소 활용, 3차적인 것은 핵심 요소와 핵심 요소의 원소들을 조합하여 활용하는 일이다. 복합적인 원인이 얽힌 문제는 한 가지 수단이나 방법으로 풀기 어려울 수 있다. 이때는 여러 가지 요소를 조합하고 응용하여 대응해야 한다.

지도자가 활용할 수 있는 도구는 핵심 요소나 핵심 요소의 원소에 나열된 것밖에 없는 것은 아니다. 리더십을 발휘하는 데 인간이 활용할 수 있는 모든 것들이 도구가 될 수 있다. 여러 가지 리더십 모형도 될 수 있지만 자기 확신, 신속한 의사결정, 문제해결 능력, 판단력, 유연성, 진취적인 태도, 다른 사람의 재능을 이끌어 내는 능력, 솔직함, 감정 조절과 통제, 자연스럽게 영향을 주어 마음이 변하게 하는 능력인 감화력(感化力) 등 얼마든지 많다. 그럼에도 굳이 핵심 요소의 원소를 정리한 것은 리더십을 발휘하는 중요한 도구와 수단으로 핵심적인 역할을 하기 때문이다.

지도자가 리더십을 발휘하는 데 반드시 많은 도구나 수단을 갖고 있다고 뛰어난 리더십을 발휘할 수 있는 것은 아니다. 집단이나 사회조직의 특성에 따라 하나의 도구로도 뛰어난 리더십을 발휘할 수 있는 일도 있다. 하지만 오늘날과 같이 변화가 빠른 세상 속에서는 언제 어떤 일이 터지고 문제가 발생할지 모른다. 전개되는 상황에 능동적으로 대처하기 위해서는 문제해결에 필요한 도구를 사용해야 한다. 이때 지도자가 여러 가지 도구를 사전에 알고 있지 않으면 리더십을 발휘하는 데 어려움을 겪고 집단을 위험에 직면하게 할 가능성이 크다. 그렇다고 매번 지도자가 좋은 리더십을 발휘하지 못할 때마다 지도자를 교체할 수 있는 일도 아니다. 교체할 수 있다고 교체하면 불안정한 통치로 더 큰 문제가 생긴다.

핵심 요소와 핵심 요소의 원소는 다양한 상황에 능동적으로 대처하고 리더십 역량의 기복을 줄이는 데 아주 중요한 요소로 작용한다. 그리고 지도자가 효과적인 리더십을 발휘하기 위해서는 인프라를 잘 구축해야 한다. 리더십 인프라는 지도자가 높은 성과를 달성하고, 집단을 이끌기 위해 요구되는 조직체계, 역할 분담 등 기본적으로 만들어 놓아야 할 제도적 장치나 체계, 활용하기 위해 쌓은 지식과 경험, 연구개발 내용 등 여러 가지가 있다. 합리적인 조직체계 구성과 적절한 업무 분담, 해박한 지식, 여러 가지 자료, 풍부한 경험은 효과적인 리더십 발휘를 위한 중요한 요소이다. 기반시설이 잘 갖추어져 있으면 일을 진행하는 데 그만큼 편리하다. 핵심 요소의 원소 활용 기반이 되는 리더십 인프라를 사전에 잘 구축해 두면 리더십을 발휘하는 데 반드시 도움이 된다.

제2절 핵심 요소와 원소 내용

1. 창의력 원소

1) 아이디어 산책

지금은 아이디어(idea) 없이 일만 해서 되는 세상이 아니다. 아이디어로 사는 세상의 지도자는 달라져야 한다.[61] 미래상(vision)은 중심 아이디어에서 시작된다. 아이디어는 모든 인간행동의 지적인 토대를 제공하고, 모든 단계의 행동을 위한 바탕이 된다. 성공하는 조직은 명확한 중심 아이디어를 지도원칙으로 한다. 중심 아이디어의 변화는 집단이나 사회조직을 바꾸어 놓는다.[62]

아이디어(idea)는 좁은 의미로는 어떤 일에 대한 구상을 말하지만 넓은 의미로는 고안, 구상, 착상, 착안을 총칭하거나 각각의 의미로 사용될 수 있다. 고안(考案)은 연구하여 생각해냄 또는 그것, 구상(構想)은 어떤 일을 하기에 앞서 여러 가지로 생각을 가다듬음 또는 그 생각이나 내용, 착상(着想)은 어떤 일이나 창작의 실마리가 될 만한 생각이나 구상 따위를 잡음 또는 그 생각이나 구상, 착안(着眼)은 어떤 일을 눈여겨보아 그 일을 성취할 기틀을 잡음을 뜻한다.

아이디어는 의식과 무의식적으로 생겨날 수 있다. 하지만 간절한 바람을 가지고 필요한 생각을 얻기 위해 노력할 때 원하는 것을 더 많이 얻을 수 있다. 집단에서 아이디어 산책을 생활화하는 가장 현실적인 방법은 제안제도 활성화, 개인은 메모지 활용이다. 단편적인 아이디어는 의도하거나 노력하지 않아도 자연스럽게 떠오르기도 한다. 그러나 누구나 아이디어가 필요한 때 필요한 생각을 잘 떠올릴 수 있는 것은 아니다. 따라서 창의력을 육성하기 위해서는 평상시에 생각의 산책을 하고 그것을 정리하는 훈련이 필요하다. 아이디어를 잡을 수 있는 가장 좋은 방법은 언제 어디서든 기록하는 것이다. 머뭇거리고 꾸물거리는 동안 새로운 발상은 사라져 버린다.[63] 머릿속에 떠오른 생각은 그 자리에서 바로 기록하는 것을 습관화하는 것이 가장 좋다.

---

61) 연합뉴스 2011. 3. 5.
62) 노엘 티시 · 엘리 코헨 지음, 이재규 · 이덕로 옮김(2000), ≪리더십 엔진≫, 21세기북스, pp.160~166.
63) 김종현(2007), ≪콘디의 글로벌 리더십≫, 일송북, p.126.

아이디어가 세상을 얼마나 바꾸어 놓을 수 있는지, 그 위력을 잘 보여 주는 사례가 마크 저커버그이다. 2010년 말부터 중동지역에 민주화 열기가 불붙기 시작했고 2011년 내내 중동지역에 민주화의 강풍이 휘몰아쳤다. 2010년 12월 17일 튀니지에서 시작된 민주 혁명은 알제리(2011년 1월 5일), 요르단(1월 14일), 예멘(1월 22일), 이집트(1월 25일), 수단(1월 30일), 팔레스타인(2월 2일), 이라크(2월 3일), 바레인(2월 13일), 이란(2월 14일), 리비아(2월 15일) 등 마치 요원의 불길처럼 중동지역 전체로 급속히 번져 나갔다.

북아프리카 튀니지를 23년간 철권통치한 제인 엘아비디네 벤 알리 대통령은 2011년 1월 15일, 약 1개월간 지속한 시민혁명에 항복, 공식적으로 퇴임하고 망명의 길을 떠났다. 30년 동안 철권통치를 단행해 왔던 호스니 무바라크 이집트 대통령도 18일간 계속된 역사적인 시민혁명의 힘에 굴복, 2월 11일 권력을 군에 넘겨주고 대통령직에서 물러났다. 이집트 대통령 무바라크 퇴진에 고무된 리비아 국민도 자신들의 독재자를 향해 들고일어났다. 용병을 동원한 무아마르 카다피의 반응은 과격했고, 국제사회의 지원을 받는 시민군과 연일 격렬한 공방을 벌였으나 결국 그도 6개월을 버티지 못하고 권좌에서 쫓겨났으며, 10월 20일 시르테에서 총상을 입고 사망했다.

중동에서 불기 시작한 민주혁명의 바람은 튀니지에서 가장 흔하고 일반시민이 늘 접하며 집을 장식하는 꽃인 재스민의 이름을 따라 "재스민 혁명(Jasmine Revolution)"이라 불린다. 재스민은 귀족이나 특권층을 상징하지 않는다. 보통의 평범한 사람들을 상징하는 꽃이다. 튀니지 혁명은 대학을 나온 한 가난한 노점상의 분신자살로 촉발되었다.[64]

전 세계 5억 명 이상이 사용하고 기업가치가 500억 달러(약 56조 원)에 달하는 페이스북[65]의 창업자 마크 저커버그(Mark Zuckerberg)는 중학생일 때 소프트웨어[66]를 개발했다. 스무 살 때인 2004년 하버드대학교 기숙사에서 페이스북을 만들었고 스물일곱 살인 2011년 전 세계를 뒤흔들고 있다. 페이스북의 탄생을 그린 영화 "소셜 네트워크"는 대박을 터뜨려 화제가 되기도 했다. 2010년 12월 튀니지에서 시작된 재스민 혁명의 불길이 이집트로 옮아 붙어 30년 철권 독재정권을 무너뜨린 것과 관련하여 그의 이름이 거론된다. 페이스북과 트위터(Twitter) 등 소셜 네트워크 서비스(SNS)[67]가 독재에 대한 저항을 촉발시키고 시위대를 불러 모으는 데 큰

---

64) 이춘근(2011), "중동에 부는 바람, 동북아에도 불 것이다", 한국경제연구원 칼럼, pp.1~2.
65) 페이스북(Facebook)은 2011년 2월 초 현재 6억 명 이상의 사용자가 활동 중인 세계 최대의 소셜 네트워크 서비스이다. 사람들이 친구들과 대화하고 정보를 교환할 수 있도록 도와준다. 2004년 2월 4일에 당시 하버드 대학교의 학생이었던 마크 저커버그가 설립하였다.
66) 소프트웨어(software)는 컴퓨터 프로그램 및 그와 관련된 문서들을 통틀어 이르는 말. 컴퓨터를 관리하는 시스템 프로그램과 문제해결에 이용되는 다양한 형태의 응용 프로그램으로 나눈다.
67) 소셜 네트워크 서비스(Social Network Service)는 웹상에서 이용자들이 인적 네트워크를 형성할 수 있게 해주는 서비스로, 트위터·싸이월드·페이스북 등이 대표적이다. 웹상에서 친구·선후배·동료 등 지인(知人)과

힘이 되었다는 것이다. 20대의 나이에 기발한 아이디어로 세계적인 부호가 된 데다 세계 역사를 바꾸는 재스민 혁명에 기여한 그의 영향력[68]은 아이디어의 현실화에서 나왔다.

2) 지식과 경험, 교육훈련, 학습

지도자가 되기 위한 첫 번째 조건은 자신의 직무를 통해 성공하고 조직에 기여한 경험이라 할 수 있다.[69] 지도자를 선발할 때 경력을 중시하는 것은 조직이 당면할 수 있는 위험을 줄이고 성공 가능성을 높이기 위함이다. 경험은 실전에서 안전사고를 예방하고 어려운 상황을 극복하는 데 도움이 된다. 지도자는 배우려는 열망과 일에 대해 헌신하려는 마음이 있어야 한다. 이 두 가지를 갖추고 있다면 이미 공교육과정을 통하여 기초학습이 되어 있고 직무 교육과 과업 수행을 통해 경험이 축적되어 있으므로 나머지 부족한 부분은 배워서 습득하고 행할 수 있다.

창의적이고 항상 배우려는 자세는 다른 사람에게 호감을 준다. 자연히 현재 상태에 안주하지 않으려는 사람들이 주위에 몰려들게 된다. 몰려든 사람들도 제대로 이끌지 못하면 모두 떠난다. 그러므로 지도자는 자신과 다른 사람들을 이끌어 나가는 일을 게을리 하지 말아야 한다. 세상은 빨리 변하기 때문에 직급이 올라가면 교육을 많이 하고 많이 받아야 한다. 만약 교육을 받기 어려우면 스스로 공부하고 연구해야 한다. 누구나 앞서 가려면 변화를 앞질러 가야 한다.[70] 변화를 앞질러 간다는 것은 변화에 휩쓸려 가는 것이 아니라 변화를 선도하는 것이다. 이를 위해서는 변화를 읽고 선점할 수 있도록 교육과 훈련, 학습을 통하여 지식과 경험을 축적하고 앞을 내다보는 안목을 길러야 한다. 뛰어난 안목이 창의력과 결부되었을 때 획기적인 결과를 창출하는 일이 많다.

지속적인 변화를 성공적으로 이끌어 가는 사람은 첫 번째는 나의 이상적 자아로 나는 어떤 사람이 되고 싶은가? 두 번째는 나의 현실적 자아로 나는 어떤 사람인가? 나의 장단점은 무엇인가? 세 번째는 나의 학습 계획으로 어떻게 나의 장점을 살리고 단점을 줄여 나갈 것인가? 네 번째는 새로 익힌 행동방식, 사고방식, 감정의 방식을 실행에 옮기고 연습하기를 통해 익히기, 다섯 번째는 성공적인 변화를 가능하게 만들어 주는 든든하고 믿음직한 인간관계를 만

의 인맥 관계를 강화시키고 또 새로운 인맥을 쌓으며 폭넓은 인적 네트워크(인간관계)를 형성할 수 있도록 해주는 서비스를 '소셜 네트워크 서비스(Social Network Service)'라고 한다. 간단히 SNS라 부르기도 한다. 인터넷에서 개인의 정보를 공유할 수 있게 하고, 의사소통을 도와주는 1인 미디어, 1인 커뮤니타라 할 수 있다.
68) 안순권(2011), "청년실업과 '한국판 저커버그'의 꿈", 한국경제연구원 칼럼, p.1.
69) 서재현(2009), ≪리더십 베이직: 리더를 꿈꾸는 사람의 참고서≫, 한경사, p.25.
70) 연합뉴스 2011. 3. 5.

들어 나가는 것을 발견하는 단계를 거친다고 한다. 가장 좋은 변화의 출발은 자각과 함께 이 래선 안 된다는 절실함을 불러일으키는 학습 과정이 시작되는 것이다.[71]

학습을 중시하는 조직에서는 사람들이 실수를 감추지 않고 오히려 실수를 통해 배워 나간 다. 기술과 재능을 개발하는 것을 가치 있는 일로 여기고, 뭔가 새롭고 독특한 학습 기회를 끊임없이 찾아 나선다. 이런 조직은 일반적으로 혁신성에 높은 가치를 부여한다. 여기서는 사 람들이 끊임없이 피드백(feedback)을 얻으려 하고 어떤 일이 일어났으며 왜 그런 일이 일어났 는지 더 잘 이해하기 위해 노력한다.[72]

창의력의 원천은 지식과 경험, 공부와 교육훈련에서 나온다. 학습하고 학습이 필요하다고 느끼는 것, 배운다는 것은 뭔가 부족한 상태에 있다는 것을 의미한다. 창의성을 타고나는 사 람도 있다. 하지만 타고난 재능도 공부, 교육과 훈련을 통해 전문지식을 갖추고 다양한 경험 을 축적하여 창의력으로 승화시키는 과정을 거쳐 육성하고 그 분야에 종사하면서 활용해야 한다. 일상 속에서 일련의 육성과정을 거치고 일에 종사하며 활용하는 사람과 그렇지 않은 사 람의 창의력에는 현저한 차이가 난다.

가장 좋은 가르침을 줄 수 있는 사람은 같은 분야에 종사하는 사람 중에서 가장 좋은 성과 를 낸 사람이다. 직접 어떤 내용을 가르치지 않더라도 사회적 학습 대상이 되므로 성공한 리 더는 다른 사람을 리더가 되도록 가르친다. 리드한다는 것은 가르치는 것이다.[73] 대개 대규모 집단은 뛰어난 리더도 많지만, 정비된 교육훈련 체계도 잘 갖추고 있어 직무교육을 통하여 창 의력 교육도 어느 정도 이루어진다. 그러나 소규모 집단이나 조직은 대규모 집단을 일부러 따 라할 필요가 없다. 현실적인 여건을 고려하여 개인이 공부할 수 있도록 학문을 장려하는 것만 으로도 좋은 성과를 거둘 수 있다.

3) 상상력 자극과 사고력 확장

상상(想像)은 마음속으로 그리며 미루어 생각함, 현실의 지각에 없는 사물의 심상(心象)을 마음에 생각하여 그림, 상상력(想像力)은 상상하는 능력, 사고(思考)는 생각하고 궁리함, 사고 력(思考力)은 사고하는 힘, 즉 생각하고 궁리하는 힘을 말한다. 창의력을 키우는 데 상상력과

---

71) 다니엘 골먼 외 지음, 장석훈 옮김(2003), ≪감성의 리더십≫, 청림출판, pp.187~191.
72) 존 H. 젠거 · 조셉 포크먼 지음, 김준성 · 이승상 옮김(2005), ≪탁월한 리더는 어떻게 만들어지는가≫, 김앤 김북스, p.201.
73) 노엘 티시 · 엘리 코헨 지음, 이재규 · 이덕로 옮김(2000), ≪리더십 엔진≫, 21세기북스, p.100.

사고력이 필요한 것은 문제의 답이 있는지 없는지 모르는 것에 대한 답을 내야 하기 때문이다. 선진국이나 세계 최고의 기업 등 개인이나 집단이 한 분야의 최고나 정상 또는 가장 앞서가는 상황이 되어 더 배울 곳이 없을 때 계속 최고나 정상을 유지하고 선도해 나가기 위해서는 필수적이다.

가장 앞섰을 때 할 수 있는 올바른 길, 최고, 최선의 방향을 자신의 마음으로 그리며 미루어 생각을 정립하고 행동을 통해 새로운 길을 개척하며 이끌어 나가야 한다. 그러기 위해서는 상상력과 사고력이 필요하다. 그러나 상상이나 사고가 생각으로 끝나서는 아무런 소용이 없다. 상상이 상상력이 되게 하고, 상상력을 자극하여 사고력 확장으로 이어질 때 우리는 비로소 상상이나 사고에서 나온 생각을 실용적으로 활용할 수 있다.

우리가 코끼리에게 날개를 달아 주고, 우주선이 광속으로 비행하는 모습을 상상했다고 하자. 이때 이것을 다음 행동으로 옮기거나 이어가지 않고 생각하는 것으로 끝나서는 단순한 상상에 지나지 않는다. 하지만 이야기를 구성하여 이것을 만화, 애니메이션,74) 영화의 한 장면으로 만들어 호응을 얻으면 아이들의 상상력을 키우고 캐릭터75) 개발을 통해 장난감 산업으로 발전시킬 수 있으며, 초고속 우주선 개발을 가속하는 촉매로 작용할 수도 있다. 그러나 우리의 일상에 필요하거나 도움이 되는 상상력은 그 내용을 현실화했을 때 반드시 가치를 공감을 받을 수 있어야 한다.

국가나 기업, 정치가와 학자들이 정상이 되었을 때 오래가지 못하고 쇠퇴하거나 망하는 이유도 창의력을 발휘하는 데 한계에 부딪혀 스스로 미래를 발전적인 방향으로 이끌어 나갈 능력이 부족하기 때문이다. 그러므로 한계를 극복하고 새로운 에너지를 생성하여 지속적으로 정상을 유지하기 위해서는 상상력을 자극하고 사고력을 확장해야 한다. 자극(刺戟)은 외부에서 작용을 주어 감각이나 마음에 반응이 일어나게 함이다. 자극은 사건이나 상황변화에 대한 자각 등 자신의 내부에서 생겨날 수도 있고, 타인에 의해 주어질 수도 있다. 자극을 얻는 방법은 목표를 정해 놓고 일을 하는 것, 많은 경험을 하는 것, 경쟁 등 다양하다.

---

74) 애니메이션(animation)은 그림에 그린 동물 등의 선화(線畵)가 살아 있는 것처럼 보이게 촬영한 영화. 또는 그 영화 제작 기술로 만화 영화의 수법으로 씀.
75) 캐릭터(character)는 만화, 극 따위에 등장하는 인물이나 동물 등의 모습을 디자인한 것. 장난감·문구·아동용 의류 따위에 많이 씀.

4) 감성 자극

모든 인간은 감수성을 갖고 있다. 감성(感性)은 자극에 대하여 느낌이 일어나는 능력이고, 감수성(感受性)은 외계의 자극으로부터 받은 강한 인상에 의하여 행동이 좌우되기 쉬운 경향을 말한다. 기본적으로 인간의 행동은 본능적 욕구, 상황에 따른 판단에 근거하는 의식적 필요성, 외부 자극 등 세 가지 요소에 의해 유발된다. 이 가운데 어떤 것이 유발 원인이 되든 자율적인 행동이 가장 바람직하다. 하지만 집단이나 사회조직 내 생활에서는 구성원의 자율적인 행동이 갈등과 대립 등 문제의 근원으로 작용할 수 있으므로 이해관계 충돌을 피하고 질서를 부여하기 위해 규율을 정하고 통제가 이루어진다.

통제는 그 필요성에도 불구하고 내용이 모호하거나 정도가 지나치면 개인의 행동을 위축시켜 목표를 달성하는 장애로 작용하기도 한다. 이런 때는 통제가 유발하는 문제점을 해결하고 높은 성과를 창출하기 위해 위축된 개인의 행동을 자극하여 활발한 활동을 하도록 유도할 필요가 있다. 이때 사용되는 방법 중 한 가지가 감성 자극이다. 감성 자극의 기본적인 목표는 구성원 개인 속에 있는 잠재능력을 발현하도록 하는 데 목적이 있다. 그러므로 집단이 당면한 문제해결이나 목표 달성에 기여할 수 있는 양의 방향으로 자극이 이루어져야 기대한 바의 효과를 볼 수 있다.

긍정적인 감성 자극이 이루어지게 하는 방법 중 한 가지가 자부심을 느끼도록 하는 것이다. 자부(自負)는 자기나 자기와 관련된 일에 대하여 자신의 가치나 능력을 믿고 자랑으로 여김, 자부심(自負心)은 자부하는 마음, 자신감(自信感)은 자신이 있다고 여겨지는 느낌을 말한다. 자부심은 자연스럽게 자신감과 긍정적인 사고를 생성한다. 누구나 자부심을 느끼고 자신의 가치나 능력을 믿고 자랑스럽게 생각할 때 자연스럽게 자신감이 생성되기 때문이다. 그러나 자부심이 자신감으로 이어지기 위해서는 성공 체험, 작은 성공에 대한 성과 보상, 성공 체험담 활용 등을 통한 감성 자극이 필요하다.

성공 체험이나 감성 자극 없이 그냥 자부심과 자신감을 가지라고 하여 그렇게 되기는 쉽지 않다. 물론 사람은 정신통제, 자기체면, 자기암시로 긍정적 요소나 특정한 요소에 대한 심리적인 강화를 통해 그것을 고양할 수도 있다. 그러나 실제 그것이 자부심과 자신감으로 정착되는 것은 심리적 강화가 추후 성공체험으로 나타나고 감성을 자극할 때 더욱 확실해진다. 감성을 자극받은 사람들은 대개 긍정적으로 생활하고 자발적으로 움직이므로 업무에도 적극성을 보이는 등 높은 창의력을 발휘한다.

5) 호기심 활용

호기심(好奇心)은 새롭고 신기한 것을 좋아하는 마음이다. 호기심은 동물이나 인간에게서 발견되는 원정, 탐사, 교육 등의 선천적으로 무엇이든 알고 싶어 하는 행동들의 원인이 되는 감정이다. 많은 생명체의 타고난 능력으로 인간의 나이에 상관없이 유아에서 노인까지 모든 연령대에서 발견되고 개, 원숭이, 고양이, 물고기, 파충류, 곤충과 같은 다른 생명체에서도 흔히 볼 수 있다.[76] 인류의 역사가 발전하고 상상을 현실화하는 데 결정적인 역할을 해온 것이 호기심이다. 호기심은 창의성이 창의력으로 발전하고 창조로 이어지는 과정에서 촉매(觸媒) 역할을 한다. 사람이 처음에 무엇을 만드는 것은 대개 호기심에서 비롯한다.

6) 연구와 개발 투자

국제경쟁력의 우위와 열위를 결정하는 요소는 여러 가지가 있다. 그중에서 사회집단의 성장 속도, 기술 그리고 조직 같은 몇 개의 요소들은 주요한 고정적 범주에 속한다. 예컨대 국제 세력으로서 서양의 발흥과 동양의 쇠퇴는 1500년 이후 등장한 장거리 함포를 탑재한 군함을 갖고 왕성한 대서양 무역을 행한 유럽 국가들에 의해 구조화되었다. 그 후에 등장한 증기기관, 선박, 금속자원 등의 개발에 진력해온 유럽 국가들이 여타 지역 국가들의 힘을 크게 위축시키면서 상대적 우위를 증대시켰기 때문이다. 기술발전과 군사력의 역학관계로 국가들의 우위와 열위가 결정됨은 명백하다.[77]

기술 개발과 발전의 핵심은 창의력이다. 창의력은 연구와 개발 투자와 직결된다. 개인도 창의력을 발휘하여 새로운 것을 개발할 수 있지만, 대규모 투자와 많은 우수한 인력 확보를 통해 이루어지는 연구개발과는 현저한 차이가 난다. 오늘날 첨단장비와 기술개발은 모두 대규모 연구와 개발 투자에 의해 이루어지고 있다. 미국 학술원은 2010년 하반기 랜드마크[78] 보고서(Rising Above the Gathering Storm, Revisited)에서 "대학과 이공 분야 연구에 대한 투자는 국민의 안위와 국가안보를 지킬 수 있는 국가 경제력을 갖는 데 꼭 필요한 일이다. 이는 비행기가 과하중되었다고 해서 엔진을 제거할 수는 없는 것과 같다"고 기술했다. 경제가 어려울수록

---

76) 위키백과.
77) 하봉규(2008), ≪한국 정치와 현대 정치학≫, 팔모, p.19.
78) 랜드마크(landmark)는 ① 도로상을 주행하는 운전자가 현재의 자기 위치를 알 수 있는 단서를 제공하는 경관상의 지표. 예를 들면, 저명한 산, 특징 있는 산의 모습, 교량 등의 특징 있는 지형, 지물을 가리키고 있는 경관 공학상의 개념. ② 역사적인 건조물.

대학, 특히 이공 분야에 대한 국가 투자는 국가 경쟁력의 엔진과 같다는 점을 강조한다. 이를 반영하듯 재무 건전성 악화 등 어려운 여건 속에서도 2011년도 미국의 비국방 분야 연구와 개발(R&D) 예산이 5.9%나 증가했다.[79]

7) 자기 계발

자기(自己)는 그 사람 자신 또는 어떤 사람을 말할 때, 그를 도로 가리키는 말이다. 개발(開發)은 여러 가지 뜻이 있다. 첫째는 개척하여 발전시킴, 둘째는 지식이나 소질 등을 더 나아지도록 이끄는 것으로 기술이나 능력 개발이 여기에 해당한다. 셋째는 산업이나 경제 등을 발전시켜 인간 생활에 유용하게 함, 넷째는 새로운 것을 고안해 내어 실용화함으로써 신제품이나 새로운 프로그램을 개발하다는 말로 주로 사용된다. 계발(啓發)은 슬기와 재능, 사상 따위를 널리 일깨워 줌을 말한다. 지능, 창의성, 드러나지 않은 소질을 계발하다고 할 때 이러한 표현을 쓴다.

자기 계발에는 개발이 갖는 모든 의미의 활동이 포함되지만, 좀 더 구체적으로는 스스로 자신의 지식이나 소질을 더 나아지도록 이끄는 것을 말한다. 이것은 집단이나 사회구성원에게 부여되는 일반적인 요구사항으로, 일을 잘하고 문제를 해결하고 성과를 올리고 새로운 제품을 개발하기 위해서는 필수적이다. 조직 내에서 상사나 지도자들이 구성원들에게 수시로 그 필요성을 강조하는 사항이기도 하다. 하지만 자기 계발은 궁극적으로 자신이 스스로 해야 할 일이다. 자신을 발전시키고 잠재력을 실현하기 위해서는 자기 계발보다 좋은 것은 없다.

정보통신과 각종 기술의 발전으로 교육 기회가 증가함에 따라 다양한 경험, 첨단 지식으로 무장한 똑똑한 부하직원이 늘고 있다. 이처럼 우수한 인재들이 많이 늘어나는 것은 조직 차원에서는 상당히 바람직하다. 그러나 문제는 이렇게 우수한 부하직원들과 리더 사이에 갈등이 생기면서 부하직원이 떠나거나 보유역량을 제대로 발휘하지 못하는 등의 여러 가지 부작용이 발생한다는 데 있다. 현실적으로 많은 리더가 자신보다 유능하고 똑똑한 부하직원을 리드하는 데 어려움을 겪는다고 한다. 리더보다도 똑똑한 부하직원을 잘 이끌어가면서 높은 성과를 내기[80] 위해 끊임없는 자기 계발은 필수적이다. 그중에서도 창의력 계발이 가장 중요하다. 창의력은 무한량 개발하고 끄집어내 사용할 수 있다.

---

79) 세계일보 2010. 11. 26.
80) 박지원(2007), "나보다 똑똑한 부하를 리드하는 방법", 《LG Business Insight》, LG경제연구원, pp.50~51.

8) 개선 활동

사람들은 많은 것을 안다. 그러나 아는 것을 제대로 실천하는 사람은 그렇게 많지 않다. 때로는 불편함을 느끼면서도 잘못된 것을 고치지 않는다. 개선 활동은 여건이 어려울수록 더욱 활성화되어야 한다. 창의적 아이디어는 불편을 해소하거나 편리를 증진하려는 노력에서 가장 많이 나온다. 처음부터 창조력을 발휘해 대단한 것을 만들거나 엄청난 일을 하겠다는 생각보다는 평상시에 창의력을 자연스럽게 발현할 수 있는 여건을 조성하고 습관화와 생활화하는 것이 바람직하다. 그렇게 하는 가장 손쉬운 방법 중 한 가지가 개선활동이다.

개선활동이 집단이나 사회조직 내에서 힘을 발휘하고 목표로 하는 기술개발 등 구체적인 성과로 이어지기 위해서는 함께 일하는 구성원들의 협력, 참여, 역량 결집 등 지속적인 관리가 필요하다. 오늘날 집단이나 사회조직 내에서 널리 시행하고 있는 개선활동의 대표적인 형태는 제안제도[81]이다. 그런데 이 제안제도가 대부분 형식적으로 운용되고 있다. 새로운 제도들을 만들어 놓고 난 후, '이제 모든 것이 잘 돌아갈 거야'라고 손 놓고 있으면 곤란하다. 지속적인 현장 방문 및 구성원들과의 의사소통(communication)을 통해 도입된 제도들이 제대로 작동되고 있는지, 부작용은 없는지, 좀 더 효과적으로 작동되는 데 필요한 사항들이 무엇인지 등을 점검하고 개선하는 노력을 지속해야 한다.[82]

2. 추진력 원소

1) 의지

의지(意志)는 어떤 일을 이루려는 굳은 마음이다. 강한 의지를 갖춘 사람과 약한 의지를 갖

---

81) 제안제도(suggestion system, 提案制度)는 종업원으로부터 제안을 모집하여, 이것에 대해 보상을 하고 생산 방법 등을 개선하는 제도이다. 종업원으로 하여금 기업이 생산하는 제품, 작업방법, 설비기계 및 작업환경의 개선이나 원가절감을 가능하게 하는 아이디어를 제안하도록 권고한 후 그것이 채택된 경우 기여도에 따라 표창하는 제도를 말한다. 이는 직접적으로 생산성 향상, 판매촉진이나 원가절감을 위한 종업원의 협력을 얻으려는 목적이었으나 오늘날의 인간관계 관리라는 관점에서 아래로부터 위로 이루어지는 상향식 의사소통을 원활히 하기 위해 실시되고 있다. 이 제도는 종업원의 아이디어나 독창성을 개발하고 개성을 발휘시키는 기회를 주어, 의견을 자유롭게 경영자에게 제안하여, 경영에 참가하고 있다고 하는 공동체 의식을 갖게 한다.
82) 김종현(2007), 《콘디의 글로벌 리더십》, 일송북, p.211.

춘 사람은 일을 대하는 태도와 진행하는 방법, 결과에서 차이가 난다. 사람들은 예상하지 못한 장애물이 돌출하거나 어려운 문제가 발생하면 대개 당황하고 포기하는 경향이 나타난다. 그러나 의지가 강한 사람은 어떻게든 해결방법을 찾고 한계를 넘어 목표를 달성한다.

2) 목표 설정과 목표 의식

목표(目標, goal)는 어떤 목적을 이루려고 하거나 어떤 지점까지 도달하려고 함 또는 그 대상, 심리학에서는 행동을 취하여 이루려는 최후의 대상을 말한다. 목표(目標)는 신체적 운동, 심적 활동 등 생활체가 행하는 행동이 지향하는 최종적인 결과이다. 이와 같은 행동이 일어나기 위해서는 생활체가 특정한 동기·동인(動因)의 상태에 있어야 한다. 하지만 반드시 그 최종 결과에 대한 관념이 있거나 의식하고 있어야 할 필요는 없다. 목표는 또한 형식상, 시간적 및 공간적으로 설정할 수 있다. 예를 들면 어떤 대학에 입학을 원하는 사람에게 그 대학의 입학 허가서를 얻는 일은 시간적 목표이고, 뉴욕으로 가고자 하는 사람에게는 뉴욕이 공간적 목표이다.[83]

목표 의식은 자신이 이루려고 하는 목적, 도달하려고 하는 지점이나 대상에 대해 왜 그것을 하려고 하는지 필요성을 알고 자기 결점이나 지위·책임이 무엇인가를 스스로 깨달음이다. 목표 의식이 있는 사람은 하고자 하는 마음속의 생각이나 계획 등 자신이 정한 목표에 열정을 갖고 자신의 역량을 집중하여 열중(熱中)하고 반드시 이루겠다는 굳은 마음이 생겨 더욱 열심히 노력하게 된다. 목표 의식이 사람을 일깨운다. 많은 사람이 목표를 설정하는 것까지는 잘한다. 하지만 목표 의식을 갖고 목표를 달성하는 사람은 생각만큼 많지 않다.

목표를 달성하지 못하는 데는 여러 가지 원인이 있다. 목표 의식 부족, 잘못된 목표 설정, 즉 자기 능력으로 실행하기가 곤란한 과도한 목표 설정, 목표를 제대로 의식하고 행동에 옮겨 실천하지 않는 것이 주원인이다. 목표를 달성하려면 실천도 중요하지만, 행동변화가 필요하다. 일반적으로 목표는 일상적으로 달성하기 쉽지 않은 수준에서 정해지므로 기존의 행동과는 달라져야 한다. 이러한 행동의 변화는 주로 목표 의식에서 시작된다. 그러므로 목표 설정이 추진력으로 이어지기 위해서는 목표 의식을 갖고 그것을 행동으로 옮겨야 한다.

목표를 세우고 그것을 성취하기 위한 계획을 짜는 것은 특별히 새로울 것도 없는 일이다. 벤저민 프랭클린(Benjamin Franklin)은 덕성을 갖춘 사람이 되기 위한 점진적인 과정을 언급한

---

83) doopedia 두산백과.

적이 있는데, 그 자신이 직접 모든 이로부터 존경받을 수 있는 행동을 하기 위해 매일 혹은 주간 목표를 세워 실천에 옮기는 방법을 사용했다고 한다. 그런데 학자들은 프랭클린이 사용한 이와 같은 방법이 과학적으로도 근거가 있다는 것을 알아냈다. 심리학자인 하버드대학의 데이비드 맥크릴랜드(David C. McClelland) 교수가 1960년대에 기업을 경영하는 사람들이 구체적인 목표를 세우고 그것을 성취하기 위한 계획을 세울 때는 그렇지 않은 때보다 성공을 거둘 수 있다는 것을 보여 주었다.[84]

3) 용기

힘들고 어려운 상황에서도 좌절하거나 두려워하지 않는 지도자의 용기 있는 행동은 구성원들로 하여금 깊은 신뢰감과 충성심을 불러일으킨다. 용기(勇氣)는 씩씩한 의기, 사물을 겁내지 않는 기개이다. 겁(怯)은 무서워하거나 두려워하는 마음을 말한다. 상대방이 내가 가진 것보다 더 강한 힘을 가진 것으로 생각하면 사람은 누구나 겁을 먹는다. 때로는 무지와 예측의 불가능성이 두려움을 갖게 한다. 상황이 불리하다고 생각하거나 할 수 없다는 생각이 앞서 자신감을 잃고 겁을 먹으면 뻗어 나오는 기운이 제대로 발현되지 않아 스스로 무너진다. 가장 처참한 패배는 상황이나 상대방의 강한 힘에 눌리는 것이 아니라 스스로 무너지는 것이다.

힘은 상대적이고 상황에 따라 증감하므로 살다 보면 생각하지 못했던 결과가 만들어지기도 한다. 약한 힘을 가진 것으로 인식되는 사람도 상대방에 따라 강한 힘을 발휘하기도 하고, 강한 힘을 가진 것으로 인식되는 사람이 힘을 제대로 못 쓰는 때도 있다. 이것은 대결 당시 좋지 않은 몸이나 마음의 상태, 상대방에 대한 인식, 지식이나 지혜의 차이가 강한 영향을 미친다. 다윗과 골리앗(David with the Head of Goliath) 이야기가 널리 회자(膾炙)되는 이유도 다윗이 지혜와 용기로 덩치가 크고 힘이 센 블레셋 장수 골리앗의 이마에 돌팔매를 명중시켜 쳐 죽임으로써 승리했기 때문이다. 약한 힘을 가진 사람이 강한 힘을 가진 사람과 맞서는 데는 지혜와 용기가 필요하다. 이제까지 인류의 역사는 예측 불가능에 맞선 용기 있는 사람들에 의해 발전해 왔다. 그러나 진정한 용기의 가치는 기존 질서와 틀을 깨고 새로운 가치를 창조하는 데 있다. 새로운 가치를 창조하지 못하는 용기는 무모함에 지나지 않는다.

용기는 다양한 상황을 접하는 조직의 리더에게 필수적으로 요구되는 덕목이다. 예를 들어 당장 이익이나 주위의 시선에 얽매이지 않고 진정한 신념을 굽히지 않는 용기, 부당한 유혹을

---

84) 다니엘 골먼 외 지음, 장석훈 옮김(2003), 《감성의 리더십》, 청림출판, pp.239~240.

이겨낼 수 있는 용기, 부하의 장점을 인정하고 배울 수 있는 용기 등이 그것이다. 1982년 미국 시카고에서는 독극물이 들어 있는 '타이레놀(Tylenol)'을 복용한 7명의 시민이 사망하는 사건이 발생하였다. 존슨앤드존슨의 제임스 버크(James E. Burke) 회장은 기업 존폐의 위기에서 '타이레놀'을 더는 상표(brand)로 사용하지 말라는 자문(consulting) 회사의 권고에도 당당하게 동일 상표의 새 제품을 출시하였다. 어려운 상황에서도 제품 전량을 수거하고 처리 과정을 공개하면서 고객의 신뢰를 회복할 수 있을 것이라는 당당한 자신감이 있었기 때문이다. 결국 회사는 이른 시일 내에 이전보다 더 좋은 성과와 기업 이미지를 만들어낼 수 있었다.[85]

4) 동기 유발

그동안 많은 학자와 실무자들이 효과적인 리더십을 찾기 위해 노력해 왔다. 그 이유는 효과적인 리더십을 발휘하는 지도자는 다른 수단을 사용하는 지도자에 비해 더 많은 성과를 낼 수 있기 때문이다. 다시 말하면 효과적인 리더십의 영향력이 더 강하며, 집단의 목표달성을 향해 구성원들을 더 잘 움직이게 할 수 있다는 것이다. 구성원이 목표달성을 위해 움직이는 모습 중 가장 바람직한 모습은 지도자의 영향을 받아 자발적으로 노력하게 하는 것이다. 구성원의 자발성을 유도하는 것은 리더십 발휘의 중요한 요소로 성과에도 많은 영향을 미치기 때문에 매우 중요하다.[86] 이러한 자발성은 동기와 강한 연관이 있다. 리더십에서 동기를 중요하게 생각하는 이유도 성과에 많은 영향을 미치는 자발성이 동기에서 나오기 때문이다.

동기(動機)는 의사결정이나 어떤 행위의 직접적인 원인을 말한다. 리더십 연구자들은 전통적으로 동기 유발을 대단히 중요한 일로 생각해 왔다. 유발(誘發)은 어떤 것이 다른 일을 일어나게 함을 뜻한다. 사람은 욕구를 충족하기 위해 노력하는 특성이 있다. 그러므로 욕구 충족 방안을 제시하면 동기가 유발되어 자발적으로 노력하고, 그것이 에너지원으로 작용하여 좋은 성과를 창출하는 데 도움이 된다. 그러나 인간은 복잡한 동물이다. 때로는 본능적 욕구보다 심리적으로 감성을 자극하는 것이 훨씬 효과적으로 동기가 유발되기도 한다. 그리고 창의성이나 기술 향상 같은 것은 본능적 욕구를 자극하는 동기부여 방법보다는 경험과 교육 훈련이 더 효과적이다. 그러므로 지도자는 여건과 환경 변화, 구성원의 특성을 주의 깊게 관찰하고 그것에 적합한 동기부여 방법을 개발해야 한다. 동기는 만능이 아니다. 동기도 잘못 사용하면 부작용이 나타난다.

---

85) 강진구(2008), "인격적 리더가 뜨고 있다", ≪LG Business Insight≫, LG경제연구원, pp.44~46.
86) 서재현(2009), ≪리더십 베이직: 리더를 꿈꾸는 사람의 참고서≫, 한경사, p.25.

5) 개척 정신

개척(開拓)은 새로운 영역, 운명, 진로 따위를 처음으로 열어나감, 정신(精神)은 마음의 자세나 태도를 말한다. 개척 정신은 새로운 영역, 운명, 진로 따위를 처음으로 열어나가려는 마음가짐으로 도전의식이 바탕이 된다. 일반적으로 미개척 분야를 개척하는 일은 다른 사람이 그것을 하지 않았기 때문에 관련된 지식이나 정보가 부족해 판단과 결정이 어렵고 위험부담이 크다. 하지만 성공했을 때는 상대적으로 많은 것을 누릴 수 있다. 다른 사람이 하지 않은 것을 처음으로 시작해 결과를 만들어 내고 성취하기 위해서는 진취적 기개와 불굴의 개척 정신이 필요하다.

이제까지 뛰어난 리더십을 발휘한 지도자, 명성이 있는 학자, 세계적인 대기업, 선진국 등 개척 정신 없이 큰 성공을 이룬 사람이나 집단은 아무도 없다. 누구나 자신이 최고나 정상에 오르면 그때부터는 스스로 길을 개척해 나가야 한다. 집단이나 사회조직도 마찬가지이다. 다른 길을 선택하면 다른 것을 얻을 수 있지만, 안 가본 길이라고 가지 않으면 새로 얻을 수 있는 것은 아무것도 없다.

6) 기획과 계획

기획(企劃)은 일을 계획함, 계획(計劃)은 어떤 일을 함에 있어 미리 그 방법이나 절차 등을 생각하여 안(案)을 세우는 일 또는 그 내용이다. 집단이나 사회에서 목표를 달성하기 위해서는 기획과 계획이 반드시 필요하다. 기획과 계획이 없이는 추진력을 발휘하고 목표를 달성하기 어렵다. 대규모의 인력과 물자가 투입되는 일은 더욱 그렇다. 원자폭탄 개발, 천체 탐사, 대규모 생산공장 건설 등 인간이 하고자 하는 수많은 일이 기획과 계획에 의해 달성되었다. 수에즈 운하와 파나마 운하는 계획이 세상을 어떻게 변화시킬 수 있는지 보여준 좋은 사례이다.

세상을 탈바꿈시키기 위해 건설적인 일에 자신들의 상상력과 에너지를 쏟아 부은 건축가, 기술자(engineer), 주동자(promoter), 건축업자 등에 의해 운하가 뚫리고 강의 흐름이 바뀌고 거대한 댐이 건설되고 고층건물이 세워졌다. 위대한 장군들처럼 이러한 지도자들도 기획자다. 그들은 우연이나 종잡을 수 없는 운명의 바람과 파도에 일을 맡기지 않았다. 그들은 새로운 사업을 꿈꾸었으며, 그것을 계획하고 실행했다. 그러나 모든 권력자와 마찬가지로, 그들도 그들을 둘러싼 정치적·경제적 세계에 살고 있는 사람들로부터 그들의 계획을 따로 떼어 놓을 수는 없었다.

그들의 끊임없는 업적 중 가장 위대하고 놀랄 만한 것은 바로 운하였다. 대부분의 무역이 바다를 통해 이루어졌지만, 기술자들조차 대양의 모습을 바꿀 수는 없었다. 오로지 항구, 방파제, 등대, 석탄보급기지 등을 건설하여 대양에 적응할 뿐이었다. 하지만 그들은 운하를 건설할 수 있었다. 운하는 상대적으로 평화로운 시기에 건설되었는데, 특히 이집트와 중앙아메리카에 있는 두 개의 운하는 위대한 건축업자들의 솟구치는 상상력을 잘 보여 준다. 다른 운하들은 모두 호수와 강을 연결하는 것들이었지만, 수에즈 운하와 파나마 운하는 대륙을 둘로 잘라서 두 바다를 하나로 만들었다. 이 두 운하는 교통과 통상의 새로운 흐름을 창조했다.[87]

7) 열정

열정(熱情)은 어떤 일에 열중하는 마음이다. 열정을 갖고 몰입하여 일하는 것과 그렇지 않은 상태에서 일하는 것은 결과에서 상당한 차이가 난다. 열정은 한 가지이지만 그 대상은 다양하다. 일과 조직에 대한 열정은 기본이고 구성원의 상호 관계, 미래, 작업환경 개선 등 여러 가지가 있다. 열정은 특정 대상에 대해 열렬한 애정을 갖고 열중하는 것이므로 구성원들이 이러한 애정을 보일 수 있는 대상의 기본이 일과 조직이다. 열정을 갖고 일하는 사람은 조직에 쉽게 몰입한다. 그러므로 리더십 발휘에서 이상적인 열정은 일을 통해 표현되는 것이다. 일에 대한 열정은 조직을 위해 자신의 직무를 수행하는 과정에서 앞뒤 가리지 않고 노력하는 모습으로 표현될 수 있다.[88] 지도자는 자신이 열정을 갖는 것도 중요하지만, 구성원이 자신 속에서 열정을 끄집어내도록 하는 것이 더욱 중요하다.

8) 몰입

몰입(沒入)은 어떤 데에 빠짐 또는 빠뜨림을 말한다. 몰입은 자신이 몸담은 조직이나 집단에 남고 싶어 하는 마음에 바탕을 두고 있다. 집단이나 조직을 떠나지 않고 남아서 집단이나 조직에 대한 심리적인 애착심을 갖고 있는 것을 조직몰입이라 한다. 심리적 애착이란 집단이나 조직의 가치관이 개인의 가치관과 일치하는 것이다. 심리적으로 조직에 애착을 갖는 사람

---

87) 제임스 맥그리거 번스 지음, 조중빈 옮김, ≪역사를 바꾸는 리더십≫, 한국방송통신대학교출판부, p.82.
88) 서재현(2009), ≪리더십 베이직: 리더를 꿈꾸는 사람의 참고서≫, 한경사, pp.127~129.

은 ① 남에게 자신이 몸담고 있는 집단이나 조직을 자랑스럽게 추천하기도 하며, ② 집단이나 조직이 요구하는 것 이상의 성과를 달성하기 위하여 자발적으로 노력하고, ③ 집단이나 조직에 남아 있으려 한다. 그런데 조직의 구성원이 조직을 위해 남아 있으려는 것은 여러 가지 이유가 있다. 회사는 높은 급료나 근무 환경이 중요한 비중을 차지한다.

조직에서 몰입이 중요한 이유는 조직몰입과 관련된 연구들에서 조직에 몰입한 구성원들이 조직을 위해 굉장히 긍정적인 태도와 행동을 한다는 것을 보여 준다는 점이다. 조직에 몰입한 구성원은 더욱 높은 성과를 내고, 구성원들이 조직과 관련하여 형성하게 되는 긍정적인 태도, 예컨대 조직에 대한 신뢰, 조직에 대한 충성심 등과도 높은 상관관계를 맺고 있기 때문에 조직의 입장에서는 매우 중요하게 여겨야 할 변수이다.[89) 이 외에도 몰입해 있는 사람은 고도의 집중력을 발휘하기 때문에 일이나 어떤 행동을 할 때 힘 드는 것을 느끼지 않거나 즐거움을 느끼면서 그것을 하게 하는 중요한 요소로 대개 최고의 성과는 몰입에서 나온다.

9) 감성 관리

감성(sensibility, 感性)은 자극에 대하여 느낌이 일어나는 능력, 감각 기관이 외계로부터 자극을 받아 감각·지각을 생기게 하는 감수성을 말한다. 인식론에서는 감성이 외계를 아는 첫걸음이고 인간은 이것을 통해 외계와의 연결이 가능하다고 말한다. 관념론적인 감성론은 칸트가 그 대표자이다. 그는 감성을 자발적으로 작용하는 오성[90)·이성[91)과 구별하여, 외계로부터 촉발되고 그것을 받아들이는 것이라고 하였다(직관). 그런데 이 받아들이는 방법은 감성의 아프리오리(선천적)로 갖추어지는 형식, 즉 시간과 공간으로 규정된다. 인간의 지식은 이것을 발판으로 하여 가능하다.

거기에서 물자체(物自體)[92)의 진짜 모습은 불가지(不可知: 알 수가 없음)한 것이 되었다. 결국 인간의 지식은 시간·공간이라는 형식으로 제한된 감성에 근거하지 않으면 성립될 수 없

---

89) 서재현(2009), ≪리더십 베이직: 리더를 꿈꾸는 사람의 참고서≫, 한경사, pp.117~119.
90) 오성(悟性)은 개념의 형성과 판단에 소요되는 마음의 능력.
91) 이성(理性)은 사물의 이치를 논리적으로 생각하고 판단하는 능력.
92) 물자체(物自體, 독어: Ding An Sich)는 칸트의 용어로 이미 로크가 things-in-themselves라는 말을 사용했지만, 칸트에 의해 발전되어 인간의 인식은 대개 현상에 관한 것이고 현상의 기초를 이루는 물자체는 알 수 없다(不可知論)고 했다. 그러나 칸트에 있어서 이 말은 또 초자연물로서 경험으로는 알 수 없는 신, 자유, 영혼의 불멸이라는 존재를 가리킨다. 변증법적 유물론은 세계에 알 수 없는 것이 있음을 거부하고, 세계는 인간의 실천에 기초한 경험에 의해 점차로, 알려지지 않은 것으로부터 알 수 있는 것으로 변하여 간다. 즉, 물자체였던 것이 인식의 발전으로 '우리에게 있어서의 물(物)'로 되어 간다고 본다.

다는 것이다. 도덕적 의미에서는 일반적으로 감성은 보통 도덕적인 이성의 선악에 대한 판단에 따라야 하는 감각으로부터 일어나는 충동·욕망이라는 저급한 것으로 간주한다. 그러나 이러한 충동 등의 만족을 주장하는 일종의 쾌락주의를 선호하는 도덕설도 있다. 심리학에서 감성은 자극과 자극의 변화에 대한 감각적 감도의 예민한 정도를 가리키는데, 자극감성이라고도 한다.[93]

감성은 수동성을 내포한다는 점에서 인간의 한 유한성을 나타내지만, 인간과 세계를 잇는 원초적 유대로서 인간 생활의 기본적 영역을 열어 주는 역할을 한다. 즉, 이론적 인식에서는 이성적 사고를 위한 감각적 소재를 제공하고, 실천적·도덕적 생활에서는 이성의 지배와 통솔을 받을 감정적 소지(素地)를 마련하며, 미적(美的) 인식에서는 자신의 순수한 모습을 나타냄으로써 인간적 생의 상징적 징표(徵表)가 된다. 그러나 오늘날 제반 학문의 발전단계에서는 감성을 감성 아닌 것으로부터 분리한다는 것은 불가능한 일이며, 오히려 감성을 인간 삶의 포괄적인 영위(營爲)에서 가장 기본적인 한 국면으로 고찰하는 것이 일반적인 경향이다.[94]

좋은 리더십을 발휘하기 위해 지도자는 구성원들로 하여금 일을 향한 설렘, 희망, 열정을 불러일으키고 협력과 신뢰의 분위기를 조성해야 한다. 그렇게 하기 위해서는 말과 행동을 통하여 이해를 높이고 마음을 열어 움직이게 해야 한다. 사랑과 존경은 마음이 열릴 때 생성된다. 지도자를 추종하는 사람들은 지도자가 추진하는 일에 적극적으로 협력하고 동참한다. 위대한 지도자 앞에서 우리의 마음은 쉽게 움직인다. 그들은 우리의 열정에 불을 붙이고 우리가 가지고 있는 최고의 것을 끄집어낸다. 그 거역할 수 없는 힘의 근원을 설명하라고 하면 대부분의 사람은 전략이니, 미래상(vision)이니, 굳건한 사상이니 하는 것을 들먹인다. 하지만 그 힘의 실체는 더 깊은 데 있다. 위대한 지도자는 그의 '감성'을 통해 리더십을 행사한다.

지도자가 어떤 일을 하려고 할 때, 전략을 만들어 내든 아니면 전략을 함께 수행할 팀을 꾸리든 간에, 그것의 성공 여부는 그들이 그것을 '어떻게' 수행하느냐에 달렸다. 그런데 지도자들이 다른 모든 것을 제대로 한다 하더라도 감성을 올바른 방향으로 이끄는 가장 기본적인 역할을 외면한다면 그들은 당위와 가능성은 고사하고 그 어떤 일도 제대로 할 수 없다. 지도자라는 존재는 원래부터 사람들의 감정에 큰 영향을 미쳐 왔다. 초기 인류의 지도자였던 부족장이나 주술사들이 많은 영역에서 자신들의 입지를 확보할 수 있었던 까닭은 그들의 지도력이 감성적 차원에서 권위를 갖고 있었기 때문이다. 동서고금을 막론하고 어떤 집단에서든 모름지기 지도자란 불안해하거나 위협적인 상황에서 혹은 수행해야 할 과업이 있을 때 사람들에게 확신과 명쾌함을 주는 존재들이었다. 지도자란 집단의 감성을 이끌고 가는 존재다.

---

93) 철학사전.
94) doopedia 두산백과.

현대 조직사회에서 감성을 다루는 일은 눈에 잘 띄지 않지만, 여전히 지도자가 해야 할 일 가운데 가장 중요한 것이다. 지도자는 사람들의 감성을 긍정적인 방향으로 이끌고 해로운 감정이 불러일으킨 오염 물질을 제거해야 한다. 이는 모든 곳의 리더십에 적용되는 것이다. 사람들의 감성을 열정의 바다로 이끌어갈 수 있는 지도자라면 최상의 성과를 얻을 수 있지만, 사람들의 감성을 증오와 불안의 상태로 끌고 간다면 엉뚱한 결과를 자초할 수밖에 없을 것이다. 여기에 바로 위대한 지도자가 갖추어야 할 또 다른 중요한 측면이 있다.

위대한 지도자가 발휘하는 탁월한 리더십의 영향력은 단순히 일이 잘 되리라는 확신의 수준을 넘어서는 것이다. 사람들은 그들의 지도자에게 감성의 차원에서 자신들을 뒷받침해줄 수 있는 관계를 원한다. 즉, 서로에게 공감할 수 있는 관계를 원하는 것이다. 모든 리더십은 많건 적건 어느 정도씩은 이와 같은 기본적인 요소가 포함되어 있게 마련이다. 따라서 모든 사람을 이롭게 하는 위대한 리더십을 발휘할 수 있는 열쇠는 감성지능[95]을 바탕으로 한 지도자의 리더십이라고 할 수 있다. 지도자가 자신과 자신이 맺고 있는 관계를 통제하는 능력에 달렸다는 말이다. 위대한 리더십을 갖추고 있는 지도자는 그를 따르는 사람들의 감성을 올바른 방향으로 잘 이끌어 간다.[96]

---

95) 감성지능은 감정을 정확히 지각하고 인식하며 표현하는 능력, 감정을 생성하거나 이용하여 사고를 촉진하는 능력, 감정과 감정지식을 이해하는 능력, 감성발달과 지적발달을 촉진하기 위하여 감정을 조절하는 능력을 말한다. 사회에서 성공한 사람의 **80%**는 뛰어난 지적 능력 때문이 아니고 자신과 타인의 감정에 민감하게 대응하는 능력, 지구력, 낙천적 자세와 창의적 아이디어를 갖추고 있는 사람이었다. 이들은 이성적인 두뇌보다 감성두뇌(EQ: 대인관계의 상호작용에서 보이는 지능) 작용이 더 뛰어난 사람들이다. 감성지능을 소개한 골먼(Goleman)이 말하는 감성지능에 다음과 같은 다섯 가지의 능력이 포함된다. ① 감정의 인식: 이것은 자신의 감정 상태를 인식할 수 있는 능력이다. 여타의 감성능력들은 여기에 바탕을 두고 있다. 왜 느끼고, 어떻게 느끼는지를 아는 사람만이 의식적으로 자신의 감정을 다룰 수 있고 조절할 수 있다. ② 감정의 조절과 통제: 우리가 느끼는 불안, 분노 혹은 슬픔과 같은 감정은 생존의 원리나 구조(mechanism)와 관련되어 있으며, 우리는 이러한 감정을 임의로 중단시키거나 저지시킬 수 없다. 그러나 분노와 같은 일차적인 감정 상태를 적절히 조절하고 분노에서 유발되기 쉬운 공격적 행동을 유머와 같은 교양 있는 행동 양식으로 대처할 수 있다. 우리가 느끼는 감정을 얼마나 교양 있게 다룰 수 있는지는 감성지능(EQ)의 문제이다. ③ 잠재능력의 개발: '천재는 1%의 영감과 99%의 노력'이라는 표어는 감성지능의 매력을 잘 설명해 준다. 지능지수만 높다고 해서 누구나 학교에서 최우수상을 받고 노벨상 수상자가 될 수 있는 것은 아니다. 칠전팔기(七顚八起)의 끈기와 노력, 낙관적 신념과 자신감 등을 가지고 잠재능력을 개발할 때 성공이 뒤따른다. ④ 공감적 이해: 의사소통에 대한 연구결과에 의하면 진실로 마음이 통하는 의사소통의 약 90%가 언어(말)와는 거의 무관하게 이루어진다는 사실이 밝혀졌다. 다른 사람에 대한 공감각적 이해는 상대에게 집중하여 경청하려는 자세와 더불어 언어로 표현되지 않은 생각과 감정까지도 파악하려는 노력을 통하여 얻어진다. 이것이 공감각적 이해이다. ⑤ 사회적 관계의 형성: 고객과의 거래, 직장에서의 단체생활, 급우들과의 교제, 짧은 대화 속의 갖가지 만남에서 하나같이 대인관계 형성의 기술이 요구된다. 다른 사람과 더불어 잘 지낼 수 있으며 갈등이 생겼을 때 잘 해결할 수 있는 능력, 즉 사회적 관계의 형성 능력은 매우 중요한 기술이다.
96) 다니엘 골먼 외 지음, 장석훈 옮김(2003), ≪감성의 리더십≫, 청림출판, 21~25.

10) 실행과 습관화

실행(實行)은 실제로 행함이다. 생각이나 계획은 실제 행동으로 옮기지 않으면 소용이 없다. 4E는 세계적 기업인 제너럴일렉트릭(GE)의 잭 웰치가 제시한 현대 리더십의 4가지 요체로 Energy(열정), Energize(격려), Edge(결단력), Execution(실행력)이다. 즉, 리더는 무슨 일이든 몰두하는 열정을 갖춰야 하고, 다른 구성원에게 활력을 불러일으킬 수 있는 분위기를 만들어야 하며 또한 조직 내 의사결정 과정에서 예(yes)와 아니요(no)를 분명히 할 수 있는 능력을 보여 줘야 한다. 특히 가장 중요한 것으로, 아이디어 단계에 그치거나 이런저런 걸림돌이 있는 사안이라도 일단 결정한 내용은 실제 행동으로 옮길 수 있는 강력한 추진력을 발휘해야 한다는 것이다.[97]

세상에서 위대한 것은 특별한 생각이 아니다. 그 특별한 생각을 실행으로 옮겨 성과를 만들어 냈을 때 의미가 있다. 모든 위대한 성취는 행동으로 이루어진다. 인류의 모든 위대한 발명은 생각을 실행에 옮긴 결과이다. 그러므로 생각으로 더 진척되지 않거나 가늠하기 어려울 때는 행동하는 것이 중요하다. 행동은 상황을 변화시키고 다음 행동을 유발하여 추진하게 한다. 어떤 일을 하거나 무엇을 만들 때, 글을 쓸 때, 지식을 활용하고 생각한 것을 실행해 보면 문제점을 파악하거나 방향을 결정하고 완성도를 높이는 데 도움이 될 때가 많다.

경쟁이나 전장에서 눈앞에 있는 상대나 적에 대한 정보가 부족하고 어떻게 움직일지 모르는 상황에서 상대방의 대응태세와 움직임을 파악하는 좋은 방법은 우리가 생각한 것을 바탕으로 일단 공세를 취하는 것이다. 그러면 상대는 반드시 반응을 보이게 되어 있다. 이처럼 살다 보면 생각을 행동으로 옮겨야 내용을 파악할 수 있거나 어떤 결과를 볼 수 있는 경우가 많이 있다. 구슬이 서 말이라도 꿰어야 보배라고 했다. 아무리 좋은 것이라도 쓸모 있게 만들어 놓아야 가치가 있다는 뜻이다. 고르디우스의 매듭[98]은 우리에게 시사하는 바가 크다.

습관화(習慣化)는 버릇이 되어 버리거나 버릇이 되게 함을 뜻한다. 목표를 달성하기 위해서는 생각과 행동 변화가 필요한 때가 종종 있다. 사람의 생각과 행동을 변화시키는 가장 좋은 방법의 하나가 습관화이다. 좋은 습관이 많아지면 일을 추진하는 데 큰 도움이 된다. 또한 처리 속도도 빨라지고 효율도 높아진다. 그러므로 좋은 습관이 많아지도록 노력해야 한다. 반면

---

97) 네이버 용어사전.
98) 고르디우스의 매듭(Gordian knot)은 알렉산드로스 대왕이 칼로 잘랐다고 하는 전설 속의 매듭이다. '대담한 방법을 써야만 풀 수 있는 문제'라는 뜻의 속담으로 쓰이고 있다. 프리기아의 수도 고르디움에는 고르디우스의 전차가 있었고, 그 전차는 매우 복잡하게 얽혀 있는 매듭이 달려 있었다. 아시아를 정복하는 사람만이 그 매듭을 풀 수 있다고 전해지고 있었는데, 알렉산드로스 대왕이 그 지역을 지나가던 중 그 얘기를 듣고 칼로 매듭을 끊어 버렸다고 한다. 널리 알려진 이야기이기는 하나 지어낸 것이라고 알려져 있다.

에 우리가 잘못된 행동을 고치지 못하는 것도 습관 때문이다. 발전의 방법은 여러 가지가 있다. 지식 함양, 기술 연마, 좋은 습관을 들이는 방법도 있지만, 좋지 않은 습관을 제거하는 것도 발전에 도움이 된다. 잘못된 것을 버리고 좋은 것이 많아지면 개인뿐만 아니라 그가 소속된 집단이나 사회조직도 발전하기 마련이다.

11) 모범

모범(模範)은 본받아 배울 만한 본보기이고, 솔선수범(率先垂範)은 남보다 앞장서서 하여 다른 사람의 모범이 됨을 뜻한다. 지도자가 모범을 보이고 솔선수범하지 않으면 구성원이나 아래 사람들이 잘 따르지 않는다. 법규와 권력을 내세워 아무리 강제를 하더라도 눈앞에 위험이 느껴질 때는 독려만 한다고 쉽게 움직이지 않는다. 지도자가 직접 연장을 들고 장비를 운전해 작업하지 않더라도 사고를 수습하고 문제를 해결하기 위해서는 현장을 방문하여 담당자들을 위로하고 독려하는 등 함께 노력하는 모습을 보여야 한다. 지도자인 나는 열심히 노력하지 않으면서 구성원은 열심히 일하라고 종용하고, 나는 위험을 감수하지 않으면서 구성원들을 위험한 곳으로 내몰고, 나는 법규를 어기면서 구성원에게는 법규를 지키도록 요구하면 반발이 일어나기 마련이다.

집단이나 사회조직이 위기를 돌파하기 위해서는 누구보다도 먼저 지도자가 희생정신을 발휘해 솔선수범하는 것이 최고의 방법이다. 전장에서 지휘자가 앞장서 싸움으로써 병사들이 분발해 승리하고, 부도난 기업 중에 경영자가 모든 것을 걸고 분전하는 모습에 종업원들이 감화를 받고 회생에 적극적으로 동참함으로써 정상화된 사례들이 적지 않다. 사람은 누구나 자신이 가치를 부여하고 있는 대상에 에너지와 시간, 돈을 투자하기 마련이다. 구성원들이 조직의 변화에 가치를 부여하기 위해서는 리더가 현장에서 발 벗고 뛰어야 한다. 그들을 위한 모범적인 행동 그리고 성실함과 근면함이 그들의 마음을 움직인다.[99]

12) 조력

집단이나 사회조직 내에서 지도의 역할은 크게 나누면 자신이 직접 처리해야 할 일과 구성

---

99) 김종현(2007), ≪콘디의 글로벌 리더십≫, 일송북, p.211.

원이 일을 잘하도록 도와주어야 할 일 두 가지이다. 조력(助力)은 힘을 써 도와줌 또는 그 힘을 말한다. 그런데 지도자 중에는 자신이 해야 할 일을 부하직원이나 구성원에게 떠넘기는 사람이 적지 않다. 자신의 일을 떠넘기지 않더라도 능력 부족으로 일 처리에 어려움을 겪고 있는 부하직원이나 구성원을 보면서 도움은 주지 않고 무능력하다고 몰아세우거나 윽박지르면서 빨리하라고 종용하기도 한다. 의도적으로 위선적인 행동을 하거나 기만을 목적으로 하지 않는 경우 세상에 무능력하다거나 일을 못한다는 소리를 듣는 것을 좋아할 사람은 아무도 없다. 잘하고 싶고 능력이 있다는 말을 듣고 싶고 인정받고 싶은데 생각대로 잘 안 될 뿐이다.

지도자는 자신이 직접 처리해야 할 고유의 업무가 있다. 그 업무만으로도 바쁘다. 하지만 집단이나 사회조직에서 지도자의 중요한 역할 중 하나가 구성원이 일을 잘하도록 도와주는 것이다. 집단이나 사회조직의 성과는 전체 구성원이 발휘하는 힘의 합력이다. 지도자가 아무리 자신의 일을 잘해도 구성원들이 최고의 성과와 실적을 내지 못하면 전체 실적도 최고가 되지 않는다. 지도자와 구성원이 모두 최고가 될 때 최고의 실적을 낼 수 있다. 그러기 위해서는 지도자는 능력이 부족한 구성원을 교육하고 경험과 기술을 전수하고 자기 계발을 하도록 이끌면서 일을 잘하도록 도와주어야 한다.

지도자가 구성원을 조력하는 방법은 두 가지가 있다. 첫째는 문제의 해법을 찾을 수 있도록 간접적으로 도와주는 것이고, 두 번째는 지도자가 자신이 직접 하기 곤란한 것을 업무 분담을 통해 참모들이 처리하게 하거나 정기적인 교육, 연수 등 조직체계 속에서 이루어지게 하는 것이다. 이를 위해 구성원이 각자 자신이 맡은 일을 잘하도록 적절한 인재를 선발하고 평상시 교육 훈련을 통해 기술을 익히게 하며, 자질이 우수한 사람을 간부로 승진하게 하고 그들을 지도자로 육성하는 등 각자 맡은 바 업무를 충실하게 이행하도록 체계를 만들면 된다. 조직 내에서 지도자와 구성원에게는 각각의 고유 업무와 상호 협력해야 할 의무가 있다. 그러므로 협력하고 지원할 수는 있지만, 구성원이 해야 할 일을 지도자가 하거나 지도자가 해야 할 일을 구성원이 하는 것은 합당하지 않다.

13) 신뢰와 포용

신뢰(信賴)는 믿고 의지함이다. 사람은 누구나 다른 사람이 자신을 믿어 준다는 생각을 할 때 강한 책임감을 느끼고 더욱 열심히 일한다. 심지어는 자신을 믿어 주는 상관을 위해 목숨까지 바쳐 일하는 부하도 있다. 전쟁과 같이 위험하고 어려운 임무 수행 등 때로는 희생(犧牲)되는 것을 감수해야 하는 작전이나 일을 위해 사지에 투입되더라도 불평불만(不平不滿)하지 않고 주어진 임무를 완수하기 위해 온 힘을 다하고 용감하게 싸우는 것도 서로 믿고 의지하는 마음이 있기 때문이다.

　포용(包容)은 도량이 넓어서 남의 잘못을 싸 덮어 줌이고, 포용력(包容力)은 마음씨가 너그러워 남의 잘못을 허용하고 이해하여 감싸 주는 힘을 말한다. 인간은 불완전한 존재이기 때문에 실수나 잘못을 할 수 있다. 부족한 경험과 능력이 원인이 되어 빚어진 실수에 의한 잘못된 일 처리, 처음 하는 일의 실패, 전쟁이나 경기 같은 겨루기에서 졌을 때 등 포용력을 발휘하여 용서하고 격려하고 다시 기회를 주어 분발하게 해야 할 때가 있다. 특히 어렵고 힘들고 위험한 일을 할 때는 더욱 그렇다.

14) 전략과 전술

　적어도 정부 주요 행정기관의 수장이나 거대 기업의 총수가 되려고 하는 사람은 전략과 전술이 무엇인지 알고 운용할 줄도 알아야 한다. 전략(戰略)은 전쟁을 전반적으로 이끌어 가는 방법이나 책략, 정치·사회 운동 등에서의 책략이다. 기업에는 판매 전략이 필요하고 선거나 전쟁에서 승리하기 위한 전략도 필요하다. 전술(戰術)은 전쟁에 이기기 위한 여러 가지 기술과 방책, 전법(戰法), 병술(兵術), 일정한 목적을 달성하기 위한 수단이나 방법을 말한다. 전법(戰法)은 싸우는 방법, 병술(兵術)은 병력을 움직이는 기술, 용병술(用兵術)은 군사를 쓰거나 부리는 기술, 기술(技術)은 만들거나 짓거나 하는 재주 또는 솜씨, 어떤 일을 효과적으로 할 수 있는 방법이나 능력, 과학 이론을 적용하여 자연을 인간 생활에 유용하도록 변화시키는 방법이다.

　방책(方策)은 방법과 꾀, 방법(方法)은 어떤 일을 해나가거나 목적을 이루기 위한 수단이나 방식, 능력(能力)은 일을 감당해 내는 힘, 책략(策略)은 어떤 일을 꾸미고 이루어 나가는 꾀와 방법, 꾀는 일을 잘 꾸며 내는 묘한 생각이나 수단, 수단(手段)은 일을 처리해 나가는 솜씨와 꾀, 목적을 이루기 위한 방법, 솜씨는 손으로 물건을 만들거나 일을 하는 재주, 일을 처리하는 수단·수완, 수완(手腕)은 일을 꾸미고 치러 나가는 재간, 슬기롭게 잘하는 기술이나 솜씨, 어떤 일에 대처하는 꾀, 방식(方式)은 일정한 방법이나 형식, 재주는 슬기롭게 잘하는 기술이나 솜씨, 어떤 일에 대처하는 꾀를 말한다.

　지도자(leader)에게는 당연히 전략과 전술이 있어야 제대로 된 추진력을 발휘될 수 있다. 지도자는 목적을 달성하기 위해 일을 전반적으로 이끌어 가고 이루어 나가는 방법, 묘한 생각, 수단을 갖고 있어야 한다. 일하는 방법을 아는 것도 중요하지만 그보다 더 중요한 것은 경쟁, 전쟁에서 이기고 목표를 효과적으로 달성할 수 있는 재주도 필요하다. 이러한 전략과 전술적 요소를 갖춘 사람들은 어떤 일이든 능히 감당해낼 수 있다. 집단의 수장이나 책임자에게 전략과 전술이 없으면서 일을 추진하려고 하면 꼬이기만 할 뿐 제대로 진척되지 않는다.

미래의 변화를 모두 알 수 있는 사람은 없고 경쟁이나 전쟁, 목표달성을 위해 일을 추진해 나가는 과정에는 여러 가지 변수가 많다. 이제까지 경험해 보지 않은 장애와 문제가 생기고 난관에 봉착하기 일쑤다. 그렇다고 그때마다 좌절하고 포기할 수는 없다. 지도자가 갖춘 지식이나 경험도 한계는 있지만, 사람은 누구나 일정한 수준에 도달하면 문리가 트이기 때문에 경험해 보지 않은 일도 어떻게 대응하고 이끌어 나가야 하는지 자연스럽게 안다. 그러므로 전략과 전술을 갖추기 위해서는 많은 경험과 지식, 연구와 노력이 필요하다.

15) 자부심

자부심(自負心)은 자부하는 마음 또는 자기나 자기와 관련된 일에 대하여 자신의 가치나 능력을 믿고 자랑으로 여기는 마음을 뜻한다. 같은 일을 하면서도 자부심을 품고 일하는 사람과 그렇지 않은 사람은 일하는 태도와 결과에서 현저하게 차이가 난다. 자부심을 품고 있는 사람들은 대개 집단이나 사회조직 내에서 자신의 존재에 대한 필요성을 강하게 인식하고 자신이 하는 일로 말미암아 자신은 보람을 느끼고 구성원들에게 도움을 준다는 생각을 가지므로 스스로 열정을 갖고 일한다. 특히 자신이 일한 결과가 뛰어난 성과를 올리거나 실력이 최고가 되었을 때 사람들은 대부분 강한 자부심을 가진다.

자신감(self-confidence)은 어떤 어려운 일을 맡더라도 충분히 잘해낼 수 있다는 자기 자신에 대한 확신, 어떠한 것을 할 수 있다거나 '경기에서 이길 수 있다. 혹은 경기를 잘할 수 있다'는 등에 대한 자신의 느낌을 뜻한다. 이러한 자신감은 직장생활이나 개인 경력에서 성공을 위한 핵심적인 요건 중의 하나이다. 자신감은 무엇보다 개인이 일을 진행하면서 어려움에 봉착했을 때 이를 쉽게 극복할 수 있는 동력을 제공해 주기 때문이다. 자신감을 느끼고 있는 사람은 '어떻게 해결해야 할까'를 생각하며 문제해결에 자신의 모든 에너지를 집중한다. 반면 자신감이 부족한 사람은 '내가 이 난관을 극복할 수 있을까? 실패하면 어떻게 하지?'라는 두려움에 사로잡혀 일을 제대로 진척시키지 못할 가능성이 크다.

직장생활을 하다 보면 비슷한 대안을 가지고 있음에도 어떤 사람은 성공을 이끌어 내고 어떤 사람은 실패하고 마는 경우를 흔히 볼 수 있는데, 그 이유를 잘 들여다보면 이러한 자신감의 유무에 기인하는 경우가 적지 않다. '변화관리(Change Management)' 개념의 창시자로 유명한 하버드대학의 로자베스 모스 캔터(Rosabeth Moss Kanter) 교수는 "모든 개인이나 조직은 행운 또는 악운의 주기에 말려들 수 있다. 이때 일어서느냐 주저앉느냐는 대개 '자신감'에 달려 있다"라며, 자신감이 기반이 될 때 '궁극적인 성공'이라는 것이 가능하다고 강조했다.[100]

16) 주인의식

주인의식은 어떤 사물이나 제도, 일 등에 대해 자신이 행위에 대한 주체임을 인식하고 행동하게 하는 마음이다. 주인의식이 있는 사람들은 능동적으로 행동한다. 그러므로 주인의식이 있는 사람과 없는 사람의 일에 대한 태도는 차이가 난다.

17) 칭찬과 격려

칭찬(稱讚)은 좋은 점을 일컬어 기림, 잘한다고 추어줌, 분기(奮起)는 분발해 일어남이다. 격려(激勵)는 마음이나 기운을 북돋우어 힘쓰도록 함, 분기시킴을 뜻한다. 정상에 오르는 것은 힘들고 시간이 오래 걸린다. 많은 사람이 지치고 좌절하고 흥미를 잃는다. 이때 리더들은 그들을 북돋아 주어야 한다. 격려하는 방법은 ▲사람들에게 관심을 둔다. ▲성장할 기회를 준다. ▲다른 사람들에게 동기를 준다. ▲사람들이 용기를 갖게 한다. ▲계속해서 꿈을 가꾸게 하라 등 여러 가지가 있다.

반응이 발생할 때만 결과가 제시되는 반응과 결과 간의 관계를 유관이라고 하며, 강화는 행동을 촉진하거나 미래에 더 많이 일어나게 한다. 어떤 행동에 대해 결과가 뒤따르면 그 결과는 행동을 더 잘 강화한다. 행동이 결과를 낳고 그 결과는 행동으로 나타날 때 그 행동의 결과 간에 유관성이 존재한다고 말한다. 유관성이 존재할 때 결과는 행동을 더 잘 강화한다. 좀 쉽게 설명하면 높은 실적의 시현으로 칭찬을 들은 사람은 다음에 일할 때도 칭찬을 받기 위해 일을 더욱 열심히 해야 하겠다는 생각을 하고 실제로 더 좋은 실적을 올리기 위해 더 많이 노력한다. 따라서 업무수행능력도 당연히 높아진다는 말이다.

우리는 칭찬의 중요성을 강조할 때 '칭찬은 고래도 춤추게 한다'는 말을 자주 인용한다. 이 말은 켄 블랜차드(Kenneth Hartley Blanchard)[101] 교수가 저술한 책 제목이다. 그 내용은 '웨스

---

100) 황인경(2009), "자신감(Self-Efficacy)을 높이는 법", ≪LG Business Insight≫, LG경제연구원, p.31.
101) 켄 블랜차드(Kenneth Hartley Blanchard): 켄블랜차드사(社)의 회장으로 세계적인 경영컨설턴트로 활동하고 있으며 일정 기간 동일 종류의 책 가운데 가장 잘 팔리는 책(best-seller)의 작가.

킹슬리는 회사의 중역으로 회사와 가정에서 인간관계로 많은 고민을 하는 사람이다. 그는 플로리다에 출장을 가 있는 동안 우연한 기회에 씨월드 해양관에서 범고래의 멋진 쇼(show, 구경거리)를 보게 되었다. 크게 기대하지 않았던 그 쇼에서 무게 3톤이 넘는 범고래들의 멋진 쇼를 보고 어떻게 범고래로 하여금 그렇게 멋진 쇼를 하게 만들었는지 알고 싶어진다. 범고래 조련사인 데이브는 웨스에게 범고래와의 관계는 인간 사이의 관계와 다르지 않다. 멋진 쇼를 하게 만드는 비결은 상대방에 대한 긍정적인 관심과 칭찬 그리고 격려라고 말해 준다'는 것이 핵심이다. 따라서 '칭찬은 고래도 춤추게 한다'는 말은 책에서 강조하고 있는 것처럼 인간관계에서 긍정적 관심과 칭찬 그리고 격려의 중요성을 언급하는 인용에 널리 사용되고 있다.

칭찬은 말하는 사람과 듣는 사람의 긍정적인 에너지를 끌어내고, 분위기와 기분을 상승시키며 능력을 극대화해 준다. 에너지가 떨어져 활력이 필요할 때 적절한 시기에 전달되면 좋은 피로회복제이다. 하지만 칭찬이 제대로 된 효과를 발휘하기 위해서는 반드시 때와 장소를 구분하고 진정성이 수반되어야 한다.[102] 부하직원들에게 바보라느니, 무능하다느니, 재능이 없다느니 하고 꾸짖는 것은 향상심의 싹을 잘라 버리는 짓이나 다름없다. 상대방을 교정하고 분발하도록 하기 위해서는 늘 격려하는 것을 잊지 말아야 한다.[103]

18) 겸손

겸손(謙遜)은 남을 높이고 제 몸을 낮추는 태도가 있음을 뜻한다. 세상은 혼자 사는 것이 아니다. 그리고 개인의 인생, 집단이나 사회조직에도 기복이 있다. 오늘 나의 노력이 타인으로부터 공로를 인정받고 발전에 기여하더라도 그것은 나 혼자만의 공적이 아니다. 선대로부터 시작하여 가족과 구성원이 있기 때문에 가능한 일이다. 그들 존재의 중요성을 잘 느끼지 못하고 그분들이 노력한 것이 잘 드러나지 않더라도 집단이나 사회조직이 유지되고 발전하는 것은 모두가 함께하기 때문이다. 나의 노력 결과로 만들어지는 공로는 다른 사람들의 존재와 노고의 바탕 위에서 창출되는 것이다.

겸손은 스스로 부족함을 인식하고 항상 배우고 더 나아지려는 자세라고 볼 수 있다. 2008년 한국의 한 경영연구소에서 최고 경영자(CEO)를 대상으로 한 설문에서 성공 요인을 한자성어로 적어 보라는 질문에 가장 많은 응답이 '순망치한(脣亡齒寒)'[104]이었다고 한다. 성공은 혼자

---

102) 이진호(2011), 《현명한 부모의 자녀교육》, 이담북스, pp.315~317.
103) 데일 카네기 지음, 김동사 옮김(2009), 《리더가 알아야 할 31가지 카네기 리더십》, 삼진기획, p.261.
104) 순망치한(脣亡齒寒)은 입술이 없으면 이가 시리다는 뜻으로, 가까운 한쪽이 망하면 다른 한쪽도 온전하기

이룰 수 있는 것이 아니며 주변의 여러 도움이 있었기에 가능했다는 의미였다. 이러한 결과는 오히려 성공한 리더의 겸손함을 드러내는 것으로 이해할 수 있다.

짐 콜린스(Jim Collins)는 위대한 기업이 다시 평범한 기업 또는 그 이하로 전락하는 가장 중요한 이유로 경영자의 자만을 들고 있다. 아무리 성공한 기업의 리더라도 스스로 위대하다고 자만하는 순간이 개인적인 실패와 기업 추락의 시작이라는 것이다. 짐 콜린스는 리더십의 최고 수준인 '5단계 리더십(Level 5 Leadership)'은 사업가적 의지와 인간적인 겸손함이 결합할 때 가능하며 이를 통해 진정한 위대함이 창출될 수 있다고 말한다.

링컨(Lincoln, Abraham) 대통령은 남북전쟁 중 가장 치열했던 게티즈버그(Gettysburg) 전투에서 마이드 장군에게 다음과 같은 한 통의 편지를 보냈다. "존경하는 마이드 장군! 이 작전이 성공한다면 그것은 모두 당신의 공로입니다. 그러나 만약 실패한다면 그 책임은 내게 있으며 장군은 모든 것이 링컨 대통령의 명령이었다고 말하십시오. 그리고 이 편지를 모두에게 공개하십시오!" 책임은 자신이 지고 영광은 부하에게 돌리는 겸손한 리더 링컨의 인격이 잘 드러난[105] 사례이다.

19) 관심

상대방의 호감을 사는 방법은 여러 가지가 있다. 그중 한 가지가 상대방이 무엇을 생각하고 무엇에 관심이 있는지 상대방의 관심 소재를 파악하는[106] 것이다. 관심(關心)은 마음이 끌림, 마음에 두고 주의를 기울임이다. 인간관계와 일, 리더십 등 세상 모든 변화의 출발점은 관심이다. 구성원이 어떤 사람인지, 그들이 무엇을 어려워하고, 어떤 때 신이 나는지 알아야 한다. 관심이 있어야 정보가 들어오고 알아야 애정이 생긴다. 서로 간에 애정이 있으면 눈빛만 봐도 무슨 일을 해야 할지 알 수 있다. 지도자는 구성원에게 관심을 두고 잘 파악하고 있어야 한다. 구성원에 대해 잘 모르면 인재를 적재적소에 배치할 수 없고 좋은 실적도 창출하기 어렵다.

가장 한심한 지도자(leader)는 부하 구성원에게 아무 관심이 없고 오로지 매출과 수익 등 외형적 실적이나 결과에만 관심이 있는 사람이다. 구성원 입장에서도 그렇다. 상호 관심 속에서 일을 진행할 때 좋은 결과가 창출된다. 관심이 있으면 참여하게 된다. 몰입할 수 있고 경쟁력도 생긴다. 신뢰를 얻을 수 있고 인정을 받는다. 열정이 생기고 성과를 낼 수 있다. 그러므로

어려움의 비유.
105) 강진구(2008), "인격적 리더가 뜨고 있다", ≪LG Business Insight≫, LG경제연구원, pp.44~46.
106) 데일 카네기 지음, 김동사 옮김(2009), ≪리더가 알아야 할 31가지 카네기 리더십≫, 삼진기획, p.83.

조직 내에서는 지도자와 구성원이 상호(相互) 관심을 두는 것이 필요하다.

3. 통제력 원소

1) 준법정신 함양

준법정신(遵法精神)은 법을 올바르게 지키는 정신, 함양(涵養)은 능력이나 성품을 기르고 닦음이다. 법과 규칙은 나와 타인을 동시에 보호하기 위해 모든 사람의 행위를 제한하여 허용된 활동을 할 것을 강제하는 사회적 약속이다. 내가 법규를 위반하고 제한을 넘어 편익을 실현하면 타인에게는 그만한 피해가 발생하므로 법을 어기면 처벌한다. 그러므로 사회구성원으로서의 삶은 법과 규칙을 준수하면서 이루어 내는 것이어야 정당성과 합리성을 인정받는다.

집단이나 사회조직에서는 법규를 제정하고 공권력을 통하여 강제하지만, 강제로는 법을 지키게 하는 데 한계가 있다. 많은 법규의 내용을 모두 알지 못하는 데다 인간은 항상 천부인권에 따라 자유롭게 행동하기를 바라는 욕구가 있기 때문이다. 때로는 법규가 지나치다는 생각을 하면 반발하고 저항하기도 한다. 집단이나 사회조직은 권력을 통한 통제의 한계를 보완하고 극복하기 위해 교육을 통한 사회화[107]를 진행하지만, 가장 바람직한 방법은 구성원 스스로 준법정신을 함양하도록 하는 것이다.

2) 관리

관리(管理)는 어떤 일을 맡아 관할 처리함, 시설이나 물건의 보존·개량 따위의 일을 맡아 함, 사람을 지휘 감독함, 사람의 몸 따위를 보살핌을 말한다. 관리는 지도자에게 주어지는 일상적인 업무이다. 뛰어난 지도자로 인정받느냐 못 받느냐 하는 것은 대부분 관리 능력에 의해 결정된다. 관리에는 여러 가지가 있다. 여기서는 위기관리, 조직관리, 자기관리에 대해 간단하게 살펴본다.

---

107) 사회화(社會化)는 개인이 집단의 성원으로서 생활하도록 기성세대에 동화함 또는 그 과정.

(1) 위기관리

지도자에게 요구되는 가장 중요한 요소 중 하나는 위기에 대한 관리능력이다. 위기(危機)는 위험한 고비, 위험한 경우를 말한다. 대개 위기는 기회와 함께 온다. 위기에 잘 대응하면 문제를 해결하여 발전적인 방향으로 나아갈 수 있기 때문에 기회로 작용한다. 하지만 잘못 대응하면 그에 상응하는 타격을 입고 집단이나 사회를 위험에 빠뜨릴 수 있다. 개인이나 집단이 당면하는 위기를 극복하기 위해서는 항상 최선을 다하는 노력과 단합된 힘이 필요하다. 집단이나 사회조직이 필요한 힘을 발휘하기 위해서는 지도자나 관리자의 지휘와 통제에 따라 일사불란[108]하게 행동해야 한다.

(2) 조직관리

조직(組織)은 특정한 목적을 달성하기 위하여 여러 개체를 모아서 집합체를 이룸 또는 그 집합체이다. 목적 달성을 위해서는 일을 하는 것이 전제된다. 그러므로 조직 관리는 목적을 달성하기 위해 구성원이 일하도록 하고 필요한 것을 지원하고 계획한 대로 진행되는지 점검하면서 일이 제대로 진행되도록 이끌어 가는 제반 활동이다. 목표 설정, 업무 분담, 기획이나 계획, 감사 등 여러 가지 방법이 있다.

(3) 자기관리

자기관리의 대상은 지도자 자신이다. 리더십이나 통제력을 발휘하는 과정에 감정 개입에 의한 잘못된 의사결정이나 정에 이끌린 인사, 편견에 의한 균형감각 상실 등으로 말미암아 집단이나 사회조직에 해를 끼치는 것을 방지하기 위해 자기관리는 필수적이다. 누구나 활용할 수 있는 자기관리의 방법은 수신, 성찰, 절제가 대표적이다.

3) 권한 위임

인간은 대단히 모순적이게도 타인의 독재에는 항거하면서 자신은 더 많은 권력을 가지고 향유하기를 원하는 권력 지향적인 이중속성을 타고난다. 집단이나 사회조직 내에서 많은 구성원이 열심히 일하는 가운데서도 불만을 느끼는 요소 중 하나가 자신의 권한이 제한되어 있다는 것이다. 집단 내에서 권한 위임은, 특히 부서 책임자 등 중간관리자가 구성원과 함께 자

---

108) 일사불란(一絲不亂)은 질서가 정연하여 조금도 흐트러진 데나 어지러운 데가 없음.

신이 맡은 일을 하는 데 중요한 요소로 작용한다.

조직의 리더들은 그 역할의 비중을 고려할 때 업무를 보다 효과적으로 수행하고, 중요한 일에 매진할 필요가 있다.[109) 이를 위해서는 권한 위임은 필수적이다. 리더가 일단 미래상(vision)을 소유하게 되면 이를 실현할 행동을 취함으로써 어떤 행동이 조직에서 높게 평가받는지를 조직 내에 알려야 한다. 그리고 이러한 일련의 과정을 통해 개인들은 권한감(sense of power)[110)을 소유하게 되며 역할이 진작되는 것이다. 이를 위해서는 조직원에게 적극적으로 권한을 이양시키는 것이 중요하다. 즉, 권력의 소유보다는 권력의 분배를 통하여 미래상의 공유와 일체감 조성을 이루어야 하며 궁극적으로 조직 내에 리더 다수를 육성해야 한다.[111)

임파워먼트(empowerment)는 '주다'라는 의미의 'em'과 권력이란 뜻의 'power'가 결합된 말로, 조직에서 권력을 위임하는 것을 의미한다. 여기서 권력위임이란 단순히 권한을 준다기보다는 구성원이 가지고 있는 능력을 신뢰하는 데서 출발하여 신뢰를 바탕으로 구성원의 능력과 잠재력을 키워 주는 방법이라 할 수 있다. 즉, 임파워먼트는 구성원들에게 자신들이 수행하는 과업을 스스로 관리할 기회를 제공하는 개념이다.

산업화 사회의 기업은 계층구조를 이루고 중앙집권적이며 위로부터의 통제를 강조하였다. 따라서 관리자의 역할 또한 종업원의 일을 정의하고 구조화하며 중요한 의사결정을 하고 평가하고 보상을 주는 것에 초점이 맞춰져 있었으며, 종업원은 주어진 일을 제대로 수행할 책임을 가지고 있었다. 그러나 정보화시대의 경영환경에 대응하기 위해 계층적 통제 중심의 조직에서 벗어나 수평적이고 자율적인 조직으로 전환하게 되었고, 그 조직의 핵심으로 작업조(team), 좀 더 구체적으로 표현하면, 임파워드팀 또는 자율적 경영팀이 강조되었다.

위틀리(M. Weatley)에 따르면, 조직을 기계적으로 보는 산업화시대의 관점은 구성원들을 마비시키는 통제 메커니즘(mechanism)에 기반을 두고 있는데, 이러한 통제 중심적 생각은 실패했다. 반면에 자율적 경영팀은 어떤 형태의 조직화보다 더 생산적이다. 이러한 임파워드팀 또는 자율적 경영팀의 지도자에게 필요한 능력이나 행동에 초점을 맞추고 있는 것이 임파워먼트 리더십이다.

임파워먼트 리더십은 전통적인 통제, 명령, 지시에서 자율 중심적 개념에 기초한 인식으로 전환한다. 구성원의 자율성을 강조하고, 권력 및 정보 공유를 통해 부하의 의사결정에 참여시킨다. 이는 단순한 권한 위임이나 참여적 리더십이라기보다는 구성원의 능력을 향상하고, 그

---

109) 허진(2006), "나는 임파워먼트형 리더인가", 《LG주간경제》, LG경제연구원, p.17.
110) 권한감(sence of power)은 자신의 '힘 있음' 또는 자신이 힘이 있다는 느낌으로 가용한 자원을 활용할 수 있는 능력에 기반을 두며 이는 자존감과 직접 연결된다.
111) 김정훈(1998), "카리스마는 죽었다", 《Prime Business Report》, 현대경제연구원, pp.4~5.

에 대한 자신감을 갖게 하여 동기를 부여하는 것이다. 권한 위임, 정보 제공, 의사결정 참여 및 자신감 부여 등의 방법을 통해, 구성원 입장에서 임파워먼트가 되었다는 것을 강조해야 한다.[112]

4) 책임감 부여

일을 하는 구성원의 입장에서는 자율이 가장 바람직하다. 하지만 자율만으로는 큰 힘을 만들어낼 수 없으므로 통제를 한다. 그렇다고 통제에 지나치게 의존하면 구성원의 자유와 재량권(裁量權) 행사는 물론 활동까지 제약하여 반발을 불러오는 등 역효과를 가져올 수 있다. 따라서 인화(人和)할 수 있는 분위기를 조성하고 좋은 성과를 올리기 위해서는 자유를 바탕으로 하는 자율과 통제가 균형을 이루는 것이 바람직하다. 이때 양자 사이에서 균형추 구실을 할 수 있는 것이 책임감이다. 책임감(責任感)은 맡아서 해야 할 임무나 의무를 중히 여기는 마음, 부여(附與)는 주는 일, 가지게 함이다. 누구나 일정한 직위와 직책을 가지고 역할을 주면 책임감을 느낀다. 책임감이 강한 사람은 자신이 누리는 자유와 자율이 유지될 수 있도록 강요하지 않아도 의무를 다하기 위해 스스로 알아서 열심히 일하고 통제에도 잘 따른다.

5) 분담

분담(分擔)은 나누어서 맡음이다. 집단이나 사회에서 분담해야 할 것은 주로 권한, 책임, 의무, 업무 등이 있다. 인간 삶은 개인이나 집단 모두 노력을 통해 성취하고 만들어 가는 과정이다. 집단이나 사회는 특정한 몇몇 지도자나 중추적인 역할을 하는 사람들에 의해 움직일 수 있는 것이 아니다. 형식상 그렇게 할 수는 있어도 결과는 모든 구성원의 합력 크기로 결정된다. 그러므로 지도자나 지휘부에서 목표를 정하고 방향성을 제시하고 업무를 분담할 수는 있어도 좋은 결과를 창출하기 위해서는 구성원 각자가 자신의 직위와 역할에 충실하며 주어진 업무에 온 힘을 기울여 책임과 의무를 수행해야 한다.

효과적인 통제력이 발휘되고 좋은 성과를 올리기 위해서는 권한과 책임, 일에 대한 분담이 적절하게 이루어져야 한다. 능력자와 무능력자, 일을 잘하는 사람과 못하는 사람, 재능이나 특

---

112) 김석우 · 이상호 지음(2008), ≪공학기술과 리더십≫, 지호, pp.172~173.

기를 고려하여 안배하고, 일을 잘하는 사람은 그 부담에 대한 노고를 급료 인상이나 승진 등으로 보상하는 방안도 마련해야 한다. 능력자에게 일만 많이 시키고 적절한 보상을 해주지 않으면 능력이 있어도 열심히 일하려고 하지 않는다.

6) 원칙과 규범 정립

원칙(原則)은 근본이 되는 법칙, 여러 현상이나 사물에 두루 적용되는 법칙이나 원리이고, 규범(規範)[113]은 인간이 행동하거나 판단할 때에 마땅히 따르고 지켜야 할 가치 판단의 기준을 말한다. 지도자가 집단이나 사회조직의 구성원을 통제할 수 있는 일반적인 방법은 원칙과 규범 정립, 법과 규칙을 제정하는 것이다. 지도자에게는 집단이나 조직의 규범을 세울 권한이 있다. 그리고 구성원들이 최상의 능력을 발휘할 수 있도록 조화와 협조의 분위기를 조성해야 한다. 지도자가 그런 일을 하기 위해서는 우선 집단이나 조직의 정서적 기조를 최고 상태로 올려놓아야 한다. 집단이나 조직의 정서적 분위기를 고조시키기 위해서는 긍정적 모습(image), 낙관적 해석, 공감대를 형성하는 규범 등을 활용할 수 있다.[114]

---

113) 규범(規範, norm)은 인간이 사회생활을 하는 데 있어, 구속(拘束)되고 준거(準據)하도록 강요되는 일정한 행동양식이다. 규범은 단순히 강제적인 구속만을 지니는 것은 아니다. 이를 따름으로써 사회생활이 순탄하게 이루어지는 측면도 있다. 일반적으로 규범은 사회적 규범으로서 존재하며 그 강제의 강도(强度)에 따라서 3가지 단계로 나눈다. 첫째 단계는 관습 등에서 볼 수 있는 것처럼 그때까지의 사회생활의 관행에 따라서 사람들의 생활·행동을 규제하는 것으로, 이를 위반한 경우에는 비웃음·따돌림 등의 제재를 받는다. 둘째 단계는 도덕적 관습으로, 이를 위배한 때는 공동절교 등 물리적인 제재를 받는다. 사람들의 행동을 본래 규제하는 것은 이 단계의 규범인데, 이것은 비록 성문화(成文化)되어 있지 않지만, 일상적인 행동에서 강력한 규제력을 가지고 있다. 셋째 단계는 제재의 주체가 어떤 형태이든 공적인 성격을 띠어서 권력을 가지는 경우이다. 규범은 전형적으로는 법이라는 형식을 취하며 재판 등을 통하여 공적으로 제재가 이루어진다.
   이러한 강제력의 측면과는 다른 측면, 즉 규범의 형태를 보면, 전통·도덕·제도 등이 있으며, 이들은 규범이 개개인의 내부에 내재화(內在化)되어 가는 경우의 매개체이기도 하다. 규범이 일정한 구속력을 가지는 것이라고 자각하기보다는 여기에 따름으로써 사회생활의 통로가 열리는 일정한 형식으로서의 기능을 하고 있다. 이들 여러 가지 규범의 형태를 규정하는 것으로 각 사회의 문화·종교·이념 등의 존재형태가 문제가 된다. 예를 들면, 유럽 사회에서는 그리스도교 교의(敎義)에 입각한 가치의식이나 체계가 기본적으로 규범의 질(質)을 규정하고, 윤리·도덕의 근간을 이룬다. 한국에서는 유교에 입각한 가치체계가 사회 구조상의 특질과 결부되어 규범의 주축(主軸)을 이루고 있다. 이러한 차이가 문화의 차이로 나타나서 특정한 민족적 성격이나 사회적 성격의 형성과 관련된다. 이런 때 계급사회에서는 권력에 의한 일정한 이데올로기, 가치관의 주입이 제도 또는 교육에 의하여 이루어져서 일상적 규범의 내용을 구성하게 된다. 이로써 규범의 사회통제적 기능이 확대되어 생활상의 욕구 충족과 모순·대립을 보게 된다. 그 모순을 해결하려는 노력이나 새로운 이념, 가치의식의 도입과 성립에 따라 규범의 질적인 내용이 변화하게 된다.
114) 다니엘 골먼 외 지음, 장석훈 옮김(2003), ≪감성의 리더십≫, 청림출판, p.302.

7) 상벌제도 운영

상벌(賞罰)은 상과 벌, 잘한 것에 상을 주고 잘못한 것에 벌을 주는 일, 신상필벌(信賞必罰)은 상벌을 공정, 엄중히 하는 일이다. 제도(制度)는 도덕·법률 등의 규범이나 사회 구조의 체계를 말한다. 이를 정리하면 상벌제도는 잘한 것은 상을 주고 잘못한 것은 벌을 주는 일을 체계화[115]한 것이다. 상벌제도가 효과를 발휘하기 위해서는 신상필벌은 필수적이다. 그런데 오늘날 많은 집단이나 사회조직에서 상을 주는 것을 정례화하면서 뚜렷한 공적이 없는 사람, 부서, 단체에도 상을 주는 사례가 적지 않다. 또한 능력보다는 소위 말해 힘센 기관이나 직책에 있는 사람, 상사, 기관장이 있는 부서, 입사순서 등의 연공서열에 따라 나누어 가지듯이 해마다 돌려가며 의례적으로 수상자를 적절히 나누는 일도 있다.

이러한 경향은 선진국보다는 후진국, 지도자의 리더십이 부족한 집단이나 사회일수록 더욱 뚜렷하게 나타난다. 공정하지 않은 상벌제도 운영은 상의 가치를 훼손하는 것은 물론 불만 대상으로 작용하는 역효과를 낼 수도 있다. 조직의 힘을 약화시키는 가장 큰 원인은 불만이다. 구성원의 불만이 고조되면 단결된 힘을 발휘하기 어렵다. 일반적으로 집단이나 사회조직에서 구성원들의 가장 큰 불만 원인은 결과물의 불공정한 분배이다. 그 핵심은 자신의 기여도와 능력에 비추어 돌아오는 편익의 양이 적다는 것과 타인 또는 특정한 사람이 공적보다 상대적으로 너무 많은 편익을 취한다는 것이다.

분배 내용은 승진, 월급, 상여금, 포상금, 휴가, 수상 등 여러 가지가 있다. 특히 인사에서 승진은 수입과 권력의 확대를 의미하기 때문에 모든 구성원이 가장 큰 관심을 두는 민감한 부분이다. 분배는 결과물의 기여도와 능력에 따른 차등분배가 기본이 되어야 한다. 그러나 차등분배가 심화하면 동기를 유발하는 것이 아니라 오히려 수혜를 받지 못하는 대다수 일반 구성원의 불만 대상이 될 수 있다. 그러므로 차등분배를 하더라도 능력 차이에 따른 수입 편차를 줄이기 위해 모든 구성원이 협동력을 발휘한 공로를 인정하여 이윤 분배과정에서 능력자에게 돌아갈 이익 일부가 능력이 부족한 사람에게 주어지게 하거나 모든 구성원에게 혜택이 돌아가는 복지 재원으로 활용하는 것이 바람직하다.

민주화가 진전된 사회일수록 대체로 벌은 체벌이 줄고 행정벌과 형벌이 늘어나는 경향을 보인다. 행정벌[116]은 주로 규정을 위반했을 때 벌점이나 과태료 부과, 승진 불이익 처분, 보직 해임, 퇴직이나 퇴사 조치를 한다. 형벌[117]을 받더라도 징역[118]을 살게 하는 경우가 많다. 법

---

115) 체계화(體系化, systematization)는 일정한 원리에 따라서 낱낱의 부분이 짜임새 있게 조직되어 통일된 전체로 됨 또는 그렇게 되게 함.
116) 행정벌(行政罰)은 행정법상의 의무를 위반한 사람에게 제재로서 과해지는 벌.

규 위반자에 대해서는 직위 고하를 막론하고 엄격한 법규 적용을 통한 엄중한 처벌이 이루어져야 한다. 그러나 사회적 논란에도 여전히 직위가 높은 고위공직자나 지도자가 법규를 위반했을 때는 공적을 고려하여 솜방망이 처벌을 하는 집단이나 사회단체가 적지 않다. 불공정한 처벌은 법규 경시 풍조 확산이나 도전으로 이어질 수 있음을 경계해야 한다. 법규가 제대로 지켜지지 않으면 선량한 사람을 피해자로 만들고, 기강이 흐트러져 명령체계가 제대로 통용되지 않는 등 혼란으로 이어져 모두가 피해를 볼 가능성이 크다.

8) 조직화

조직화는 통제의 기본이다. 조직화(組織化)는 사물이 일정한 질서를 갖고 유기적인 활동을 하도록 통일이 이루어짐 또는 그렇게 함을 말한다. 업무 분담을 통한 기관이나 부서 형성, 직급과 직위의 구분 및 부여 등 조직화 작업을 통해 조직 내 질서를 정립할 수 있다. 지도자의 통제 아래 일사불란하게 일을 해나가기 위해 조직화는 필수적이다.

9) 점검

점검(點檢)은 낱낱이 검사함 또는 그 검사이다. 점검에는 감사도 포함된다. 감사(監査)는 감독하고 검사함을 말한다. 점검은 주로 일을 진행하는 과정에서 이루어진다. 애초 계획한 대로 잘하고 있는지 살피고 확인하여 제대로 되지 않은 부분에 대해서는 보완 방안을 마련하는 것이 목적이다. 그리고 감사는 중간점검을 위해 시행되기도 하지만, 일이 모두 끝난 후에 잘잘못에 대한 평가를 겸하여 진행과정에서 목적한 대로 잘 되었는지 문제는 없었는지 점검하는 차원에서 이루어지기도 한다. 점검과 감사는 조직 관리의 주요 방법으로 구성원을 통제하는 수단으로 널리 활용된다.

---

117) 형벌(刑罰)은 범죄에 대한 법률상의 효과로서 국가가 범죄자에게 제재를 가함 또는 그 제재.
118) 징역(懲役)은 기결(旣決) 죄인을 교도소 안에 구치하여 일정 기간 노역에 복무시키는 형벌. 무기와 유기(有期)가 있는데 자유형 가운데 가장 무거운 형벌임.

4. 통찰력 원소

1) 안목

안목(眼目)은 사물을 보고 분별하는 견식이다. 특히 다가올 변화에 대한 안목을 갖추는 것이 중요하다. 혜안이 있으면 더 좋다. 혜안(慧眼)은 사물의 본질을 꿰뚫어 보는 안목과 식견, 식견(識見)은 학식과 견문, 곧 사물을 분별할 수 있는 능력을 뜻한다. 실패나 어려움을 미리 예견하거나 준비할 수 있어야 안정적인 집단이나 조직 운영이 가능하다. 바닥에 떨어졌다가 올라가는 것, 갈 데까지 갔다가 정신을 바짝 차리는 것은 바람직한 방법이 아니다. 지금은 변화가 빠른 시대다. 거기에 맞춰 정책을 펴려면 누구보다 변화를 꿰뚫어 보고 있어야 한다. 지도자와 공직사회는 시대 변화를 먼저 감지해야 한다.119)

2) 관찰과 재구성

통찰하기 위해서는 안목을 넓히고 변화를 인지하여 관찰하고 관찰된 내용을 재구성해야 할 때가 많다. 관찰(觀察)은 사물을 주의 깊게 살펴봄, 구성(構成)은 몇 가지 요소를 조립하여 하나로 만드는 일 또는 그 결과, 재구성(再構成)은 한 번 구성한 것을 다시 구성함 또는 그 구성이다. 통찰(洞察)은 예리한 관찰력으로 사물을 꿰뚫어 봄이고, 통찰력(洞察力)은 사물이나 현상을 통찰하는 능력을 말한다. 통찰력의 실질적인 내용은 변화의 인지이다. 일정한 지식을 갖고 구성원과 고객의 불만이나 요구 수렴, 주변 환경이나 시장 변화에 대한 사실을 파악하고 인정하여 그 내용을 알면 통찰력이 생긴다.

통찰을 통하여 파악한 내용을 분석하고 이해하여 우리에게 유리한 방향으로 이끌어 나갈 수 있다. 그러기 위해서는 관찰하고 관찰된 내용에 대한 재구성이 필요하다. 때로는 관찰 자체만으로도 통찰력이 생기기도 하지만 여러 가지 요소가 얽혀 있을 때는 '각각의 장님이 만진 코끼리의 형상'을 종합해야 하는 것처럼 재구성해야 전체 모습을 파악할 수 있다. 인간이 하는 일은 코끼리와는 달리 처음에는 형태가 없는 추상적인 것에서 시작하고 결과도 예측하기 어려운 일이나 문제가 처리 대상이 되는 경우가 많다. 관찰과 재구성은 그러한 문제나 일의

---

119) 연합뉴스 2011. 3. 5.

형태를 파악하는 데 반드시 필요하다.

3) 연구와 분석

연구(硏究)는 일이나 사물에 대하여 조사하고 생각하여 진리를 알아냄, 분석(分析)은 어떤 사물을 분해하여 그 요소나 성분·측면 등을 확실히 밝힘을 말한다. 간단한 내용은 관찰과 재구성 정도로 문제의 원인을 파악할 수 있지만, 복잡하고 전문성을 요구하는 것들은 연구와 분석이 이루어져야 한다. 특히 문제해결을 위한 대책을 세우기 위해서는 연구와 분석이 필요한 경우가 많다. 연구와 분석은 개인에 의해서도 이루어질 수 있지만, 지도자는 참모나 집단 내 연구기관이나 부서를 통하여 처리할 수도 있다.

4) 경험 축적과 견문 확대

문리(文理)는 사물을 깨달아 아는 길, 견문(見聞)은 보고 들음, 보고 들어서 깨닫고 얻은 지식, 경험(經驗)은 실제로 해보거나 겪어봄 또는 거기서 얻은 지식·기능, 감각이나 지각을 통해 얻어지는 내용이다. 지식이 견문 확대, 경험 축적과 어우러질 때 문리가 트인다. 문리가 트인 사람들은 직접 경험해 보지 않아도 사리를 판단하는 능력이 생긴다. 통찰력을 갖기 위해서는 단순하게 책을 보고 공부하여 지식을 늘리는 것만으로는 부족하다. 일하거나 문제를 해결하는 등 자신이 공부를 통해 쌓은 지식을 실제 적용하고 활용해 보아야 한다.

5. 통합력 원소

1) 언어 표현

인간의 의사소통은 암시, 도구 사용, 그림, 말, 언어, 행위를 보고 스스로 판단하게 하는 방법 등 다양하다. 연인이나 부부, 오랫동안 같이 일한 동료 중에는 상대방의 눈빛만 보아도 무엇을 원하는지 알 수 있다고 한다. 그러나 보편적인 의사소통 방법은 언어와 행동이다. 지도자가 리더십을 발휘하는 것도 주로 언어와 행동에 의해 이루어진다. 가장 널리 사용되는 언어 표현에는 말과 글이 있다. 오늘날 지도자가 대중의 지지를 이끌어 내는 일반적인 방법이 연설이고, 연설문은 언론 매체의 보도를 통해 반향을 일으킨다.

때로는 말 한마디가 전체 구성원에게 감동을 주기도 하고 열정적으로 일하게 하거나 대중을 적으로 만들어 놓기도 한다. 그러나 말은 너무 많으면 반드시 실수가 나온다. 말이 적더라도 막말이나 상소리는 좋은 인상을 실추시키고 치명적인 타격을 입힐 수도 있으므로, 특히 유명인들은 조심해야 한다. 정례적인 연설 등 말이 너무 많은 것도 바람직하지 않지만, 의견 표시를 요구하는데 무시하는 등 너무 적게 하는 것도 좋지 않다. 정보, 통신, 운송 수단이 발달한 오늘날 신비주의는 큰 효과를 발휘하기 어렵다. 그러므로 지도자가 되려고 하는 사람들은 평상시에 효과적인 의사전달과 소통을 위해 적절하게 언어를 구사하는 방법을 찾아 습관화해야 한다.

2) 바람직한 미래상 제시

인간의 삶은 근본적으로 발전을 추구하는 속성이 있다. 발전(發展)은 더 낫고 좋은 상태로 나아감을 뜻하는데 미래상이 그 길을 안내하는 지표가 된다. 미래상은 구성원들에게 활력을 불어넣고 힘을 실어 주고 능력을 키워줄 때 실현할 수 있다. 미래상(vision)의 제시는 그 미래상을 분명한 목표와 연결해 방향을 설정해 주는 행위이다.[120] 미래상을 제시하는 지도자의 행동은 장기적 관점을 갖고 성과를 준비하는 모습이다. 미래가 없는 조직은 존재 가치가 없으며, 조직의 미래는 지도자들이 제시하는 것이다.

구성원은 미래를 느끼지 못하는 조직에서는 근무의욕을 갖기 어렵다. 따라서 미래상은 단순히 만들어 비치하는 것이 아니라 조직이 미래에 나아갈 방향을 제시하는 것이라 할 수 있다. 미래상을 제시하는 지도자는 자신의 지식과 지혜를 총동원하여 바람직한 미래 모습을 만들기 위해 노력해야 한다. 미래상을 만들고 전파하여 구성원들이 공유하고 미래상 달성을 위해 움직이게 하여야 진정한 미래상이라 할 수 있다. 미래상을 제시하는 지도자는 집단이나 조직의 미래상을 고려하여 자신의 미래상을 만들기 위해 노력해야 하며, 미래상은 목표와는 구별되어 제시되어야 한다.[121]

---

120) 김석우 · 이상호 지음(2008), ≪공학기술과 리더십≫, 지호, p.180.
121) 서재현(2009), ≪리더십 베이직: 리더를 꿈꾸는 사람의 참고서≫, 한경사, p.156.

3) 의사소통

모든 대인관계는 대화로 시작한다. 의사소통(意思疏通)은 생각이나 뜻이 서로 막히지 않고 잘 통함, 대화(對話)는 마주 대해 이야기함 또는 그 이야기이고, 경청(傾聽)은 귀를 기울이고 주의해 들음이다. 의사소통이 잘 되기 위해서는 대화와 경청이 원활하게 이루어져야 한다. 특히 상대방의 말에 귀를 기울여 경청하는 자세가 아주 중요하다. 다른 사람이 하는 말을 잘 듣고 이해하지 못하면 대화는 겉돌기 마련이다. 타협도 어렵다. 조직 내의 실상을 파악하는 방법도 대화와 경청이 기본이다. 그런데 많은 지도자가 일방적으로 구성원에게 연설하고 지시하고 명령하고 요구하는 잘못을 범한다. 그렇게 해서는 현장의 목소리를 제대로 들을 수 없다.

뛰어난 지도자나 경영자들은 현장 직원들과 대화하는 것을 중요하게 여긴다. 그것은 자신의 지시와 명령이 제대로 이행되는지 확인하고 동기를 유발할 기회로 활용하는 등 직원들이 당면한 문제를 해결해 줌으로써 더욱 좋은 실적을 올리는 데 도움이 되기 때문이다. 법규를 통하여 개인의 행동을 강제할 수는 있다. 하지만 최고의 실력이나 실적은 강제력보다는 자율에서 나온다. 원활한 의사소통은 구성원의 불만과 요구사항, 일하고 난 후 보완해야 할 것이 무엇인지 파악하고 개선방안을 마련하는 데 도움이 된다. 또한 동료 간, 상하 간에 소통이 잘 되면 화기애애한 분위기가 조성되어 자연스럽게 협력하므로 생산성 향상으로 이어진다.

사람은 자신의 말을 들어주고 있다는 확신이 들면 모든 사소한 것들과 자신의 마음을 털어놓게 된다. 조언이나 충고는 이 단계를 지나야 효과가 발휘될 수 있다. 듣기와 경청의 중요성에 대해 레이첼 나오미 레멘(Rachel Naomi Remen)은 "다른 사람과 관계를 맺기 위한 가장 기본적이며 강력한 방법이 듣는 것이다. 그냥 듣기만 해라. 어쩌면 서로에게 줄 수 있는 가장 중요한 것이 관심일 수 있다. 애정을 가진 침묵이 가장 좋은 의도를 가지고 하는 말보다 훨씬 더 많은 치유와 애정을 보이는 힘을 가지고 있다"고 지적했다.[122]

경청은 리더로 성장하기 위해 가장 필요한 덕목 중 하나로 인맥 형성의 열쇠이다. 상대방의 말에 경청한다는 것은 상대방을 인정하고 배려한다는 의미와 일맥상통한다. 상대방의 말에 귀를 기울이면 상대방은 자신이 인정받고 존중받고 있다는 느낌을 받는다. 상대방은 경청하는 상대를 자연스럽게 존중하게 되고, 이는 결국 중요한 인간관계를 만드는 초석이 되는 것이다. 상대방에 대한 존중과 관심의 표현으로 경청만큼 좋은 것은 없다. 원활한 소통을 가능하게 해주는 열쇠가 경청이다.[123]

---

122) 마이클 J. 마쿼트 · 피터 론 지음, 원은주 옮김(2006), ≪멘토: 지식경영시대의 새로운 리더≫, 이른아침, p.205.
123) 김종현(2007), ≪콘디의 글로벌 리더십≫, 일송북, pp.78~79.

리더십 발휘에서 지도자들이 이구동성으로 중요성을 강조하는 것이 의사소통이다. 의사소통은 그 자체가 성과를 올리기 위한 중요한 수단이기도 하지만, 집단이나 사회의 신경조직이나 혈관과 같다. 신경조직이 단절되거나 죽으면 생명체가 움직일 수 없고 혈액이 원활하게 순환되지 않으면 문제가 생긴다. 조직은 생명체라고 하는데 움직일 수 없다면 할 수 있는 것이 없다. 나무토막의 신세를 벗어나 스스로 진화할 수 있는 생명체로 살아가기 위해서는 원활한 의사소통은 필수다. 원활한 의사소통이 없으면 조직은 목적한 의도대로 운영될 수 없다. 지도자는 원활한 의사소통 확보를 위해 노력해야 하지만 단순한 노력만으로는 한계가 있다.

효과적인 의사소통 방법은 여러 가지가 있지만 경청, 정확한 표현, 진정성과 일관성 유지, 의사소통의 통로를 체계(system)로 만드는 것이 중요하다. 예를 들어 정기적인 업무회의와 성과 점검, 소그룹과 일대일 면담, 주기적인 점심 등 주체와 대상을 달리한 다양한 체계를 만들어 운영할 필요가 있다. 일상화(routine)시킬 수 있는 것은 모두 체계로 만들어 구성원과 지도자 사이에 최소한의 의사소통으로도 운영될 수 있게 만드는 것이다. 이외의 것에 대하여 상의하달과 하의상달이 원활히 진행되게 만드는 것이 필요하다.

지도자가 구성원의 이야기를 경청한다는 것은 매우 쉬우면서도 어려운 일처럼 여겨진다. 상대방의 이야기를 들어준다는 것이 원활한 의사소통의 기본임은 말할 필요가 없다. 그런데 많은 지도자는 구성원과의 대화에서 경청하기보다 자신의 이야기만 주장하는 경향이 있다. 문제의 원인은 지도자와 구성원의 관계가 상하관계라는 것에서 출발한다. 상사와 부하의 관계에서 상사가 의도하지 않게 말을 많이 하는 경향을 보이는 것은, 대부분 지도자가 구성원들보다 일하는 방법에 대해 자신이 많이 알고 경험했다는 생각을 하기 때문이다. 이러한 지도자들은 구성원의 문제에 대해 자신의 경험을 먼저 전달하려는 태도를 보인다.

이처럼 지도자의 행동은 경청이라는 것이 단순히 들어주는 것이 아니라는 것을 보여 준다. 경청은 구성원의 이야기에 대한 지도자의 반응과 구성원의 이야기에 기초한 지도자의 행동변화를 포함한다. 실제로 조직 내에서 많은 지도자가 열심히 들어주는 것 같지만, 아무런 사후의 경과조치를 하지 않는 경우가 허다하다. 구성원들이 모이면 '이야기를 하면 뭘 해, 들어주면 뭘 해, 바뀌는 것이 하나도 없는데'라며 불만을 터뜨린다. 많은 지도자가 경청을 말로만 한다. 그러나 제대로 된 경청은 행동이 수반되는 실질적인 조치가 이루어져야 한다.[124] 또한 영어를 비롯한 외국어 습득은 외국인과 의사소통, 외국과 통상 및 교류 확대, 국제정세 변화 파악 등에 도움이 되므로 외국어 공부에도 관심을 둘 필요가 있다.

---

124) 서재현(2009), ≪리더십 베이직≫, 한경사, pp.89~100.

4) 후생과 복리 증진

후생(厚生)은 건강을 유지하거나 증진함, 복리(福利)는 행복과 이익을 아울러 이르는 말, 복지(福祉)는 행복하게 살 수 있는 사회 환경을 말한다. 집단이나 사회조직에서 후생과 복리 증진은 일반적으로 정책적인 복지제도 마련을 통하여 이루어진다. 복지제도에는 급료(給料) 외에 근무환경이나 처우 개선, 자녀학비나 가족 건강검진비용 지원, 조직이 보유하고 있는 시설의 할인 가격 또는 무료 이용, 생산품의 할인 구매, 사택 제공이나 주택구매 자금 저리 융자, 부상자나 사망자 가족의 지원 방안 등 여러 가지가 있다. 후생 복리 수준이 높은 조직은 대개 구성원의 만족도도 높고 자부심을 느낀다. 조직에 대한 자부심은 자율적으로 일하고 협동심을 높여 효율이나 생산성 향상에 도움이 된다.

5) 인화

인화(人和)는 여러 사람이 서로 화합함이다. 좋은 통합력이 발휘되기 위해서는 갈등을 해소하고 구성원 상호 간에 화합하는 마음이 생기도록 해야 한다. 인화하여 모두 마음과 힘을 합친다면 어떤 어려움도 이겨낼 수 있다. 역량의 강력한 결합은 엄청난 성과를 가져온다.[125] 반드시 성과가 아니라도 같은 집단 속에서 원만한 관계를 유지하며 편안한 마음으로 일하기 위해서도 서로 화합하려는 자세는 필요하다. 그러나 반드시 친화해야 하는 것은 아니다. 친화(親和)는 서로 친해 화합함, 친화력(親和力)은 다른 사람들과 친하게 잘 어울리는 능력을 말한다. 친화나 친화력은 개인의 인적 조직(network) 형성을 통한 사회적 자본 축적에 도움이 된다.

이처럼 친화나 친화력은 일을 해나가는 데 도움에 되는 긍정적인 측면과 계파 형성이나 정실인사, 비밀 유지의 어려움이나 정보 유출 가능성 증대, 의사결정에 부담으로 작용하는 부정적인 측면도 있다. 그러므로 친화나 친화력은 구성원의 개인적인 차원에서 고려되는 것이 바람직하다. 복리후생이나 인화 차원에서 동호회 등을 권장하고 지원하는 집단이나 단체는 많아도 강제하지 않는 이유도 그 부작용을 우려하기 때문이다. 인화가 개인적인 차원에서 발전하여 친화가 되는 것은 바람직하다. 그러나 지도자는 리더십을 발휘하기 위해 인화 노력은 열심히 해야 하지만 친화는 적절한 수준에서 유지되도록 경계(警戒)할 줄 알아야 한다. 그렇지 않으면 연고주의[126]나 지역주의[127]가 확산하여 사조직이나 파벌이 형성되고 내부 갈등의 원

---

125) 존 H. 젠거 · 조셉 포크먼 지음, 김준성 · 이승상 옮김(2005), ≪탁월한 리더는 어떻게 만들어지는가≫, 김앤김북스, p.54.

인으로 작용하는 등 여러 가지 폐해를 불러일으킬 수 있다.

6) 위기의식

인간이 이루어낸 창조물은 영구적인 것이 아니다. 인간 삶은 기본적으로 발전하지 않으면 퇴보한다. 미래를 보장하는 것은 아무것도 없다. 유지는 발전과 퇴보가 노력으로 동일한 크기로 작용할 때 느끼는 현상에 불과하다. 끊임없이 변화하는 상황 속에서 유지도 결코 쉬운 일은 아니다. 위기는 잘 대응해 넘기면 발전의 기회로 작용하지만, 잘못 대응하면 심각한 위협으로 작용할 수 있다. 그러므로 퇴보하지 않고 유지와 발전해 나가기 위해서는 위기의식을 가져야 한다.

위기의식(危機意識)은 인간 본래의 가치, 질서를 잃는 데서 느끼는 불안과 절망 의식이다. 인간의 행동은 위기의식을 느꼈을 때와 그렇지 않을 때는 차이가 난다. 위기를 느끼면 자연스럽게 문제를 해결하고 극복하기 위해 분산된 힘을 모으고 협력한다. 그렇다고 평상시에까지 구성원에게 위기의식 속에 살게 할 수는 없으므로 지도자는 평상시에는 위기발생 가능성에 대비하는 마음가짐을 갖는 것이 중요하다. 그래야 다가올 변화를 직시해 대책을 세우는 등 미래에 대비하며 실제 위기가 닥쳤을 때 초기에 적절한 대응을 통해 문제를 해결하고 확대되는 것을 차단할 수 있다.

7) 공정

공정의 핵심 가치는 기회·절차·평가·분배 등 네 가지이다. 공정(公正)은 공평하고 올바름, 공정성(公正性)은 공평하고 올바른 성질이고, 민주주의는 정치적 의사결정에서 공정성을 추구하는 정치 체제이다. 공정의 핵심 가치가 사회 전반에 널리 통용될 때 민주주의 체제에

---

126) 연고주의(nepotism, Nepotismus, 緣故主義)는 혈연·지연·학연 등 일차 집단적 연고를 다른 사회적 관계보다 중요시하고, 이런 행동양식을 다른 사회관계에까지 확장·투사하는 문화적 특성을 말한다. 연고주의의 뿌리는 가족주의에서 찾을 수 있다. 연고주의는 조직 내에 가족적·친화적 분위기를 조성해 인간관계를 개선하나, 파벌적·할거주의적 행태를 조장함으로써 대내외적 정책 및 조직 관리의 공평성과 합리성을 저해하는 역기능을 가져온다.

127) 지역주의(regionalism, 地域主義)는 특정 지역의 이해를 보호하거나 강화하기 위하여 그 영역적 속성과 범주를 정치화하는 사회정치적 또는 문화적 운동.

소속되어 있는 집단과 사회조직에서 실질적인 공정을 기대할 수 있다. 합리적인 의사결정, 공정한 경쟁, 누구나 법 앞에 평등하고 법은 누구에게나 평등하게 적용되어야 한다는 법 적용의 공정성도 확보된다. 인간은 누구나 공정한 대우를 받기를 원하며 자신이 불공정한 대우를 받는다거나 받았다고 생각하면 불만을 느낀다. 구성원의 불만은 통합을 저해하고 효율을 떨어뜨리는 요소로 작용한다.

불공정하다는 것은 결국 불법적이고 부도덕하다는 것을 의미한다. 사회체계에서 공정성이 중요한 이유는, 그것이 인간의 사고와 행동을 지배하는 중요한 동기부여 요인이면서 그 사회의 역사나 문화와도 깊은 관계를 맺고 있기 때문이다. 대부분의 사람은 일이 공정하게 처리된다고 느끼면, 그 자체가 동기로 작용하여 열심히 일하고 높은 성과를 낸다. 그러나 불공정하다고 인식하면 기분이 나빠져서 비협조적인 행동을 일삼을 수 있다. 그러므로 사회나 조직구성원들이 높은 성과를 올리기 바란다면 평소에 공정성 관리가 잘 이루어져야 한다. 공정성은 개인의 자존심이나 명예와 결부되어 있기 때문에 공정성 관리가 잘 되고 있는 사회일수록 구성원들의 자부심이 높은 것을 볼 수 있다. 자부심이 높으면 시민정신이 고양(高揚)되고 사회도 밝아진다. 선진국일수록 모든 관계나 거래에서 공정성을 중요하게 여긴다.[128]

공정성 이론[129]은 조직 내의 개인이 공정성을 인식하고 반응하는 것에 대한 이론이다. 조직 내에서 개인은 자신의 공헌을, 그에 대한 보상과 비교하고 그 둘 사이의 비율을 다른 사람과 비교하여 공정한 대우를 받았는지 판단한다. 첫째는 자신과 다른 사람의 보상 비율이 같다고 느낄 때, 공정한 상태로 인식하여 현재 상태를 유지하려 한다. 둘째는 보상을 더 적게 받는다고 느낄 때, 부정적인 불공정성을 인식하고 노력의 수준을 낮출 것이다. 셋째는 보상을 더

---

128) 중도일보 2009. 2. 16.

129) 공정성 이론(公正性 理論, equity theory)은 노력과 직무만족은 업무상황의 지각된 공정성에 의해서 결정된다고 보는 애덤스(J. Stacy. Adams)의 이론이다. 애덤스는 조직 내의 개인과 조직 간의 교환관계에서 공정성(公正性) 문제와 공정성이 훼손되었을 때 나타나는 개인의 행동유형을 제시하고, 구성원 개인은 직무에 대하여 자신이 조직으로부터 받은 보상을 비교함으로써 공정성을 지각(知覺)하며, 자신의 보상을 동료와 비교하여 공정성을 판단하는데 이때 불공정성(不公正性)을 지각하게 되면 이를 감소시키기 위한 방향으로 자극(motivation)이 작용하여 균형을 찾는다고 하였다. 개인이 조직의 목표를 달성하기 위해 투입하는 것은 직무수행과 관련된 노력·업적·기술·교육·경험 등이며, 조직으로부터 주어지는 보상은 임금·후생복지·승진·지위·권력·인간관계 등을 포함한다. 개인은 자기가 조직에 투입한 것과 조직으로부터 받는 보상을 지각을 통해 인식하고 비교하며, 이때 지각을 통한다는 것은 개인의 주관적인 판단을 의미하는 것으로써 개인은 자신의 보상/투입의 비율과 타인의 보상/투입의 비율을 비교하여 두 비율이 같으면 공정성이 지각되고 비율이 서로 다르면 불공정성을 지각하게 된다. 이러한 불공정성에 대하여 개인은 심리적인 긴장을 느끼고 긴장을 해소하는 방향으로 적응 행동을 하게 된다. 따라서 개인은 자신의 노력과 그 결과로 얻어지는 보상과의 관계를 다른 사람과 비교하여 자신이 느끼는 공정성에 따라서 행동 동기가 영향을 받는다. 즉, 공정성 이론은 개인의 행동에 동기를 자극하는 욕구나 유인 등의 중요한 요인들이 단순히 절대적인 가치에 의하여 그 강도가 작용하는 것이 아니라 산출과 투입의 상대적 비율, 그리고 다른 사람과의 상대적인 관계에서 동기요인들이 작용한다는 것을 강조하고 있다.

많이 받는다고 느낄 때, 긍정적인 불공정성을 인식하고 더욱 노력하여 직무를 열심히 수행할 것이다. 이처럼 개인이 불공정성을 인식하면 직무에 대한 노력을 변화시키거나, 자신 또는 타인에 대한 인식을 변화시키거나(재능, 행운, 연줄 등의 탓으로 돌림), 상황을 이탈함(부서 또는 회사의 이동)으로써 불공정성에 대한 감정을 해소하려는 노력을 하게 된다.[130] 그러므로 지도자는 시간이 더 걸리고 일을 하는 데 더 많은 힘이 들더라도 공정하게 일처리를 해야 한다.

지도자가 공정해야 구성원의 마음과 신뢰를 얻을 수 있다. 오늘날 경쟁사회 속에서 조직이든 사회든 성과를 거두지 못하면 발전하지 못하거나 시들고 만다. 치열한 경쟁 속에서도 성과를 올리는 데 익숙한 조직이나 사회는 어떤 어려움 속에서도 구성원들의 자부심과 만족을 통하여 자신이 발전한다는 원칙을 가지고 움직인다.[131] 공정하지 않으면 대다수 구성원의 자부심과 만족을 이끌어 내기 어렵다.

8) 균형감각

균형(均衡)은 어느 한쪽으로 치우침이 없이 쪽 고름, 감각(感覺)은 감촉되어 깨달음을 뜻한다. 균형감각은 어느 한쪽으로 치우침이 없이 중간이나 중심이 되는 자리를 아는 것이다. 균형감각이 뛰어난 사람은 중심을 아는 것은 물론 자신을 중심에 두고 유지하는 데도 탁월한 역량을 발휘한다. 지도자에게 요구되는 균형감각은 단순하게 중간점을 알고 자리 잡는 것뿐만 아니라 균형을 유지하면서 발전적인 방향으로 나아가게 하는 선도적인 역할까지 포함한다. 집단 내에 대립하는 두 가지 이상의 의견이 존재할 때 지도자의 균형감각은 아주 중요하다. 어떤 선택이나 행동을 하느냐에 따라 구성원을 화합하게 할 수도 있고 분열하게 할 수도 있으며, 일 추진에도 영향을 미친다.

현대사회는 균형감각을 요구하는 사회이다. 직종의 수가 많고 업무 분야가 세분되어 있다. 자신이 종사하는 분야의 중요성을 지나치게 의식하거나 직업(職業) 보장을 위해 자기중심주의에 빠져 편중된 행동을 하는 사람이 적지 않다. 그러므로 지도자와 지도자가 되려고 하는 사람들은 일상적 사고방식에 대한 균형감각뿐만 아니라 자신의 전문분야에 대한 균형감각도 필요하다. 다른 분야에 대한 상식과 포용력도 중요하다. 한 분야만 깊이 아는 사람은 최고의 전문가가 되기 어렵다. 현대사회의 전문가는 전문분야에 대한 깊이는 기본이고 다른 분야에 대한 풍부한 상식과 포용력이 뒷받침될 때 남들보다 뛰어난 힘을 발휘할 수 있다.

---

130) 위키백과.
131) 중도일보 2009. 2. 16.

균형감각은 단지 양극단의 중간지점에 서는 것이 아니다. 진정한 균형감각은 양극단을 부지런히 오가면서 때와 상황에 맞는 최적점을 부단히 찾아가는 과정이다. 정적인 것이 아니라 굉장히 동적인 과정이다. 대개 양극단에 머물거나 중간지점에 서 버리고 만다. 균형감각은 결코 쉽게 얻어지지 않는다. 수많은 극한 상황에 처하고 극단을 오가면서 수없이 방황하고 갈등하고 고뇌하는 아픔과 수많은 실수와 실패를 이겨 내야 얻을 수 있다. 균형감각을 계발하려면 자신과 상대방의 내면세계, 현실세계와 가상세계 등을 부지런히 누벼야 하고 상대방의 입장에서 이해하려고 노력해야 한다. 내면의 성장을 꾀하고 부지런히 마음을 움직이고 깊이 생각해야 균형감각을 유지하고 발전시킬 수 있다. 줄타기의 명인은 줄 위에서 가만히 서 있을 수도 있고 걷고 뛰면서 다양한 묘기를 선보일 수도 있다. 수많은 반복연습의 노력과 뛰어난 균형감각을 가졌기에 가능한 일이다.

9) 설득

설득(說得)은 여러 가지로 설명하여 납득시킴, 납득(納得)은 다른 사람의 말이나 행동, 형편 따위를 잘 알아서 긍정하고 이해함이다. 일하고 있을 때 사람들은 아침부터 저녁까지 설득과 납득이라는 관계 속에 있다. 정부 정책의 성공과 실패, 신뢰와 불신의 문제도 설득과 납득에 의해 결정된다. 국민을 잘 설득하고 국민이 그것을 충분히 납득한다면 강요되는 정책이라도 수용한다. 그러나 그렇지 못하면 반발할 수밖에 없다. 의사결정자와 의지(意志) 소통을 꾀하는 사람들은 그 인물의 견식과 한결같은 노력에 감명을 받고, 납득하는 경우에는 적극적인 협력을 하게 된다.

설득하려는 사람은 첫째는 이상(理想), 명확한 미래상, 삶의 보람을 갖고 있어야 한다. 높은 이상이나 명확한 미래상(vision)이 없는 사람은 아무리 그럴듯한 말을 한다고 해도 상대를 설득할 수 없다. 둘째는 성실해야 한다. 사람들은 불성실한 인간에 의해 설득되지 않는다. 사회생활에서 어떤 사람이 '성실한가? 그렇지 않은가', '열심히 노력하고 있는가? 아닌가' 하는 것을 사람들은 곧장 알아차린다. 셋째는 우리가 상대편을 소중히 여기고 있다는 것을 알아야 한다. 설득 과정에서 상대편이 소중히 여기고 있는 것을 이해하는 것은 중요하다.[132]

진정한 리더는 명령이 아닌 설득으로 사람을 움직이고 이끈다. 그러한 설득의 핵심은 바로 사람의 마음을 움직이는 것이다. 마음을 움직이는 힘에는 진실과 배려, 경청, 열린 마음, 존중

---

132) 마스지마 도시유키 · 고바야시 히데노리 지음, 이종수 옮김(2002), ≪일본의 행정개혁≫, 한울아카데미, p.207.

등의 요소가 골고루 배합되어 있어야 한다. 게다가 상황에 맞는 다양한 방식을 채택해야 하는 어려움도 있다.133) 나의 설명이나 주장, 요구에 대해 구성원이 관심을 보이고 이해해 수용하고 이것이 태도변화를 거쳐 의도했던 바의 행동으로 이어졌을 때 실현된다. 열심히 일하도록 움직이고 싶으면 구성원을 존중하고 신뢰와 진실을 가지고 인내하며 충분히 이해하도록 설득할 줄 알아야 한다.134)

10) 유머감각

유머(humor)는 익살스러운 농담이나 해학, 해학(諧謔)은 익살스럽고 풍자적인 말이나 행동이다. 인간관계에서 팽팽한 긴장을 해소하고 냉랭한 분위기를 반전시키는 데 유머만큼 효과적인 것도 없다. 정서(情緖)는 어떤 사물 또는 경우에 부딪혀 일어나는 온갖 감정·상념 또는 그러한 감정을 불러일으키는 기분·분위기를 말하는데 정서는 전이되는 속성이 있다. 미국 예일대학 경영대학원에서 실시한 연구결과에 따르면, 업무 집단 내에서 즐거움과 열기는 아주 쉽게 퍼지는 데 반해 분노는 전염성이 훨씬 떨어지며 우울한 기분은 거의 번지지 않는다고 한다. 좋은 기분이 더욱 잘 전염된다는 것은 업무 성취도와도 밀접한 관련이 있다. 기분은 사람들이 효율적으로 일하는 데 큰 영향을 미친다고 한다.

기분이 좋아지면 사람들이 더 잘 협력하고 일을 더욱 바르게 처리하며 능률도 오른다는 것이다. 특히 웃음은 열린 고리의 진가를 보여 준다. 웃음소리를 들으면 우리는 집단 전체를 휩쓰는 자연스러운 연쇄반응을 통해 자동으로 입가에 미소를 짓게 되거나 같이 따라 웃게 된다. 인간의 모든 감정 중에서 전염성이 가장 강한 것은 미소다. 인간의 미소에는 상대방으로 하여금 다시 미소로 화답하게 하는 거역할 수 없는 힘이 있다. 과학자들은 미소와 폭소가 결속력을 강화시키는 비언어적인 방법으로 발전해 왔다고 생각한다. 웃음은 대화 가운데 만들어지는 리듬(rhythm)과도 같은 것으로 순간 우리 사이에는 아무런 문제가 없다는 기분을 들게 한다. 미소나 폭소를 통해 사람들은 경계심과 적대감을 갖지 않고 긴장을 풀고 편안해진다.

기분이 좋으면 최선을 다해 일에 집중할 수 있기 때문에 일도 잘된다. 즐거운 기분은 윤활유와 같아서 정신 활동의 능률을 높이고 정보 판단을 잘할 수 있게 해주며, 사고의 유연성을 증가시키는 작용과 더불어 복잡한 판단을 내릴 때 중요한 원칙들을 제대로 활용할 수 있게 해준다. 연구결과로 입증된 것처럼 마음이 즐거우면 다른 사람이나 사물을 긍정적인 관점에

---

133) 김종현(2007), ≪콘디의 글로벌 리더십≫, 일송북, p.201.
134) 이진호(2011), ≪현명한 부모의 자녀교육≫, 이담북스, p.102.

서 바라보게 된다. 그것은 다시 그 사람에게 무엇이든 해낼 수 있다는 더 큰 자신감을 안겨
주고 창의성과 판단력을 키워 주며, 뭔가 도움이 되고자 하는 마음을 갖도록 한다.[135]

11) 조정 · 통합 · 결집

조정(調停)은 분쟁을 중간에 서서 화해시킴, 통합(統合)은 모두 합쳐 하나로 모음이다. 조직
변화를 위해 부서 통합이 필요한 때도 있고, 일을 진행하는 과정에서 의견을 통합하는 일도
중요하다. 그러나 통합해야 할 가장 중요한 것은 구성원의 마음이다. 마음이 통합되어야 구성
원이 가지고 있는 역량과 에너지를 결집하여 시너지를 발휘할 수 있다. 통합을 위해서는 업
무, 이해, 이견, 갈등 등 조정해야 할 것이 많다. 조직을 운영하고 일을 진행하는 과정에 조정
은 필수적이다.

통합력을 발휘하기 위해서는 통합의 단계를 넘어 결집해야 한다. 결집(結集)은 한데 모여
뭉침, 한데 모아 뭉침을 뜻한다. 큰일을 하기 위해서는 사람들을 결집하여 필요한 때 필요한
힘과 세력을 만들 줄 알아야 한다. 하지만 힘이나 사람을 결집하는 것이 항상 좋은 것만은 아
니다. 분명한 용도가 있을 때 결집하고 결집한 힘을 올바른 용도로 일하는 데 사용하여 좋은
결과로 전환되도록 자연스럽게 소모되게 해야 한다. 그렇지 않고 불순한 용도로 결집한 힘과
사람들은 불미스러운 일을 만든다. 그러므로 지도자는 불필요한 힘과 사람이 결집하지 않도
록 관리하고, 결집한 힘은 좋은 일에 사용될 수 있도록 순화(醇化)할 줄도 알아야 한다.

12) 소속감 함양

소속감(所屬感)은 자신이 어떤 집단에 소속되어 있다는 느낌이다. 일반적으로 집단이나 사
회조직 내에서 자신이 반드시 필요한 존재라는 인식을 한 사람, 조직에 대한 자부심을 느끼고
만족도가 높은 사람일수록 소속감이 강하다. 소속감을 갖는 동기는 사람마다 차이가 날 수 있
다. 하지만 대개 자신이 조직 내에서 필요한 존재라는 것을 인식하고 직책과 권한이 주어져
의사결정에 참여하고 일정한 역할을 하고 자신이 일하여 기여한 부분에 대해 공정한 평가를
받을 때 제고된다. 후생복리 증진, 상호부조[136]나 환난상휼[137]을 위한 사우회 조직 등도 하나

---

135) 다니엘 골먼 외 지음, 장석훈 옮김(2003), 《감성의 리더십》, 청림출판, pp.32~38.
136) 상호부조(相互扶助)는 다수의 개인 또는 집단이 공동의 목표를 달성하기 위해 함께 행동하면서 성립되는

의 방법이 될 수 있다.

13) 기타

애사심, 정체성, 동료애나 동료의식, 투명성 강화, 우호(friendship) 증진 등도 통합력을 육성하고 발휘하는 데 도움이 된다.

6. 도덕성 원소

1) 정당성과 합리성 추구

정당성(正當性)은 사리에 맞아 옳고 정의로운 성질, 합리성(合理性)은 논리나 이치에 맞는 성질을 말한다. 정당성과 합리성은 어떤 수단과 방법을 사용하든 리더십만 발휘하면 좋은 것인가 하는 점을 판단하는 기준이 될 수 있다. 우리가 모두 아는 것처럼 히틀러는 인류역사상 가장 악명 높은 파괴자 중 한 사람이다. 만약 "아돌프 히틀러(Adolf Hitler)가 뛰어난 리더십을 발휘한 지도자인가"라는 질문을 던진다면 그렇다고 생각하는 사람들이 적지 않을 것이다. 그는 한동안 독일 국민의 희망과 증오를 반영했고 선거에서 승리했으며, 그의 추종자들이 원하는 방향으로 독일을 변화시킴으로써 약속을 이행했다. 그러니 어떻게 그를 지도자라고 부르지 않을 수 있겠는가? 이 주장에 동조하는 사람들도 있을 것이 틀림없다.

문제는 히틀러에 대한 혼동이 아니라 리더십의 핵심에 대한 혼동이다. 리더십이 가치중립적인 것, 다시 말해 히틀러와 간디(Mahatma Gandhi)에게 동일하게 사용할 수 있는 기계적 과정이나 권력 잠재력인가? 아니면 선한 것으로 정의되어야만 하는가? 하는 점이다. 리더십의 도덕성에 관한 권위자인 조안 시울라(Joanne Ciulla)에 따르면, "선한 지도자를 만드는 것은 무엇인가라는 질문은 리더십에 관한 논의의 핵심에 자리 잡고 있다"라고 말했다.

사회적 관계.

137) 환난상휼(患難相恤)은 향약(鄕約)의 4대 강목 중 하나로 '어려운 일은 서로 돕는다'는 뜻. <鄕約(향약)의 4대 강목> 德業相勸(덕업상권): 좋은 일은 서로 권한다. 過失相規(과실상규): 잘못은 서로 규제한다. 禮俗相交(예속상교): 예의로 서로 사귄다. 患難相恤(환난상휼): 어려운 일은 서로 돕는다.

히틀러는 독일의 틀을 바꾸었다. 자신만의 '더 높은' 미래상(vision)은 점점 세계 요동치는 1930년대 초 독일에 질서를 회복하는 것이었으며, 세계까지는 아니더라도 유럽을 지배할 '위대한 독일'을 창조하는 것이었다. 그러나 결국 그는 독일을 패배와 파멸로 몰아넣었다. 그렇기에 그는 그 자신의 기준에 따라서라도 소름 끼치는 실패자로 평가된다. 그는 독일 국민이 행복을 추구할 수 있는 영속적이고 의미 있는 기회들을 만들어 내는 데 실패했다. 그러므로 히틀러는 독일 국민을 지배했을 뿐 그들을 이끌었다고 할 수 없을 것이다.[138]

히틀러의 리더십이 문제가 있는 것이라면 알렉산드로스(Alexandros the Great), 칭기즈칸(Chingiz Khan), 나폴레옹의 리더십은 좋은 것인가? 아니다. 이들의 리더십에는 정당성과 합리성에 문제가 있다. 처음에 전쟁을 시작할 때는 나름대로 명분이 있었다. 하지만 그들은 필요 이상으로 전쟁을 지속하고 전장을 확대하면서 자신들의 정복 욕구를 추구했다. 리더십을 발휘하기는 했지만 좋은 리더십이 아니었다. 만일 알렉산드로스, 칭기즈칸, 나폴레옹을 전쟁영웅으로 존경한다면 우리는 유사 이래 전쟁을 획책한 모든 호전적인 행동을 일삼은 싸움꾼이나 전쟁광까지도 그들 나름대로 모두 이유가 있으므로 정당성과 합리성을 인정할 수밖에 없다. 그렇게 되면 옳고 그름을 구분할 수 없게 되어 정의를 추구하기 어려워진다.

진정한 전쟁영웅은 국가와 국민이 도탄에 빠지는 것을 막고 평온한 삶을 유지하도록 적국의 침략에 맞서 전쟁을 승리로 이끌고 종식되도록 하는 데 결정적인 역할을 한 아이젠하워(Dwight David Eisenhower), 몽고메리(Bernard Law Montgomery), 넬슨(Horatio Nelson), 이순신 장군 같은 사람들이다. 동양에서 전쟁 등 거사를 도모할 때 대의명분[139]을 중요시한 이유도 정당성과 합리성 문제 때문이었다. 알렉산드로스, 칭기즈칸, 나폴레옹은 정당성과 합리성을 결여했다. 그러므로 그들은 존경받는 전쟁영웅이 될 수 없다. 지도자는 집단을 지배하고 어떤 행위를 할 수는 있다. 하지만 정당성과 합리성을 추구하고 도덕의식을 갖지 않는 상태에서 이루어진 행동에 의해 나타난 결과는 자신의 신념이나 탐욕을 실현하기 위한 통치행위에 지나지 않는다. 정당성과 합리성을 벗어난 행위에 의한 결과는 리더십이 발휘된 것으로 보기 어렵다.

악당들이 리더십을 가장하여 권력과 재화를 독점하고 전횡을 일삼으면서 폭력과 탄압, 착취 등 강압적인 방법을 동원하여 성과를 만들어 냈다고 그것이 리더십이라고 할 수는 없다. 법규에 의해 위임된 권력으로 통치행위를 하더라도 인간 존엄성을 실현하고 국민 삶의 질을 향상하는 등 공감을 받는 행위를 한 통치자는 존경받는 지도자로 좋은 리더십을 발휘한 것으로 인정받는다. 하지만 국민 삶을 피폐하게 하고 공감받지 못하는 행위를 한 통치자는 독재자가 된다. 리더십 발휘에 대해 많은 사람이 혼란스러워하는 부분 중 하나가 과정이 좋지 않더

---

138) 제임스 맥그리거 번스 지음, 조중빈 옮김, 《역사를 바꾸는 리더십》, 한국방송통신대학교출판부, pp.40~43.
139) 대의명분(大義名分)은 어떤 일을 꾀하는 데 내세우는 마땅한 구실이나 이유.

라도 결과만 좋으면 괜찮은가 하는 점이다. 그런데 그것은 아니다. 정당성과 합리성은 과정과 결과 모두 만족시킬 수 있어야 한다.

마약 등의 범죄수사기관, 국가나 군 정보기관 등에서 때로는 악당이나 로비스트,[140] 이중간첩, 적군이나 반란군, 유사 범죄자, 조직폭력배 등을 이용하여 일을 원활하게 진행하고 문제를 쉽게 풀어 좋은 결과를 만들어 내기도 한다. 이들을 활용한 작전이 성공하여 국민의 안전 확보나 인류발전에 지대한 공헌을 하는 때도 없지 않다. 그러나 잘못된 과정이 드러나면 지휘자나 책임자는 비난의 대상이 되고 책임을 져야 할 때도 있다. 이처럼 정당성과 합리성을 결여한 과정에 의해 창출된 결과는 좋은 것이 되기 어렵다. 정당성과 합리성을 결여한 방법과 행위를 인정하기 시작하면 법규는 도전받고 질서와 가치는 교란되어 혼란에 빠지는 대가를 치러야 하기 때문이다.

2) 정직과 진실성

부정직한 사람에게는 기회의 문이 닫혀 있다. 이것은 정직하게 될 기회를 놓치게 되는 것이다. 자신에게 정직한 것만이 기회의 열쇠를 가지는 길이다. 현명하지 못한 사람은 이기적인 계획과 공정하지 않은 음모를 꾸미면서도 반드시 성공의 열쇠를 거머쥐고야 말겠다는 맹랑한 상상을 한다. 그러나 결국은 자신의 판단이 옳지 않았다는 것을 깨닫게 되는 날이 온다.[141] 정직(正直)은 거짓·허식이 없이 마음이 바르고 곧음이다. 인간관계에서 신뢰는 아주 중요하다. 서로 믿는 마음이 있는 인간관계는 원만하고 모든 것이 원활하다. 그러나 믿음이 없으면 모두를 불편하고 힘들게 만든다. 신뢰의 바탕이 정직이다.

정직한 리더는 존경받을 뿐만 아니라 구성원들이 성실하게 일하도록 만든다. 반면 도덕성에 문제가 있을 때는 아무리 노력해도 좀처럼 성공하는 리더가 되기 어렵다. 미국의 리처드 닉슨(Richard Nixon)은 역대 어느 대통령보다 많은 지지를 얻었고 재선에서는 60%라는 역사상 두 번째로 높은 지지율로 압도적인 승리를 거두었다. 그러나 워터게이트 사건[142]에 대한 은폐 시도로 결국 1974년 퇴진할 수밖에 없었다. 1996년 미국의 역사학자 36명이 역대 대통령

---

140) 로비스트(lobbyist)는 의회의 로비를 무대로 특정 압력 단체의 이익을 위하여 청원·진정을 중개하는 원외(院外) 단체의 활동자.
141) 웨스 로버츠·빌 로스 지음, 최창현 옮김(2004), ≪위기관리 리더십≫, 한언, p.181.
142) 워터게이트 사건(Watergate Affair)은 1972년 6월 대통령 R. M. 닉슨의 재선을 획책하는 비밀공작반이 워싱턴의 워터게이트빌딩에 있는 민주당 전국위원회 본부에 침입하여 도청장치를 설치하려다 발각·체포된 미국의 정치적 사건.

의 업적에 대해 순위를 조사했을 때 닉슨은 꼴찌를 기록했다. 리더로서 아무리 많은 업적이 있더라도 단 한 번의 도덕성 상실로 물거품이 될 수 있음을 잘 보여 준다.

안철수연구소의 설립자인 안철수 교수는 "벤처기업143)의 핵심 요점(point)은 종목(item)이 아니라 벤처기업인의 사람 됨됨이다. 정직과 성실을 바탕으로 노력하는 것이 제일 중요하다"라고 말했다. 정직한 리더는 부당한 편법을 쓰지 않고 실력을 통해 정정당당히 경쟁한다. 조직의 성공이 한 번으로 그치지 않고 지속하려면 도덕성에 기반을 둔 리더의 경영철학이 매우 중요한 요건이 된다.144)

진실(眞實)은 거짓이 없고 참됨, 진실성(眞實性)은 참된 성질, 참된 품성(品性), 참되고 바른 성질이나 품성을 말한다. 참된 사람은 거짓이 없으며 진실하고 올바르므로 진실은 정직과 함께 도덕적인 품성을 형성하는 중요한 요소이다. 진실성을 지도자가 갖추어야 할 마음가짐의 핵심적인 내용으로 생각하고 요구하는 사람, 집단이나 단체도 있다. 하지만 진실이나 진실성은 도덕성의 한 원소로 보는 것이 바람직하다.

3) 도덕의식

도덕의식(道德意識)은 도덕 현상에 대해 선악·정사(正邪)를 분별하고, 정선(正善)을 지향하며 사악을 멀리하려는 의식, 선악(善惡)은 착함과 악함, 정사(正邪)는 바른 일과 사악한 일, 정선(正善)은 마음이 바르고 착함, 지향(志向)은 어떤 목적으로 뜻이 쏠리어 향함 또는 그 의지나 방향, 사악(邪惡)은 간사하고 악독함, 간사(奸詐)는 나쁜 꾀가 있어 남을 잘 속임, 악독(惡毒)은 마음이 악하고 독살스러움, 독살스럽다는 성행(性行)이 살기가 있고 악독함을 말한다.

우리가 살아가면서 하는 행위가 착한 것인가 악한 것인가, 바른 일인가 사악한 일인가를 구분할 수 있어야 한다. 그래야 마음을 바르게 하고 착함을 지향할 수 있다. 그렇게 하기 위해서는 도덕의식이 있어야 한다. 그런데 많은 이기적인 통치자나 지도자들은 자신의 입신출세, 권력에 대한 탐욕과 향유를 위한 통치를 리더십 발휘로 착각하여 사악한 행위를 하면서도 자신의 행위에 대한 잘잘못을 깨닫지 못하거나 정당한 것으로 생각하고 주장한다. 도덕의식이 부족하기 때문이다.

정상적인 지도자라면 착한 것과 악한 것을 구분하여 행동하고 마음을 바르게 하여 착한 것

---

143) 벤처기업은 신기술이나 기법 등을 개발하고 이를 기업화하여 사업하는 소규모이나 창조적·모험적인 중소기업으로 컴퓨터의 소프트웨어 부문, 생물 공학 부분에 많음.

144) 강진구(2008), "인격적 리더가 뜨고 있다", ≪LG Business Insight≫, LG경제연구원, pp.44~46.

을 지향해야 마땅하다. 그런데 이런 것은 아랑곳하지 않고 목적인 권력 자체 획득에 골몰하며 잘못된 권력에 대한 관념과 자기중심적인 사고에 의존하여 자기 생각대로 통치하는 잘못을 범하고 있다. 간혹 주위에서 바른말을 하는 사람이 있어도 귀담아듣지 않는다. 이렇게 자신이 무슨 잘못을 하고 있는지 무엇이 부족한지 알지 못하고 국민과 소통이 되지 않고 자기 진심을 몰라준다고 서운함을 드러내는 사람도 있다.

4) 청렴

청렴(淸廉)은 성품과 행실이 고결하고 탐욕이 없음, 탐욕(貪慾)은 지나치게 탐하는 욕심, 욕심(慾心)은 무엇을 탐내거나 분수에 지나치게 하고자 하는 마음, 욕구(慾求)는 무엇을 얻거나 무슨 일을 바라고 원함을 뜻한다. 인간은 삶을 유지하기 위해 욕구를 가지고 태어난다. 욕구는 필요한 것이다. 욕구가 있어야 바라고 원하는 일을 하기 위해 노력하게 된다. 욕심도 상당 부분 용인(容認)될 수 있다. 중요한 것은 욕심이나 욕구 그 자체가 아니라 실현 방법과 범위이다.

모든 사람에게 공인되는 방법인 법규가 허용하는 범위 내에서 이루어져야 한다. 그러나 탐욕은 다르다. 탐욕을 가진 사람은 법규를 넘어서거나 법규에 도전하는 방법이라도 자신의 욕심을 채우기 위해 부정부패를 서슴지 않는다. 탐욕은 자신은 물론 모든 사람을 곤혹스럽게 하고 집단이나 사회에 폐해를 끼친다. 이제까지의 인류 역사를 보면 큰 탐욕을 가진 사람들이 최고 지도자가 된 사례는 많았지만, 그들은 존경받는 지도자가 되지는 못했다. 존경받는 지도자가 되려면 청렴해야 한다.

5) 윤리성

윤리(倫理)는 사람이 마땅히 행하거나 지켜야 할 도리로 실제의 도덕규범이 되는 원리이다. 황금률145)에서 최상으로 표현되고 있는 보다 의례적이고 거래적인 행위, 예컨대 성실함, 약속 준수, 믿음직함, 상호관계, 책임 등을 반영한다. 조지프 로스트(Joseph C. Rost)가 지적했듯이, 리더십 용어로 윤리는 '지도자들과 추종자들이 서로에게 그리고 다른 사람들에게 영향을 주

---

145) 황금률(黃金律)은 뜻이 심오(深奧)하여 인생에 유익한 잠언(箴言), 예수가 산상수훈 중에 보인 기독교의 기본적인 윤리관 "남에게 대접을 받고자 하면 그만큼 남을 대접하라는 가르침."

고자 할 때 그들이 상호작용하는 방법'에 관한 기준이다.146) 의식(意識)은 역사적·사회적으로 규정되는 사상·감정·이론·견해 등을 일컫는 말을 뜻한다.

윤리의식(倫理意識)은 사람이 갖춰야 하는 도덕(인륜)을 깨닫고 알고 있음, 도덕규범 등 사람이 마땅히 행하여야 할 도리를 지키겠다는 마음이다. 그러므로 윤리의식이 높다는 것은 삶을 의미 있고 가치 있게 산다는 것이다. 윤리성은 인간이 가정과 사회생활을 영위하면서 올바른 행동을 하기 위해 마땅히 행하거나 지켜야 할 합리적·도덕적 규범이라고 할 수 있다.147) 그러므로 불륜이나 비윤리적인 행위를 하면 비난의 대상이 되는 것이다.

6) 수신·절제·성찰

(1) 수신

수신(修身)은 마음과 행실을 바르게 하도록 심신을 닦는 일을 말한다. 인간은 스스로 선과 악을 구분하는 능력을 타고나기는 하지만, 마음가짐이나 인격 형성은 수신과 교육의 영향을 강하게 받는다. 올바른 마음가짐이나 훌륭한 인격 형성을 통하여 우리가 얻고자 하는 것은 자기관리 능력이다. 자기관리 능력은 지도자가 목표를 성취하기 위해 갖추어야 할 보다 구체화한 힘이다. 자신의 느낌을 이해하지 못한다면 스스로 감정을 제어할 도리가 없다. 오히려 그 감정에 놀아나게 된다. 물론 그때의 감정이 도전을 기꺼이 받아들이고자 하는 마음이나 열정 같은 긍정적인 것일 때는 문제가 되지 않는다. 하지만 당혹감, 분노, 불안, 공포와 같은 부정적인 감정에서 벗어나기 어렵다.

이처럼 부정적인 감정이 밀어닥칠 때는 그 힘이 매우 압도적이다. 꾸준히 자기 자신과 나누는 내면의 대화라고 할 수 있는 자기관리의 능력은 우리가 감정의 노예가 되지 않도록 만들어 준다.148) 그러나 수신을 한 사람들도 세상을 살아가면서 실수를 하지 않기는 어렵다. 법규의 내용이 너무 많고 복잡하기 때문이다. 아무도 법규를 다 아는 사람이 없고, 모두 알 필요도 없다. 법규의 내용을 알려고 노력은 해야 하지만, 중요한 점은 실수했을 때는 그것을 인정하고 사과하고 자신이 하고자 하는 일이 법규를 위반하거나 타인에게 피해를 주는 것은 아닌지, 올바른 일을 하는 것인지 살피고 절제하는 자세이다.

우리는 수신에 대해 언급할 때 수신제가 치국평천하를 자주 인용한다. 이 말은 대학에 나오

---

146) 제임스 맥그리거 번스 지음, 조중빈 옮김, ≪역사를 바꾸는 리더십≫, 한국방송통신대학교출판부, p.41.
147) 유영옥(1998), ≪경영조직론≫, 학문사, p.345.
148) 다니엘 골먼 외 지음, 장석훈 옮김(2003), ≪감성의 리더십≫, 청림출판, p.85~87.

는 말이다. 대학(大學)149)은 유교(儒敎) 경전에서 공자(孔子)의 가르침을 정통(正統)으로 나타내는 사서(四書) 중 중요한 경서(經書)이다. 본래 ≪예기(禮記)≫의 제42편이었던 것을 송(宋)의 사마광(司馬光)이 처음으로 따로 떼어서 ≪대학광의(大學廣義)≫를 만들었다. 그 후 주자(朱子)가 ≪대학장구(大學章句)≫를 만들어 경(經) 1장(章), 전(傳) 10장으로 구별하여 주석(註釋)을 가하고 이를 존숭(尊崇)하면서부터 널리 세상에 퍼졌다.

주자는 '경'은 공자의 말을 증자(曾子)가 기술(記述)한 것이고, '전'은 증자의 뜻을 그 제자가 기술한 것이라고 단정하였다. 경에서는 명명덕(明明德: 명덕을 밝히는 일)·신민(新民: 백성을 새롭게 하는 일)·지지선(止至善: 지선에 머무르는 일)을 대학의 3강령(三綱領)150)이라 하고, 격물(格物)·치지(致知)·성의(誠意)·정심(正心)·수신(修身)·제가(齊家)·치국(治國)·평천하(平天下)의 8조목(八條目)151)으로 정리하여 유교의 윤곽을 제시하였다. 실천과정으로서는 8조

---

149) 대학(大學)은 유교 경전인 사서(四書)의 하나. 공자의 유서(遺書)라는 설과 자사 또는 증자의 저서라는 설이 있다. 본디 ≪예기≫의 한 편(篇)이었던 것을 송의 사마광이 처음으로 따로 떼어서 ≪대학광의(大學廣義)≫를 만들고, 그 후 주자(朱子)의 교정으로 현재의 형태가 되었다. 명명덕(明明德)·지지선(止至善)·신민(新民)의 세 강령을 세우고, 그에 이르는 여덟 조목의 수양 순서를 들어서 해설하였다.

150) 삼강령(三綱領)은 ≪대학≫의 세 강령. 명덕(明德)을 밝히는 '명명덕', 백성을 새롭게 하는 '신민(新民)', 지선(至善)에 이르게 하는 '지어지선'을 이른다. 지선(至善)은 지극히 착함, '지어지선(止於至善)'의 준말. 명명덕(明明德)은 '밝은 덕(明德)을 밝힌다'는 뜻으로, 덕(德)이란 득(得)의 뜻으로, 얻는다는 말이다(논어). 인물이 하늘로부터 부여받아 얻은 것의 본질이 맑고 밝으니 명덕이라 한 것이다. 이처럼 맑고 밝은 덕이 기품(氣稟)과 인욕(人欲)에 구애되고 가리어져, 때로는 혼미할 수 있기 때문에 성인(聖人)의 경지에 이르지 않은 사람은 누구나 명덕의 본체를 보전하기 위해 노력하지 않으면 안 된다. 이것을 일러 명명덕이라 한다. 주희(朱熹)는 ≪대학장구(大學章句)≫ 주(註)에서 "명덕이란 하늘로부터 얻은 것으로 허령불매(虛靈不昧)하여 뭇 이치를 갖추어서 구중리(具衆理)니 만사에 응하는 것, 응만사자(應萬事者)"라고 주석하였다.
친민(親民)은 백성과 친하게 된다는 뜻으로 이해된다. 그러나 친(親)을 신(新)으로 해석하는 주희(朱熹)에 의하면 백성을 새롭게 한다는 뜻이 된다. ≪대학고본(大學古本)≫에는 친민(親民)으로 되어 있었던 것을 정이(程頤)가 신(新) 자로 하여야 옳다고 한 이후 주희도 정이의 견해를 따랐기 때문에 우리나라에서는 양명학을 공부하는 자를 제외하고는 모두 신민(新民)으로 해석했다. 신(新)은 혁신(革新)의 신이요, 민(民)은 나에 대한 다른 사람을 지칭한다. 신인(新人)이라 하지 않고 신민이라 한 것은 민(民)이 인민(人民)을 총칭하는 정치적 개념이기 때문이다. 명덕(明德)은 사람마다 똑같이 하늘에서 부여받은 덕성(德性)인데, 나(我)의 명덕만을 밝힌 것으로 만족하지 않고 나의 주위에 있는 동족과 동포가 물욕에 가리고 구습에 젖어서 그 고유의 명덕을 밝힐 줄 모르고 있을 때, 또 알아도 의연히 개혁하려 하지 않을 때, 측은하게 여기고 그들을 새롭게 이끌어 주고 싶은 것은 인지상정(人之常情)이요, 마땅히 그러하여야 할 상도(常道)인 것이다. 이것을 가리켜 신민이라 하는 것이며 결국 민덕(民德)을 새로이 유도함을 의미한다. 그런데 학자 중에 신민보다는 친민이 ≪대학≫의 본의(本意)에 합당하다고 주장하는 자들이 있지만, 일반적으로 우리나라 선유(先儒)들은 ≪대학≫ 전문(傳文)의 5개의 신자(新字)에 근거하여 친민의 친(親)이 부적당하다고 여겼으며, 또 친민이라고 하면 교민흥학(敎民興學)하는 취지에 벗어난다고 보았던 것이다. 지어지선(至於至善)은 지극(至極)히 선한 경지(境地)에 이르러 움직이지 않는다는 뜻으로, 사람은 최고(最高)의 선에 도달(到達)하여 그 상태(狀態)를 유지(維持)함을 이상(理想)으로 해야 함을 이르는 말이다.

151) 팔조목(八條目)은 ≪대학(大學)≫의 수기치인(修己治人)의 여덟 조목. 격물(格物), 치지(致知), 성의(誠意), 정심(正心), 수신(修身), 제가(齊家), 치국(治國), 평천하(平天下)이다. 격물(格物)은 이상적인 정치를 하기 위한 첫 단계를 이르는 말을 뜻한다. 격물(格物), 치지(致知), 성의(誠意), 정심(正心), 수신(修身), 제가(齊家), 치국(治國), 평천하(平天下)의 순서로 발전한다. 주자학에서는 사물의 이치를 연구하여 끝까지 따지고 파고들어 궁극에 도달함을 이르는 말이고, 양명학에서는 사물에 의지가 있다고 보아 그에 의하여 마

목에 3강령이 포함되고 격물, 즉 사물의 이치를 구명(究明)하는 것이 그 첫걸음이라고 하였다. 이것이 평천하의 궁극 목적과 연결된다는 것이 대학의 논리이다.[152]

(2) 절제

절제(節制)는 정도를 넘지 않도록 알맞게 조절하여 제한함이다. 인간은 무의식적으로 본능에 충실해지려는 경향이 있다. 욕망은 잘 활용하면 인간이 발전적인 삶을 살게 하는 중요한 에너지원으로 작용하지만, 이것이 과다하면 자신은 물론 타인까지 모두 불행으로 이끄는 무서운 파괴력을 가지고 있다. 그러므로 절제하지 못하면 사회적인 공격대상이 되거나 자신을 망치게 할 수 있다. 인간의 삶은 언제든지 넘치고 부족해서 좋은 것은 많지 않다. 정도를 넘지 않도록 조절하여 절제하면 모두를 이롭게 한다.

인본주의를 옹호하는 심리학자인 매슬로(Maslow)는 욕구체계이론(need hierarchy theory)에서 인간은 삶의 의미와 만족을 주는 일련의 선천적 욕구들에 의해서 동기화된다. 인간은 한 가지 욕구를 충족하게 되면, 다른 욕구의 만족을 요구하기 때문에 오랫동안 만족상태에 있는 것이 거의 불가능하며, 항상 결핍상태에 빠지게 된다. 그러므로 인간은 특정한 욕구가 어느 정도 충족되면 다른 욕구를 충족하기 위해 노력하게 된다고 하였다.[153]

성공하는 리더라면 권위를 내려놓고 감정을 절제하는 능력이 필요하다. 코넬대학의 케네스 블랜차드(Kenneth Blanchard) 교수는 저서인 ≪칭찬은 고래도 춤추게 한다(Whale Done!: The Power of Positive Relationships)≫에서 일을 맡기고 어떻게 하나 팔짱을 끼고 지켜보다가 그동안 발견한 실수와 허점을 지적하는 관리 방식을 '뒤통수치기'라고 정의한다. 진정한 리더로 성공하려면 뒤통수치기 방식을 버려야 한다. 업무수행 과정에서 팀원과 함께 고민하면서도 자율성을 해치지 않고 책임감을 공유하되 적절한 임파워먼트(empowerment, 권한 위임)를 해주는 고도의 절제 기술이 필요하다.

부정회계 사건으로 사라진 엔론이나 월드콤의 경우에서 볼 수 있듯이 절제하지 못하는 리더는 개인뿐만 아니라 회사와 구성원들에게 돌이킬 수 없는 상처를 안겨 준다. "리더 혼자 힘

음을 바로잡음을 이르는 말이다. 치지(致知)는 사물의 도리를 깨닫는 경지에 이름을 뜻한다. 격물치지(格物致知)는 실제 사물의 이치를 연구하여 지식을 완전하게 함이다.
　성의(誠意)는 정성스러운 뜻, 정심(正心)은 마음을 올바르게 가짐 또는 그 마음, 성의정심(誠意正心)은 뜻을 성실(誠實)히 하고, 마음을 바르게 가짐을 말한다. 수신(修身)은 악을 물리치고 선을 북돋아서 마음과 행실을 바르게 닦아 수양함, 제가(齊家)는 집안을 잘 다스려 바로잡음, 치국(治國)은 나라를 다스림, 평천하(平天下)는 천하를 평정함이다. 수신제가치국평천하(修身齊家治國平天下)는 심신(心身)을 닦고 집안을 정제(整齊)한 다음 나라를 다스리고 천하(天下)를 평정(平定)함을 뜻한다.

152) doopedia 두산백과.
153) 박병량(2003), ≪학급경영≫, 학지사, p.160.

으로 좋은 기업을 위대한 기업으로 만들 수는 없지만, 어떤 리더라도 혼자 회사를 망하게 할 수는 있다"는 짐 콜린스(Jim Collins)의 말이 그대로 들어맞는 경우라 하겠다. 미국 실리콘밸리154)의 경영자문 기업인 테이블 그룹(The Table Group)을 운영하는 패트릭 렌시오니(Patrick M. Lencioni) 회장은 최고 경영자(CEO)가 빠지기 쉬운 5가지 유혹의 하나로 회사의 실적보다 자신의 이름을 드러내는 데 집착하는 것을 지적한다. 최고 경영자가 소위 '이름병'에 걸리면 그 기업은 반짝할 순 있어도 결국 성공하기 어렵다는 것이다.155)

(3) 성찰

성찰(省察)은 자기의 마음을 반성하여 살핌이다. 인간은 완벽하지 않다. 자신은 옳다고 생각하고 하는 행동이 때로는 자신은 물론 타인까지 위태롭게 할 수 있다. 그러므로 자신이 올바르게 살고 행동하는지 끊임없이 성찰해야 한다. 지도자가 자신을 견제할 수 있는 가장 좋은 방법은 자기 성찰이다.

7. 이타성 원소

1) 배려

배려(配慮)는 관심을 두고 이리저리 마음을 씀, 염려해 줌이다. 사랑은 여러 가지 의미가 있다. 이 가운데 배려와 연관이 되는 사랑은 아끼고 위하는 따뜻한 마음, 동정하여 친절히 대하고 너그럽게 베푸는 마음, 육정적·감각적이 아닌 동정·긍휼(矜恤)·구원·행복의 실현을 지향하는 정념을 뜻한다. 배려의 바탕은 사랑과 인156)이다. 나의 작은 불편과 손해를 감수하는

---

154) 실리콘밸리(Silicon Valley)는 고도의 반도체 소자업체가 밀집해 있는 미국 샌프란시스코만 남쪽의 산타클라라(Santa Clara) 지구의 속칭.

155) 강진구(2008), "인격적 리더가 뜨고 있다", ≪LG Business Insight≫, LG경제연구원, pp.44~46.

156) 인(仁)은 남을 사랑하고 어질게 행동하는 일. 공자가 주장한 유교의 도덕 또는 정치이념. 윤리적인 모든 덕(德)의 기초로 이것을 확산시켜 실천하면 이상적인 상태에 도달할 수 있다고 하였다. 공자가 처음으로 강조한 '효제(孝悌)는 인의 근본이다'라는 혈연적인 가족 결합의 윤리를 중시하여 거기에서 찾을 수 있는 자연스러운 애정을 전개하는 것이었다. 인(仁)은 본래 등에 짐을 진 사람을 의미하였다. 따라서 인이란 '남을 사랑하는 것'이라 하여 사랑을 바탕으로 삼은 조화된 정감(情感)에 따른 덕이며 그것을 가까운 혈연에서 비롯하여 멀리 미치게 함으로써 사회적·국가적 평화를 얻을 수 있다고 하였다. 맹자(孟子)는 그것을 본래 누구나가 가지고 있는 '남의 불행을 좌시하지 못하는 동정심'의 발전으로 받아들여 그것을 완성하여 정치에 미

희생정신으로 주위에 있는 힘들고 어려운 사람들에게 편익을 제공하는 마음은 배려에서 생긴다. 배려가 있어야 노약자와 병자, 무능력자 등 스스로 자활하지 못하는 사람들도 더불어 살아갈 수 있고, 동료 간에도 훈훈한 정이 생긴다.

민주주의 근본이념은 인간의 존엄성 실현이다. 인간의 존엄성이 실현되려면 인간이라는 사실만으로 존중받아야 한다. 그럼 존중은 누가 해주는 것인가? 동시대에 함께 사는 사람들이다. 이렇게 근원을 찾아 거슬러 올라가면, 결국 인간의 존엄성은 서로 배려하는 데서 나오게 된다는 것을 알 수 있다. 이타적이며 상호 호혜로써 이루어지는 것이다. 호혜(互惠)는 서로 도와 편익을 주고받는 일, 이타(利他)는 자기를 희생하면서 남에게 이익을 주는 일, 다른 사람의 복리를 원하는 일, 불교에서는 사람들에게 공덕과 이익을 베풀어 주며 중생을 구제하는 일을 뜻한다.

이렇게 이타적이고 호혜하려는 마음을 가지면 사람을 죽이지 않고, 때리지 않고, 욕하지 않고, 괴롭히지 않고, 소홀히 하지 않고, 비웃지 않고, 속이지 않고, 해치지 않는다. 모든 정의, 법과 윤리와 도덕에서 말하는 것들이 거의 다 인간의 존엄성 실현을 위한 것이다. 인간 존엄성이 배려에서 나온다. 그것이 중요한 이유는 '나'라는 존재가 존중받고 싶으니, 남 또한 그렇게 함으로써 나도 존중받고자 하는 것이다. 그러므로 리더로서 가장 먼저 주목해야 할 인격적 덕목은 '배려'이다.

배려는 한마디로 역지사지(易地思之)의 마음이며 상대에 대한 존중이다. '철의 여인'으로 불렸던 영국의 마거릿 대처(Margaret Thatcher) 전 총리가 아르헨티나와의 포클랜드 전쟁에서 승리한 후 가장 먼저 한 일은 250여 명의 전사자 가족에게 편지를 쓰는 것이었다고 한다. 여름 휴가도 반납하고 밤을 새워가며 전사자 한 사람 한 사람의 이름을 쓰고 어머니의 마음으로 또는 부인이나 누나의 마음으로 눈물을 흘려가며 한 통씩 진심을 담아 편지를 썼다고 한다. 대처가 국가적 위기를 극복하고 국민의 신뢰를 받는 리더가 될 수 있었던 원동력은 인쇄된 편지에 서명만 해도 충분하다는 참모의 권유도 뿌리친 진실한 마음의 배려였다.

제너럴일렉트릭(GE)[157]의 잭 웰치(Jack Welch)는 퇴임을 앞두고 가진 한 대담(interview)에

치는 왕도론(王道論)을 말하였다. 이처럼 인의 덕은 원래 정의적(情意的)이어서 주관적인 성격이 강했으므로 뒤에 이지적(理智的)인 면을 보충하는 것으로서 의(義)·예(禮)·지(智)·신(信) 등의 덕목이 추가되어 오상(五常)의 덕이 되었다. 그러나 그 경우에도 인은 넓은 뜻으로는 그것들을 포섭하는 최고의 덕으로 삼고, 좁은 뜻으로는 애정으로서의 성격을 강화하면서 넓은 뜻에서는 유교 윤리의 모두를 포괄하는 왕좌에 앉았다. 한대(漢代)부터 시작한 이 사상은 그대로 후세까지 유지되지만, 주자학(朱子學)은 또 형이상학적인 해석을 가하였다. 즉 '인은 성(性)이며 사랑은 정(情)이다'라고 현실적인 애정과는 구별하여, 정을 낳게 하는 본성(本性)으로서의 고차적(高次的)인 입장에서 고찰하여 '인이란 사랑을 실현하기 위한 이(理)다'라고 하였다. 인은 여기에서 이념적인 성격을 강화해서 체계적인 유교 윤리철학의 근본원리가 되었다.

157) 제너럴일렉트릭(GE, General Electric Company)은 미국의 인프라(항공, 운송, 의료, 기업솔루션, 에너지, 석유와 가스, 수 처리), 금융서비스(기업 및 소비금융), 미디어(NBC유니버설), 조명 및 가전 기업. 1878년 발

서 "회사에서 요구하는 역량을 못 갖춘 직원을 해고한다는 이유로 사람들은 내가 잔인하다고 말합니다. 그러나 나는 회사와 가치관이 다른 직원들에게 빨리 본인에게 맞는 회사를 찾거나 능력을 개발하도록 알려주는 것이 훨씬 중요하다고 생각합니다. 크게 문제없다는 이유로 그 냥 적당히 지내도록 하다가 중년이 훨씬 넘어가서 더는 쓸모가 없다고 해고하는 것이야말로 가장 잔인한 짓입니다"라고 말했다. 무자비한 구조조정으로 '중성자탄'이라는 별명까지 얻었 던 웰치였지만, 깊이 들여다보면 인간의 가치에 대한 진정한 이해와 존중에 바탕을 둔 배려가 있었던 것이다.158)

2) 나눔

나눔은 자신이 가진 것을 다른 사람에게 제공하는 것이다. 나눔에는 조언자(mentor)의 지식 전달과 같은 정신적인 것, 의식주에 소요되는 물건이나 자원 등 물질적인 것, 후견인(後見人) 과 같이 마음과 물질을 함께 지원하는 것 등이 있다. 자기가 가진 것을 나누려는 마음을 가진 사람이 많은 사회는 인정이 넘치고 훈훈하다. 어느 사회에나 약자와 상대적인 무능력자는 있 기 마련이다. 이런 사람들도 극한의 어려움을 겪지 않고 더불어 사는 온정 있는 사회가 되기 위해서는 강자와 능력자가 자신이 가진 것을 나누어 주는 나눔과 보살핌이 필요하다.

3) 자원봉사

봉사에는 공무원과 같이 급료나 대가를 받고 하는 유료봉사와 자원봉사와 같이 값, 요금, 급료가 필요 없는 무료봉사가 있다. 봉사(奉仕)는 국가 사회 또는 남을 위해 헌신적으로 일함, 자원(自願)은 어떤 일을 자기 스스로 원함, 자원봉사는 자기 스스로 원해 무료로 노동을 제공 하여 국가사회 또는 남을 위해 헌신적으로 일하는 것을 말한다. 노동(勞動)은 몸을 움직여 일 을 함이다. 특히 늙고 병든 사람 등 무능력자들에게는 견실한 자원봉사자가 필요하다. 사람은 자신이 상대적으로 많은 것을 가졌다는 것, 능력자라는 것을 확인하면 자부심을 품고 뿌듯함 을 느낀다. 실제 많은 자원봉사자가 노동을 통하여 뿌듯함을 느낀다고 한다. 봉사는 이처럼

명가 토머스 A. 에디슨(Thomas A. Edison)이 설립한 전기조명회사를 모태로 한다. 1892년 에디슨 종합전 기회사와 톰슨 휴스톤전기회사가 합병하여 제너럴일렉트릭(GE)이 탄생했다.
158) 강진구(2008), "인격적 리더가 뜨고 있다", ≪LG Business Insight≫, LG경제연구원, p.44~46.

타인을 위한 일이기도 하지만 자신을 위한 일이기도 하다.

4) 헌신

헌신(獻身)은 몸을 바쳐 있는 힘을 다함이다. 전체의 안전을 확보하기 위해 누군가의 희생을 요구하는 위기에 당면했을 때 헌신하는 사람이 있어야 한다. 군인이 죽음의 위험을 무릅쓰고 전장에 나서 적과 맞서는 것은 단순하게 명령 때문에 그렇게 하는 것이 아니다. 후방에 있는 국민과 가족의 안전을 나의 희생으로 지킬 수 있다는 생각을 하기 때문이다. 오늘도 일터에 나가 열심히 일하는 사람들도 마찬가지이다. 힘든 일도 많지만 자기 삶의 터전이 되는 국가와 직장, 가정, 가족을 위해 헌신하며 모든 것을 감내한다.

5) 친절과 존중

친절(親切)은 매우 정답고 고분고분함 또는 그런 태도를 뜻한다. 친절은 표정이나 몸짓, 행동, 대화 등 여러 가지로 나타낼 수 있다. 인사도 그중 하나이다. 인사는 상대방에게 마음속으로부터 우러나오는 존경심과 친절을 나타내는 형식이며 인간관계를 원활하게 하는 중요한 예절이다. 존중(尊重)은 높이고 중히 여김이다. 인간에게 있어 가장 참기 어려운 것은 배고픔이나 추위 같은 고통이 아니다. 육체적인 고통은 비교적 잘 참아낸다. 그러나 정신적인 고통, 그 중에서도 무시는 가장 잘 참지 못한다. 무시(無視)는 사물의 존재 의의나 가치를 알아주지 아니함, 사람을 깔보거나 업신여김이다.159)

사람은 누구나 고유한 가치를 갖고 있다. 자신의 존재 가치를 사회에서 인정받지 못했을 때는 좌절하고, 소중한 존재라는 것을 느꼈을 때는 행복해한다. 자신이 존중받을 수 있는 가장 좋은 방법은 다른 사람을 존중하는 것이다. 설득(persuasion)은 어떤 정보의 전달을 통하여 태도를 의식적으로 변화시키려는 과정이다.160) 신뢰와 진실이 그 바탕이 되어야 한다. 상호존중을 통한 원만한 대화 속에 신뢰와 진실이 심금을 울릴 때 상대를 움직이게 할 수 있다. 모든 인간관계 문제의 열쇠가 되는 것은 '상호존중'이다. 상호 존중하는 체제에서 일은 그것을 행

---

159) 이진호(2011), ≪현명한 부모의 자녀교육≫, 이담북스, p.85.
160) 홍성렬(2004), ≪사회심리학≫, 시그마프레스, p.343.

할 필요가 있기 때문에 행해지고 설득과 만족은 일을 함께하는 둘 또는 그 이상 사람들의 조화로부터 나온다.[161]

6) 상호 만족 추구

만족(滿足)은 마음에 흡족(洽足)함 또는 흡족하게 생각함이다. 타고난 고운 심성으로 세상을 살아가면서 대가 없이 자기를 희생하며 남에게 이익을 주고 다른 사람의 복리를 원하는 일을 하는 사람도 많다. 그러나 그것이 일방적으로 끝나서는 오래가기 어렵다. 대개 내가 이타심을 발휘한 것에 대해 상대가 그에 상응하는 것을 되돌려 주지 않더라도 자신이 가진 것을 나눈다는 점에 대해 자부심과 뿌듯함, 행복 등을 느낄 수 있어야 그 일을 되풀이한다. 그러므로 상호 만족은 중요하다. 일할 때도 마찬가지이다. 모두 이타심을 가지고 행동하면서 적절한 상호 교환이 이루어질 때 이상적인 교류 관계가 형성되고 지속한다.

7) 사랑

사랑에는 여러 가지 뜻이 있다. 사랑[162]은 아끼고 위하는 따뜻한 마음, 남녀가 서로 애틋이 그리는 일 또는 그 애인, 동정하여 친절히 대하고 너그럽게 베푸는 마음, 육정적·감각적이 아닌 동정·긍휼(矜恤)·구원·행복의 실현을 지향하는 정념, 열렬히 좋아하는 이성(異性)이다. 인간이 인간답게 살 수 있게 하는 것이 사랑이고, 세상이 아름다운 것은 사랑이 있기 때문이다. 사랑이 있어야 힘겨움과 아픔을 공유하고 서로 위하는 마음과 온정이 생겨 세상을 훈훈

---

161) Rudolf Dreikurs · Pearl Cassel · Eva Dreikurs Ferguson 지음, 최창섭 역(2007), ≪눈물 없는 훈육≫, 원미사, pp.155~175.

162) 사랑(love)은 인간의 근원적인 감정으로 인류에게 보편적이며, 인격적인 교제, 또는 인격 이외의 가치와의 교제를 가능하게 하는 힘. 특히 미움의 대립개념으로 볼 수도 있으나 근원적인 생명 원리로는 그러한 것도 포괄한다. 사랑은 역사적·지리적으로, 또 교제 형태에서 여러 양상을 취한다. 고대 그리스에서의 사랑은 에로스로 불렸는데, 이것은 육체적인 사랑에서 진리에 이르고자 하는 동경·충동을 포함한다. 그리스도교에서의 사랑, 즉 아가페는 인격적 교제(이웃에 대한 사랑)와 신에게 대한 사랑을 강조하며 이것을 최고의 가치로 삼아 자기희생에 의하여 도달하게 된다고 한다. 르네상스에서의 사랑은 또다시 인간 구가(謳歌)의 원동력으로 보았으나 이것은 사랑의 세속화를 의미하는 것으로 보여 공업화가 진척되어 가는 현대는 그 경향을 차차 강조한다. 사랑은 인간의 근원적인 감정이라는 데서 힌두교에서의 카마, 유교에서의 인(仁), 불교에서의 자비 등 모든 문화권에서 보인다. 또한 사랑의 표현방법은 한결같지 않으며 성애(性愛)와 우애·애국심·가족애 등 교제 형태에 따라 다르다. 교제관계가 치우칠 때 이상성애(異常性愛)나 증오에 가까운 편집적(偏執的) 사랑으로 변할 수 있으나, 이것은 이미 사랑이라고는 하지 않는다.

하게 한다. 그래야 노약자와 상대적 무능력도 더불어 살 수 있다. 사랑 속에는 구원, 긍휼, 동정이 있고 친절도 사랑에서 나온다. 가족애, 동료애, 애사심, 애국심 등은 집단이나 사회조직을 이끌어 나가는 데 필요하고 중요한 요소이다. 위기 속에서 나라를 구하고 자신을 희생하는 숭고한 정신도 사랑에서 만들어진다.

구원(救援)은 도와 건져 줌, 인류를 죄악에서 건져 냄, 긍휼(矜恤)은 불쌍히 여김, 가엾게 여겨 도움, 동정(同情)은 남의 어려움을 가엾게 여겨 온정을 베풂, 남의 슬픔·불행 따위를 이해하여 그 사람과 같은 느낌을 가짐, 친절(親切)은 매우 정답고 고분고분함 또는 그런 태도를 말한다. 사랑의 또 다른 모습이 박애와 자비이다. 박애(博愛)는 모든 사람을 차별 없이 사랑함, 자비(慈悲)는 남을 사랑하고 가엾게 여김이다. 모든 사람을 차별 없이 사랑해야 인간 존엄성이 실현될 수 있다. 인간이 세상을 헤쳐 나가고 지탱하는 힘의 바탕이 사랑이다. 좋은 사랑은 좋아함, 상호존중과 상호만족, 배려, 인내, 노력에서 생성된다.

제3절 핵심 요소의 원소 적용과 사고 확장

1. 감성과 감성관리

오늘날 기업 경영에서 감성이 새로운 실마리가 되는 말(key word)이 되고 있다. 난세(亂世)의 경영 환경을 극복하기 위해서는 기업이 이성적 효율성을 추구하는 것만으로는 부족하다. 기업이 이러한 현실을 극복하고 장기적으로 성장하려면 구성원들의 신뢰, 자부심, 재미, 열정 같은 인간적 감성(感性) 에너지가 충만한 조직이 되어야 한다. 한 강연회에서 미래학자 앨빈 토플러(Alvin Toffler)는 '지식정보화 시대로 대표되는 21세기는 지식(knowledge) 못지않게 감성(emotion)을 중시하는 사회이다'라고 강조한 바 있다. 그의 지적처럼 지식사회로 진화할수록, 체계(system)나 제도로 해결할 수 없는 문제들이 더욱 많아진다. 또한 그 대부분이 부드러운 감성의 문제라는 점에 주목할 필요가 있다. 인간관계의 근저에 깔려 있는 감정적 유대감, 애정, 믿음, 신뢰와 같은 감성을 제대로 이해하고 이에 대처하는 것이 그 어느 때보다 중요해지고 있기 때문이다.

그래서인지 감성이라는 키워드가 기업경영 현장에서도 중요한 화두로 부상하고 있다. 예컨대 지나치게 이성적 효율성(efficiency)만을 추구하는 기업보다는 상호존중, 신뢰, 즐거움과 열정 등 부드러운(soft) 감성 에너지가 넘치는 조직, 즉 '일할 맛 나는 직장(great place to work)'이 크게 주목받고 있다. 이러한 조직이 관심을 끌고 있는 이유는 간명하다. 지금 당장은 시장을 선도하고 있지 못한다 할지라도, 긍정적인 감성을 지닌 기업은 그 어떤 기업들보다 위대한 기업으로 성장할 가능성이 크기 때문이다. 따라서 향후 기업들이 조직의 감성 관리에 충실하지 못하면 경쟁력에 영향을 미치는 결함으로 작용할 수 있다.[163]

1) 감성이란

감성은 '어떤 사람이나 특정 상황에 대해서 갖게 되는 정서적 느낌'으로 사람의 이성적 판단과 행동에 중대한 영향을 미치는 요소이다. 이러한 감성은 크게 즐거움, 행복, 희망, 기쁨

---

163) 김현기(2003), "감성 에너지가 높은 회사의 5가지 특징", 《LG주간경제》, LG경제연구원, p.31.

등과 같은 긍정적(positive) 감성과 화남, 우울함, 좌절, 공포감 등 부정적(negative) 감성으로 구분된다. 긍정적 감성을 효과적으로 잘 관리하면 구성원들의 신뢰와 충성심, 몰입, 창의성, 생산성 등에 상당한 도움을 줄 수 있다. 반면에 부정적 감성은 그대로 방치해둘 경우 심각한 문제를 유발하기도 한다.

감정적으로 우울하거나 화가 나 있으면, 정확한 정보처리가 어렵고 업무에 대한 집중력이 떨어져 비합리적 의사결정을 할 가능성이 크다. 또한 부정적 감성은 팀 동료와의 화합이나 고객 대응에서 좋지 않은 영향을 줄 수 있다. 예를 들어 화가 난 상태에서는 고객에 대한 친절한 대응이 이루어질 수 없으며, 팀 동료와 함께 일하는 상황에서도 원활한 협동이 제대로 이루어질 리 없다. 이처럼 어느 특정인의 좋지 않은 감정이 함께 일하는 다른 사람에게까지 전파되는 감정적 전이(emotional contagion) 현상이 나타날 경우, 걱정이나 불안감과 같은 좋지 않은 감정은 개인과 조직의 성과 향상에 걸림돌이 될 수 있다.

구성원에게 희망과 기쁨을 주는 리더가 있는가 하면, 사기와 의욕을 꺾는 리더들도 있다. 즐거움, 기쁨과 같은 긍정적(positive) 감성은 일에 대한 몰입과 생산성 등에 도움을 주지만 화남, 우울함과 같은 부정적(negative) 감성은 개인과 회사 성과에 치명적인 부작용을 줄 수 있다. 이처럼 논리적이고 이성적 측면뿐만 아니라, 구성원들의 정서적 느낌 등과 같은 감정적 요소들은 기업경영에 매우 중요하다.[164]

(1) 부정적 감성 적극적인 관리 필요

이직 의향이나 업무에 대한 몰입에 중대한 영향을 주는 부정적(negative) 감성에 대해서는 더욱 적극적인 관리가 필요하다. 타워스페린(Towers Perrin)이 북미 기업을 대상으로 1,000여 명의 종업원과 300여 명의 인사담당 임원을 대상으로 한 연구 결과를 보면, 약 23%가 일에 대해 좋은 감성을 가지고 있으나, 약 77%는 부정적 감성(52%는 다소 부정적, 25%는 매우 부정적)을 갖고 있었다. 이렇게 감성은 이직 의향에까지 영향을 미치고 있다. 현재 수행업무에 대해 긍정적(positive) 감성을 갖고 있는 사람은 6%만이 이직 의향을 가지고 있지만, 부정적 감성을 갖고 있는 사람은 약 30%가 이직 의향을 가지고 있었다고 한다.[165]

(2) 감성 관리의 중심축은 리더

지금까지는 논리와 이성을 중시하는 경영 풍조가 강했기 때문에, 많은 기업이 상대적으로 감성적 요소들을 소홀히 해왔던 것이 사실이다. 심지어 감성은 비논리적 사고와 비이성적 판

---

164) 최병권(2004), "감성파괴형 리더들에게 경종을 울려라", 《LG주간경제》, LG경제연구원, p.9.
165) 최병권(2004), "감성파괴형 리더들에게 경종을 울려라", 《LG주간경제》, LG경제연구원, pp.9~10.

단을 초래한다고 생각하여 자제되고 피해야 하는 요소로 인식하는 사람들도 있다. 그러나 감성이 개인과 회사의 성과에 중대한 영향을 미치고 있음을 고려할 때, 향후에는 보다 긍정적 감성을 높이는 방안을 모색할 필요가 있다. 이를 위한 요인에는 여러 가지가 있으나, 그 중심축은 구성원들과 가장 밀접하게 일하고 많은 시간을 보내는 리더들이라 할 수 있다.[166]

2) 왜 감성 조직인가

감성 에너지가 높은 조직은 '조직구성원들이 회사에 대한 신뢰, 수행하는 일에 대한 자부심, 함께 일하는 동료와는 재미를 느낄 수 있는, 즉 즐거운 마음으로 열정을 다해 일할 수 있는 회사'를 의미한다. 이러한 조직이야말로 최상의 품질과 서비스로 최고의 생산성을 통해 탁월한 사업성과를 가져올 수 있다. 미국의 한 컨설팅[167] 회사 조사에 따르면 감성으로 충만한 조직으로 알려진 '일할 맛 나는 100대 기업(Fortune 선정)'의 경우, 연간 수익률 면에서 보통 기업보다 평균 10%가량 앞선다고 한다(<그림 3-1> 참조).

그렇다면 이들 기업이 이성적 효율성을 추구해 왔던 기존의 경영방식과 달리 조직 내 인간적 감성의 중요성을 강조하고 있는 이유는 무엇일까? 첫째는 경영환경이 변화하는 속도만큼이나 조직 내부와 외부 이해관계자(stakeholder)들, 즉 고객, 주주와 직원의 가치관 또한 너무

〈그림 3-1〉 '일할 맛 나는 회사 100' 사업성과 비교

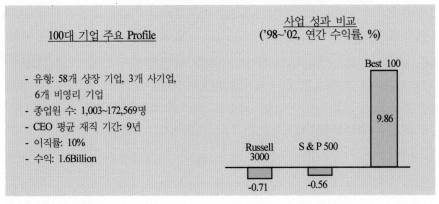

출처: 김현기(2003), "감성 에너지가 높은 회사의 5가지 특징", 《LG주간경제》, LG경제연구원, p.32(Frank Russell Company, 2003 Survey 결과).

---

166) 최병권(2004), "감성파괴형 리더들에게 경종을 울려라", 《LG주간경제》, LG경제연구원, pp.9~10.
167) 컨설팅(consulting)은 전문지식을 가진 사람이 상담ㆍ자문에 응하는 일.

나 빠르고 다양하게 변화하고 있기 때문이다. 따라서 고객의 다양한 가치와 시각을 제품과 서비스에 반영해야 하듯이, 경영진은 구성원들의 다양한 가치관과 시각을 제대로 이해하고 수용할 수 있어야 한다. 이를 통해 구성원들과 밀접한 상호관계를 형성할 수 있다. 그래야만 내부와 외부 이해관계자들의 요구를(needs) 충족시켜 만족감을 느끼게 할 수 있다. 이를 가능하게 하는 것이 바로 경영진과 구성원들 간의 감성적 교감이라 하겠다. 둘째는 불확실성과 위기로 가득한 경영환경에서는 단순히 똑똑한 인재보다는 정신과 육체 모든 면에서 건강한 인재가 기업에 더욱 절실하기 때문이다. 그 어느 때보다 위기나 스트레스(stress)를 잘 관리하고, 타인과 좋은 관계를 맺을 수 있으며, 일에 대해 열정을 갖고 몰입할 수 있는 구성원이 필요한 것이다. 이 또한 구성원들의 감성 에너지가 뒷받침되어 주지 못한다면 빛을 발할 수 없다. 셋째로 감성 에너지는 신뢰로 가득한 조직 분위기뿐만 아니라 신바람 나게 일할 수 있는 강한 조직 문화를 형성하는 토대를 마련해 주기 때문이다. 이를 위해서는 인적자원 및 조직운영 전반에 걸쳐 제도적 뒷받침이 필요하다. 이를 통해 기업은 매력적인 직장의 모습(image)을 창출할 수 있게 되고, 인재의 이직률을 낮추며 그 어느 때보다 우수한 인재를 유인할 수 있게 된다. 또한 시장에서 우월한 전략적 지위를 확보할 수 있다.[168)

3) 감성 파괴형 리더의 특징: 4 I

4 I 는 Intentional Attack(의도적인 공격), Insensitivity(무감각), Inconsistency(불일치), Imbalance(불균형)이다.

◆ 의도적으로 자존심을 꺾는 리더(Intentional Attack)

긍정적 감정을 저해하는 첫 번째 요소는 의도적으로 부하직원의 자존심을 공격하는 리더의 언행이다. 보통 자신의 권위를 세우기 위해서는 구성원의 사고와 행동을 통제해야 한다고 생각하는 리더가 여기에 해당한다. 이들은 부하나 동료를 인격적으로 무시하거나 자존심(자부심)을 흔들어 자신의 권위에 도전하지 못하도록 하는 성향이 있다. 그런데 문제는 구성원의 자존심을 공격하는 것이 가장 훌륭한 동기부여 방법이라고 착각하는 사람도 있다는 점이다. 예를 들어 동료 앞에서 부하직원의 낮은 업무성과나 무능함을 비난하는 경우이다.

이를 통해 주위 사람들의 비난을 받지 않기 위해서는 더욱 열심히 일해야 한다는 경각심을

---

168) 김현기(2003), "감성 에너지가 높은 회사의 5가지 특징", ≪LG주간경제≫, LG경제연구원, pp.31~32.

부하직원에게 심어줄 수 있다고 믿는다. 그러나 이러한 인격적 모독과 공격을 받은 직원은 마음에 깊은 상처를 받게 되고 좌절감을 느끼게 된다. 함께 일하는 동료와 관계가 서먹해지면서 구성원 간의 협력적 행동 역량(teamwork) 발휘도 제대로 되지 않게 된다. 더 열심히 노력하기보다는 일 이외의 다른 활동에 몰두하면서 화를 해소하려 한다. 또한 이러한 리더 밑에 있는 구성원은 괜히 일을 벌이지 않고 조용히 생활하는 것이 자신의 신상에 좋다고 생각하게 된다. 그 결과 불만은 있지만, 말은 하지 않는 '벙어리 조직'이 될 가능성이 크다.

◆ 감성에 무감각한 리더(Insensitivity)

구성원들의 감정이나 심리 상태를 이해하고 배려하지 못하는 리더도 감성 파괴형 리더이다. 일반적으로 상당수의 리더는 자신의 전문지식(예, 재무·정보기술·마케팅 등)을 바탕으로 성과를 내면서 승진하게 된다. 이러다 보니 대부분의 리더는 업무성과 면에서는 탁월하지만, 부하직원을 다루는 사람 관리 기술은 부족한 경향이 많다. 이러한 리더들은 구성원들의 감정을 구성원 스스로 알아서 해결해야 할 문제라고 인식하고 무감각하게 대응하곤 한다. 즉, '개인적인 감정은 사무실 밖에서 털어라'는 식의 사고를 하고 있다.

개인의 희로애락과 같은 감성이 업무성과에 결정적인 영향을 준다는 것은 이미 많은 연구를 통해 밝혀진 사실이다. 하루의 절반 이상을 회사에서 생활하는 직장인들을 고려해 볼 때, 리더는 부하직원의 개인적 감정도 분명히 챙기고 관리해야 한다. 그렇지 않으면 직원들은 의지할 곳을 잃게 되고 리더에게 자신의 괴로움이나 내면의 걱정을 토로하지 못해, 리더와 부하의 관계는 점점 멀어져 형식적인 관계로 전락하고 말 것이다.

◆ 말과 행동이 다른 리더(Inconsistency)

긍정적 감성을 파괴하는 리더의 또 다른 특징은 말과 행동이 일치하지 않는다는 것이다. 평상시에 구성원들에게 하는 말과 실제 행동하는 것이 다를 경우, 구성원은 리더는 물론 조직에 대해서도 신뢰하지 못하게 된다. 이 경우 구성원들은 일할 의욕을 잃고 허무함을 느끼게 된다. 예를 들어 승진이나 임금인상 약속을 지키지 않을 때, 부하직원의 아이디어(idea)를 가져가 다른 동료에게 주거나 리더 자신의 아이디어인 것처럼 행동할 때, 해당 부하직원은 배신감과 허탈함을 느끼게 된다. 그 구성원에게 회사에 대한 애착이나 일에 대한 열정을 더는 기대하기 어려워진다. 더 심각한 문제는 리더에게 느끼는 이러한 배신감이 주위 동료에게까지도 확산할 수 있다는 점이다. 믿었던 사람에게서 신뢰를 잃었을 때 주위 동료에 대해서도 혹시나 배신은 당하지 않을까 하는 두려움을 가질 수 있다. 결과적으로 지식 공유나 협력이 원활히 이루어지지 않게 된다.

◆ 지나치게 일, 성과 중심으로 움직이는 리더(Imbalance)

지나치게 일이나 성과 중심으로 관리하고 통제하는 일벌레형 리더가 여기에 해당한다. 부하직원들의 감정을 파악하고 이를 치유해 주는 리더십을 발휘하기보다는 오로지 회사업무 중심으로만 생각하고 행동하는 리더십이다. 이러한 리더들은 업무 중심으로만 팀이나 조직을 이끌어 가려고 노력하기 때문에, 높은 성과 목표를 부여하고 그 결과만 통제하는 경우가 많다. 또는 아주 세세히 부하직원의 일을 관리함으로써 구성원들의 창의성 발휘에 장애가 되거나 구성원들의 일에 대한 열정 혹은 주도성을 빼앗기도 한다. 이러한 리더 밑에 있는 구성원들은 '숨을 쉴 수가 없어', '항상 우리를 감시해'라고 생각하게 되고, 이로 말미암아 스트레스를 받고 짜증이 나게 한다.

이런 상황에서도 리더들은 구성원들의 부정적 감성을 이해하지 못하고 '내가 다 알아서 챙겨 주는데, 왜 불만인가'라고 생각하곤 한다. 2004년 온라인[169] 취업포털 잡링크가 약 2천여 명의 직장인을 대상으로 한 설문 결과를 보면, '업무 부담감과 계속되는 야근'이 직장인 스트레스의 1순위인 것으로 나타났다. 이처럼 너무 일 중심으로 관리할 경우, 구성원들은 회사와 개인적 삶 간에 균형을 잃게 될 수도 있다. 성과 달성을 위해 회사에서만 생활하다 보니 가정에 소홀해지고, 개인적으로는 업무 과부하로 몸과 마음이 피로해지고 황폐해지게 된다.[170]

4) 감성 에너지가 높은 조직의 5가지 특징

감성 에너지가 넘치는 조직은 구성원들이 즐거운 마음과 열정으로 일할 수 있는 회사를 말한다. 감성 에너지가 높은 것으로 알려진 선진 기업들은 어떤 특징들을 갖추고 있는지 다양한 사례를 통해 감성으로 충만한 조직의 5가지 특징을 살펴보면 다음과 같다.

◆ 구성원에 대한 존중과 신뢰

구성원들의 감성 에너지를 높이기 위해서는 회사가 구성원들을 인간적으로 존중하고, 신뢰한다는 느낌을 먼저 줄 수 있어야 한다. 감성 에너지가 넘치는 조직의 첫 번째 특징은 구성원

---

169) 온라인(on-line)은 ① 컴퓨터 시스템 주변 장치들이 중앙처리장치와 직접 연결되어 그것의 통제하에 있는 상태, ② 일반적으로 연결되어 있음, 언제든지 이용 가능함 등의 의미, ③ 단말기가 통신 회선을 통해 주 컴퓨터에 연결되어 동작 중인 상태, ④ 데이터가 발생하는 여러 지점에 단말기나 소형 컴퓨터를 설치하고 이를 중앙의 대형 컴퓨터와 통신 회선으로 연결하여 데이터가 발생하면 곧바로 중앙 컴퓨터에 입력되어 처리되도록 하는 시스템.
170) 최병권(2004), "감성파괴형 리더들에게 경종을 울려라", 《LG주간경제》, LG경제연구원, pp.10~12.

들에 대한 존중과 함께, 경영진과 구성원들 간의 신뢰로 가득한 기업문화를 형성하고 있다는 점이다. 구성원에 대한 존중과 신뢰는 조직구성원들 간의 좋은 관계를 유지할 수 있게 하는 핵심 원동력이다. 이 점에 선진 기업들은 존중과 신뢰의 기업 문화를 단지 선언적인 의미에서가 아니라 조직운영 기구(mechanism) 전반에서 하나의 규범화된 문화로 정착시키고 있다는 것을 확인할 수 있다.

우선 감성이 넘치는 조직은 구성원들이 공개적이고 누구나 쉽게 얘기할 수 있는 건설적 소통(communication) 문화와 경영진의 일관성 있고 믿음직스러운 행동이 뒷받침되고 있다. 예컨대 미국의 컴퓨터 장비업체인 휴렛팩커드(Hewlett-Packard Company, HP)에서는 MBWA[171]란 관행이 정착되어 있다. 이는 수직 계층을 통한 일방적인 보고보다는 경영자가 스스로 현장에서 문제를 인식하고 종업원과 직접 토론한다는 데 의의가 있다. 이때 구성원들이 충분한 권한과 책임을 갖고 일할 수 있도록 배려하는 분위기도 중요하다. 가구전문업체 컨테이너스토어(Container Store)의 경우를 보자. 회사에는 검비(Gumby)라는 명예 호칭이 조직구성원들 사이에서 자연스럽게 사용되고 있다. 여기서 Gumby란 자신의 정규 업무를 제쳐놓고서라도 기꺼이 동료나 고객의 업무를 도울 수 있는 충분한 권한을 갖춘 전형적인 회사의 구성원들을 말한다. 이들은 경영진이 모든 종업원을 인간적으로 대우하며, 신뢰하는 조직분위기가 뒷받침되지 못했다면 나올 수 없었다고 한다.

다음으로는 회사가 진정으로 구성원들을 존중하고 있다는 느낌을 줄 수 있도록, 구성원의 성장과 발전을 위한 투자와 지원을 아끼지 않는 것이다. 예컨대 텍사스 인스트루먼트(Texas Instrument)는 종업원들이 자신의 고용가능성(employ ability)을 높이기 위해 스스로 자신의 경력개발 계획을 설계하는 자기 주도형 경력개발을 지원하고 있는 것으로 유명하다. 회사는 제도를 운영할 때, 특히 유의해야 할 점 가운데 하나로 직속상사의 적극적인 조언을 꼽는다. 또한 회사가 구성원들에게 필요한 정보 및 개발투자 비용을 적극적으로 제공하며, 구성원들이 합의된 목표를 충분히 달성할 수 있도록 모니터링[172]하는 역할을 담당해야 한다고 강조한다.

◆ 일과 회사에 대한 자부심

감성 에너지가 높은 조직은 구성원들이 자신이 수행하는 업무와 내가 몸담고 있는 회사에

---

171) 현장경영 또는 현장방문경영 방식(Management by wandering Around, MBWA)은 의사결정권을 가진 리더(경영층)가 직접 현장을 방문하여 업무수행의 진척도, 중요한 과제 해결을 위한 의사결정을 3현주의(현장에서, 현물을 보고, 현상을 파악하여)에 의하여 빠르게 처리하는 현장경영의 기술이자 경영혁신활동에서 계층 간 의사소통을 원활히 하는 효과적인 방법이다. 이 방법을 통해 조직의 방침이 하부로 자연스럽게 전파되게 되며, 또한 현장의 체질을 강화하는 효과를 거둘 수 있다.
172) 모니터링(monitering)은 방송국·신문사 또는 일반 회사 등의 의뢰로, 방송 내용·기사 또는 제품 따위에 대하여 의견·평을 제출하는 일.

대한 자부심이 높다. 자부심은 일하는 재미를 더해줄 수 있을 뿐만 아니라 회사에 대한 강한 소속감과 주인의식을 고취해 준다. 직원들 자신이 꼭 필요한 존재라고 느낄 때 갖게 되는 감성이다. 자신이 수행한 일의 결과가 보람되고 만족스러울 때, 회사가 자랑스럽다고 느낄 때 비로소 자부심은 고취되는 것이다. 이를 위해서는 경영진의 다각적인 노력이 매우 중요하다. 일과 회사에 대한 자부심과 끈끈한 동료애는 구성원들에게 즐겁게 일할 수 있는 일터와 서로의 성장을 돕는 직장분위기를 창출하는 원동력이 된다.

미국의 커피 전문점으로 세계 40여 개국에 매장을 가지고 있는 스타벅스(Starbucks)의 경우를 보자. 회사는 구성원들에게 자부심을 심어 주기 위해 현장에서 일하는 직원들에게도 의사결정에 참여할 수 있는 충분한 권한을 주고 있다. 회사의 정책이나 전략에 대해서 자유롭게 비판할 수 있는 분위기를 조성해 직원들의 의견에 귀를 기울인다. 한편 전자 계측기 제조업체인 테크트로닉스(Tecktronix)의 경우, 직원들이 정기적으로 회사 내의 다른 작업장뿐만 아니라 고객회사를 방문해서 자신들이 수행한 작업이 어떻게 사용되고 있는지 살펴보게 한다. 이를 통해 구성원들은 자신의 일이 조직에 미치는 영향을 이해하고 그 일에 대한 책임감 이상의 보람을 느끼게 된다고 한다.

◆ '우리는 하나'라는 동료애

감성 에너지가 높은 조직의 특징은 모든 구성원이 마치 가족과 같이 '우리는 하나'라는 공동체 의식을 가지고 강한 팀정신과 끈끈한 동료애를 보인다는 점이다. 직장생활을 하는 모든 구성원은 현실적으로 하루 중 8시간 이상을 동료와 함께 보내게 된다. 생각해 보면 이웃이나 가족보다 더 많은 시간을 함께해야 하는 경우도 많다. 따라서 조직은 함께 일하는 동료 구성원들과 감정적 유대감과 애정을 느낄 수 있도록 제도적 지원뿐만 아니라 조직분위기를 조성할 필요가 있다. 이것이 가능할 때, 동료애가 높아지게 되고 구성원들은 일터에서 즐거움을 찾을 수 있다. 또한 전문적으로 성장하고 발전할 수 있도록 서로 돕게 된다.

예컨대 델타항공(Delta Airlines)은 조직운영에서 가족적 가치(family value)를 중시하는 것으로 유명한데, 회사는 구성원들을 'Delta Family(델타 가족)'라고 부르기를 즐긴다고 한다. 이외에도 선진 기업들의 공통된 특징 중 하나는 단순히 가족이라는 가치를 강조하는 데에 그치지 않고, 구성원들이 서로 보살피고 성장할 수 있도록 도와주는 조직분위기와 환경 창출을 위해 노력한다. 하나의 예로 미국 최대의 온라인 증권회사인 찰스슈왑(Charles Schwab)에서는 동료가 아프거나 급한 일이 있을 때 자신의 휴가를 대신 줄 수 있는 'Time for Giving(휴가 나누기)'이라는 프로그램을 운영하고 있다. 또한 미국의 종합금융회사인 패니메이(Fannie Mae)는 신입사원이 출근하기 전에 미리 함께 일하게 될 구성원들이 선물을 집으로 보내어 입사를 축하해 줌으로써 강한 동료 의식을 심어 준다고 한다. 이러한 일에 회사는 적극적인 지원을 아끼지 않는 것으로 알려져 있다.

◆ 공정한 대우

감성 에너지가 넘치는 조직은 구성원들이 공정한 대우를 받고 있다는 느낌을 갖도록, 경영진이 앞장서 조직 내 공정성 확보를 위해 다양한 노력을 펼치고 있다는 점이다. 불공정한 관행에 대해서는 구성원들이 자신들을 위해 적극적으로 개선 노력을 한다. 구성원들이 부당한 대우를 받고 있다거나 차별 대우 혹은 이용당한다는 느낌을 받을 때 구성원들의 열정을 기대할 수 없다. 이에 대해 반도체 제조업체인 어드밴스트 마이크로 디바이시스(AMD, Advanced Micro Devices)의 창업자 제리 샌더스(Jerry Sanders)는 "기업 조직에서 가장 파괴적인 것이 바로 불공정성이다. 구성원들이 대우가 공정하지 못하다고 느끼면 난폭해지는 경향이 있기 때문이다. 팀워크를 해치고 회사에 대한 애정을 파괴하는 불공정함을 방지하기 위해 경영진은 단지 입으로만 공정한 대우를 주장하지 말고, 스스로 공정성 확보에 앞장서야 한다"라고 지적하면서 공정성의 중요성을 강조한다. 그의 지적처럼 공정한 대우를 강조하는 분위기는 경영진과 관리자가 보상, 복리후생, 승진 및 상사와의 갈등 등에서 구성원들을 공정하게 대하려 진지하게 노력할 때 가능하다.

〈그림 3-2〉 페덱스의 '공정한 대우보장 제도' 운영 프로세스

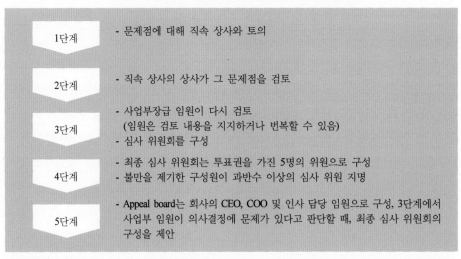

출처: 김현기(2003), "감성 에너지가 높은 회사의 5가지 특징", ≪LG주간경제≫, LG경제연구원, p.34[Robert Levering, A Great Place to Work(2002. 10.), pp.112~113 요약정리].

미국의 우편 및 화물 특별수송 회사 페덱스(FedEx, Federal Corporation)의 경우를 보자. 회사는 '공정한 대우 보장제도(GFT: Guaranteed Fair Treatment)'의 하나로 최고 경영자(CEO)를 중심으로 한 'Appeal Board(고충처리위원회)'라는 위원회를 만들어 모든 구성원이 불공정한 일을 호소할 수 있는 창구를 마련해 놓고 있다. 이 제도는 구성원들이 자신의 관리자와 갈등이 있을 때, 그 관리자의 상사에게 불만을 제기하도록 고안되었던 기존의 'Open Door(문호 개방 또는 상담)' 제도에서 한 단계 발전된 형태라고 한다. 구체적으로 불만처리 과정은 다섯 단계의 절차로 이루어진다(<그림 3-2> 참조). 이때 주요한 특징 가운데 하나는 동료를 비롯해 구성원들의 적극적인 참여가 보장되어 있으며, 최고경영진의 확고한 참여 의지와 열정이 제도 성공의 견인차 역할을 한다는 점이다. 이 제도에 대해 창업자 프레드 스미스(Fred Smith)는 "회사의 구성원들을 하나로 묶는 접착제와 같은 역할을 한다"라고 지적한다.

◆ 감성적 리더십을 발휘하는 경영진

감성 에너지가 넘치는 조직의 완성은 감성리더십을 발휘할 수 있는 리더의 몫이다. 감성 에너지가 높은 조직은 최고 경영자를 비롯해 회사의 경영진이 감성적 리더십을 효과적으로 발휘하고 있다는 점이다. 진정한 리더는 폭넓은 지식과 전문성을 갖추는 것도 중요하나, 구성원들의 헌신과 몰입을 이끌 수 있도록 감성적 리더십으로 무장할 필요가 있다. 여기서 감성적 리더십은 '리더 스스로 자신의 내면을 깊이 있게 성찰하고, 구성원의 감성을 배려함과 동시에 서로가 함께 추구해가야 할 지향점인 공동의 선(善)을 찾아, 자연스럽게 구성원들을 리드할 수 있는 능력'이다.

이 점은 경영 베스트셀러[173]로 많은 사람의 주목을 받은 바 있는 ≪Good to Great(좋은 기업을 넘어 위대한 기업으로: 한국 제목)≫의 저자 짐 콜린스(Jim Collins)가 제시한 'Level(수준) 5 리더'의 모습과도 유사하다. 즉, 단순히 좋은 기업을 탁월한 기업으로 도약시킨 기업들에는 리더십에 대한 일반적인 통념과 달리 공통으로 극도의 겸손함, 전문가적인 강한 신념과 의지를 소유한 리더가 묵묵히 버티고 있었다는 것이다. 예컨대 위생상품을 제조하는 킴벌리 클라크(Kimberly Clark)의 다윈 스미스(Darwin E. Smith)나 면도 용품 생산회사 질레트(Gillette)의 골먼 모커(Golman M. Mocker)와 같은 최고 경영자(CEO)가 전형적인 모습이다.

이들의 행동 특성을 자세히 들여다보면 첫째는 상대가 저절로 느끼게 되는 겸손함으로 절대 과장하는 법이 없다. 둘째는 고요한 가운데 침착하게 결정하고 이를 행동으로 옮긴다. 셋째는 야망을 갖되 자신의 성공이 아닌 회사를 위한다. 넷째는 잘못된 결과에 대해 창문 밖을 보는 것이 아니라 거울을 보면서 그 책임을 자신에게 두려 하고, 결코 타인이나 외부 요인 또

---

173) 베스트셀러(best seller)는 어떤 기간에 가장 많이 팔린 물건. 인기 상품.

는 악운에 대해 불평하려 하지 않는다. 다섯째는 회사가 성공을 거두게 되면 그 공로를 타인, 외부 요인 또는 행운이라 말하는 여유를 지니고 있다. 바로 진정한 리더가 갖추어야 할 겸손함과 실력 그리고 강한 의지로 자신을 철저히 다스리고 타인을 충분히 이해하고 배려할 줄 아는 감성적 리더십의 소유자이다.[174]

5) 감성 관리자로서 리더십 발휘가 필요

구성원들의 긍정적 감성 함양을 위해서는 구성원들과 항상 곁에 있으면서 생활하는 상사들이 감성관리자(emotion handler) 역할을 수행해야 한다. 구성원들의 감성적 웰빙(well-being)[175]에 대해 진심으로 관심을 두고, 그들이 갖고 있는 우울함이나 어려움 등 심리 상태를 정확히 파악하면서 적기에 대처하는 노력을 기울여야 한다(<표 3-1> 참조). '마음이 깨지면 머리가 작동하지 않는다'는 말이 있다. 구성원의 이러한 감성적 문제를 제때 해결해 주지 않으면, 조직 분위기가 침체하고 업무성과가 저하되기 때문에 리더들은 부하의 감성적 문제에 관심을 기울여야 한다. 구성원들이 상처받고 아픈 마음을 극복하고 빨리 균형을 회복하여 열정적으로 일할 수 있도록 유도하는 리더십이 필요하다.

<표 3-1> 구성원 스트레스 원인 파악 위한 점검 사항

◆ 일에 대한 몰입도	◆ 회사 내에서의 행동
• 크고 작은 실수가 많고, 사고를 내는 경우도 있다. • 마감이 지나도 업무의 결과가 나오지 않는다. • 업무상 보고나 상담이 전혀 없다. • 많은 업무량이 아닌데도 잔업, 휴일 근무가 증가하고 있다. • 일의 능률이 나빠진다.	• 지각, 조퇴, 결근이 많다. 특히 월요일에 많다. • 부자연스러운 언행이나 기교한 행동이 눈에 띈다. • 외모가 예전에 비해 불결하거나, 단정하지 못하다. • 항상 무엇인가 골똘히 생각하고 있는 것 같다. • 표정에 활기가 없고 안색이 나쁘다 • 담배나 커피의 양이 증가하고 있는 것 같다. • 회사에 와도 자리에 가만히 앉아 있지 않는다.
◆ 동료와의 관계	• 직장 등 주변의 것에 무관심하다. • 말이 답답하고 끝맺음이 없다.
• 잡담을 하지 않고, 대화에 참여하지 않는다. • 회식에 나타나지 않는다. • 거만한 태도를 보여 상대방을 불쾌하게 만든다. • 타인의 눈을 극단적으로 의식한다. • 겁먹은 모습을 하고 목소리도 작다. • 화를 잘 낸다.	• '누군가 나를 함정에 빠트리려고 한다' 등과 같은 피해 망상적 생각이 강하다. • '나는 이제 끝이다' 등과 같은 비관적 말을 자주 한다. • '모두 내 잘못이다' 등과 같이 필요 이상으로 자신을 책망한다.

출처: 최병권(2004), "감성파괴형 리더들에게 경종을 울려라", ≪LG주간경제≫, LG경제연구원, p.10[週刊ダイヤモンド 2002. 5. 18.].

---

174) 김현기(2003), "감성 에너지가 높은 회사의 5가지 특징", ≪LG주간경제≫, LG경제연구원, pp.32~35.
175) 웰빙(well-being)은 심신의 안녕과 행복을 추구함. 육체적 · 정신적 건강의 조화를 통해 행복하고 아름다운 삶을 추구하는 삶의 유형이나 문화를 통틀어 일컫는 개념.

이를 위해서는 첫째는 구성원의 고충을 진지하게 들어주는 경청의 자세를 가져야 한다. 예를 들어 불만이나 고통을 겪고 있는 부하직원이 찾아오면, 단순히 많은 말을 하기보다는 의자를 끌어다 준다든지, 그 사람의 눈을 바라보며 듣고 고개를 끄덕여 주는 것만으로도 리더가 자신의 이야기를 듣고 이해하려고 노력하고 있다고 생각할 수 있다. 둘째는 대화 도중에 구성원에 대한 리더의 감정을 적극적으로 드러내야 한다. 좋아하는 감정, 신뢰하는 감정, 존중한다는 감정 등 자신의 따뜻한 마음을 구성원들에게 보여 줘야 상호 감성적 교감을 형성할 수 있다. 셋째는 숨을 쉴 공간(breathing room)과 시간을 주어야 한다. 지나치게 높은 성과나 마감일 준수를 요구하기보다는 다소 평범한 일을 부여하거나 휴가를 줌으로써 구성원들이 잠시 여유를 갖고 자기 생활의 균형을 회복할 기회를 주는 것이다.

크래프트 푸드(Kraft Food)는 구성원들이 점심이나 차를 마시면서 책을 읽거나 휴식을 취하는 Kraft Flex Program(KFP)이라는 제도를 실행하고 있다. 이는 독서를 통한 자기 계발을 가능케 함은 물론 업무상 스트레스(stress)를 줄여 줌으로써 생산성을 높이는 효과를 거두고 있다.[176]

6) 감성을 소중히 여기는 경영철학

경영진은 기업경영에서 최종적인 성과도 중요하지만, 그 성과 달성의 기본 요체인 '사람이 먼저'라는 경영철학을 가지고 있어야 한다. 일류 기업들의 경영철학들을 보면, 감성을 강조하는 문구를 종종 볼 수 있는데, 이는 구성원들이 회사에서 느끼는 감성에서부터 세심하게 배려하고 있음을 보여 주는 것이라 할 수 있다(<표 3-2> 참조). 가족 같은 문화 조성에 앞장서고 있는 사우스웨스트항공(Southwest Airlines)의 최고 경영자(CEO)인 허브 켈러허(Herb Kellerher) 회장은 '직원의 근심거리가 생겼을 때는 즉각적으로 도와줘라'라고 말하면서 구성원들의 감성관리를 강조한 바 있다. 또한 사장이자 최고업무진행책임자(COO, Chief Operating Officer)인 콜린 바레트(Colleen Barrett)는 이혼 또는 자녀양육 관련 소송에 얽혀 있던 직원을 자신의 돈으로 즉시 지원하였다고 한다.

---

176) 최병권(2004), "감성파괴형 리더들에게 경종을 울려라", ≪LG주간경제≫, LG경제연구원, pp.12~13.

<표 3-2> 감성을 강조하는 일류 기업들의 경영 철학

기업	경영 철학(일부 발췌)
DHL	성취욕, 열정, 팀웍에 대해 보상하는 조직을 추구한다. (An environment that reward achievement, enthusiasm and team spirit)
Federal Express	상호 도움을 주고 예의를 갖춘다. (We will be helpful, courteous, to each other)
Ford UK	구성원들이 서로 신뢰하고 존엄성 있게 대우한다. (We must treat each other with trust and respect)
Honda	일을 즐기고 활기찬 업무 환경을 만든다. (Enjoy your work, and always brighten your working atmosphere)
Sun Life	프로의식, 성실성, 즐거움이 넘치는 조직을 만든다. (Creating environment of professionalism, integrity and fun)

출처: 최병권(2004), "감성파괴형 리더들에게 경종을 울려라", ≪LG주간경제≫, LG경제연구원. p.13.

오늘날 직원들의 감성을 자극하여 기업문화에 활기를 불어넣으려는 기업들이 증가하고 있다. 식당, 찜질방 등 야외에서 경영진과 넥타이(necktie)를 풀고 허심탄회하게 대화할 수 있는 시간을 갖거나, 매달 1회씩 영화나 뮤지컬(musical)을 감상하는 날을 제정하거나, 가족과의 여행을 지원하는 등이 그것이다. 그러나 이러한 제도가 형식에 그쳐서는 곤란하다. 리더들은 머리가 아닌 가슴으로 현장 구성원들에게 다가가, 그들이 느끼는 감성을 함께 체험하고 챙겨 주는 리더십을 실천하는 자세를 먼저 견지해야 할 것이다.[177]

2. 학습 없이 임파워먼트 없다

임파워먼트는 인적 자원을 경쟁 우위의 중심축에 두는 일종의 경영철학이다. 그 성공의 핵심은 구성원들이 새로운 지식과 능력을 끊임없이 배양할 수 있도록 하는 학습 토양을 구축해 주는 데 있다. 이를 위해서 기업은 제2의 교육기관이자 학습의 장이어야 한다. 많은 기업이 임파워먼트(empowerment)를 중요한 혁신 과제의 하나로 설정하고 있으며, 이를 위해 다각적인 노력을 전개하고 있다. 작게는 과거 관리자들이 가지고 있던 권한과 책임 일부를 현업 실무자에게 위양하는 것을 비롯하여 크게는 자율경영팀제, 소사장제 등과 같이 아예 조직 운영 방식 자체를 근본적으로 현장 중심으로 바꾸는 움직임들이 그 예라 할 수 있다.[178]

---

177) 최병권(2004), "감성파괴형 리더들에게 경종을 울려라", ≪LG주간경제≫, LG경제연구원, p.13.
178) 이춘근(1996), "학습 없이 임파워먼트 없다", ≪LG주간경제≫, LG경제연구원, p.43.

1) 임파워먼트는 인간 중심의 경영철학

기업들이 임파워먼트를 제대로 실현하기 위해서는 우선 그에 대한 정확한 개념 이해가 필요하다. 흔히 권한 책임의 위양이라는 의미로 임파워먼트가 이해되고 있는데, 이는 매우 단편적인 시각이라 할 수 있다. 권한·책임의 위양은 임파워먼트를 위한 하나의 수단에 불과하다. 따라서 권한과 책임을 현장으로 위양한다고 해서 임파워먼트가 제대로 이루어지는 것은 아니다. 예를 들어 부모가 자녀에게 일정액의 돈을 주면서 필요한 참고서를 사서 열심히 공부하라고 한다면, 그것은 권한·책임의 위양에 해당한다고 할 수 있다.

반면에 단순히 책값을 주는 것에 머물지 않고, 자녀 스스로 알아서 공부할 수 있도록 독립적인 생활자세와 학습능력을 키워줄 수 있는 집안 분위기를 조성하면서, 믿고 맡기는 경우가 바로 임파워먼트라고 할 수 있다. 임파워먼트의 본질은 조직구성원 개개인을 가장 중요한 경쟁 우위의 원천으로 보고 그들의 아이디어, 잠재 능력을 최대한 발휘할 수 있도록 하는 것에 있다(<표 3-3> 참조). 한마디로 인적 자원의 힘(human power)을 기업 경쟁력의 중심축에 두는 인간 존중의 경영철학이라 할 수 있다.[179]

<표 3-3> 임파워먼트의 본질

- 구성원들을 단순한 기술적인 도구가 아닌 경쟁 우위의 근본 원천으로 봄.
- 구성원들의 잠재능력, 열의를 최대한 이끌어낼 수 있도록 업무를 구조화함.
- 모든 업무의 수행/관리상에 구성원들이 의견을 개진할 기회를 부여함.
- 과거 경영자, 감독자, 전문 직원(staff)들이 전담해 왔던 문제해결이나 의사결정 과정에 일선 실무자들이 참여할 수 있도록 함.
- 구성원들은 기회가 주어진다면 높은 수준의 책임 의식과 열의를 발휘할 수 있으며, 그렇게 되기를 바라는 것으로 기대함.
- 구성원들로 하여금 기존의 체계(system), 업무 수행 방식을 끊임없이 개선해 나가도록 자극하고 지원함.
- 임파워먼트를 단순한 혁신의 도구가 아닌, 구성원에 대한 신뢰와 공개적, 긍정적 사고를 기반으로 한 총체적 경영 철학으로 인식함.

출처: 이춘근(1996), "학습 없이 임파워먼트 없다", ≪LG주간경제≫, LG경제연구원, p.44.

---

179) 이춘근(1996), "학습 없이 임파워먼트 없다", ≪LG주간경제≫, LG경제연구원, p.43.

2) 구성원 능력 배양이 핵심

임파워먼트를 중요한 경영원칙으로 두고 있는 모토로라(Motorola Inc.)의 한 관리자는 "앞으로는 조직구성원들의 창의성과 잠재능력을 최대한 이끌어낼 수 있는 기업만이 성공할 것입니다. 구성원들의 창조적 에너지를 발산시키기 위한 하나의 수단이 바로 임파워먼트입니다"라고 말했다. 임파워먼트의 본질을 잘 표현해 주고 있다. 여기에는 인간은 무한한 잠재 에너지를 가지고 있으며, 그 에너지는 본인이 하고자 하는 열정이 있을 때 발휘된다는 가정이 깔려 있다. '포장마차라도 내 것이라면 열심히 한다'라는 말이 있듯이, '내 것이다'라는 일에 대한 주인의식(ownership)이 있을 때 사람은 정열을 바치게 된다는 것이다.

일에 대한 주인의식을 심어 주기 위해서는 책임지고 알아서 처리할 수 있도록 하는 업무 환경을 조성해 주어야 한다. 이를 위해서는 조직관리상 여러 가지 변화가 필요하다. 예를 들면 계층 구조를 대폭 축소하면서 일에 대한 의사결정 권한을 일선 현장에 위양한다든가 성과를 낸 만큼 그에 상응하는 적절한 인정과 보상이 주어지도록 급여 체계(system)를 바꾼다든가 하는 것이다. 그러나 무엇보다도 중요한 요인은 구성원들의 능력을 키워 주는 것이다. 아무리 많은 권한과 새로운 일을 주어도 그것을 수행할 수 있는 실력이 없으면 무용지물이다. 따라서 구성원들의 능력을 키워 주고, 배움이 가능한 조직 여건을 구축하는 것이 가장 중요한 임파워먼트의 성공요건이라 할 수 있다.[180]

3) 다양한 학습 기회 부여

구성원들이 능력을 배양하기 위해서는 조직 내부와 외부에서 새로운 지식을 지속적으로 습득하고, 응용할 수 있는 다양한 학습(learning) 수단들이 구축되어야 한다. 그 주요한 수단들로는 강사를 초빙하여 특정 주제에 대하여 이론적인 내용을 전달하는 집합식 강의(lecture), 전문기술/경영이론에 관한 책을 통하여 학습하는 독서(reading) 활동을 비롯하여 구성원들 간의 집단 토론(group discussion), 실습(practice by doing), 본인이 강사가 되어 직접 타인을 가르치는 교습(teaching others) 등이 있다.

제반 학습 수단들은 조직구성원들이 기본적으로 새로운 지식이나 정보를 습득하고, 체화하여 업무활동에 응용할 기회를 제공한다는 점에서 목적은 같으나 학습의 효과 면에서는 차이

---

180) 이춘근(1996), "학습 없이 임파워먼트 없다", 《LG주간경제》, LG경제연구원, pp.43~44.

가 있다. <표 3-4>에서 보듯이 토의, 실습, 남을 가르치는 교습적 방법이 상대적으로 학습 효과가 높은 편이다. 가장 효과적인 학습수단은 구성원으로 하여금, 타인을 가르치게 하는 교습적인 방법이다. 남을 가르친다는 자세로 학습하면 그 고민의 강도와 노력이 달라지는 것이다. 예를 들어 현업 부서에서 업무혁신 사례나 구성원 간의 토의결과를 정리하여 다른 사원들에게 발표하거나 강의하게 하는 경우이다. 반면 외부강사를 초빙하여 몇 시간 동안 사원들을 모아 놓고 이론적인 내용을 전달하는 집합식 강의는 상대적으로 학습 효과가 낮은 방법이라 할 수 있다.

일반적인 기업들은 일정 장소에 사원들을 모아 놓고 외부 강사에게 강의를 듣는 집합식 강의는 비교적 활성화되어 있으나 구성원 간의 경험이나 정보, 아이디어를 공유할 수 있는 토의, 특정 주제를 놓고 이론적인 내용을 실제로 적용해 볼 수 있는 실습적인 학습 기회는 그리 많지 않다. 그러나 선진 기업들은 다양한 학습방법들이 적용되고 있으며, 그중에서도 구성원 간의 심층토의, 발표와 강의, 실습 등과 같은 동적인 학습방법이 더 많이 활용되고 있다. 특히 임파워먼트를 경영원리로 삼고 있는 선진 기업들은 구성원들의 학습활동을 위해 많은 투자를 하고 있으며 다양한 학습 방법을 적용하고 있다.

모토로라사는 임파워먼트의 원리 아래에서 많은 공장을 자율경영팀(empowered team/self-directed work team) 체제로 운영했다. 이 중 미국 버펄로 교외에 있는 엘마(Elma) 공장은 자율경영팀제를 도입하면서 계층구조를 과거 6단계에서 4단계로 축소하고, 권한 책임을 대폭 현장팀으로 위양하였다. 이에 따라 기존 관리자들은 지시와 감독 기능이 대폭 줄어들고 현장에 대한 교육, 기술

〈표 3-4〉 주요 학습 수단 및 그 효과

수 단	기본 개념	학습 효과	
강 의	-내부 또는 외부 전문가가 특정 주제를 놓고, 이론적인 지식을 전달하는 일반적인 방법	5%	낮음
독 서	-전문 서적, 간행물 등을 통하여 지식을 습득하는 방법	10%	
시청각 교육	-비디오, 슬라이드 등 영상 매체를 통하여 지식을 습득하는 방법	20%	
시범/실연	-현장 방문, 역할 연기 등을 통하여 지식을 습득하는 방법	30%	
집단 토의	-구성원간 아이디어 미팅, 심층 토의 등을 통하여 지식을 공유하고 습득하는 방법	50%	
실 습	-이론적인 내용의 직접적 실험, 현장 실습을 통하여 지식을 습득하는 방법	75%	
교습/활용	-타인을 직접 가르치거나 배운 것을 실제 업무에 활용함으로써 지식을 습득하는 방법	90%	높음

출처: 이춘근(1996). "학습 없이 임파워먼트 없다". ≪LG주간경제≫. LG경제연구원. p.45(National Training Laboratories. 일부 수정 인용).

(skill) 지원, 연구·사업 등의 계획(project) 성격의 업무수행 등 지도원(coach)과 촉진자로서의 역할이 강화되었다. 또한 팀원들에게는 현장작업 외에 과거 관리자나 감독자들이 담당하였던 사무관리 업무나 문제해결 활동 등과 같은 새로운 업무가 부여되었다.

작업자들의 주요 수행업무 분야를 보면, 생산설비의 공정작업 외에도 생산계획 및 작업 시간계획 작성, 팀 예산 수립, 작업자 교육 및 결원보충 등 팀 활동과 관련한 현장관리 업무를 담당한다. 또한 사이클 타임,[181] 불량률, 노무비 등 각종 성과요인 관련 자료의 작성 및 분석, 성과 개선을 위한 문제해결 활동을 수행한다. 더하여 고객 및 공급자와 직접 접촉하여 생산제품에 대한 고객 요구(needs)를 파악하고, 부품의 품질과 납기 문제의 해결 활동도 한다.

이처럼 임파워먼트와 더불어 현장작업자들이 과거와는 달리 매우 다양한 역할을 수행하고, 경영에 참여하는 기회도 많이 얻게 되었다. 이는 조직 내 작업자 역할의 근본적인 변화를 의미하는 것이었다. 과거 피라미드식 전통적 조직 아래에서는 작업자들이 단순 반복적 현장 업무를 담당하는 육체적 노무자(physical worker)였다면, 자율경영팀 도입 이후 임파워먼트적 경영 체제하에서는 생각하고 머리를 쓰는 지식 근로자(knowledge worker)로서의 역할이 중시되고 있다. 현장 작업자들이 단순 노무자가 아닌 지식근로자로서 역할을 제대로 수행하기 위해서는, 그에 필요한 지식과 능력을 키워줄 수 있는 학습의 기회가 충분히 제공되어야 한다. 이를 위한 모토로라사의 주요 지원 체계(system)를 보면, 우선 교육 훈련에 대한 적극적인 투자를 들 수 있다.

1990년대 중반 모토로라사가 실시한 주요 교육훈련 내용으로는 통계적 공정관리, 전자공학 등 기술적 기량뿐만 아니라 노무비, 불량률 계산 등 성과평가 기량, 코칭, 효과적 회의(meeting) 방법, 갈등관리 등 팀 빌딩(team building)[182] 기량과 같이 관리 업무 및 대인관계 관련 기량(skill) 교육도 병행하여 팀원들의 다능력화(multi-skilling)를 도모했다. 한편 교육을 담당하는 강사진은 3인의 풀 타임(full time)[183] 사내 강사, 팀 리더, 외부 전문가들로 구성되어 있었는데, 이 중 팀 리더를 강사로 활용하는 것에는 회사의 교육 예산 부담도 줄이고, 직접 남을 가르침으로써 리더 자신이 배울 수 있는 학습 기회를 제공하기 위한 목적이 있었다.

이러한 교육훈련과 더불어 조직 내에 구성원들이 가지고 있는 지식과 아이디어를 공유하

---

181) 사이클 타임(cycle time)은 컴퓨터의 주기억장치에 데이터를 기록하거나 데이터를 판독한 직후에는 그 판독이나 기록을 계속할 수 없고 일정 시간 간격을 두어야 한다. 이 시간 간격의 최솟값을 사이클 타임이라 한다. 사이클 타임이 작은 주기억장치일수록 고속이라 할 수가 있으며 오늘날 이용되고 있는 주기억장치의 사이클 타임은 수십에서 수백 나노초 정도이다. 주기억장치에서의 판독, 다시 써넣기에 걸리는 시간, 같은 일을 다시 일하는 데 걸리는 시간이나 반복 주기를 말한다.
182) 팀 빌딩(team building)은 조직개발 기법의 하나. 팀의 목표설정, 구성원의 책임 명확화, 성원 간의 커뮤니케이션 개선 등에 의해 그룹의 일체화와 작업효율 향상을 꾀하는 것.
183) 풀타임(full time)은 정해진 하루 근무시간 내내 일하는 방식 또는 그런 일.

고, 문제해결 기량을 배양할 수 있는 여러 가지 학습 방안들이 적용되었는데, 그 대표적인 예가 품질 운영 체계 평가회(quality operating system review)라는 것이었다. 이는 품질, 사이클 타임과 관련한 문제 및 해결 방안에 대해 심층토의하는 공장 내 일종의 워크숍(workshop: 연구회)으로서 6주에 한 번씩 개최했다.

그 운영방식은 다음과 같다. 먼저 각 현장작업반(team)은 담당하고 있는 생산 제품의 품질, 사이클 타임과 관련하여 특정 주제를 설정하고 그에 대한 현상의 문제점과 개선방안을 현장작업반 자체적으로 연구한다. 그 주제는 공급자의 부품 불량, 작업설비의 문제, 공정의 불합리, 고객의 불편사항 등 제반사항 중 현장작업반이 중요도를 고려하여 자율적으로 설정한다. 다음으로 그 연구(project) 추진 결과를 작업자 또는 팀장 한 사람이 팀을 대표하여 공장 내 지원 직원(staff), 팀 리더, 팀원, 고객, 공급자들이 참여한 공동 모임(meeting)에서 발표한다. 팀의 발표가 끝나면 참석자들이 질의응답 형식으로 전원이 토의하여, 그 내용을 상호 공유한다. 토론 후에는 고객만족이나 생산성 제고 측면에서 개선 효과가 기대되는 우수 주제들을 선정하여, 모토로라 전사 차원에서 개최되는 TCS(Total Customer Satisfaction: 총체적 고객 만족) 경진 대회에 나가 발표하도록 했다.

이 같은 제도를 운영하는 기본 목적은 구성원들이 가지고 있는 아이디어나 지식을 적극적으로 이끌어 내고, 이를 상호 공유하게 함으로써 구성원들이 새로운 지식과 경험을 습득할 수 있는 학습 기회를 제공하는 것에 있었다. 현장작업반 구성원들이 담당하고 있는 제품 분야에 대한 개선의 주제를 발굴하고, 그에 대한 해결 대안을 연구하게 함으로써 과학적 분석 능력과 문제해결 기량을 배양하도록 했다. 또한 그 결과를 타인 앞에서 발표하고, 상호 토론을 하게 함으로써 작업자 개인의 소통 기량 배양과 타인이 가지고 있는 경험과 지식을 습득하고 공유할 수 있는 학습 기회를 제공하는 것이었다.

이러한 사상은 모토로라사 한 관리자의 다음과 같은 말에 잘 나타나 있다. "어떤 사람들은 품질 운영 시스템 평가회(QOS)와 같은 제도는 시간 낭비가 많고, 현장에 너무 부담되는 것이라고 한다. 그러나 그것은 전체 사원들이 가지고 있는 아이디어를 공유하고, 고객과 공급자가 만날 중요한 기회를 제공하는 학습의 장이다. 우리의 궁극적 목적인 총체적 고객만족을 높이기 위해서는 힘들더라도 그러한 회의들이 지속적으로 개최되어야 하며, 그럴 수 있도록 적극적인 지원을 해나가야 한다."[184]

---

184) 이춘근(1996), "학습 없이 임파워먼트 없다", 《LG주간경제》, LG경제연구원, pp.44~47.

4) 투자를 하겠다는 마음이 중요

지금까지 언급한 논의의 요점(point)은 임파워먼트의 본질은 '사람을 통한 생산성 향상'에 있으며, 그 성공적 실행을 위해서는 구성원들의 능력과 실력을 키워줄 수 있는 학습의 기회가 제공되어야 한다는 데 있다. 조직 학습은 당장 눈앞에 있는 일상적인 업무 처리나 성과에만 매달려서는 제대로 이루어질 수 없다. 좀 더 멀리 보고, 미래 지향적인 안목이 없으면 구성원들의 학습 활동은 침체할 수밖에 없다. 때로는 비용(cost)이 들더라도 미래의 성과를 위해 과감히 투자하는 경영자들의 의지와 리더십이 필요하다.

예를 들어 생산 현장의 경우, 교육훈련 실시를 어렵게 하는 장애 요인이 많다. 우선 생산 목표수량이 많은 시기에는 교육 시간의 확보가 어렵다. 또한 별도의 시간을 마련하여 교육훈련을 할 때 근무시간 연장에 따른 현장사원들의 불만이 있을 수 있고, 시간 외 근무수당 등 그에 따른 임금을 주어야 하는 문제가 발생할 수 있다. 이러한 상황에서 만일 비용 증대를 염려하고, 단기성과에 집착한다면 실질적으로 교육이 제대로 이루어질 수 없다. 진정으로 교육 훈련을 중시한다면, 정규 근무시간 외에 별도 시간을 할애하고 그에 따른 시간 외 근무수당을 주면서라도 교육훈련을 할 정도의 의지와 투자를 하겠다는 마음(mind)이 있어야 한다.

코닝(Corning Incorporated) 어윈 공장도 임파워먼트 차원에서 현장 자율경영팀 체제를 성공적으로 도입하여 생산 주기(cycle time) 감소, 재고비용 감소, 불량률 감소 등 대폭의 생산성 증대 효과를 보았다. 또한 결근율 감소, 안전사고 감소 등 질적인 측면의 성과도 대폭 개선되었다. 그러나 이와는 반대로 인건비, 특히 시간 외 근무(over time) 증가에 따른 비용은 오히려 다소 더 늘어났다. 그 이유는 정규 근무시간 외에 실시하는 현장 사원들에 대한 교육훈련이 대폭으로 증대되었기 때문이었다. 교육훈련을 근무의 연장으로 보고, 필요할 때 그에 따른 시간 외 근무수당도 지급하고 있는 것이다. 1996년 코닝사 어윈 공장의 연간 교육훈련 예산은 약 500,000달러였으며, 전체 종업원들이 근무시간의 약 20% 정도에 해당하는 평균적으로 1주당 1일 정도를 교육훈련 시간으로 할애했다. 경영자의 적극적인 투자를 하겠다는 마음 없이는 교육훈련 등과 같은 구성원들의 능력 배양을 위한 학습활동이 실질적으로 이루어지기 어렵다는 것을 잘 보여 주는 사례라 하겠다.

기업 간 경쟁 우위는 그 기업이 가지고 있는 인적 자원의 힘에 좌우된다. 구성원이 최고인 기업이 초우량 기업이다. 인재는 하루아침에 키워지지 않는다. 외부에서 쉽게 조달하기도 어렵다. 진정 필요한 인적 자원을 충분히 확보하기 위해서는 내부에서 키워낼 수 있어야 한다. 이를 위해 기업은 제2의 교육기관이자 학습의 장이 되어야 한다. 구성원들이 자사 사업과 관련한 새로운 지식과 기술(skill)을 끊임없이 습득, 발휘할 수 있는 학습의 토양을 마련하고, 먼

미래를 보고 적극적으로 투자하는 기업만이 진정 최고를 지향할 자격이 있다. 임파워먼트의 본질과 그 성공 핵심도 바로 여기에 있다.[185]

3. 동기와 동기부여

지도자가 리더십을 발휘하는 데 있어 동기와 동기부여가 관심 대상이 되는 이유는 무엇인가? 그것은 스스로 행동하고 노력하게 하는 자발성을 이끌어 내는 것과 연관이 있다. 즉, 동기와 동기부여가 자발성을 끌어내는 핵심이기 때문이다. 자발(自發)은 스스로 나아가 행함을 말하므로 자발에는 강제가 배제된다. 동기와 동기부여를 통해 잠자고 있는 자아의식을 깨우고 스스로 노력하고 능력을 개발하여 역량을 강화하고 협력하는 협동심 발휘를 통해 목표를 달성하도록 하는 데 있다.

리더십을 일회성 목표달성이나 특수성이 반영된 목표달성으로 볼 것이냐 아니면 단기적인 목표의 단계적 달성을 통해 궁극적으로 추구하는 바의 목표를 달성하는 장기적인 목표달성 관점에서 볼 것이냐에 따라 그 개념이 크게 달라진다. 이제까지 정립된 리더십 개념은 주로 특수성이 반영된 특정한 문제해결이나 목표달성을 중심으로 정립된 내용이 적지 않았다. 하지만 장기적인 관점에서 보면 상황은 많이 달라져야 한다. 목표는 원래 일상적인 행동과 노력으로 인간이 달성하기 어려운 것이 그 대상이 된다. 그런데 하나의 목표를 달성하고 나면 대부분 지난번보다 상위단계의 목표를 설정하게 된다. 이러한 목표 달성이 일정기간 이루어지면 어느 순간 크게 발전한 자신의 모습을 느낀다.

장기적인 관점에서 추진되는 일련의 목표달성은 구성원의 단합된 힘만으로는 한계가 있다. 구성원의 충원이나 조직 확장, 장비와 설비 보강이 필요한 일도 있지만 새로운 생각, 지식과 경험을 통한 사고의 확장과 자신감 확보, 능력개발이 필수적이다. 그러나 인간은 복잡한 감성적 요소를 갖고 있어 환경과 여건이 좋고 여러 가지가 잘 갖추어져 있다고 하여 항상 좋은 결과를 내고 열심히 노력하는 것도 아니다. 구성원이 노력하고 행동하고 좋은 결과를 내도록 하기 위해서는 가장 우선적으로 요구되는 것이 자아의식을 깨우는 일이다. 자아의식을 가진 구성원은 조직 목표달성을 위해 누구보다 열심히 일한다. 그것은 조직을 위한 것이기도 하지만 자신이 주인이 되어 일하는 자신을 위한 일이기 때문이다.

자아(自我)는 철학에서 나, 곧 의식자가 다른 의식자 및 대상으로부터 자신을 구별하는 자

---

185) 이춘근(1996), "학습 없이 임파워먼트 없다", 《LG주간경제》, LG경제연구원, pp.47~48.

칭, 심리학에서는 자기 자신에 관한 각 개인의 의식 또는 관념을 말한다. 의식(意識)은 역사적·사회적으로 규정되는 사상·감정·이론·견해 등을 일컫는 말, 심적 생활을 다른 것과 구별하는 특징이다. 자아의식(自我意識)은 자의식(自意識)이라고 한다. 자의식(自意識)은 자기 자신에 관한 의식이다. 자기 자신이 다른 것과 구별되는 특별한 존재라는 것을 인식하면 사람들은 자기 존재가치의 소중함을 깨닫고 자아존중감을 갖게 된다.

자아존중감을 갖는다는 것은 자기를 높이고 소중히 여기는 마음을 갖게 된다는 뜻이다. 내가 가치 있는 존재이고 소중하다는 것을 깨닫고 자신을 높여야 하겠다는 마음을 가지게 되면, 자연히 문제점을 개선하고 능력을 개발하고 더욱 가치 있는 사람이 되기 위해 노력한다. 이러한 행동은 일회성이나 한시적으로 끝나는 것이 아니라 자신이 생존하는 동안 지속적으로 자발적인 행동을 하도록 하는 추동력으로 작용한다. 동기부여는 구성원의 자아의식을 깨우는 일과 직결된다.

1) 동기의 개념

동기(motivation)는 행동의 추진력, 목표를 향해서 행동하게 하는 힘이다. 즉, 일정한 목표를 향해 행동을 지속시켜 나가는 내적 상태의 힘이라고 할 수 있다.[186] 동기에는 내적 동기와 외적 동기가 있다. 내적 동기(intrinsic motivation)는 활동을 하면서 스스로 보람을 느끼기 때문에 어떤 일 그 자체를 위해 하는 것, 외적 동기(extrinsic motivation)는 행위의 외부에 존재하는 보상이나 처벌 때문에 어떤 행위를 하는 것이다.[187]

동기의 정의에는 여러 가지가 있다. 동기는 인간으로 하여금 행동을 유발하는 그 무엇이다. 행동을 시작하고, 일단 시작된 행동을 지속하게 하는 내적인 심리상태를 말한다. 인간의 모든 행동은 이 동기 때문에 시작되고 지속한다. 쉽게 말하면 "나는 하고 싶다"라는 의욕의 불꽃이 바로 동기이다.[188] 동기화는 동기가 발생한 상태이다. 동기유발로 사용되는 동기화는 구성원에게 동기를 부여하는 과정을 의미한다. 동기유발은 구성원이 일에 흥미를 갖고 적극적으로 참여하여 열심히 하면 동기가 유발되었다고 한다.[189] 동기부여(動機賦與)는 사람이나 동물에게 특정한 자극을 주어 행동을 하게 하는 일을 말한다.

186) 박병량(2003), ≪학급경영≫, 학지사, p.242.
187) 심리학 용어사전.
188) 최영(1999), "소아청소년에게 동기 부여하기." 최영정신과의원 학습증진센터.
189) 박병량(2003), ≪학급경영≫, 학지사, p.242.

어떤 주어진 행동을 보상함으로써 그 행동이 일어날 가능성을 증가시키는 것, 이것이 모든 조건화의 기초이다.190) 그렇다고 구성원의 행동에 대해 매번 보상을 해주면서 그 에너지를 지속시켜 나가기는 어렵다. 행동을 보상해 주는 것이 항상 그 행동을 계속하게 하는 것도 아니다. 스스로 하고 싶어서 하는 행동들은 대개 내재적으로 동기화된 것이다. 그리고 그 일이 그에게 흥분과 긴장 같은 기쁨이나 해야 하는 당위를 가져다주는 행동들이다. 하지만 내재적으로 동기화된 행동에 보상을 주면 동기가 외재적으로 변하고 그래서 보상이 역효과를 보이는 것이다. 선행과 도움 행동에 대한 보상행동은 행동의 원인을 외재화하기 때문에 아주 위험한 발상이다. 그러므로 상은 흔한 격려의 수단이기도 하지만 때로는 부작용도 조심해야 한다.191)

(1) 동기부여 보통 인재로 최고 성과 창출하는 방법

실제로 우수 인재 확보를 통해 성공한 기업도 있지만, 내부 구성원에 대한 효과적인 동기부여를 통해 높은 성장률을 기록하며 업계를 선도(lead)하고 있는 기업들을 종종 볼 수 있다. 이 기업들은 똑똑한 사람을 뽑기 위해 혈안이 되어 있는 경쟁사들과는 달리, 전문 교육제도 실시, 복수경력 개발 장려, 복리후생 강화, 가족적 조직분위기 조성 등을 통해 직원들의 동기부여에 무게중심을 두고 있다는 공통점이 있다.192)

기업에서 인재를 확보하는 일은 중요하다. 그러나 우수한 인재는 그 수가 많지 않은 데다 대우가 좋은 업체에 취업하려는 경향이 있으므로 기업에서 필요한 인재를 확보하고 붙잡아 두기는 쉽지 않다. 따라서 자연히 경영자가 발휘해야 할 리더십 중 하나가 보통의 인재로 최고의 성과를 내는 일이 될 수밖에 없다. 이때 사용할 수 있는 중요한 도구 중 한 가지가 동기다. 동기는 학벌 좋은 사람이 많지 않은 조직에서도 구성원들이 '할 수 있다'는 강한 의지로 무장하고 끊임없는 혁신 노력을 통해 높은 생산성을 유지하는 좋은 도구가 될 수 있기 때문이다.

(2) 성과는 '능력, 열정, 기회'의 함수!

흔히 성과는 능력, 열정 그리고 능력과 열정을 발휘할 기회의 함수라고 한다. 능력 있는 인재를 확보하고 이들이 자신의 능력과 적성에 맞는 업무에서 열정적으로 일할 수 있는 여건을 만들어 주어야, 개인은 물론 기업 전체적으로 성과를 낼 수 있다는 의미이다. 똑똑하고 능력

---

190) 심리학 용어사전.
191) 박천식(1999), ≪재미있는 심리학≫, 원출판사, p.95.
192) 최병권(2004), "동기부여 강화를 위한 3가지 포인트", ≪LG주간경제≫, LG경제연구원, pp.15~16.

있는 사람이 있더라도 이들을 사업 방향에 동참시키고 업무에 전념할 수 있도록 동기를 부여하지 못한다면, 소기의 성과를 얻을 수 없음은 자명한 사실이다.[193]

(3) 동기부여 갈수록 중요해져

국내외 조사기관들은 직장인들의 회사에 대한 충성심과 일에 대한 몰입 수준이 갈수록 낮아지고 있다는 연구 결과를 내놓고 있다. Human Resource Institute사가 170여 명의 인적 자원(HR, Human Resources) 전문가를 대상으로 한 2002년 조사결과에 따르면, 지난 5년간 직장인, 특히 신세대들의 몰입과 충성심이 낮아졌다는 응답이 약 80%에 이르렀다고 한다. 다운사이징,[194] 구조조정,[195] M&A(mergers and acquisitions, 기업의 합병과 매수) 등으로 말미암아 직장 안정성이 저하되고 기업 간 인력 이동이 예전보다 수월해지면서, 회사보다는 자신의 경력이나 전문성에 대한 관심이 상대적으로 높아지고 있기 때문이다. 문제는 앞으로 일과 직장에 대한 구성원들의 몰입이 더욱 중요해질 것이라는 사실이다.

Human Resource Institute사의 조사에 의하면, 경영자들의 94%가 이에 동감하고 있는 것으로 나타났다. 그 주된 원인으로 '지속적 성장(81%)'을 지적하였다고 한다. 즉, 직원들의 회사에 대한 충성심과 일에 대한 몰입을 이끌어 내지 못하면, 질 높은 고객서비스 제공이 어려워져, 지속적인 성장에 제동이 걸릴 수밖에 없다는 의미로 해석할 수 있다. 그러나 동기부여가 단순히 구성원들을 만족하게 하는 것으로 생각해서는 곤란하다. 예컨대 급여 수준이 높으면 회사에 대해 불만을 품는 사람은 거의 없을 것이다. 그러나 급여에 만족하는 사람이 반드시 회사에 충성하고 성과 창출을 위해 열정적으로 일하는 것은 아니다. 단순한 만족 차원을 넘어, 적극적인 몰입을 이끌어 내는 것이 바로 동기부여의 핵심임을 명심할 필요가 있다.[196]

2) 동기의 기능

동기는 크게 세 가지 기능을 한다. 첫째는 목표 지향적 행동을 유발한다. 즉, 목표달성을 위해 특정한 행동을 하도록 행동의 방향을 결정한다. 목마를 때는 밥을 찾지 않고 물을 마시듯이, 다른 행동이 아닌 목마름의 해소라는 목표를 향한 일련의 행동을 하도록 인도한다. 둘째

---

193) 최병권(2004), "동기부여 강화를 위한 3가지 포인트", ≪LG주간경제≫, LG경제연구원, p.16.
194) 다운사이징(downsizing)은 기업의 업무나 조직 규모를 축소하는 일. 대형의 범용 컴퓨터로 구축한 시스템을 소형 컴퓨터 시스템으로 바꾸는 일.
195) 구조조정(構造調整)은 기업이나 산업의 불합리한 구조를 개편하거나 축소하는 일.
196) 최병권(2004), "동기부여 강화를 위한 3가지 포인트", ≪LG주간경제≫, LG경제연구원, pp.15~19.

는 목표 지향적 행동을 지속하게 하는 추진력, 즉 에너지를 제공하는 것이다. 목이 마를 때 물을 발견하지 못하면 지속적으로 물을 찾도록 하며 여러 가지 난관이 있더라도 이를 감내하면서 물을 찾는 행동을 계속하게 하는 기능을 한다. 셋째는 목표 지향적 행동을 조절하는 기능을 한다. 목마른 자가 물을 충분히 마시면 더는 물을 찾지 않듯이, 목표 지향적 행동을 시작하고 지속하며 종결하게 하는 기능을 한다.[197]

3) 동기의 구분

동기는 그 내용이나 발생 원인에 따라 여러 가지 방식으로 구분할 수 있다.

① 생리적 동기

생리적 근거가 분명하고 태어날 때부터 갖추어진 동기로서 모든 인간이 공유하는 동기이다. 이들은 개체와 종족 보존에 기여하고 진화의 과정에서 선택됐으며, 우리의 생물학적 유산을 이룬다. 여기에는 음식, 수분, 산소, 따뜻함, 고통 회피, 자극 추구 등에 대한 개인의 생리적 욕구들 및 번식에 대한 일종의 생물학적 욕구가 포함된다.

② 심리적 욕구

학습의 영향이 뚜렷한 동기이다. 이들은 다른 종들과 공유되지도 않고 모든 개인에게서 발견되지도 않는다. 왜냐하면 개인은 이들 동기를 환경과 상호작용의 과정에서 학습하기 때문이다. 따라서 사람마다 어떤 동기를 획득한 정도가 다르고 또 동기를 만족하게 하는 방법이 다를 수 있다.

③ 선천적 동기

선천적으로 주어지는 선천적 동기를 어떤 사람은 본능이라고 부르기도 한다. 맥두걸(McDougall)과 같은 사회심리학자는 인간의 군집성을 본능이라고 보았다. 마치 개미가 집단을 이루어 살듯이, 인간도 본능적으로 집단생활을 한다는 것이다. 인간은 오랜 진화과정에서 생존전략을 높이는 많은 행동양식을 유전자 속에 간직하여 대대손손 전달해 왔다. 유전자 속에 저장된 행동정보는 뇌 신경구조나 생리적 기제에 영향을 주어 특정한 자극이 주어지면 일

---

197) 권석만(2003), 《젊은이를 위한 인간관계 심리학》, 학지사, p.81.

련의 행동이 의식적 지각 없이 유발하게 된다. 그러나 일반적으로 본능은 특정한 종에만 나타나고 그 행동 양식(pattern)이 구체적으로 정형화되어 있는 선천적 반응성향을 지칭하는데, 인간의 선천적 동기는 매우 다양한 행동으로 융통성 있게 나타나기 때문에 본능과 구분되기도 한다.

④ 후천적 동기

후천적으로 학습된 동기를 말하며 대인동기는 후천적 경험에 의해서 학습된 것들이 많다. 또 선천적인 동기가 후천적 경험에 의해 강화 또는 약화하거나 변형되기도 한다. 특히 부모의 양육태도는 아동의 대인동기에 큰 영향을 미친다. 예를 들어 신생아는 무기력하므로 음식, 안전, 편안함을 위해 부모에게 의존해야만 한다. 이러한 기본적 욕구가 부모에게서 적절히 잘 충족되면, 부모와 욕구 충족의 긍정적 감정이 연합되어 부모와 타인에 대한 긍정적인 대인동기가 학습될 수 있다. 그러나 이런 욕구가 좌절되면 부모와 타인에 대해 회피적이거나 적대적인 대인동기가 형성될 수도 있다.[198]

가정에서 부모의 양육 태도와 마찬가지로 집단이나 사회에서 지도자의 태도도 구성원의 대인동기에 큰 영향을 미친다. 인간은 기본적으로 사회화를 통하여 집단이나 사회에 새로 편입되는 사람에 대해 동화하도록 요구하고 그렇게 되도록 교육한다.

4) 동기의 위계와 발달

다양한 동기는 서로 밀접한 관계를 지니고 있으며 낮은 위계의 하위동기로부터 높은 위계의 상위동기로 발달해 간다. 특히 하위동기가 만족하지 않으면 상위동기로 발달이 이루어지지 않는다. 따라서 상위동기의 충족은 하위동기의 충족을 전제로 이루어진다. 매슬로우(Maslow)는 인간의 동기를 5가지 위계로 구분하고 동기의 위계적 발달이론을 주장하였다. 첫째는 가장 낮은 위계에 있는 것이 생리적 동기로서 음식, 물, 산소에 대한 기본적인 동기를 말한다. 이러한 동기는 개체가 생존하는 데 필요한 기본적인 조건을 공급받기 위한 것으로서 다른 동기에 비해 기본적이며 일차적인 동기이다. 둘째는 안전과 안정의 동기이다. 이러한 동기는 위험으로부터 보호받을 수 있으며 안전하고 편안한 피난처를 갈구하는 욕구를 뜻한다. 또한 안전한 삶을 항상 지속적으로 유지하려는 안정의 욕구도 이에 속한다. 셋째는 소속감과

---

198) 권석만(2003), ≪젊은이를 위한 인간관계 심리학≫, 학지사, pp.81~82.

사랑의 동기이다. 인간은 의미 있고 강한 집단에 소속되고자 하는 욕구를 지닌다. 이런 소속 감의 욕구는 다른 소속원으로부터 사랑과 보호를 받고자 하는 사랑의 동기와 밀접한 관계를 통해 충족될 수 있는 대인동기의 바탕이 된다. 넷째는 자기존중감의 동기로서 자신이 가치 있 는 존재라는 것을 느끼고자 하는 욕구이다. 자기 긍지와 자기만족을 느끼기 위해 자신을 발전 시키려는 욕구이기도 하다. 다섯째는 가장 높은 위계에 있는 자기실현의 동기이다. 이는 자신 이 가지고 있는 잠재능력을 충분히 표현하고 발현하는 욕구이다.[199]

5) 동기과정

동기를 생성하고 행동으로 유도하여 일하는 데 도움이 되도록 하기 위해서는 3단계의 과정 을 거쳐야 한다.

① 행동의 동기(energization of behavior): 동기를 발생시키고 이를 행동으로 작동시키는 과 정이다.

② 행동의 유도(channeling of behavior): 작동된 행동을 개인의 욕구 충족과 조직의 목적달성 을 위한 구체적인 노력으로 유도하는 과정이다.

③ 동기 행동의 강화(reinforcement of motivated behavior): 성과에 대한 인정을 통해 이것이 자신의 경험으로 작용하여 앞으로도 똑같은 만족감을 추구할 수 있는 목적 지향적 동기 행동 이 반복될 수 있도록 이를 강화하는 과정이다.[200]

6) 다양한 대인동기

사회심리학자인 아가일(Argyle)은 사회적 행동을 유발하는 인간의 보편적인 대인동기를 열 거한 바 있다. 그의 주장에 기초하여 인간의 대인동기를 살펴보면 다음과 같다.

① 생물학적 동기

인간은 생존을 위해 영양분을 공급받고 환경의 위협으로부터 안정을 유지하기 위한 여러 가지 생물학적 동기(biological motivation)를 지닌다. 이러한 생물학적 동기에는 먹고 마시고

---

199) 권석만(2003), ≪젊은이를 위한 인간관계 심리학≫, 학지사, pp.83~84.
200) 이성혜 · 최승욱(2000), ≪신조직행동론≫, 청목출판사, p.157.

따뜻함과 안락함을 추구하며 위험으로부터 자신을 보호하는 등 생존을 위한 기본적인 동기가 포함된다. 이러한 생물학적 동기의 충족을 위해서 인간은 타인을 필요로 한다.

② 의존동기

인간은 다른 사람에게 의지하고 보호받으려는 의존적 동기를 지니고 있다. 인간은 태어나는 순간부터 부모의 보살핌을 필요로 하는 의존적인 존재이다. 이러한 의존동기(dependent motivation)는 인간의 생물학적 조건에서 이해할 수 있다. 인간은 가장 무력한 상태로 태어난 동물이다. 혼자서는 도저히 생존할 수 없는 미숙한 상태로 태어난다. 그뿐만 아니라 인간은 독립적인 생활을 하기까지 가장 오랜 양육기간이 있어야 하는 존재이다. 이렇게 미숙한 상태로 태어나는 인간은 출생에서부터 장기간 부모의 보호 아래 양육되어야 한다. 즉, 인간은 태어날 때부터 타인의 보호와 도움이 필요한 의존적인 존재이다.

③ 친애동기

인간은 주변 사람들과 어울리고 친밀해지고자 하는 친애동기(affiliative motivation)를 가지고 있다. 의존동기는 자신보다 강하고 높은 위치에 있는 사람에 대해 의지하려는 대인동기인 반면, 친애동기는 대등한 위치에 있거나 유사한 상황에 부닥친 사람들과 가깝게 지내며 친밀한 관계를 맺고자 하는 동기이다. 즉, 친애동기는 친구나 벗을 얻고자 하는 욕구라고 할 수 있다.

④ 지배동기

인간은 다른 사람에게 자신의 영향력을 행사하고 자신의 뜻대로 움직이고 싶어 한다. 다른 사람이 자신의 뜻에 따라 주고 복종해주기를 원한다. 즉, 인간에게는 다른 사람을 지배하고자 하는 동기가 내재해 있다. 이러한 지배동기(dominant motivation)는 사회적 행동을 유발하는 주요한 대인동기의 하나로 여겨지고 있다. 지배동기는 권력을 추구하는 욕구이다. 타인의 행동과 운명을 조정할 수 있는 능력을 뜻한다. 인간은 인간관계 속에서 이러한 권력의 욕구를 충족시키고자 한다. 군집생활을 하는 동물들은 대부분 위계구조로 되어 있다.

⑤ 성적 동기

다양한 인간관계 중에서, 특히 이성관계에 영향을 미치는 대인동기가 성적 동기(sexual motivation)이다. 성적 동기는 이성에 대한 관심과 호기심을 나타내게 하고 이성에 접근하여 구애행동을 하게 한다. 이러한 성적 동기는 종족보존을 위해 필수적인 생물학적 동기라 할 수 있다. 모든 동물은 성적 동기를 지니며, 특히 성호르몬이 분비되는 발정기나 배란기를 전후하여 이성에게 적극적으로 구애하여 교미한다. 그러나 동물은 이러한 기간이 지나면 이성에 대한 성적 동기가 현격히 감소하는 주기적 양상을 나타낸다. 인간은 동물과 달리 지속적인 성적 동기를 지니게 될 뿐만 아니라 성호르몬 수준보다 외부적인 성적 단서에 의해 더 큰 영향을 받게 된다. 이러한 성적 동기는 인간으로 하여금 이성에 대한 접근행동을 유발하는 주요한 대인동기가 된다.

⑥ 공격동기

인간은 때때로 다른 사람을 해치는 공격 행동을 한다. 인간관계에서 신체적으로든 언어적으로든 상대방에게 상처를 주는 공격 행동이 흔히 일어난다. 집단 내의 따돌림과 같이 때로는 공격 행동이 특별한 이유 없이 행해지는 때도 있다. 이러한 적대적 행동은 공격성에 의해 유발된다. 공격동기(aggressive motivation)는 기본적으로 타인을 해치고 손상하려는 욕구를 의미한다.

공격동기는 개체보존과 종족보존을 위해 적응 기능을 하는 주요한 동기이다. 육식동물은 먹이를 얻기 위해 약한 동물을 공격하고 교미상대를 빼앗기 위해 경쟁자를 공격한다. 때로는 집단 내에서 지배적인 위치를 차지하기 위해 지배자를 공격하고 공격자에 대한 방어로서 공격 행동을 하기도 한다. 인간의 공격성은 기본적으로 동물의 공격성과 유사한 점이 많지만, 훨씬 복잡한 양상을 나타낸다. 인간은 공격 행동을 자제하게 하는 여러 가지 심리적 요인이 있지만, 때로는 더 파괴적인 공격 행동을 하기도 한다. 동물은 일반적으로 배고픔이 해소되면 더는 약한 동물을 공격하지 않으며 같은 종끼리는 상대를 공격하더라도 살상하지 않는다. 그러나 인간은 인간에게 무자비한 공격을 통해 살상하기도 하며 현실적인 필요 이상으로 상대를 공격하기도 한다.

⑦ 자기존중감의 동기

자기존중감의 동기(motivation for self-esteem)는 자기 자신을 가치 있는 존재로 여기고자 하는 욕구를 의미한다. 이러한 자기존중감은 긍정적인 자기평가에 근거하며, 긍정적인 자기평가는 다른 사람과 관계 속에서 그들의 긍정적 반응을 통해 확인되고 행사되는 것이다.

⑧ 자기정체감의 동기

인간은 일관성 있고 명료한 자기상을 가지려는 자기정체감의 동기(motivation for self-identity)를 지닌다. 즉, 자신을 타인과 구분되는 개성 있는 독특한 존재로 파악하고자 하는 욕구를 지닌다. 이러한 자기정체감을 형성하기 위해서는 다른 사람들과 관계 속에서 비교를 통해 자신의 독특성을 확인함으로써 가능한 것이다. 독특한 외모, 의상, 행동을 선호하는 이유도 이러한 동기에서 나오는 것이라고 할 수 있다.[201]

7) 대인동기의 개인차

사람마다 개성과 취향, 재능이 모두 다르다. 어떤 사람은 사람 사귀기를 좋아하지만, 어떤 사람들은 혼자 있는 것이 편하다. 어떤 사람은 강한 사람에게 의지하기를 좋아하지만, 어떤 사람은 다른 사람 위에 군림하기를 원한다. 어떤 사람은 간절히 이성과 사귀고자 하지만, 어떤 사람들은 이성과 사귀는 것을 두려워한다. 이렇듯 인간은 다른 사람에게 접근하고자 하는 동기의 종류가 다르다. 어떤 사람은 많은 희생을 감수하면서 이성과의 관계를 유지하려는 강렬한 동기를 지니지만, 어떤 사람은 이성과의 관계를 쉽게 포기한다. 이렇듯 동일한 동기라 하더라도 그 강도가 사람마다 다르다. 인간의 대인동기는 매우 다양하므로 개인차가 있다. 그래서 사회적 행동을 유발하는 대인동기의 내용과 강도가 사람마다 매우 다르다. 한 개인이 지니는 대인동기의 특성은 그 사람의 성격을 구성하는 중요한 일부가 된다.[202]

8) 동기부여 강화를 위한 요점: 3Rs

기업 경쟁력 확보를 위해서는 우수 인재 확보뿐만 아니라, 구성원들이 회사와 일에 몰입하여 열정적으로 일할 수 있도록 동기부여를 하는 것도 중요하다. 동기부여 효과를 높이기 위해서는 직무 가치의 고도화, 공정한 평가와 보상체제 정립, 육성가적 리더십 발휘 등이 필요하다. 오늘날 세계적인 기업들이 가장 많은 관심을 보이는 경영상의 이슈(issue: 논의의 중심이 되는 문제)를 꼽으라면, 단연 '핵심 인재 확보'일 것이다. 똑똑하고 유능한 사람이 기업 전체의 생사를 결정할 수 있다는 믿음에서이다. 그러나 핵심 인재 확보라는 대세에 밀려 그다지 주목받지 못하고 있는 사실이 하나 있다. 바로 동기부여이다.

그 핵심은 구성원들이 신바람 나게 일하고 열정적으로 일에 매진할 수 있도록 흥을 돋우어 최고의 성과를 창출하도록 유도하는 데 있다. 또한 국내 노동시장 여건상 대다수의 기업이 절실히 뽑고자 하는 인재들은 공급에 한계가 있다. 이러한 현실을 고려해볼 때 우수 인재 확보

---

201) 권석만(2003), "젊은이를 위한 인간관계 심리학", 학지사, pp.84~91.
202) 권석만(2003), "젊은이를 위한 인간관계 심리학", 학지사, p.92.

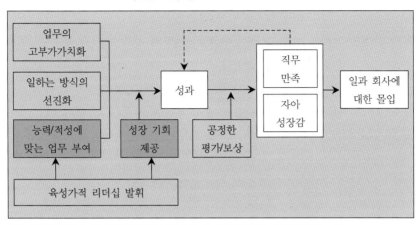

〈그림 3-3〉 동기부여의 선순환 고리

출처: 최병권(2004), "동기부여 강화를 위한 3가지 포인트", ≪LG주간경제≫, LG경제연구원, p.16.

뿐만 아니라 내부 구성원들의 숨어 있는 잠재력을 최대한 이끌어 내어 생산성을 높이는 것 또한 간과해서는 안 된다.[203] 구성원의 동기부여를 강화하기 위해서는 다음 3가지 면에서 체계적인 관리가 필요하다(〈그림 3-3〉 참조). 성장 미래상(vision) 제공 차원에서 수행하는 직무 가치의 제고(Right Job), 성과와 기여도에 대한 공정한 평가 및 합당한 보상(Right Reward), 실력을 키우는 육성가적 리더십(Right Leadership)이 갖춰져야 한다.[204]

(1) 직무 가치의 고도화(Right Job)

담당하고 있는 일을 통해 실력을 키우고 업무에 흥미를 느끼고 몰입할 수 있도록 일의 가치를 높여야 한다. LG경제연구원이 2004년 한국의 직장인을 대상으로 구성원 동기부여에 영향을 주는 요인에 대해 조사한 결과를 보면, 미래의 경력 성장 가능성(19%), 담당하고 있는 일의 가치(16%), 주도적으로 일할 수 있는 업무 환경(16%) 순으로 나타나고 있다. 이는 성장 미래상이나 직무 관련 요인들이 일에 대한 몰입과 동기부여에 더욱 중요하다는 점을 시사한다.

◆ 일의 재미와 성장 미래상 제시

실력 향상을 위한 방법으로 가장 쉽게 생각할 수 있는 것이 교육훈련이다. 물론 전문기술 및 지식을 단기간에 습득할 수 있는 교육 기회도 중요하다. 그러나 근본적으로는 평상시 담당하는 일에서 재미와 성취감을 느끼고, 그 일을 통해 성장하고 있다는 자부심을 갖도록 배려하

---

203) 최병권(2004), "동기부여 강화를 위한 3가지 포인트"(LG주간경제), LG경제연구원, p.15.
204) 최병권(2004), "동기부여 강화를 위한 3가지 포인트"(LG주간경제), LG경제연구원, p.17.

는 노력이 더 중요하다. 구성원들이 이러한 인식을 하고 있어야 일에 대한 몰입과 회사에 대한 애착이 더 높아질 것이다(<그림 3-4> 참조).

현재 몸담고 있는 회사에서 더 배울 것이 없고 자신의 시장 가치를 높일 수 없다고 생각하는 사람은 아마도 다른 기회를 찾아 회사를 떠날 가능성이 크다. 성장 미래상은 금전적 보상보다 더 강력한 동기부여 효과가 있다(<그림 3-5> 참조). 금전적 보상 수준이 낮더라도 장기적으로 현재 조직에서 전문성을 키울 수 있고 경력 목표를 달성할 수 있다고 믿는 구성원은 회사에 오래 머물면서 최선을 다하는 모습을 보이게 된다.

〈그림 3-4〉 직무 만족의 중요성(%)

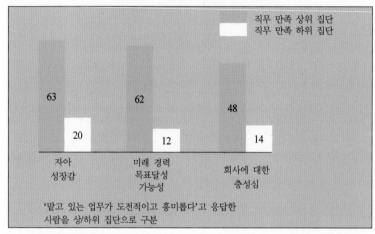

출처: 최병권(2004), "동기부여 강화를 위한 3가지 포인트", 《LG주간경제》, LG경제연구원, p.17(LG경제연구원, 한국 직장인 대상 조사).

〈그림 3-5〉 보상 만족도와 성장 기대감 이직 의향에 미치는 영향

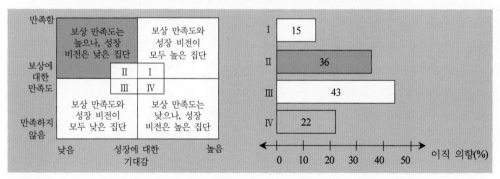

출처: 최병권(2004), "동기부여 강화를 위한 3가지 포인트", 《LG주간경제》, LG경제연구원, p.18(LG경제연구원, 한국 직장인 대상 조사).

◆ 정보 기술 활용을 통한 업무 효율화

직무 가치를 높이기 위해서는 우선, 단순하고 반복적인 행정 업무는 과감히 아웃소싱[205]하고, 평상시 감시 및 보고 성격의 업무 등은 정보기술을 활용하는 등의 방법을 통해 업무 효율화를 기해야 한다. 그러나 상당수 기업은 미래를 준비하고 보다 실질적으로 가치 있는 일을 수행해야 하나, 실제로는 단순히 보고 자료를 만드는 데 많은 시간을 허비하거나 불필요한 보고서 양식 꾸미기와 같이 저부가가치 업무를 수행하고 있는 것이 현실이다. 이 경우 구성원들은 일에 재미를 느끼지 못할 뿐 아니라 일을 통해 성장할 수 있다고도 생각하지 않을 것이다.

◆ 리더의 업무 전문성 제고

보다 근본적으로는 경영진과 관리자들의 현업에 대한 전문성을 제고해야 한다. 단순히 확인하거나 현상 파악을 위해 여러 일을 시키거나 보고서에 의존하여 의사결정을 하는 리더들이 종종 있다. 이는 기본적으로 현장을 제대로 파악하지 못하고 있는 데에 그 주된 이유가 있다. 따라서 불필요한 일을 최소화하고 가치 있는 일 중심으로 업무를 수행하기 위해서는 리더들이 사업에 대한 전문성과 조직 현황에 대해 깊이 파악하는 활동이 선행되어야 한다.[206]

(2) 공정한 평가와 보상(Right Reward)

성과에 대해서는 공정하게 평가하고 그에 합당한 보상을 제공해야 한다. 보상을 통한 동기부여의 핵심은 구성원들에게 '성과를 낸 만큼 보상받을 수 있다'는 기대감을 주는 것이다. 성과를 낸 만큼 합당한 보상을 받을 수 있다는 기대감이 형성되어야 더 높은 성과 창출을 위해 노력하려는 의욕이 꺾이지 않게 된다. 여기서 보상의 절대 금액만이 중요한 것은 아니다. 성과를 많이 낸 사람과 그렇지 않은 사람 간에 차등 보상이 분명히 이루어지는 것 역시 중요하다.

흔히 기업들이 오해하는 것 중 하나가 차별 대우로 말미암아 팀워크[207] 저하나 조직 내 불협화음에 대한 우려 등의 이유로 모든 구성원을 똑같이 대해야 한다는 것이다. 그러나 선진 기업들은 고성과자와 저성과자에 대한 분명한 차등 보상을 통해 강력한 동기부여 효과를 거두는 공통된 특징을 보이고 있다. 그러나 성과주의 경영을 강조하면서도 그 핵심이 되는 차등 보상을 제대로 실행에 옮기지 않는 기업도 많이 있다.

---

205) 아웃소싱(outsourcing)은 기업 내부의 프로젝트나 활동을 기업 외부의 제삼자에게 위탁하여 처리하는 일. 핵심 사업에 주력하고, 부수적인 업무는 외주(外注)에 의존함으로써 경쟁력을 높이고자 하는 목적에서 행함.
206) 최병권(2004), "동기부여 강화를 위한 3가지 포인트", ≪LG주간경제≫, LG경제연구원, pp.17~18.
207) 팀워크(teamwork)는 협동하여 행하는 동작 또는 그들 상호 간의 연대(連帶). 공동 작업. 단체 행동.

성과에 따라 과감한 차등을 하지 못하는 배경에는 여러 가지 이유가 있지만, 내부 사원 간 형평성에 대한 우려가 가장 큰 걸림돌 중 하나다. 모든 사람이 공평하게 나눠 먹는 보상 방식은 그 동기부여 효과를 보지 못한 채, 자원의 낭비로 그칠 가능성이 크다. 또한 모든 사원에게 공통으로 적용되는 획일화되고 특색 없는 보상 방식은 외부 우수 인재 유치면에서도 핸디캡208)으로 작용할 수밖에 없다. 따라서 내부적으로는 높은 성과를 낸 사람에게 파격적인 보상을 하여 스타급 인재를 만들고, 외부적으로는 일한 만큼 보상받는 기업이라고 인식을 할 수 있도록 기업이미지를 강화해야 할 것이다.209)

(3) 육성가적 리더십(Right Leadership)

경영진과 리더들은 구성원들이 실력을 키우는 육성가적 리더십 발휘에 더욱 각별한 관심과 투자를 해야 한다. 아무리 가치 있는 일을 부여하고 공정한 보상 제도를 마련하더라도, 실제 구성원들과 함께 일하는 리더들이 사람을 육성하는 활동을 전개하지 않는다면 그 효과를 발휘할 수 없다. 많은 기업이 인재 육성을 강조하고는 있으나, 단기 업무 처리에 급급하여 장기적 관점에서 사람을 키우는 것이 우선순위에서 밀리는 경우도 종종 볼 수 있다.

리더는 구성원들이 자신의 꿈과 아이디어, 성장 미래상을 달성할 수 있도록 기회를 제공해 주어야 한다. 이는 전기기기 제조업체 제너럴 일렉트릭(GE, General Electric)의 전 회장인 잭 웰치(J. Welch)가 제시하는 리더의 4가지 요건 중 하나인 에너자이즈(Energize)와 맥을 같이 하는 것으로서, 양손에 물과 비료를 가지고 구성원이라는 꽃을 키우고 육성하는 역할이 리더에게는 무엇보다 중요하다는 의미이다. 따라서 일을 통한 실력 배양이 이루어질 수 있도록 구성원의 능력과 적성을 고려하여 적절한 직무를 부여하는 등 인재육성 활동에 더 많은 노력을 기울여야 할 것이다.210)

9) 동기, 항상 바람직한 것인가

인간이 사용하는 모든 도구나 수단은 이용자의 목적에 따라 얼마든지 다른 용도로 활용될 수 있다. 때로는 정반대의 용도로 사용되기도 한다. 동기를 예로 들어 보면 다음과 같다. 동기

---

208) 핸디캡(handicap)은 경기 따위에서 우열(優劣)을 고르게 하고자 우세한 사람에게 지우는 부담. 남보다 불리한 조건.
209) 최병권(2004), "동기부여 강화를 위한 3가지 포인트", 《LG주간경제》, LG경제연구원, pp.18~19.
210) 최병권(2004), "동기부여 강화를 위한 3가지 포인트", 《LG주간경제》, LG경제연구원, p.19.

유발의 보상 내용이 구성원들의 자발성을 이끌어내 목표 달성에 기여하게 할 수도 있다. 하지만 다른 한편으로는 승진과 급료, 장학금 등의 차등 적용이나 보상을 통하여 지도자 개인의 지나친 성과달성 욕구 충족, 권력에 대한 탐욕이나 향유, 입신출세를 위한 충성경쟁 용도로 활용할 수 있다는 것이다. 후자처럼 잘못 사용되거나 이끌어지는 동기는 일시적 성과를 창출하는 데 도움이 될 수 있을지 몰라도 결국은 신뢰를 훼손함으로써 분열과 갈등을 조장하여 집단이나 사회조직의 발전을 저해하는 요소로 작용한다.

예를 들면 한 대학교에 새로 부임한 총장이 세계적인 학교로 발전시키겠다는 청사진을 갖고 여러 가지 학교 개혁에 착수했다. 이 속에는 국제화 지수를 상승시키기 위해 모든 과목, 심지어는 제2외국어와 모국과목까지 영어전담 수업을 진행하라고 요구했다. 그리고 원래는 모든 학생에게 국가 장학금이 지원되었다. 그런데 총장 취임 후 학생들에게 돌아갈 장학금 혜택은 줄이고 학교 규모를 확장하여 학생 수를 늘렸다. 국가 장학금과 학교 운영자금의 지원 방침도 바꿔 학생들의 실력과 성적을 향상해야 한다며 평균 B학점 이하의 점수를 받는 학생은 징벌적 학비를 부담하게 하고 교수들에게도 실적에 따른 지원 체계로 전환했다. 그 결과 학교의 평가는 일부 향상되었다.

징벌적 장학금과 실적에 따른 연구비 지원 체계 전환 이후 학생과 교수들의 불만 목소리는 커졌고, 여러 명의 학생이 학업 부담 등으로 자살하는 일이 빚어졌다. 결국 학교는 비상 학생총회 소집, 긴급 교수회의 개최, 재단 이사회가 회의를 열고 징벌적 학비 부담제도를 폐지하고 모든 학생에게 학비를 지원하는 등 총장이 추진해온 개혁 조치를 대폭 수정하도록 의결했다. 그러면 '부임한 이후 상당한 실적을 올려 국제적인 대학평가 순위를 올린 총장은 리더십을 발휘한 것인가? 아니면 권력과 규정을 이용한 강압적인 행동을 한 것인가? 총장의 채찍과 당근은 과연 교수와 학생들에게 도움이 되었을까?' 등 여러 가지 의문을 갖게 된다.

구성원이 불만을 표출하든 하지 않든 총장이 권한을 이용해 강압적인 정책으로 이루어낸 실적이나 성과도 리더십 발휘 결과에 포함된다는 것은 사실이고 변함이 없다. 그러나 구성원이 구체적으로 문제를 제기하고 불만을 표출한 것은 총장이 발휘한 리더십은 창의성이나 이타주의, 도덕성, 통찰력, 통합력보다는 주로 보상 동기를 활용하고 통제력에 기반을 둔 억압적인 통치로 추진력을 발휘했다는 점이다. 총장의 리더십 발휘 결과에 대한 반응은 잘했다는 쪽과 문제가 있다는 쪽으로 나누어졌다. 총장이 발휘한 리더십은 좋은 것인가? 좋지 않은 것인가? 여기서 우리가 도달할 수 있는 결론은 좋지 않은 리더십이라는 것이다. 총장이 제시한 청사진처럼 실적은 어느 정도 향상되었는지 몰라도 구성원의 공감과 지지를 제대로 받지 못했을 때의 리더십은 좋은 리더십이 아니다. 특히 학생 자살과 총장이 추진한 정책의 연관성이 논란이 되고 학생들과 교수들이 반발했다는 점에서 더욱 그렇다. 어느 조직이나 집단이든 리더십을 발휘하는 과정에는 내부 반발이 있을 수 있다. 하지만 리더십 발휘에는 이 내부 반발을 발전에너지로 순화시키는 일도 포함한다.

총장은 크게 보면 세 가지 잘못을 범했다. 첫째는 문제의 발단으로 총장이 정책목표 달성과 성과를 올리기 위해 보상 동기를 지나치게 활용했고, 그 부작용으로 학생들이 부담을 호소하는 과정에서 자살이 일어났다. 이는 학생들의 역량을 제대로 평가하지 않고 목표달성에 급급해 일방적이고 무리한 발전을 추구했다는 점이다. 즉, 일하는 방법과 절차가 잘못되었다. 둘째는 첫 번째와 두 번째 학생의 자살이 일어나고 학생들의 불만이 구체화하였을 때 그것을 수렴하여 문제를 보완하는 작업을 하는 것이 당연한데도 문제를 수정, 보완할 수 있는 관리 역량을 발휘할 기회를 놓쳤다. 즉, 관리 역량이 부족했다. 셋째는 문제가 발생하고 불만이 고조되는데도 자신의 생각이 옳다며 대수롭지 않게 생각하는 자기중심적인 사고에 빠져 있었다. 결국 스스로 자신의 잘못을 수정하지 못하고 외부 압력에 의해 자신이 추진해온 개혁을 후퇴시킬 수밖에 없었다. 이런 일이 생긴 이유는 좋은 실적을 내기 위해서는 다소 희생이 따를 수밖에 없다는 잘못된 생각과 보상 동기를 실적에 지나치게 활용하는 등 리더십 개념이 부족하여 생긴 일이다.

(1) 차등화 보상 동기와 근원적 동기

차등화 성장을 주장하는 사람들은 차등적 금전 보상을 통하여 일의 동기 제공을 해야 한다고 한다. 업무 실적이 좋으면 월급을 올리거나 진급을 시키고, 나쁘면 급여를 깎거나 심지어는 퇴직을 시키는 당근과 채찍을 들 수 있다는 것이다. 당근과 채찍은 보상 동기 제공이라는 점에는 모두 같은 것으로 볼 수 있다.

여기서는 사람들이 당근과 채찍에 심리적으로 달리 반응하는 자세한 면은 무시하기로 한다. 어떤 경우에는 당근이, 어떤 경우에는 채찍이 더 효과가 있다. 예를 들면 ① 어떤 임무를 수행하면 급여를 올려 주는 당근 제공과 ② 급여를 미리 올려주고, 그 임무를 수행하지 못하면 다시 급여를 회수하는 채찍 정책을 비교할 수 있다. ①과 ②는 결과적으로 아무런 차이가 없다. 그러나 연구에 따르면 ②의 경우가 더 열심히 해서 임무를 달성하려 한다는 결과가 나온다고 한다. 이와 비슷한 예로, 어떤 실험에서 실험 대상들에게 어떤 물건(커피잔)에 대해 얼마나 지급할 용의가 있는지를 물었다. 평균 5달러라고 답변했다고 하자. 그다음 실험에서는 커피잔을 그들에게 주고, 얼마에 그 잔을 팔 용의가 있는지를 물어보았다. 그랬더니 평균 가격이 5달러보다 훨씬 높았다고 한다. 자신이 이미 소유한 것과 앞으로 소유할 것에 대하여 심리적 가치가 다르다는 점을 보여 준다. 이는 잃을지도 모르는 직장을 다니는 사람이 아예 직장을 잃은 사람보다 더 많은 스트레스(stress)[211]를 받는 사실과 연결되어 있을 것이다.

오늘날은 보상 동기가 지배하는 시대라고 볼 수 있다. 특히 현대 경제는 보상 동기에 의해 움직이며, 교육이나 문화 등 사회 전체에 이 보상 동기의 영향이 깊숙이 퍼져 있다. 미래학자 다니엘 핑크(Daniel H. Pink)는 보상 동기에 의문을 던지고, 인간이 갖고 있는 또 다른 동기인 근원적 동기의 중요성을 강조한다.212)

(2) 무엇인가를 하게 하는 동기는 어디서 오는가

제1동기는 음식이나 물에 대한 욕구 또는 성적인 신체적 욕구 같은 것들이다. 제2동기는 보상 동기이다. 어떤 행위에 대한 금전적 보상이나 그 반대인 벌이 주어졌을 때, 보상을 받거나 벌을 회피하기 위한 동기를 말한다. 근원적 동기는 우리의 본능적 욕구의 제1동기나 보상 동기로 말미암은 제2동기와는 다른 우리가 행위 자체로부터 얻는 것으로 제3동기라고 한다. 이 동기는 어떤 보상을 받기 위해서 또는 벌을 피하려고 하는 것이 아니라 그냥 좋아서 하는 상태를 나타낸다. 예를 들면 어떤 사람이 보수와 관계없이 악기를 연주한다거나, 그림을 그린다든가, 수수께끼를 푼다거나, 어떤 연구를 한다거나, 다른 사람을 도와주는 행위들이 이에 속한다.

오랫동안 제1동기와 제2동기가 우리로 하여금 어떤 행위를 하게 하는 것이라고 여겼으며, 근원적 동기는 무시되었다. 그런데 1940년경 미국 위스콘신대학의 심리학자인 해리 할로우(Harry Harlow)는 원숭이들로 하여금 어떤 간단한 작동을 하는 실험을 했다. 아무런 보상이 없는 경우와 마른 포도의 보상을 주는 두 경우에 원숭이들이 어떻게 다르게 반응하는가를 관찰했다. 놀랍게도 마른 포도의 보상을 주는 실험에서 원숭이들은 그렇지 않을 때보다 더 많은 실수를 하는 것을 발견하게 된다.

할로우는 보상이 있을 때 하는 행위와 보상이 없을 때 하는 행위에 차이점이 있음을 발견했으며, 아무런 보상이 주어지지 않은 상태에서 무엇인가를 하게 하는 이 제3의 동기를 "행위 자체의 보상"이라고 했다. 이 제3의 동기는 심리학계에서 별로 크게 받아들이지 않다가, 1969년 카네기멜론대학의 데시라는 심리학 박사과정 학생이 할로우와 유사한 실험을 통하여 주목을 받게 된다.

---

211) 스트레스(stress)는 몸에 적응하기 어려운 육체적 · 정신적 자극이 가해졌을 때, 생체(生體)가 나타내는 반응.
212) 프레시안 2011. 4. 11.(서상철 캐나다 윈저대학 교수)

〈표 3-5〉 동기에 대한 데시의 실험

집단 A

첫 날-보상 없음	둘째 날-맞추면 일정액 지급	셋째 날-보상 없음
평균 3분 45초 동안 시도	평균 5분 이상 시도	평균 3분 동안 시도

집단 B

첫 날-보상 없음	둘째 날-보상 없음	셋째 날-보상 없음
평균 3분 45초 동안 시도	평균 3분 45초 동안 시도	평균 첫 날과 둘째 날 보다 약간 길게 시도

데시는 두 집단의 대학생들에게 조각 맞추기 작업을 하게 한다. 그 실험은 3일에 걸쳐 <표 3-5>의 내용에 따라 실행했다. 집단 A와 집단 B, 두 집단에 조각을 주고 특정한 모양이 되도록 맞추게 한다. 그리고 그들이 조각들을 맞추는 과정 중에 약 8분 동안의 휴식을 하게 하는데, 표는 이 휴식 기간에 두 집단이 어떻게 행동하는가를 관찰한 결과이다.

첫날에는 집단 A와 B는 조각들을 맞추는 작업에 대한 아무런 보상을 주지 않았다. 8분 동안의 휴식 시간에 몰래 그들의 행동을 관찰했다. 아무런 보상이 없었지만, 이 두 집단은 휴식 중 모두 평균 약 3분 45초 정도의 조각들을 맞추어 보려는 시도를 했다. 둘째 날에는 집단 A는 조각을 주어진 모양으로 맞추면 일정액의 돈을 지급하고, 집단 B는 첫날처럼 아무런 보상을 하지 않는다. 이 경우에 집단 A는 첫날보다 훨씬 많은 시간인 8분 중 약 5분 동안 맞추려 시도를 한다. 이는 제2동기에서 말하듯이 금전적 보상이 집단 A의 학생들에게 조각 맞추는 일에 더 많은 흥미를 보이고 또 실제로 더 많이 시간을 할애한다는 것을 보여 준다. 보상이 없는 집단 B는 전날과 비슷한 시간을 조각 맞추는 데 할애한다. 셋째 날에는 두 집단 모두 보상을 주지 않는다. 집단 B는 전날보다 약간 더 많은 시간을 조각 맞추는 데 보낸다. 그리고 집단 A는 조각 맞추는 시간이 현저히 줄어 8분 중 단지 3분 정도만 시도한다. 여기서 놀라운 사실은 금전적 보상이 주어진 집단 A의 학생들은 조각 맞추기 자체가 갖는 근원적 흥미를 상실하게 된다는 것이다. 그들이 둘째 날 더 적극적으로 조각 맞추기를 한 것은 금전적 보상 때문이고, 이런 보상 경험이 조각 맞추기라는 것 자체로부터 얻는 흥미를 사라지게 했으며 근원적 동기의 저하를 가져왔다는 것이다.

데시의 실험에서 나타난 보상 동기에 의한 근원적 동기의 저하는 어린이들에게도 나타난다는 것을 마크 레퍼(Mark Lepper), 데이비드 그린(David Green) 그리고 리처드 니스벳(Richard E. Nisbett)이라는 세 심리학자의 다음과 같은 실험이 보여 준다. 이들은 어린이들을 세 집단으로 나누어 그림을 그리게 했다. 집단 A의 어린이들에게는 그림을 그리면 상을 줄 테니 그림을 그리겠는가 물어보고 나서 그림을 그리게 했고, 집단 B와 C의 어린이들에게는 그런 상에 대해 이야기를 하지 않고 그림을 그리게 했다. 그리고 그 어린이들이 그림 그리기를 끝냈을 때, 집단 A의 어린이들에게 약속한 대로 상을 주었다.

집단 B의 어린이들에게도 그림을 그린 후에 예기치 않은 상을 주었다. 집단 C의 어린이들은 아무런 상을 주지 않았다. 그로부터 2주 뒤에 아이들에게 그림 도구를 주고 아이들이 자유롭게 놀게 했으며, 그들이 어떻게 행동하는지를 관찰했다. 그 결과 집단 A의 아이들은 집단 B와 C의 아이들에 비해 그림 그리기에 현저하게 낮은 흥미를 보이고, 실제로 그림을 그리는 데 적은 시간을 할애한다는 사실을 발견했다.

A집단 어린이들의 행위는 조건부 보상의 부정적인 면을 잘 보여 준다. 보상 동기가 아이들이 가질 수 있는 그림의 자체적 흥미를 사라지게 한다는 것이다. 보상은 사람들로 하여금 더 많이 일하는 동기부여를 하는 것은 사실이다. 그러나 이러한 보상에 대한 기대에 의하여 동기부여가 되면 어떤 행위나 활동에 대한 그들 자신 고유의 동기, 즉 근원적 동기가 약화한다.

이러한 실험들에서 유추되는 재미있는 현상은 보상 동기와 근원적 동기가 서로 다를 뿐만 아니라, 보상이 주어지는 경우 근원적 동기의 저하를 가져온다는 것이다. 보상 동기는 결과에 의존하고 일의 과정이 무시된다. 그리고 일을 하면서 생기는 만족 역시 무시된다. 예를 들면 등산이 좋아서 산에 가는 경우는 산행하는 행위 자체에서 즐거움을 찾는다. 그러나 최초 14좌 등정과 같은 선수권(title)을 따기 위한 경쟁에서는 그 결과에 따른 보상 동기에 의한 등산이 된다. 결과에 따른 보상이 강조되고 그 행위 자체로부터 얻는 즐거움은 경시되어, 등산이라는 행위는 빨리 끝내야 하며 보상이 요구되는 고통이 될 것이다.

"해야 하는 걸 하는 것이 일이고, 안 해도 되는 걸 하는 것은 놀이다"라고 미국의 소설가 마크 트웨인(Mark Twain)이 말했다. 그의 소설 ≪톰 소여의 모험(The Adventures of Tom Sawyer)≫에서 근원적 동기와 보상 동기의 대비를 재미있게 보여 준다. 어느 날 톰은 담장에 페인트칠을 해야 했다. 물론 그는 그 일을 하기 싫었으며, 묘안을 생각해냈다. 그는 친구들에게 페인트칠이 얼마나 재미있는지를 떠벌리고, 친구들은 그 페인트칠을 하게 해 달라고 톰에게 구걸하게 된다. 그래서 친구들은 재미있게 페인트칠을 하게 되고, 톰은 하기 싫은 일을 쉽게 끝마치게 된다. 톰 소여에게 페인트칠은 안 하면 벌을 받게 되는 보상 동기에 의한 것이고 그 친구들에게 페인트칠은 근원적 동기, 즉 재미에 의한 것이다.

금전적 보상이 근원적 동기의 약화를 초래한다는 연구결과는 시사하는 바가 크다. 사회가 금전적 보수나 그 반대로 실업과 같은 벌에 의한 보상 동기가 강화될수록 우리는 우리가 갖고 있는 근원적 동기를 잃어, 자발적이며 능동적인 행위의 주체가 되기보다는 보상이나 벌에 의해 규정되는 인간으로 전락할 수 있음을 보여 준다. 간단히 말해서 일이나 행위로부터 얻는 즐거움은 감소하거나 사라지고 오히려 고통이 늘어나며, 그 고통의 보상으로 금전적 보수가 대체하게 된다는 것이다. 근원적 동기의 중요성은 단지 행위 자체가 주는 만족감뿐만이 아니다. 많은 미술, 음악, 문학 등의 예술 작품, 위대한 과학의 업적, 새로운 기술 개발, 의학의 발전 등등은 근원적 동기에서 나온 결과라고 할 수 있다.

근래에 근원적 동기의 중요성을 말해 주는 사례로 <위키피디아(Wikipedia)>를 들 수 있다. 마이크로소프트(Microsoft Corporation, MS)는 2009년에 16년 동안이나 시장에서 판매해 왔던 백과사전 <엔카르타(Encarta)>의 생산을 중단한다. 그 이유는 위키피디아라는 인터넷 백과사전 때문이다. 이 사전은 누가 돈을 줘서 만든 것이 아니며 돈을 받고 그 정보를 파는 것도 아니다. 누구라도 참여해서 만들 수 있는 것으로 급여가 그 사전 만드는 일에 참여하는 동기가 아니며, 그저 각 개개인이 좋아서 하는 일이다. 이윤이 목적이 아닌 금전적 동기부여가 제공되지 않는데도 마이크로소프트의 백과사전을 누르고 세계에서 가장 많은 사람이 이용하는 독보적 사전이 되었다.

위대한 예술작품들이나 중요한 과학적 발견들은 보상동기에서 나온 것이 아니다. 돈으로 환산된 가치를 위하여 작품을 만들거나 연구한 것이 아니라, 사람이 갖는 근원적인 동기에서 나온 것이다. 독일의 훔볼트대학을 세운 사상가·언어학자·정치가 빌헬름 폰 훔볼트(Humboldt, Karl Wilhelm Von)는 인간은 시장과 같은 외부적 제약들에 의하여 규정되는 것이 아니라, 다른 사람들과의 자유로운 관계 속에서 창조하고 탐구하고자 하는 자유를 지니고 있다고 했으며, 이것을 인간의 기본 본성이라고 보았다. 그는 이런 말을 했다.

"아름다운 물건을 만드는 장인을 생각해 보자. 그가 외부에서 주는 금전적 보상 때문에 그 일을 하게 되면, 우리는 그가 하는 일은 존경할지는 모르지만, 그 사람은 멸시한다. 그러나 그가 그의 자유의지에 따라 자신의 창조성을 표현했다면, 우리는 그 사람을 존경할 것이다, 왜냐하면 그는 사람이니까."[213]

4. 구성원과 자부심

성공한 기업의 특징 중 하나는 구성원들이 자사 제품, 서비스, 회사에 대해 엄청난 자긍심을 갖고 있다는 점이다. 이러한 자긍심은 경영진부터 일선 현장 사원들에 이르기까지 더욱 열

---

213) 프레시안 2011. 4. 11.(서상철, 캐나다 윈저대학 교수).

심히 일하고 자기 조직을 훌륭한 기업으로 성장시키겠다는 강한 의지와 열정을 심어 준다. 이러한 강한 의지와 열정은 어디에서 나오는 것인가? 가장 쉽게 떠오르는 것이 '성과주의형 보상제도'이다. 즉, 성과에 따른 엄격한 보상이 구성원들의 목표 달성에 대한 의지와 열정을 높일 수도 있을 것이다. 그러나 특정목표를 달성했을 때에만 보상을 주는 성과보수(incentive)형 보상 방식은 그 효과의 지속성 면에서 한계가 있다. 구성원의 마음속에서 우러나온 의지와 열정이 아니므로 자신의 이해관계에 도움이 되지 않을 때에는 열정과 몰입이 시들해질 수밖에 없다.214)

1) 열정과 몰입의 근간은 자부심

구성원의 열정과 감정적 몰입을 이끌어 내기 위해서는 자부심(pride)이 반드시 필요하다. 자부심은 '특정 대상을 자랑스럽게 느끼는 감정'이다. 자부심의 대상은 여러 가지가 있을 수 있다. 함께 일하는 동료나 상사, 회사의 오랜 역사와 전통, 제품과 서비스, 회사가 활동하는 지역사회 등 다양한 요소가 구성원들이 자랑스럽게 생각하는 자부심의 대상이 될 수 있다.

예컨대 마이크로소프트(Microsoft)사의 구성원들은 자사 제품을 'Change the World(세상을 바꾼다)'라고 여길 만큼 상당한 자긍심을 갖고 있으며, 함께 일하는 동료를 세상에서 가장 부지런하고 열심히 일하는 사람들이라고 여기고 있다. 또한 석유화학기업 유노컬(Unocal Corporation)은 자신들이 지역사회의 삶의 질을 높이고 있다는 점에서, 건강관리 공제회사 에트나(Aetna, Inc.)는 150여 년간 정부 정책 수립에 기여하고 있다는 전통에 대해서 구성원들이 상당한 자부심을 느끼고 있다고 한다. 이처럼 특별한 회사, 자랑스러운 회사에서 일한다고 생각하는 구성원들로 가득 찬 조직은 지속적으로 성장할 가능성이 높다.

컴퓨터·정보기기 제조업체 IBM(International Business Machines Corporation)의 전 회장인 토머스 J. 왓슨(Thomas. J. Watson)은 "우리가 단지 평범한 회사에서 일하고 있다고 생각한다면, 우리는 그저 평범한 회사에 머물고 말 것이다. IBM은 특별한 회사라는 인식을 해야 한다. 일단 당신이 그런 의식을 가지게 되면, 그것을 실현하기 위해 계속 힘을 내서 일할 수 있다"라고 말하면서, 자부심의 중요성을 강조한 바 있다. 이처럼 사람들의 마음을 사로잡는 자부심은 강력한 동기부여 수단이 되는 것이다.215)

---

214) 최병권(2004), "구성원의 자부심을 높여라", ≪LG주간경제≫, LG경제연구원, p.9.
215) 최병권(2004), "구성원의 자부심을 높여라", ≪LG주간경제≫, LG경제연구원, p.9.

2) 자기 통제를 가능케 하는 자부심

자부심의 가장 큰 효과 중 하나는 자기 통제(self-control)를 가능케 한다는 것이다. 마음으로부터 회사에 대한 애착과 자긍심을 갖고 있기 때문에, 특별한 규정이나 규율이 없더라도 스스로 회사가 지향하는 바에 따라 생각하고 행동하게 한다. "나는 구성원들에게 자부심을 북돋아 주기 위해 노력한다. 나는 사람들이 시키는 대로 일하는 것은 바라지 않는다. 그들 나름대로 기준을 가지고 일하길 원한다"라는 존슨앤드존슨(Johnson & Johnson)의 최고 경영자(CEO, chief executive officer)인 랠프 라센(Ralph Larsen)의 말을 생각해 보면, 자부심이 자기 통제에 상당한 영향을 줄 수 있음을 알 수 있다.[216]

3) 자부심 성과 창출에도 기여

회사와 일에 대해 자랑스럽게 여기고 주도적으로 일하는 사람은 그렇지 않은 사람에 비해 탁월한 성과를 발휘할 수 있다. 유명한 경영학자인 존 카첸바흐(Jon R. Katzenbach)는 북미 GM(General Motors) 공장에 있는 75명의 관리자를 대상으로 회사에서 일선 현장사원들을 동기부여하는 20가지 요소에 대한 설문을 한 바 있는데, 자부심이 1순위로 나타났다고 한다. 이러한 결과를 바탕으로 자부심을 가장 중요한 동기부여 요인으로 선택한 관리자와 그렇지 않은 관리자들의 성과(안정성, 생산성, 인재 육성, 품질, 비용)를 분석했다. 그런데 전자의 경우가 후자에 비해 더 높은 성과를 보였다고 한다. 구체적으로 보면, 안정성에서는 23%, 인재 육성에서는 10%가 높게 나타났다. 또한 자부심을 선택한 관리자들은 자동차 제조업체 제너럴 모터스(GM, General Motors Corporation)의 주요 이해관계자 중 하나인 유에이더블유(UAW, United Automobile Workers: 미국의 자동차 노동조합) 노조와도 생산적 협조자(partner) 관계를 맺고 있었다.[217]

4) 구성원의 자부심, 어떻게 높일 것인가

기업의 높은 성과 창출에 필수적인 요인인 자부심을 어떻게 해야 높일 수 있을까? 몇 가지

---

216) 최병권(2004), "구성원의 자부심을 높여라", ≪LG주간경제≫, LG경제연구원, p.9.
217) 최병권(2004), "구성원의 자부심을 높여라", ≪LG주간경제≫, LG경제연구원, p.10.

주요 방안들에 대해 살펴보자.

(1) 원대한 미래상의 지속적 소통

회사가 지향하는 비전(vision: 장래에 대한 구상 또는 미래상)을 지속적으로 구성원들과 커뮤니케이션(communication, 소통)해야 한다. 이때 중요한 점은 단순히 사업 전략이나 실행 방안에 대한 내용이 아니라, 구성원들의 감성을 자극할 수 있는 미래의 청사진과 같은 비전을 보여 줘야 한다는 것이다. 이러한 원대한 비전은 외적 보상을 통해서가 아니라, 구성원들의 마음속에 내재해 있는 감성에 호소하기 때문에, 그만큼 회사에 대한 자부심을 이끌어 내는 데 효과적이다.

미국 비즈니스 잡지 포천(Fortune)이 선정하는 500대 기업에 속하는 화물수송 회사인 옐로 프라이트(Yellow Freight)는 1990년대 말, 트럭 운송업의 퇴조로 수익이 악화하고 파업이 발생하는 등 전면적인 개혁이 필요했다. 그러나 구성원들은 자사를 단순히 장거리 수송업체로만 인식했기 때문에, 회사에 대한 희망과 자부심이 없었다. 이때 새로운 최고 경영자(CEO)로 부임한 빌 졸라스(Bill Zollars)는 이러한 상황에서는 어떤 변혁 시도도 실패로 돌아간다고 판단하고, 구성원들이 자부심을 느낄 만한 새로운 회사 목표를 설정했다. '우리의 경쟁상대는 스타벅스(Starbuck)다'라는 것이 바로 그것이었다. 화물수송 업체가 커피전문점을 경쟁상대로 선정한 것이 다소 생소해 보일 수는 있다. 그러나 이는 옐로 프라이트가 그만큼 최고의 품질과 서비스를 제공하는 회사로 거듭나겠다는 원대한 비전이 있음을 구성원들에게 강력하게 보여주는 효과가 있었다고 한다.[218]

(2) 핵심 가치(Core Value) 공유

회사의 핵심 가치를 구성원들이 가슴으로 받아들일 수 있도록 전파하는 것도 자부심을 불러일으키는 효과적인 방법의 하나다(<표 3-6> 참조). 회사가 지향하는 가치와 구성원들이 중시하는 가치관이 일치할 때, 회사와 자신을 하나로 생각할 수 있기 때문이다. 이러한 가치관의 동질화는 구성원들이 맡은 일에 최선을 다해 일하고 어렵고 모호한 의사결정 상황에서도 현명한 결정을 내리는 데 도움을 준다. 존슨앤드존슨(Johnson & Johnson)이나 의약품 제조회사 머크(Merck)가 윤리경영으로 명성을 얻고 있는 이유도 바로 구성원들이 회사의 가치에 대해 자부심을 느끼고 철저히 숙지하고 있기 때문이다. 또한 대외적으로도 자신이 몸담고 있는 회사가 좋은 평판을 들을 수 있도록 노력하게 하는 효과도 거둘 수 있다.

---

218) 최병권(2004), "구성원의 자부심을 높여라", ≪LG주간경제≫, LG경제연구원, pp.10~11.

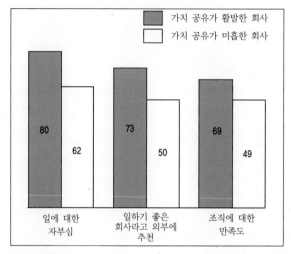

〈표 3-6〉 조직 가치 공유의 효과(%)

- 가치 공유가 활발한 회사
- 가치 공유가 미흡한 회사

일에 대한 자부심	일하기 좋은 회사라고 외부에 추천	조직에 대한 만족도
80 / 62	73 / 50	69 / 49

출처: Jeff Rosenthal and Mary Ann Masarech, High-Performance Cultures: How Values Can Drive Business Results, 2003, Journal of Organizational Excellence.

호텔 체인업체인 메리어트(Marriott)는 고객서비스라는 핵심 가치를 전파하기 위해 신입사원이 들어오면 약 일주일간에 걸친 교육을 통해 자기 회사의 핵심 가치를 숙지하게 하고 있다. 특히 단순히 한번 거쳐 지나가는 교육이 아니라 교육 내용에 대해 시험을 보게 하는 등 신입사원들이 철저히 체화(體化)하도록 유도하고 있다. 또한 GM 계열로 자동차를 생산하는 새턴(Saturn)사도 구성원들에게 회사의 임무(mission), 경영철학, 가치가 적혀 있는 수첩을 나눠 주어, 구성원들이 항상 마음으로 새기고 자부심을 느낄 수 있도록 유도하고 있다. 여기에는 '품질과 비용, 고객 만족에서 세계적인 리더가 된다'는 임무와 '고객과 구성원의 요구(needs)를 만족하게 한다'는 경영철학, '고객에 대한 열정, 최고 지향, 팀워크, 구성원 존중, 지속적 개선'이라는 가치가 담겨 있다.219)

(3) 가치에 기반을 둔 엄격한 채용 활동

엄격한 조사(screen) 과정을 통해 회사 가치에 부합하는 사람들만을 선발하는 것도 좋은 방법이다. 채용이라는 것은 조직 내부의 비어 있는 자리를 담당할 사람을 선발하는 목적도 있으나, 다른 한편으로는 상징적인 의미도 지니고 있다. 동종 업계보다 선발 기준을 월등히 엄격히 하거나 색다른 선발 기준을 사용할 경우, 구성원들에게 평범한 회사가 아닌 특별한 회사에 소속되었다는 자부심을 심어줄 수 있다. 즉, '그 회사만의 집단의식'을 심어줄 수 있다.

---

219) 최병권(2004), "구성원의 자부심을 높여라", 《LG주간경제》, LG경제연구원, p.11.

Toyota(도요타) USA(United States of America, 미국)는 5일간의 시험(test)과 심도 있는 면접(interview)을 통해 입사 후보자들의 팀워크, 품질 지향성, 소통 능력 등을 철저히 검증한 후, 이에 부합하지 않는 사람은 선발하지 않는다. 또한 철강회사 뉴코(Nucor)는 수년에 걸쳐 개발한 선발 기준을 엄격히 적용하고 있는데, 가장 중요한 기준으로 '열정적 자세'를 정하고 있다고 한다. 뉴코가 시골의 어느 한 작은 마을에 새로운 공장을 건설할 당시, 경쟁사보다 낮은 급여에도 600명 모집에 6,000여 명이 지원할 정도로 동사의 엄격한 채용 방침은 더 많은 인재들의 지원을 촉진하는 수단으로 자리 잡고 있다.[220]

(4) 성공 체험을 느낄 기회 제공

자부심이란 그 특성상 자부심을 느낄 만한 대상이나 경험이 있어야 형성될 수 있다. 대상도 없고 특정 경험이나 사건이 없는 상황에서 구성원들이 일이나 회사에 대해 자부심을 느끼기를 기대할 수는 없다. 산에 오를 때를 상상해 보면 쉽게 이해할 수 있다. 산에 처음 등반할 때는 산행 과정이 힘들고 고통스럽다는 생각이 앞서지만, 산 정상에 올랐을 때의 성취감을 미리 상상해 본다면 이러한 고통을 극복할 수 있을 것이다. 자부심도 이와 마찬가지이다. 과거의 성공 경험이나 미래에 발생할 수 있는 사건에 대한 가상 체험을 통해, 힘들고 어려운 목표를 달성했을 때 느낄 수 있는 감정을 미리 체험할 기회를 제공해 주어야 자부심을 형성할 수 있다.[221]

(5) 성공 사례(success story) 활용

사람들은 일반적으로 과거 성공 경험이 있거나 자신이 본받고 싶어 하는 리더들의 성공담을 듣고 싶어 하는 경향이 있다. 성공하는 리더들을 보면 그림, 상징물, 성공체험담 등을 통해 구성원들에게 성공했을 때 느낄 수 있는 자부심을 미리 체험하도록 유도하고 있다. 미국 38개 주에 400여 개의 지점과 100만 명의 고객을 확보하고 있는 저축은행 월드세이빙스(World Savings)의 경우를 보자.

동사의 최고 경영자인 샌들러(Sandler) 부부는 과거의 성공경험담을 구성원들에게 전파함으로써 회사에 대한 자부심을 높이고 있다. 동사는 1960년대 불황을 겪던 시기에 이미 대출을 승인한 계약이 많았으나, 다른 경쟁 은행들과는 달리 손해를 보면서도 취소하지 않았다고 한다. Sandler 부부는 '한번 약속은 반드시 지켜야 신뢰가 쌓인다. 신뢰는 단 하루 사이에 잃을 수 있지만, 그걸 회복하는 데는 평생이 걸린다'는 확고한 경영철학을 갖고 있었기 때문이다.

---

220) 최병권(2004), "구성원의 자부심을 높여라", ≪LG주간경제≫, LG경제연구원, pp.11~12.
221) 최병권(2004), "구성원의 자부심을 높여라", ≪LG주간경제≫, LG경제연구원, p.12.

이러한 고객과의 약속을 어기지 않는 사업 방식은 동사 구성원들의 자랑으로, 1980년대 미국 최고의 저축 대부(Savings & Loan) 금융회사 20개 중 현재까지 유일하게 살아남을 수 있었던 원동력이 되고 있다.[222]

(6) 작은 성공에 대한 보상

큰 성과를 발휘했을 때뿐만 아니라 작은 일에 대한 성공도 전사적으로 인정하고 축하해 주는 등의 보상이 필요하다. 이러한 작은 성취에 대한 보상은 구성원들이 자신이 하는 일에 대해 자긍심을 느끼고 조직으로부터 인정받고 있다는 인식을 심어 준다는 측면에서 좋은 성과에 대한 보상만큼이나 효과가 크다. 흔히 많은 기업이 변화를 시도하는 초창기나 끝나는 시점에서만 거대한 축하행사를 하는 경우가 많다. 그러나 이것만큼 중요한 것이 진행 과정 단계마다 작은 것이라도 인정하고 보상해 주는 것이라고 하겠다.

통신판매회사 시어스(Sears)에는 최고의 고객서비스를 제공한 사람에게 특별한 휘장(badge)[223]을 부착해 주는 'I am Sears Best'라는 프로그램 운영을 통해 최상의 서비스를 제공했다는 자부심을 구성원에게 심어 주고 있다. 이 외에도, 우수한 고객서비스를 제공한 사람을 동료가 추천해 주는 '커티시 어워드(Courtesy Award)'라는 포상 제도를 운영하고 있는데, 수상자에게는 점심 만찬에서 공개적으로 금 휘장을 수여하고 특별 주차공간을 제공하고 있다. 또한 사우스웨스트항공(Southwest Airlines)의 본사 로비(lobby)[224]에는 구성원들의 성과를 기념하는 수백 개의 문서와 사진이 걸려 있으며, 메리어트(Marriott)에는 최고의 고객서비스를 칭찬하는 고객의 편지가 게시되어 있다고 한다. 이러한 것들의 근본 목적은 구성원들이 자신의 성과나 서비스에 대해 자부심을 느끼고 더욱 열정적으로 일하도록 동기를 부여하는 데 있다고 하겠다. 메리어트는 최고의 고객서비스를 칭찬하는 고객의 편지를 사내에 게시하여, 구성원들의 자부심을 유도하고 있다.[225]

(7) 현장 리더의 자부심 촉진 행동 강화

구성원들과 상호작용하면서 성과를 창출하는 일선 현장의 리더들이 더 많은 주도권을 갖고 행동하도록 해야 한다. 즉, 현장 리더들이 자부심을 촉진하는 리더(pride-builder)가 되어야 한다는 것이다. 일부에서는 자부심 형성을 촉진하는 능력은 선천적으로 타고난 본성이라고 생

---

222) 최병권(2004), "구성원의 자부심을 높여라", ≪LG주간경제≫, LG경제연구원, p.12.
223) 휘장(徽章)은 신분·직무·명예를 나타내기 위해 옷·모자에 붙이는 표장.
224) 로비(lobby)는 호텔이나 극장·회사 등 사람이 많이 드나드는 건물에서, 현관으로 통하는 통로를 겸한 공간으로 의자 등을 놓아 휴게실·응접실로 쓴다. 국회 의사당의 응접실.
225) 최병권(2004), "구성원의 자부심을 높여라", ≪LG주간경제≫, LG경제연구원, pp.12~13.

각할 수도 있다. 그러나 이러한 능력은 학습 가능한 것으로서, 개인의 노력이나 조직적 여건이 조성되었을 때 충분히 확보할 수 있다. 자부심을 심어주는 방법으로 어렵고 도전적인 일을 성공적으로 수행했을 때 기념하고 인정해 주거나, 때로는 불가능할 정도의 이상적 목표를 제시하는 방법을 고려해볼 수 있다. 2002년 월드컵 시기에 보았듯이, 꿈(dream) 같은 목표가 구성원의 감성을 자극하여 한국은 좋은 결과를 거둘 수 있었다.

한편 회사가 속한 산업이나 지역적 특성에 따라 구성원들이 바라는 사항들이 다를 수 있는데, 이에 대한 적극적인 고려가 필요하다. 멕시코(Mexico)에 있는 제너럴모터스(General Motors Corporation, GM) 공장의 한 관리자는 멕시코에서는 가족과 지역사회의 중요성이 크다는 것을 인식하고, 이를 고려한 자부심 제고 방법을 활용하고 있다. 예를 들어 크리스마스나 여름휴가 기간에 직원 부인과 자녀를 초청하여 가족과 함께하는 1일간의 야영(camp)을 하게 하는데, 여기에는 일일학습활동, 각종 오락프로그램 등이 포함된다고 한다. 이러한 활동을 통해 현장 사원들에게 회사가 구성원들의 가족들까지 존중하고 배려한다는 인식을 심어 주고, 궁극적으로는 회사에 대한 자부심을 높이고 있다고 한다.226)

(8) 조언자(Mentor)가 필요하다

자신감을 높이는 데 있어 간과할 수 없는 중요한 요소 중 하나는 믿고 의지할 수 있는 멘토227)의 존재다. 멘토는 크게 다음 두 가지 역할을 한다. 첫째는 정서적인 지지자(emotional supporter) 역할이다. 이러한 역할을 통해 멘토는 멘티228)로 하여금 심리적인 안정감을 느끼게 해준다. 사람들은 누군가 믿고 의지할 수 있는 '내 편'이 있다는 사실 하나만으로도 쉽게 안정감을 느끼고 여유를 회복하게 되는 법이다. 사회학습이론(social learning theory)의 주창자인 앨버트 반두라(Albert Bnadura) 교수는 "잘할 수 있다. 걱정하지 마라"며 믿고 격려해 주는 사람이 있는 것만으로도 사람들은 자신감의 상당 부분을 회복할 수 있다고 이야기한다. 둘째는 조언자(advisor) 역할이다. 멘토는 멘티에게 필요한 정보와 조언을 적절히 제공해 줌으로써 멘티로 하여금 자신이 처한 상황을 더욱 정확히 인지하고 대처하도록 도와준다. 이를 통해 실패 가

---

226) 최병권(2004), "구성원의 자부심을 높여라", ≪LG주간경제≫, LG경제연구원, pp.13~14.
227) 멘토(Mentor)는 현명하고 신뢰할 수 있는 상담 상대, 지도자, 스승, 선생의 의미로 쓰이는 말. 멘토라는 단어는 <오디세이아(Odyssey)>에 나오는 오디세우스의 충실한 조언자의 이름에서 유래한다. 오디세이가 트로이 전쟁에 출정하면서 집안일과 아들 텔레마코스의 교육을 그의 친구인 멘토에게 맡긴다. 오디세이가 전쟁에서 돌아오기까지 무려 10여 년 동안 멘토는 왕자의 친구, 선생, 상담자, 때로는 아버지가 되어 그를 잘 돌보아 주었다. 이후로 멘토라는 그의 이름은 지혜와 신뢰로 한 사람의 인생을 이끌어 주는 지도자의 동의어로 사용되었다. 즉, 멘토는 현명하고 신뢰할 수 있는 상담 상대, 지도자, 스승, 선생의 의미이다. 멘토의 상대자를 멘티(mantee) 또는 멘토리(mentoree), 프로테제(Protege)라 한다.
228) 멘티(mentee)는 멘토(mentor)에게서 상담이나 조언을 받는 사람.

능성을 줄여 주고 더욱 자신 있게 상황에 대처할 수 있도록 지원해 주는 역할을 하는 것이다.

훌륭한 멘토를 찾는 것이 쉬운 일은 아니다. 멘토와 멘티의 관계는 기계적인 것이 아니라 인간적이기 때문에 더욱 그렇다. 즉, 서로 간의 가치관이나 성격이 잘 맞아야 진정한 멘토와 멘티의 관계가 형성된다는 뜻이다. 그렇다고 포기해서는 곤란하다. ≪감성 지능≫의 저자인 대니얼 골먼(Daniel Goleman) 박사는 "믿고 의지할 수 있는 안전지대가 있어야 두려움 없는 전진이 더 잘 이루어질 수 있다"라며 멘토의 중요성을 강조했다.229)

(9) 번아웃을 피하라

심신이 건강해야 자신감도 유지되는 법이다. 몸과 마음이 약해지면 사람은 무기력해지기 마련이다. 특히 번아웃(burnout, 신체적 또는 정신적인 극도의 피로) 상태에 빠지지 않도록 주의해야 한다. 번아웃은 육체적으로 정신적으로 완전히 탈진한 상태를 말하는데, 이러한 상태에 빠지게 되면 무언가 더 하려는 의지도 자신감도 사라지게 된다. 번아웃을 피하기 위해서는 무엇보다 업무와 휴식 간 적절한 균형(balance)을 맞춰야 한다. 적당한 휴식 없이 과도하게 업무에 묻히게 되면 어느 순간 번아웃 상태에 빠져 버리기 쉽다. 특히 정식 근무시간에 집중적으로 일하여 마무리 짓고 저녁이나 주말에는 제대로 휴식을 취하는 것이 필요하다.

야근이 잦고 주말 근무가 많은 상황에서 이를 실행에 옮긴다는 것이 쉬운 일은 아니지만, 건강한 체력과 정신력을 유지하기 위해서는 반드시 고려해 봐야 할 중요한 요점(point)이다. 조직생활이라는 것은 100m 달리기가 아니다. 그러므로 전력질주를 하다가 제풀에 꺾여 쓰러지기보다 지혜롭게 힘을 안배하는 것이 필요하다. 조직생활을 성공적으로 잘 해내는 데 있어서 중요한 자질을 꼽으라면, 일을 제대로 계획해 내는 역량도 중요하지만 두려움 없이 일을 추진해 나가는 자신감을 빼놓을 수 없다.

아무리 잘 수립한 계획이라 하더라도 대다수의 계획은 실행 과정에서 예기치 못한 어려움에 부닥치기 마련이다. 이때 성공하느냐 실패하느냐는 그 계획과 실행을 담당하는 사람이 얼마나 자신감을 느끼고 밀어붙이느냐에 달린 경우가 적지 않다. 한 사람 한 사람 이야기해 보면 나름의 재능과 장점을 충분히 가지고 있음에도 약간의 자신감이 부족하여 주저주저하며 제대로 뜻을 펼치지 못하는 사람들이 의외로 많다. 자신을 좀 더 믿고 용기를 갖고 전진해 나가는 노력이 필요하다. 그러면 어느새 더욱 발전한 자신의 모습을 보게 될 것이다.230)

---

229) 황인경(2009), "자신감(Self-Efficacy)을 높이는 법", ≪LG Business Insight≫, LG경제연구원, pp.35~36.
230) 황인경(2009), "자신감(Self-Efficacy)을 높이는 법", ≪LG Business Insight≫, LG경제연구원, p.36.

(10) 자부심 형성 출발은 경영진에서부터

자부심 형성의 출발은 회사의 경영진에서 시작해야 한다. 물론 구성원들과 가장 많이 접촉하고 함께 일하는 현장 리더들의 역할도 중요하지만, 궁극적으로는 경영진이 현장 사원들에게 회사의 미래상(vision)을 심어 주고 신뢰감을 줄 수 있는 리더십을 발휘해야 회사와 일에 대한 구성원들의 자부심도 형성될 수 있다. 이를 위해서는 경영진과 구성원들이 하나의 목표와 미래상을 바라볼 수 있도록 지속적으로 소통 활동을 전개해야 한다. 뉴코(Nucor)의 최고 경영자(CEO)인 댄 디미코(Dan DiMicco)는 부임 후, 맨 처음 한 일이 모든 부서와 현장을 방문하면서 최대한 많은 사원과 대화를 나누는 것이었다고 한다. 1년에 최소 1번 이상 만남의 자리를 갖겠다고 약속하고 35개 사업장을 지속적으로 방문했는데, 이러한 활동을 통해 동사의 핵심 가치를 구성원들에게 끊임없이 주지시키고 회사에 대한 자부심을 키워 주었다.231)

(11) 혁신 역량 확보

보다 근본적으로는 고객을 만족하게 하고 시장으로부터 신뢰를 얻을 수 있는 제품과 서비스를 생산할 수 있는 혁신(innovation) 역량을 확보하는 것이 자부심 형성의 핵심 기반임을 명심해야 한다. 고객이 우리 회사 제품과 서비스를 높이 인정하고 평가할 때, 자신이 하는 업무에 대해 만족하고 기쁨을 누릴 수 있으며, 더 나아가서는 회사에 대해서도 자긍심과 애착을 느낄 수 있다.232)

5. 존중과 고객 만족이 만들어낸 허브 켈러허 리더십

"고마워요, 허브. 우리 모두의 이름을 기억해줘서. 추수감사절에 고객의 수하물을 함께 날라 줘서. 우리들의 이야기를 잘 들어 줘서. 최고 경영자(CEO)이면서 친구가 되어 줘서." 1994년 미국 일간지 USA투데이에 전면광고가 실렸다. 저가(低價) 항공사 '사우스웨스트항공(Southwest Airlines)'의 전체 직원 1만 6,000명이 자신들의 최고 경영자인 허브 켈러허(Herb Kelleher)에게 보내는 편지였다.

켈러허의 최고 경영자 재임 기간(1978~2001년)에 사우스웨스트는 연속 흑자를 기록하며 고속 성장했다. 연봉이 업계 평균보다 30% 적었지만, 포천(Fortune)이 선정하는 '일하고 싶은 직

---

231) 최병권(2004), "구성원의 자부심을 높여라", ≪LG주간경제≫, LG경제연구원, p.14.
232) 최병권(2004), "구성원의 자부심을 높여라", ≪LG주간경제≫, LG경제연구원, p.14.

장' 상위 10위 안에 빠짐없이 들어갔다. 직원 1명이 수송하는 승객 수는 경쟁사의 2배에 가깝고, 정시운항·고객만족·수하물배송 분야에서 5년 연속 3관왕을 차지할 정도로 생산성이 좋았다. 노조 가입률이 80%가 넘었지만, 노사 분규는 거의 없었다. 켈러허는 자신을 포함한 모든 임직원을 하나로 묶어서 외부와의 경쟁에서 이길 수 있게 하는 리더십을 발휘했다.

'완전군장' 일화(episode)가 대표적인 사례다. 대형 항공사 유나이티드항공(UA, United Airlines)이 저가항공 자(子)회사를 설립하고 사우스웨스트를 압박했다. 켈러허는 회사 공람에 "완전군장을 하고 UA와 전투를 벌이자"는 전언(message)을 올렸다. 다음 날 수많은 직원이 철모·군복·군화 차림으로 출근하며 호응했다. 이런 조직을 유나이티드항공이 꺾을 수는 없었다. 이런 팀워크(teamwork)는 켈러허가 사내에 정착시킨 '직원이 최우선(People First)' 문화에서 나왔다.

켈러허는 "직원부터 잘 대우하라. 그러면 그들이 고객을 잘 응대한다. 고객이 다시 사우스웨스트를 타면 주주들도 행복해진다"고 했다. 켈러허는 모든 직원의 이름을 다 외웠다. 승진·결혼·출산이 있으면 파티를 열어 주었다. 본인이 중병에 걸리거나 가족이 숨진 직원들은 특별히 챙겼다. 새벽 3시에 비행기를 청소하는 직원들을 찾아가 도넛(doughnut)을 돌리는 일도 잦았다. 모든 직원이 '나는 회사에서 소중하게 여기는 존재'라는 생각을 하게 됐다. 이와 함께 '어느 자리에서 무슨 일을 하든지 모두가 회사의 주인'이라는 문화를 심었다.

사우스웨스트는 항공업계 최초로 모든 직원에게 회사 주식을 나눠 줬다. 5년마다 주가가 2~3배 뛰었기 때문에 그만한 장려금(incentive)이 없었다. 주인의식은 저절로 생겨났다. "반드시 내 일은 아니지만, 함께 잘 처리하면 회사의 이익이 커지고 나에게도 혜택이 온다"며, 다른 직원의 일을 돕는 경우도 흔했다. 주인의식을 업무에서 발휘할 수 있도록 실무 직원에게 재량권을 폭넓게 주었다. 돌발상황에 가장 적합한 서비스를 본인의 판단에 따라 제공할 수 있도록 한 것이다. 비행기가 활주로를 달리기 시작한 뒤에 엉뚱한 비행기를 탔다고 외치는 승객이 나오자 비행기를 돌려서 그 승객을 내려주고 다시 출발한 때도 있었다.

켈러허 리더십의 뿌리는 '현장'이었다. 그를 포함한 사우스웨스트의 모든 임원과 관리자는 근무시간의 2분의 1 이상을 반드시 현장에서 근무했다. 켈러허는 추수감사절 휴가를 가족과 함께 보내기 위해 휴가를 떠난 직원을 대신해 비행기 수하물을 옮겼다. 기내 서비스도 승무원들과 함께했다. 작업복을 입고 다른 직원들과 함께 청소하기도 했다. 문제도, 해답도 현장에서 찾아낼 수 있었다. 직접 승객과 대화를 나누며 그들의 불만을 파악할 수 있었다. 일을 마친 뒤에는 직원들과 맥주 한잔을 마시며 조직 내에 애로가 없는지 자연스럽게 점검할 수 있었다. 그만큼 해결도 빠르고 정확할 수밖에 없었다.

최고 경영자가 '나를 따르라'고 외치면 조직 전체가 일사불란하게 움직이던 시대는 지나갔다. 이제는 리더(leader)가 앞장서 섬기고 신뢰를 쌓아야 팔로어(follower, 추종자 또는 부하)가 자발적인 참여와 헌신으로 호응하는 시대다. '최고의 고객만족은 최고의 종업원 만족'에서 나온다는 켈러허의 리더십 철학은 앞으로 더욱 유효할 것이다.[233]

　　조직구성원은 리더십 발휘의 핵심적인 역할을 하는 중요한 내부고객이다. 구성원에게 지도자가 해줄 수 있는 최고의 선물은 존중과 만족 제공이다. 하지만 그것도 사실은 지도자가 제공하는 것이 아니라 지도자와 구성원이 함께 노력해 성과를 창출하고 그것을 나누어 갖는 것이다. 즉, 결과는 구성원과 지도자가 같이 노력하여 성취하고 함께 누리는 것이지, 지도자가 제공하는 것이 아니다. 좋은 결과를 만들어 내고 구성원이 능동적으로 일하게 하기 위해서는 주인의식이 필요하다. 주인의식은 구성원에 대한 존중과 만족에서 나온다. 그러므로 주인의식을 만들기 위해서는 구성원이 가진 가치를 인정하고 존중하는 마음으로 대하며 성과를 공정하게 분배하고 상호 배려하는 자세가 중요하다.

6. 관리 부실이 부른 서브프라임 모기지 사태

　　2007년에 발생한 서브프라임 모기지 사태(subprime mortgage crisis)는 미국의 최고(top) 10위에 드는 초대형 주택담보대출 대부업체가 파산하면서 시작된, 미국만이 아닌 국제금융시장에 신용경색을 불러온 연쇄적인 경제위기를 말한다. 서브프라임 모기지론은 신용조건이 가장 낮은 사람들을 상대로 집 시세의 거의 100% 수준으로 대출을 해주는 대신 금리가 높은 미국의 대출 프로그램(program)이다. 이 프로그램의 내용은 약 30년 전인 1977년에 법률이 통과됐지만, 그동안은 이 방법을 쓰지 않다가 연방은행의 감시가 느슨해졌고 수익률 또한 높았기 때문에 서브프라임 모기지 사태가 일어났다.

　　집값이 오를 것만 같았기 때문에 처음에는 잘되었다. 하지만 주택담보대출 업체들이 신용이 없는 사람한테 대출을 해주었고, 집값이 내려가 채무 불이행이 높아졌다. 이로 말미암아 5개의 대표 은행 중 3개가 망했다. 수익률이 높아 헤지펀드[234]나 세계의 여러 금융업체가 막대한 금액을 투자했는데, 미국의 집값이 하락하면서 서브프라임 모기지 대출자들이 대출금을 상환하지 못하게 되었고, 결국 2007년 4월에 미국 2위의 서브프라임 모기지 대출회사인 뉴센추리 파이낸셜이 파산신청을 하였으나 부도 처리되었다. 이에 따라 여기에 투자했던 미국을 비롯한 세계의 헤지펀드, 은행, 보험사 등이 연쇄적으로 붕괴했다.

---

233) 조선비즈 2011. 6. 24.
234) 헤지펀드(hedge fund)는 투자 위험 대비 높은 수익을 추구하는 적극적 투자 자본을 말한다.

같은 해 8월에는 미국 10위 주택담보대출 회사이자 중간 등급의 신용등급자를 대상으로 하던 아메리칸 홈 모기지 인베스트먼트(AHMI, American Home Mortgage Investment Corporation)가 델라웨어주 웰밍턴 파산법원에 파산보호를 신청하였으나 부도가 나면서 위기론이 확산하였다. 아메리칸 홈 모기지 인베스트먼트는 알트-A등급(프라임과 서브프라임의 중간 등급) 주택담보대출 전문업체였다. 당시 세계 3위 은행인 HSBC(Hongkong and Shanghai Banking Corp. Lt., 홍콩상하이은행)는 미국 주택시장에 뛰어들었다가 107억 달러(약 10조 1,000억 원)를 회수 못 할 위기에 처하기도 했다. 미국 보험사인 CAN 파이낸셜이 서브프라임 투자로 9,100만 달러의 손실을 보았다. 또한 다국적 종합금융업체 아메리칸 인터내셔널 그룹(American International Group, Inc., AIG)은 최악의 경우 23억 달러의 손실을 기록할 것으로 추정되었다.

신용평가회사 스탠더드 앤드 푸어스(S&P, Standard & Poor's)는 미국의 대출회사들이 성장세를 유지하기 위해 최근 수년간 신용도가 낮은 사람들에 대한 대출을 늘려 왔다면서, 부동산 비우량 담보대출 위기가 자동차 비우량 담보대출 위기로 확산할 수 있다고 보고서를 발표했다. 2007년 8월 9일 프랑스 최대은행 BNP(Banque Nationale de Paris) 파리바(Paribas)은행은 자사의 3개 자산유동화증권(ABS, Asset Backed Securities)[235] 펀드[236](fund)에 대한 자산 가치 평가 및 환매를 일시 중단했다. 서브프라임 부실로 말미암은 신용경색이 그 이유였다. 상환을 중단한 3개 금융상품은 BNP파리바 ABS유리보, 파베스트 다이내믹ABS, BNP파리바ABS에오니아 등이고, 그 규모는 27억 5천만 유로에 달했다.

벤 버냉키 미국 연방준비제도이사회(FRB, Federal Reserve Board) 의장이 비우량 주택담보대출 부실에 따른 금융손실이 최대 1천억 달러(약 91조 7천억 원)로 추산된다고 미국 상원 은행위원회의 청문회에서 밝혔다. 그러나 미국 경제 전반에 미치는 영향은 제한적일 것이라고 말했다. 미국 연방준비제도이사회와 재무부가 부실금융기관에 대한 구제금융 불가입장을 고수함으로써 투자은행 리먼 브러더스(Lehman Brothers Holdings Inc.)가 2008년 9월 15일 파산함으로써 국제금융위기가 시작됐다. 미국 정부의 이런 입장은 우선 국민 세금으로 개별 업체의 경영부실에 따른 손실을 막아 주는 것은 좋지 않은 선례를 남겨 도덕적 해이를 확산시킬 우려가 있다는 점을 의식한 것으로 보인다. 그러나 연방준비제도이사회는 곧바로 태도를 바꿔 금융위기가 확산하는 것을 막기 위해 9월 16일 AIG에 850억 달러의 구제금융을 제공키로 하였다.

---

235) 자산유동화증권(ABS, Asset Backed Securities)은 부동산, 매출채권, 유가증권, 주택저당채권, 기타 재산권 등과 같은 유형·무형의 유동화자산(Underlying Asset)을 기초로 하여 발행된 증권을 말한다.
236) 펀드(fund)는 다수의 대중으로부터 소액의 자금을 끌어 모아 그 금액을 주식이나 채권 등에 투자하여 얻은 수익실적에 따라 배당하는 금융상품, 기금, 적립금, 자본이라는 뜻으로, 투자신탁의 경우는 각각 독립적인 운용단위로 구분·관리되고 있는 신탁재산, 투자전문기관이 일반인들로부터 돈을 모아 증권투자를 하고 여기서 올린 수익을 다시 투자자에게 나눠 주는 것을 말한다.

연방준비제도이사회는 AIG의 무질서한 몰락은 이미 심각한 금융시장의 취약성을 더 심화시키고 자금조달 비용을 크게 높이는 데다 가계의 자산을 감소시키고 경제의 활력을 더욱 약화시키는 결과를 가져올 수 있기 때문에 이런 결정을 내렸다고 밝혔다. 부시 대통령도 연방준비제도이사회의 조치에 지지한다면서 금융시장의 안정을 강조했다. 미국 정부는 AIG 구제로 납세자 부담은 없을 것으로 밝히며 '도덕적 해이'에 대한 비난에 미리 대응하는 모습을 보였다. 그러나 AIG 구제가 리먼 브러더스는 몰락하게 놔둔 것과 비교해 누구는 살리고 누구는 몰락하게 놔두는가에 관한 대마불사237)의 기준을 둘러싼 논란을 불러오고 다른 기업들도 정부에 손을 벌리게 하는 여지를 만들어준 것으로 분석되고 있다.

AIG는 정부 지원을 받는 대가로 경영진 교체, 자산매각 등의 구조조정을 겪었다. 영국의 국제통신사 로이터(Reuters)는 미국 정부가 리먼을 구하는 것을 거부한 지 이틀 만에 AIG를 구제키로 함으로써 '대마불사'의 기준을 어떻게 정하는지에 관한 논란을 불러왔다고 전했다. 뉴욕대의 누리엘 루비니(Nouriel Roubini) 교수는 로이터에 자동차나 항공사 등도 정부의 도움을 청할 것이라면서 "이익은 사유화하고 손실은 사회화하는 시스템이 지속하고 있다"고 말해 경영 잘못으로 어려움에 빠진 기업들을 정부가 납세자 부담으로 구제하는 것에 문제를 제기했다.

미국 재무부는 TARP238)라는 특수 기금을 창설하여 금융기관들에게 퍼부었으나 엉뚱한 회사에까지 돈을 퍼주어서 도덕적 해이를 유발했다는 비판을 받았다. 그 대표적인 경우가 아메리칸 익스프레스(American Express Company)에 대한 구제금융과 에이비스(Avis)에 대한 구제금융이다. 제2금융권의 거물이었던 아메리칸 익스프레스는 금융위기가 진행 중이던 때에 금융지주회사로의 전환을 신청하고 그에 필요한 자본금을 확충하기 위해 수십억 달러 규모의 구제 금융을 신청했다. 그 결과 구제금융은 '먼저 먹는 사람이 임자인' 눈먼 돈이 되었다는 비난이 쏟아졌다.

렌터카 업체인 에이비스도 금융기관들을 대상으로 하던 TARP에 구제금융을 신청했다. 에이비스의 논리는 재무부가 에이비스에게 구제금융을 지원해 주면 에이비스가 더 많은 렌터카

---

237) 대마불사(大馬不死)는 바둑에서, 대마가 결국은 살길이 생겨 쉽게 죽지 않는 일.
238) 부실자산구제프로그램(Troubled Asset Relief Program, TARP)은 7,000억 달러를 쏟아 붓기로 한 미국 구제금융안을 일컫는 용어다. 미국 의회에서 민주당과 공화당이 논의한 끝에 긴급경제안정화법안이라는 이름으로 완성됐다. 미국 의회에서 통과된 안에 따르면 7,000억 달러 중 3,500억 달러는 대통령 권한으로 즉시 투입하고 나머지 3,500억 달러는 추가로 의회 승인에 따라 집행된다. 공적자금이 투입된 금융회사 경영진에 대해 거액 보너스와 보수 제한, 부실채권 매입 대신 정부가 주식 지분을 확보하도록 한 조항도 포함됐다. 은행 연쇄 도산에 따른 예금자 불안 심리를 진정시키기 위해 예금보호 한도를 현행 10만 달러에서 25만 달러로 일시적으로 늘렸다. 중산층에 대한 세금 감면, 기업 연구개발비와 대체에너지 사용 등에 따른 세금 혜택을 부여했다.

(rent-a-car, 대여 자동차)를 구매해 둘 것이며, 그러면 미국 자동차업체가 살아날 수 있다는 억지 논리였다. 이 사례 역시 업계의 도덕적 해이를 잘 보여 주는 예이다.239)

서브프라임 모기지 사태가 발생한 이유는 여러 가지가 있다. 금융기관 등 기업가들이 이윤 추구에 집착하여 이기적인 행동을 일삼으면서 책임을 회피하는 도덕적 해이에 빠지고 그것을 견제해야 할 정책 당국이 부실한 관리로 문제가 확대되는 것을 제때 인식하지 못하고 방치한 결과가 부른 것이다. 여기에 부시 행정부는 무능한 그린스펀240)을 갈아치우지 않고 과신하여 경기부양을 위해 저금리정책을 지나치게 장기간 지속하면서 수익성이 높은 부동산으로 과도하게 투자가 몰리도록 방치했다. 또한 9·11 테러(September 11 attacks) 발생 이후 테러와의 전쟁에 골몰하며 이라크와 아프가니스탄 전쟁을 수행하면서 국가 현안의 우선순위를 전쟁 승리에 둔 것이 화근이었다.

세상은 그냥 내버려 두어도 굴러가기는 하지만 제대로 굴러가지는 않는다. 발전적인 방향으로 제대로 굴러가기 위해서는 리더십 발휘를 통해 닦고 기름 치고 조이는 정비를 지속해야 한다. 정비, 관리, 리더십 발휘 등 세상 모든 일은 관심에 의해 좌우된다. 특히 지도자의 관심이 다른 곳에 가 있거나 중요한 일이 우선순위 밖으로 밀려났을 때는 반드시 대가를 치른다. 그러므로 지도자의 관심이 어디에 머무느냐 하는 것과 구성원의 관심을 어느 곳에 쏠리도록 지도자가 리드하느냐 하는 것은 아주 중요하다. 오늘날 미국의 추락은 부시가 미국 국민의 관심을 테러와 전쟁으로 이끌고, 그것이 국민의 관심 우선순위가 되어 온통 테러 대응 전쟁으로 쏠리고 실제 전쟁을 한 대가를 치르고 있는 것이다. 테러에 대응하는 방법은 여러 가지가 있다. 반드시 전쟁이 능사는 아니다. 이라크와 아프가니스탄에서 전쟁했지만, 엄청난 희생과 재정 부담에도 원하는 결과는 제대로 얻지 못하고, 그렇다고 전쟁을 쉽게 끝내지도 못하는 등 미궁 속에서 헤매고 있다.

---

239) 위키백과.

240) 앨런 그린스펀(Alan Greenspan KBE, 1926년 3월 6일~)은 미국의 경제학자이자 경제관료이다. 1987년부터 2006년까지 미국 연방준비제도 이사회 의장을 역임하였다. 현재는 그의 회사를 통해 연설, 컨설팅 활동을 하고 있다. 2002년 명예 KBE 작위(Honorary KBE)를 받았다. 로널드 레이건 대통령에 의해 처음 이사회 의장으로 발탁된 그린스펀은 이후 조지 H. W. 부시, 빌 클린턴, 조지 W. 부시 대통령에 의해 연임되었다. 그의 자리는 2006년 1월 31일, 벤 버냉키에게 넘어갔다. 그가 의장을 역임하는 동안 발생했던 검은 월요일 주식시장 붕괴와 닷컴 거품 붕괴에 대한 그의 대처는 크게 칭송받는다. 하지만 2001년 이후 은퇴까지의 행보는 지나치게 조지 W. 부시 대통령의 정책을 지지해 결국 부동산 버블로 이끌었다는 이유로 비판받는다.

제4장

지도자가
경계·배척해야 할 원소

제1절 경계해야 할 원소 내용과 이해

1. 경계해야 할 원소에 대한 이해

지도자가 경계해야 할 원소는 리더십 발휘에서 도구로 사용했을 때 결과가 상황, 대상, 정도에 따라 다르게 나타날 수 있는 것으로 분류되는 성분들이다. 잘 활용하면 일시적으로 이익이 되거나 도움이 되는 때도 있다. 그러나 이것이 확산하거나 장기적으로 사용되었을 때의 결과는 해를 끼칠 가능성이 크므로 경계해야 한다. 그렇다고 경계해야 할 원소들이 반드시 나쁜 것이나 좋지 않은 것으로 생각할 필요는 없다. 폐해가 나타날 수 있는 보완책을 마련하면서 잘 사용하면 도움이 되고 잘못 사용하면 폐해를 가져올 수 있다. 하지만 남용하는 것은 바람직하지 않다.

예를 들어 4월 1일은 정직하게 사는 사람들이 재미 삼아 놀이로 한 번쯤 가벼운 거짓말로 서로 속이면서 즐거워하는 만우절(萬愚節)이다. 그런데 장난으로 하는 만우절의 거짓말로 말미암아 해마다 화재와 범죄를 관리하는 국가기관 종사자들이 엄청난 곤혹을 치른다. 거짓말은 때로는 세상을 바꾸기도 하고 한 사람의 인생을 완전히 무너뜨릴 수도 있다. 그런가 하면 위기에 처한 사람을 구하거나 자신이 위기에서 벗어나는 데 도움이 되는 때도 있다. 해학(humor) 자료로 활용하면 분위기를 환기하는 데 도움이 되기도 한다. 즉, 거짓말은 유용성과 폐해를 동시에 내포하고 있어 어떤 상황에서 어떻게 활용하느냐에 따라 결과가 달라진다.

제2차 세계대전 당시 윈스턴 처칠(Winston Churchill) 영국 총리는 "전시에 진실이라는 것은 정말로 소중하기 때문에 가끔 '거짓'이라는 경호원을 대동할 필요가 있다"고 말하기도 했다.241) 전쟁에서 불리한 상황에 부닥쳤을 때 등 세부적인 내용이 밝혀져 우리의 입장을 난처하게 하거나 대중이 불안을 느낄 만한 좋지 않은 일에 대해 지도자들은 종종 거짓말의 필요성을 느끼고 활용하기도 한다. 그러나 중요한 점은 거짓말이 항상 좋은 결과를 가져오는 것이 아니라는 점이다. 그러므로 거짓말 사용은 지극히 신중하지 않으면 안 된다.

---

241) 아시아경제 2011. 4. 1.

2. 지도자가 경계해야 할 원소

1) 자기중심적인 사고

자기중심(自己中心)은 자기 일만을 생각하고, 남의 일은 생각하지 않는 일이다. 인간은 누구나 자기중심적으로 생각하는 경향이 있다. 자기중심적으로 생각하는 것은 잘못된 것이 아니다. 주위의 제약을 받지 않는 상태에서 혼자 살아가고 활동할 때, 집단이나 사회 내에서 법규를 지키고 주어진 역할에 충실하면서 자기중심적으로 생각하고 행동하는 것은 문제가 될 것이 없다. 하지만 자기중심적인 사고를 하는 사람들은 이기적이고 권위주의에 빠지기 쉬우며 독단하는 일이 많아 자신을 고립시키거나 위험에 처하게 할 수 있다.

누구나 집단과 사회 속에서 다른 사람들과 더불어 살아갈 때는 타인을 고려하는 생각과 행동을 해야 한다. 모두가 자기중심적인 사고만 하면 집단이나 사회조직이 할 수 있는 일은 아무것도 없다. 세상은 혼자 살아가는 것이 아니라 더불어 살아가는 곳이다. 여러 사람이 모여 사는 사회는 공익이나 타인의 이익을 고려해야 나의 이익도 존중되고 공존공영(共存共榮)하는 데 도움이 되는 구조로 되어 있다. 이치를 거슬러서 좋을 것은 없다. 가장 바람직한 것은 자기중심적인 생각과 타인이나 공익을 고려하는 생각이 균형을 이루는 것이다.

2) 의타심

의타심(依他心)은 남에게 의지하려는 마음이다. 의타심은 집단이나 사회 내에서 필요한 것과 해서는 안 될 것이 있다. 자기가 해야 할 일, 해결해야 할 문제를 다른 사람에게 미루거나 다른 사람에게 의존하려는 자세는 바람직하지 않다. 그러나 들어온 지 얼마 되지 않은 사람, 새로운 업무를 수행해야 할 사람 등은 부족한 지식과 경험을 보충하기 위해 선임자나 상관에게 가르침이나 교육을 받고 의지하는 의타심이 필요하다.

3) 회의

회의(懷疑)는 의심을 품음 또는 그 의심, 의심(疑心)은 믿지 못해 이상히 여기는 마음이나 생각이다. 자신이나 집단이 행동할 때 '목표한 것을 이룰 수 있을까' 하는 의심을 품기 시작하면 곧바로 발휘되는 능력이 많이 감소한다. '할 수 있다'는 생각을 하고 일하는 것과 '할 수 있을까' 하는 마음을 갖고 하는 일은 과정과 결과 모두 차이가 난다. 자기 내부에서 '할 수 있다. 해야 한다'는 마음과 '이것을 해서 무엇을 하나, 꼭 해야 하나, 나에게 그런 능력이 있을까' 하는 마음이 서로 대립하면 집중력이 약화하고 열정이 줄어들어 능력을 제대로 발휘할 수 없다. 그러나 의사결정과정에서 회의는 때로는 균형감각을 잡아 주고 올바른 판단을 하는 데 도움이 되는 때가 있다. 특히 불확실성이 높을 때는 더욱 그렇다. 하지만 이때도 지나친 회의는 일 추진을 저해하는 등 도움이 되지 않는다. 세상은 항상 불확실하고, 이런 불확실성 속에서도 사람은 자신과 소속된 집단이나 사회조직의 역량을 믿고 협력하여 열심히 일할 때 좋은 결과를 창출할 수 있기 때문이다.

4) 지나친 법규 의존

법률과 규칙은 집단이나 사회조직 통치와 통제의 바탕이다. 법규를 잘 운용하면 구성원의 자발적인 행동을 유도하여 실적을 향상하고 자기 계발을 하게 하는 등 많은 도움이 된다. 때로는 힘들고 어려운 업무수행이나 교육훈련을 감내하게 하기도 한다. 그러나 운용자가 악용하면 얼마든지 수준이 낮거나 능력이 부족한 사람을 퇴출할 수 있는 징벌(懲罰) 수단으로 활용할 수 있다. 일정 수준 이하의 실적을 내는 사람에게 벌을 받게 하거나 퇴출 압력을 가하면, 일시적인 수준 향상이나 실적 향상을 달성하는 일은 얼마든지 가능하다. 그러나 장기적인 실적 향상으로 이어가기는 어렵다. 처벌이나 퇴출 압력 행사 등 강압적인 방법이나 지나친 통제력에 의존하여 성과를 올리는 것은 좋은 리더십을 발휘한 것이 아니다. 편법적인 방법을 활용하는 것도 가급적이면 삼가야 한다. 올바른 지도자는 다른 사람에게 공감받고 인정받을 수 있는 능력으로 실적과 결과를 만들어 내는 리더십을 발휘해야 한다.

5) 집착

살다 보면 집착해서 성취해야 좋은 일도 있고 집착을 떨쳐 버려야 좋은 일도 있다. 결과는 대개 세월이 흐르면 자연스럽게 드러난다. 그때 그것을 '포기한 것이 잘했다거나 잘못했다. 포기하지 않고 한 것이 잘되었다거나 잘못되었다'라는 것을 구분할 수 있는 것들이 많다. 집착(執着)은 어떤 것에 늘 마음이 쏠려 잊지 못하고 매달림이다. 집착은 주로 과거의 의사결정이나 행동 결과에 대해 만족하지 못하고 미련이 남아 서운한 마음을 갖는 데서 비롯된다. 지도자도 만능이 아니므로 살다 보면 반드시 집착하는 일이 생긴다.

집착하는 일에 대한 후속 행동은 네 가지이다. 모든 역량을 집중하여 성취하든지, 그렇지 못하면 충분한 준비가 이루어질 때까지 도전을 연기하든지, 능력이 부족할 때는 포기하는 것이다. 또한 성취하지도 못하고 연기하거나 포기도 하지 않으면서 계속 마음에 두는 사람도 있다. 이 가운데 가장 좋지 않은 것이 성취하지도 못하고 연기하거나 포기도 하지 않으면서 계속 마음에 두는 것이다. 이러지도 저러지도 못하면서 집착하면 정작 필요한 다른 일을 하는 데도 집중하기 어렵기 때문이다.

6) 쓴 마음

쓴 마음을 갖게 하는 요소는 여러 가지가 있다. 가장 대표적인 것은 치욕(恥辱), 굴욕(屈辱), 패배(敗北)에 대한 경험에서 오는 복수심, 증오, 미움, 만회(挽回)와 회복(回復)하고자 하는 마음 등이 있다. 쓴 마음의 대상이 사람일 때는 대개 복수, 재물일 때는 만회하겠다는 마음으로 이어진다. 쓴 마음은 때로는 자신을 분발하게 하는 동기로 작용하기도 한다. 하지만 복수가 복수로 이어지면 연관된 사람 모두를 파멸로 이끌므로 경계해야 한다.

복수(復讐)는 원수를 갚음, 복수심(復讐心)은 복수하려고 벼르는 마음이다. 가장 좋은 복수 방법은 내가 경쟁자나 나를 욕(辱: 명예스럽지 못한 일)보인 사람보다 더 잘되는 것, 나에게 금전적인 손해를 안겨 준 사람보다 더 부자가 되는 것이다. 다음에 같은 굴욕이나 치욕, 패배를 당하지 않고 나의 발전 계기로 삼기 위해 원인을 분석하고 대책을 세우는 등 기억할 필요는 있다. 하지만 그것을 너무 지나치게 의식하는 것은 내가 하고자 하는 일의 진행은 물론 정신건강도 도움이 되지 않는다. 집단이나 사회조직도 마찬가지이다.

7) 합리화 등 지나친 방어기제 사용

방어기제(防禦機制)는 두렵거나 불쾌한 일, 욕구불만에 맞닥뜨렸을 때 자신을 방어하기 위하여 자동으로 취하는 도피·억압·투사·보상 따위의 적응 행위를 말한다. 방어기제 자체는 인간 삶에 필요한 것으로 좋은 것이거나 나쁜 것이 아니다. 단지 상황에 따라 방어기제를 적절하게 사용하느냐 그렇게 하지 못하느냐에 따라 결과가 달라진다. 방어기제를 사용해야 할 때 사용하지 않는 것도 문제이지만, 책임 회피수단으로 이용하는 것은 더 큰 문제이다.

지그문트 프로이트(Sigmund Freud)는 '방어기제'란 원초아(id) 충동이 의식에 공개적으로 나타나려는 힘과 그와 대립하는 초자아(superego)의 압력으로부터 그 개인의 자아(ego)를 보호하기 위한 자아의 전략이라고 정의했다. 자아가 원초아와 초자아의 갈등조절에 실패하면 불안에 빠질 우려가 있으며, 이 경우 자아는 원초아에 대해 방어를 하게 된다. 방어는 원초아가 명하는 긴박한 충동의 발동을 간섭하여 어떻게 해서든지 억압하여 충동을 위험성이 없는 방향으로 돌리게 한다. 이 방어의 수단을 방어기제(defense mechanism)라 한다. 방어기제의 종류는 다음과 같다.

◆ 투사(projection): 스트레스와 불안을 일으키는 자신의 감정이나 사고를 타인에게 있는 것처럼 전가함으로써 자신을 방어하는 방법
예) 내가 이렇게 된 건 다 네 탓/자신이 누구를 미워할 때 그가 자기를 몹시 미워하기 때문에 자신도 그를 미워한다고 생각하는 것
◆ 부정(denial): 고통스러운 환경이나 위협적 정보를 거부함으로써 자신의 불안으로부터 도피하려는 방법
예) 내 자식은 그럴 리 없다./사랑하는 사람이 죽었으나 잠시 외국에 갔다고 하는 것
◆ 억압(repression): 스트레스나 불안을 일으키는 생각이나 충동을 의식화시키지 않으려는 무의식적인 노력
예) 싫은 사람과의 약속 날짜를 잃어버리는 것/기억상실증
◆ 합리화(rationalization): 불합리한 태도, 생각, 행동을 합리적인 것처럼 정당화시킴으로써 자기만족을 얻으려는 방법, 원하는 목표행동을 하지 못하였을 때 그에 대하여 그럴듯한 이유나 변명을 들어 자신의 실패를 정당화하는 방어기제이다.
예) 먹고 싶은 포도를 '신포도'이므로 안 먹겠다고 한 이솝우화/포도를 먹고자 한 여우가 모든 노력을 통해서도 그것을 먹을 수 없게 되자 그 포도의 맛이 시기 때문에 먹을 필요가 없다고 자기 자신의 행위를 스스로 위로하는 것이다.

◆ 주지화(intellectualization): 위협적인 감정을 피하려고 위협조건에 관해 지적 분석을 함으로써 스트레스를 부정하는 방법

예) 정서나 충동을 느끼는 대신 사고함으로써 통제하려는 것

◆ 승화(sublimation): 사회적으로 받아들이는 형태로 충동을 변화시키는 것

예) 예술 활동은 성적 충동의 승화

◆ 반동형성(reaction formation): 자기가 느끼고 바라는 것과 정반대로 감정을 표현하고 행동하는 방법

예) 미운 놈 떡 하나 더 준다./사랑하는 사람에게 상처받을까봐 오히려 바람을 피우는 경우

◆ 환치(displacement): 갈등을 풀기 위해 한 대상에서 다른 대상으로 이동하는 것, 충동이나 목적은 같고 대상만 바뀐다.

예) 자식을 못 가진 사람이 애완동물에 집착하는 경우

◆ 퇴행(regression): 어려움을 피하려고 발달의 초기 단계로 돌아가는 방법

예) 어린아이가 새로 태어난 동생에게 쏟아지는 관심을 자신에게 돌리기 위해 어린아이의 행동을 보이는 경우

◆ 동일시(identification): 투사와 반대로 자신의 불안이나 부족감을 피하고자 타인의 바람직한 점을 끌어들이는 방법

예) 자식의 출세에 성취감을 느끼는 부모의 경우[242]

급속한 과학기술 발전으로 새로운 지식과 기술이 범람하고 우리를 둘러싸고 있는 환경과 여건은 끊임없이 변화한다. 지도자 중에는 새로운 지식을 습득하고 변화하는 환경에 유연하게 대처하는 사람도 있고, 그렇지 못한 사람도 있다. 내부 구성원이나 외부에서 의사결정, 행위에 대한 문제가 제기될 때 지도자들은 보호본능에 의해 책임을 회피하기 위해 종종 지나치게 자기를 합리화하는 등 방어기제를 사용하기도 한다.

정당성과 합리성에 근거하여 논리적으로 설명하는 것과 방어기제를 사용하여 자기를 합리화하는 것은 개념이 다르다. 본질적인 문제해결은 방어기제를 사용하는 것이 아니라 정확한 원인을 분석하고 진단해야 해결할 수 있다. 진단 결과 자신에게 문제가 있을 때는 그것을 인정하고 수용하여 고칠 줄 알아야 한다. 그래야 다른 사람에게 문제가 있을 때도 그것을 고치라고 요구할 수 있다. 문제의 제거나 해결은 발전으로 이어진다.

---

242) 네이버 용어사전.

8) 타성

타성(惰性)은 오래되어 굳어진 버릇, 버릇은 오랫동안 자꾸 반복하여 몸에 익어 버린 행동, 습관(習慣)은 버릇이다. 버릇 중에는 좋은 것과 좋지 않은 것이 있다. 좋은 습관은 생산성과 효율 향상에 도움이 된다. 하지만 좋지 않은 습관은 일하는 데 걸림돌로 작용하여 경쟁력을 떨어뜨리는 요인으로 작용한다. 조직 전체에 깊이 각인된 낡은 습관과 그 바탕을 이루는 조직문화를 변화시키는 것은 만만한 일이 아니다. 지도자가 발휘하는 리더십이 기존의 불합리한 조직문화와 강하게 대립하면 갈등이 발생한다.

예를 들어 기업의 경영진이 바뀌고 새로운 장비나 설비가 들어오고 신기술이 개발되면 그것에 따라 구성원의 대응방식도 바뀌어야 한다. 그런데 구성원이 새로운 경영진, 고객, 협력업체의 기대에 부응하지 못하는 조직문화를 강하게 고집하면, 노사 분규에 따른 일시적인 생산 차질과 매출 감소 같은 직접적인 피해로 이어질 수 있다. 그러므로 어느 조직이든 지도자들은 자신은 물론 구성원이 타성에 젖는 것을 경계하고 낡은 습관은 좋은 습관으로 자연스럽게 변화시켜 나가야 한다.

9) 직관과 감 의존

오늘날의 지도자들은 자신이 가지고 있는 수많은 자료가 앞으로 어떤 결과를 보여 주게 될지 전혀 알 수 없는 상태에서 계속 주어지는 정보 홍수 속에서 살고 있다. 그러므로 직관력은 업무 차원에서나 일상의 차원에서나 어떤 중대한 결정을 내려야 할 때 절대적으로 요구되는 리더십 능력이다. 이 능력은 자기 인식[243] 능력을 갖춘 리더에게서 자연스럽게 발견되는 것이기도 하다. 신경학적인 연구에 따르면, 우리가 직관력과 같은 마음의 작용에 귀를 기울이면 우리에게 주어지는 많은 자료를 제대로 활용할 수 있으며, 더 나은 판단을 내릴 수 있다고 한다. 그러나 동물적 직관력에 의존하는 것은 곤란하다. 아무리 해당 분야의 선두 자리에 있거나 뛰어난 지도자라 하더라도 직관에 의존하면 조직이나 집단 전체의 앞날이 위태로워질 수 있다.[244]

---

243) 지기 인식이란 자신의 감정, 능력, 한계, 가치, 목적에 대해 깊이 이해하는 것을 말한다. 자기 인식이 강한 사람은 현실적 감각이 있는 사람으로 지나치게 자기 비판적이지도 않고, 어리석게 낙관적이지도 않다. 무엇보다도 그들은 자기 자신에게 솔직한 사람들이다. 자기 인식이 투철한 사람들은 자신의 가치관에 부합하는 결정을 내리기 때문에 자신들의 일에 그만큼 열정을 갖고 임하게 된다.

244) 다니엘 골먼 외 지음, 장석훈 옮김(2003), ≪감성의 리더십≫, 청림출판, pp.81~83.

감(感)은 느낌 또는 생각이다. '감(을) 잡다'는 관용구로 어떤 일에 관하여 눈치로 대충 알아 채거나 확신을 가지다는 뜻이다. 깨달음은 진리나 이치 따위를 생각하고 궁리하여 알게 되는 것을 말한다. 직관(直觀)은 판단·추리 등의 사유(思惟) 작용을 거치지 않고, 대상을 직접적으로 파악하는 작용이다. 지도자가 수양, 공부, 일, 경험 등 자신의 행위를 통하여 깨달음을 얻고 그것을 실행하는 것과 감이나 직관에 의존하여 행동하는 것은 분명히 구분할 수 있어야 한다. 어떤 일에 대한 결정을 해야 하고 그것을 판단할 수 있는 자료와 근거가 지극히 부족한 상황 에서도 지도자에게 판단을 요구할 때는 대개 감이나 직관에 의존하게 된다. 그러나 한편으로 는 연구와 분석, 관찰, 노력과 일을 통해 통찰력을 키우도록 노력해야 한다.

만약 직관에 의해 결정할 수밖에 없을 때는 일의 진행 추이를 예의 주시하고 기대와 다르 게 진행될 때는 즉시 수정할 방안을 강구해야 한다. 그래서 지도자에게 창의력, 추진력, 통제 력, 통찰력, 통합력, 도덕성, 이타성 등 창조적 리더십의 핵심 요소 구비가 필요한 것이다. 어 쩔 수 없이 직관과 감에 의존하여 결정했더라도 여건은 끊임없이 변화하고 일의 진행 상황에 따라 변화의 추이를 읽을 수 있거나 자료가 도출되면, 그 내용을 바탕으로 방향을 수정하며 목표를 보다 효율적으로 달성할 방법을 찾아가야 한다. 직관이나 감에 연속적으로 의존하는 것은 곤란하다. 감이나 직관이 성공적인 목표달성을 보장하지는 않는다. 지속적으로 일을 진 행하면서 목표를 달성하는 것은 능력과 마음가짐, 노력에 의존해야 한다.

10) 불평과 불만

불평(不平)은 마음에 들지 아니하여 불만스럽게 생각함을 뜻한다. 만족(滿足)은 마음에 흡족 (洽足)함 또는 흡족하게 생각함, 불만(不滿)은 '불만족'의 준말이다. 그러므로 불만족은 흡족하 게 생각하지 않음을 말한다. 사람은 누구나 불평과 불만을 느낄 수 있다. 지도자도 마찬가지 이다. 특히 지도자의 불평과 불만은 구성원의 능력 개발이나 분발 요구를 수반하므로 일을 하 는 데 도움이 될 때도 있다. 실제 구성원이 항상 일을 잘하고 목표를 달성하는 것은 아니다. 때로는 전년도보다 못한 실적을 올릴 때도 있다. 그러므로 하부조직인 부서나 참모들이 하는 일이 마음에 안 들 때는 독려하고 화를 낼 수도 있다. 그러나 그것을 남발해서는 안 된다.

지도자는 상벌 시행, 인사, 교육과 훈련, 의사결정, 지시와 명령, 조직 내 모든 자원 동원 등 의 제반 권한을 갖고 있으므로, 그것을 활용해 일이 제대로 돌아가게 해야지 불평불만을 자주 표현하는 것은 곤란하다. 집단이나 사회조직 내에서 지도자는 구성원의 불평불만을 해결해야 하는 사람이다. 지도자에게 자신이나 구성원에 대한 불평과 불만이 있으면 더욱 많이 고민하고 연구하고 노력하여 해법을 찾아내고 구성원을 교육·훈련하고 문제를 해결해야 한다. 문제를 해결하는 데 선도적인 역할을 하고 발전을 통해 삶의 질을 향상하게 하려고 구성원이 자신을 지도자로 선출하고 우대하고 명령과 지시에 복종하고 의무를 부담한다는 사실을 항상 염두에 두고 일해야 한다.

11) 거짓말과 기만

거짓말은 사실과 다르게 꾸며 대어 하는 말, 기만(欺瞞)은 남을 속임이다. 거짓말은 나쁜 것이라는 인식이 강하지만, 자신이나 다른 사람에게 피해를 주지 않는 선의의 거짓말은 용인된다. 그러나 다른 사람이나 조직에 피해를 주는 거짓말은 금물이다. 특히 거짓말이 조작이나 은폐, 모함과 음해의 수단으로 사용되는 것은 어떤 경우에도 용납되어서는 안 된다. 지도자에게 거짓 보고되는 정보는 조직과 구성원 전체에 심각한 위협이 될 수 있다.

기만도 좋고 나쁨의 두 가지 측면을 동시에 내포하고 있다. 그 사용 시기와 방법에 따라 경쟁이나 전쟁과 같이 승리를 목적으로 쓸 때는 유용한 수단이 될 수 있지만, 일상 속의 인간관계, 집단이나 사회조직 내에서 기만 사용은 금물이다. 기만은 다수의 이익을 위한 뚜렷한 명분이 있고, 그 필요성이 인정될 때만 제한적으로 사용하는 것이 바람직하다.

12) 네거티브 전략

부정적(negative) 전략은 대결이나 경쟁을 하는 곳에서 주로 사용된다. 경쟁자나 적군에 대한 흑색선전[245]과 중상모략,[246] 회유와 비난은 오래전부터 활용되어 왔다. 오늘날에도 정치권의 야당이 정부와 여당을 공격하는 방법으로 자주 사용한다. 하지만 가장 많이 그리고 노골적으로 사용하는 곳은 선거다. 일반적으로 상대의 부정적인 면을 공격하는 선거운동 방식을 네거티브 전략이라고 한다. 그 내용은 음해, 부정부패와 같은 비리 폭로, 약점이나 인신공격(人身攻擊),[247] 흑색선전, 험구 등을 통한 실수 유발 등 다양하다.

---

245) 흑색선전(黑色宣傳)은 근거 없는 사실을 조작하여 상대방을 중상모략하고 교란(攪亂)하는 정치적 술책.
246) 중상모략(中傷謀略)은 중상과 모략의 총칭. 즉, 사실무근의 악명을 씌워 남의 명예를 손상시키고 좋지 않은 계책으로 남을 못된 구렁에 몰아넣는 일.
247) 인신공격(人身攻擊)은 남의 신상에 관한 일을 들어 비난함.

네거티브 전략의 가장 큰 문제점은 왜곡된 정보에 의한 선택으로 말미암아 모두에게 손해를 끼친다는 것이다. 네거티브 전략은 역량 있는 사람이 선거에서 패배하고 권모술수에 능한 사람이 당선될 수도 있게 함으로써, 국가 발전에 직간접적인 영향을 미칠 수도 있다. 많은 사람이 네거티브 전략이 좋은 방법이 아니라는 것을 아는데도 불구하고 네거티브 전략이 먹히는 것은 사람은 자신이 좋아하는 것만을 보고, 믿고 싶은 것만을 믿으려는 경향이 있기 때문이다.248)

후보자 검증을 목적으로 하는 네거티브 전략은 정상적인 선거운동의 한 방식이다. 후보들 사이의 차별성을 드러나게 해 유권자의 선택에 도움이 될 수 있다. 상대방의 약점을 공격해 그 후보에 대한 지지가 낮아지게 만들어 본인의 당선 가능성을 높이는 전략으로 지지율 차이가 크지 않을 때에 실효성이 있다. 또한 공격을 받은 후보가 반박이나 해명, 대응할 시간적 여유를 주지 말아야 하므로 선거 종반에 많이 나타난다.

네거티브 전략이 본격화되는 부정적 선거운동은 결국 '진흙탕 싸움'으로 치닫게 한다. 유세장에서는 험구는 물론 사실인지 흑색선전인지 식별이 어려운 미확인 소문들도 난무한다. 인신공격은 다반사다. 그러므로 네거티브 전략은 사실에 근거해야 한다. 문제는 근거가 없는 중상모략이나 사실을 날조한 비방·흑색선전·침소봉대(針小棒大) 등이다. 이런 것이 아니고 정당한 비판과 사실에 근거한 공격이라면 국민의 알권리 충족을 위한 후보 검증 차원에서 인정할 수 있다.249)

네거티브 전략은 선거제도와 대의민주주의가 가장 발달한 미국에서 그 개념이 정립되고 발전했다. 미국은 네거티브 캠페인이 역사를 바꾼 최악의 선거전이 비일비재했다. 1950년 미국 캘리포니아 주 상원의원 선거에서 리처드 닉슨(Richard Nixon)의 핵심참모였던 머레이 터너가 '착한 사람들과 겁쟁이들은 선거에서 승리할 수 없다'고 한 말은 네거티브 선거운동의 필요성을 적나라하게 표현한 말로 널리 인용된다.

네거티브 선거 운동의 대표적인 예는 1970년 앨라배마주 주지사 민주당 예비선거를 들 수 있다. 현직 주지사였던 앨버트 브루어는 네거티브 캠페인250)을 벌인 전 주지사이자 대선 후보였던 조지 월러스(George Wallace)에게 패했다. 월러스는 인종차별주의 운동을 벌이면서 브루어를 동성연애자, 브루어의 두 딸은 흑인아이 임신, 아내인 마사는 알코올 중독자라고 중상모략을 했다. 반면 브루어는 처음부터 끝까지 선거과열을 막기 위해 자제하는 대조적인 모습을 보였다. 미국 케네소주립대 교수인 커윈 C. 스윈트는 지난 200년간 미국역사를 바꿔온 최

---

248) 이진호(2011), ≪한국사회 대립과 갈등 진단(하)≫, 한국학술정보, pp.152~153.
249) ≪한겨레21≫, 제412호(2002. 6. 5).
250) 캠페인(campaign)은 사회적·정치적 목적을 위해 조직적으로 행해지는 운동.

악의 네거티브 선거전 25개를 골라 순위를 매겼는데 월러스와 브루어의 선거전이 1위의 불명예를 차지했다.[251]

선거에 네거티브 전략이 동원되는 근본적인 이유는 네거티브 전략이 다른 어떤 선거운동보다 잘 먹히는 데다 승자가 모든 것을 가져가는 구조이기 때문이다. 정책으로 평가를 받아야 한다는 당위론이 있지만, 실제에서는 그러하지 못하는 이유이기도 하다.[252] 위에서는 주로 선거를 대상으로 한 네거티브 전략을 예로 들었지만, 행정기관, 군대조직, 기업 등 경쟁이 이루어지는 모든 집단이나 사회조직에서는 정도의 차이가 있을 뿐 네거티브 전략을 통해 다른 사람들을 음해하거나 비판에 이용하는 사람들이 있다.

13) 충성에 의존한 경쟁 유발

충성(忠誠)은 진정에서 우러나는 정성, 특히 국가에 바치는 지극한 마음이다. 국가에 대한 충성은 클수록 좋다. 하지만 오늘날 집단이나 사회조직에서는 지도자 개인을 위해 충성 경쟁을 유발하는 것이 일반화되어 있다. 많은 지도자가 자신에게 충성하거나 충성심이 강한 사람을 인사제도의 형식을 빌고 권력을 이용한 인사행정을 통해 가신[253]이나 측근[254]을 핵심요직에 등용한다. 이러한 일은 어느 정도는 필요하다. 그러므로 많은 집단이나 사회조직이 지도자와 함께 집단이나 조직을 이끌어 가는 데 필요한 비서관이나 비서실장 등 핵심참모와 일을 할 수 있도록 제도적으로 인정하고 있다.

충성심이 강한 부하를 많이 둔 지도자는 일을 진행하는 데 편리하고 도움이 된다. 특히 나쁜 일을 하려 할 때는 더욱 그렇다. 그러나 지도자가 충성심을 자신을 위한 개인 용도로 활용하면 반드시 집단 내에 대립과 갈등의 폐해가 나타난다. 충성의 기본은 자신이 소속된 국가 등 집단이나 사회에 대한 것으로 공존공영을 위하여 요구되고 표출되어야 한다. 그런데 국가 등 집단이나 사회조직을 운영하는 것이 지도자이므로 지도자에 대한 충성이 집단이나 사회조직에 대해 충성하는 것으로 착각하는 사람들이 적지 않다. 그러나 이것은 반드시 구분되어야 한다.

인간은 자유의사에 따라 행동할 수 있으므로 지도자에게 충성할 수 있다. 지도자의 인품이

---

251) YTN 2007. 7. 13.
252) 자유기업원 2007. 10. 30.
253) 가신(家臣)은 큰 정치적 세력을 가진 권력자에게 붙어 그를 가까이 섬기고 돕는 사람.
254) 측근(側近)은 '측근자(者)'의 준말. 측근자(側近者)는 곁에서 가까이 모시는 사람.

나 행동에 감화되어 자연스럽게 존경하는 마음이 생기고, 그것이 더욱 깊어져 추종의 단계를 넘어 충성심이 생겨 충성한다면 그것은 크게 문제가 될 것이 없다. 그러나 세력 확장이나 입신출세의 방편으로 인사에서 편익을 얻기 위한 충성심은 계파를 형성하고 다른 계파의 형성을 유발하여 집단이나 사회를 분열시키는 대립과 갈등의 원인으로 작용한다. 집단이나 사회 조직 내의 사조직 형성은 심각한 폐해를 만든다. 지도자가 부하직원들에게 충성 경쟁을 하게 하면 그가 퇴임하고 다른 지도자가 수장으로 취임하여 일하려고 할 때 걸림돌이 되는 등 반드시 문제가 생긴다.

지도자가 충성심을 인사의 중요 요소로 생각하는 것은 스스로 리더십이 부족하다는 것을 인정하는 것과 같다. 불법, 권모술수 등 잘못된 행동을 숨기는 데 도움이 되거나 자신도 다른 사람의 그러한 행동에 의해 권력을 잃지 않으려는 마음 때문이다. 따라서 충성에 의한 경쟁 유발은 독재국가나 정치 후진국에서 많이 나타난다. 지도자가 의존해야 할 것은 리더십이지 충성심이 아니다. 지도자는 항상 더 좋은 리더십을 발휘하기 위해 노력해야 한다. 충성 경쟁을 유발하고 충성심에 의존하여 일해서는 안 된다.

14) 문제 제기

문제(問題)에는 여러 가지 의미가 있다. 첫째는 해답을 필요로 하는 물음, 둘째는 연구·논의하여 해결해야 할 사항, 셋째는 해결하기 어렵거나 난처한 대상, 넷째는 성가신 일 또는 귀찮은 사건, 다섯째는 많은 사람의 관심이 쏠리는 일을 말한다. 제기(提起)는 의견을 붙여 의논할 것을 내놓음이다. 지도자라고 문제를 제기하지 말아야 한다는 것은 아니다. 발전적인 일을 할 때 나타나는 구조적 모순이나 문제, 사회적 관심사가 되는 사건 등에 답을 내놓거나 연구·논의하여 해결하기 위해 참모회의를 할 때, 상위기관의 지도자와 대책을 논의할 때는 문제를 제기할 수 있다. 그러나 자신의 입지를 강화하는 방편으로 여론의 관심을 집중시키거나 궁지에 몰린 상황을 돌파하고 여론의 관심을 다른 곳으로 돌리려고 일부러 문제를 제기하는 것은 조심해야 한다.

15) 공명심

공명심(功名心)은 공을 세워 이름을 떨치려는 마음이다. 공적은 정상적인 리더십을 발휘하면 자연적으로 생긴다. 무명을 벗어나기 위해 많은 사람이 공명심을 갖고자 노력한다. 공명심을 가진 사람들은 대개 스스로 동기를 갖고 열정적으로 노력하는 특징이 있다. 따라서 공명심은 개인, 자신이 소속된 집단이나 사회조직에 도움이 되는 부분이 있다. 그러나 지나친 공명심은 정상적인 능력 개발이나 노력보다는 결국 권모술수, 편법, 위법으로 이어질 가능성이 크다.

제2절 배척해야 할 원소 내용과 이해

1. 배척해야 할 원소에 대한 이해

배척(排斥)은 거부하여 물리침을 뜻한다. 지도자가 배척해야 할 원소는 평상시(平常時) 정상적인 상황에서 리더십 도구로 사용하고, 집단이나 사회조직 또는 구성원에게 확산하면 법규는 도전받고 갈등과 혼란이 고조되어 지도자 자신과 구성원은 물론 자신이 소속된 집단이나 사회조직의 유지 발전에도 위협이 될 수 있는 것이다. 그런데도 오늘날 높은 직위를 차지하고 있는 너무나 많은 사람이 배척해야 할 요소를 공공연하게 리더십 발휘를 위한 도구로 사용하고, 그것이 마치 리더십을 발휘하는 것으로 착각하는 경향이 있다. 하지만 배척해야 할 원소를 사용하는 것은 제대로 된 리더십을 발휘하는 것이 아니다.

예를 들어 조직폭력배의 우두머리(boss)와 같이 높은 직위에 있는 사람이 구성원에게 협박, 강압, 강요 등을 통해 자신이 요구하는 결과를 창출했다고 이것을 리더십을 발휘했다고 말하지 않는다. 협박, 강압, 강요가 기술적으로 이루어질 때 외부에서는 리더십과 구분하기 곤란하지만, 그것을 행사하는 지도자 자신의 양심까지 속일 수는 없다. 올바른 리더십은 지도자 자신이 당당하고 구성원이 과정과 결과에 대해 공감하고 인정하여 수용할 수 있어야 한다.

그렇다고 배척해야 할 내용이 절대 사용하면 안 되는 것은 아니다. 인간의 불완전성으로 말미암아 독(毒)도 가끔 쓸모 있는 때가 있다. 독은 항상 독으로 작용한다는 생각은 고정관념이다. 독 중에는 미량이든 다량이든 사용하면 해를 끼치는 것과 미량이나 소량을 사용하면 병을 고치는 데 도움이 되는 것들도 있다. 권모술수라도 국가의 안위가 걸린 전쟁에서 적을 상대하여 싸워 승리하기 위해 사용해야 할 때는 피해서는 안 된다. 인정을 베푸는 것은 상황에 따라야 한다. 송나라 양공[255]처럼 쓸데없는 인정을 베풀어 자신은 송양지인[256]이라는 비웃음을

---

255) 양공(襄公, ?~B.C. 637)은 춘추시대의 송(宋)나라 군주(재위 B.C. 650~B.C. 637)로 초(楚)와 홍(泓)에서 싸울 때, 초군이 강을 다 건너오기를 기다리다가 패하였다. 이로부터 베풀지 않아도 되는 쓸데없는 인정을 '송양지인(宋襄之仁)'이라 하게 되었다. 이름 자부(玆父). 제(齊)나라 환공(桓公)이 죽자 패자(覇者)가 되려고, B.C. 638년 초(楚)와 허난성 홍(泓)에서 싸우다가 패하여 상처를 입고, 이듬해 죽었다. 홍에서의 싸움 때 재상(宰相) 목이(目夷)가 초군(楚軍)이 강을 건너오는 동안에 공격하자고 주장하였으나, 이를 받아들이지 않고 강을 다 건너오기까지 기다렸기 때문에 크게 패하였다. 이로부터 베풀지 않아도 되는 쓸데없는 인정(人情)을 '송양지인(宋襄之仁)'이라 하게 되었다.

256) 송양지인(宋襄之仁)은 실질적으로 아무런 의미도 없는 어리석은 대의명분을 내세우거나 또는 불필요한 인정이나 동정을 베풀다가 오히려 심한 타격을 받는 것을 비유하는 말이다. 송(宋)나라의 양공(襄公)은 초(楚)나라와 싸울 때 먼저 강 저쪽에 진을 치고 있었고, 초나라 군사는 이를 공격하고자 강을 건너는 중이었다.

사고 전쟁에 패해 국가와 국민을 위험에 빠뜨리는 것은 어리석은 행동이다. 국가와 국민을 보전하는 대의를 위해 때로는 약간의 희생을 감수하는 결정이나 행동을 지도자는 마다해서는 안 된다.

이것도 저것도 온갖 좋다는 처방이나 약이 별로 소용이 없는 극단적인 상황에 부닥쳤을 때 지도자는 한 번쯤 극약처방으로 배척해야 할 원소를 도구로 활용하는 것을 고려해볼 수 있다. 구성원이 정상적인 명령을 거부하고 복지부동과 무사안일하며 반항만을 일삼을 때, 누구도 행동하기 어려운 극한 상황에서 누군가는 욕을 먹고 희생을 당하더라도 행동을 해야 할 때, 자신의 권력 욕구에 따라 스스로 의무는 이행하지 않으면서 권리는 누리고 갈등은 조장하며 주어진 업무를 태만히 하는 무리를 다스려야 할 등이다. 그러나 반드시 기억해 두어야 할 것은 배척해야 할 원소를 사용할 때는 그에 수반하는 대가를 치르겠다는 자세가 필요하다.

좋은 리더십은 지도자와 구성원이 공동의 노력을 통해 만들어 가는 것이다. 구성원이나 지도자 중 어느 한쪽이 정당성과 합리성에서 벗어난 비정상적인 행동을 고집하거나 끝까지 억지를 부리고 부당한 요구를 하면 좋은 리더십이 발휘되기 어렵다. 이런 문제를 해결하기 위해 과거 전제군주 시대의 절대왕조나 독재국가에서는 반발하는 사람과 그 가족을 구속하거나 처형하는 전횡을 휘두르는 일이 많았다. 그렇게 하다 보니 잘못이 없는 애꿎은 사람들이 억울하게 너무 많이 희생되는 폐단이 생겼다.

전제군주가 일삼는 전횡의 폐단을 막기 위한 국민의 노력과 각성은 오늘날의 민주주의가 태동하는 계기를 만들었다. 그 결과 현대 민주주의국가에서는 반발하는 사람들을 마음대로 구속하거나 처형할 수 없게 되었다. 이러한 상황 속에서 지도자는 규정을 준수하며 결과를 창출해야 하므로 리더십을 발휘하기가 쉽지 않다. 결국 오늘날의 지도자들은 좋은 리더십을 발휘하기 위해 과거보다 더 많은 연구와 노력을 해야 할 수밖에 없게 되었다.

이때 장군 공자목이(公子目夷)가 양공에게 이르기를 "적이 강을 반쯤 건너왔을 때 공격을 하면 이길 수 있습니다"라고 권하였다. 그러나 양공은 "그건 정정당당한 싸움이 아니다. 정정당당하게 싸워야 참다운 패자가 될 수 있지 않은가" 하면서 듣지 않았다. 강을 건너온 초나라 군사가 진용을 가다듬고 있을 때, 또다시 "적이 미처 진용을 가다듬기 전에 치면 적을 지리멸렬(支離滅裂)시킬 수 있습니다"라고 건의하였으나, 양공은 "군자는 남이 어려운 처지에 있을 때 괴롭히지 않는 법이다"라며 말을 듣지 않았다. 그 결과 송나라는 크게 패하게 되었는데, 세상 사람들은 이를 비웃어 송양지인(宋襄之仁)이라고 하였다. ≪십팔사략(十八史略)≫에 나오는 이야기이다.

2. 지도자가 배척해야 할 원소

1) 부정적인 생각

부정(否定)은 그렇지 않다고 단정함이다. 부정적인 사고를 하는 사람들은 어떤 사실이나 생각에 대하여 그렇지 않다고 단정하므로 인정이나 승인을 하기 어렵다. 인정(認定)은 옳거나 확실하다고 여김, 승인(承認)은 어떤 사실을 마땅하다고 인정함, 들어줌, 동의함이다. 의사결정이나 일을 하면서도 옳다고 생각하지 않고 동의를 하지 않으므로 모든 생활과 일에 소극적이고 회의적이거나 비관적인 태도와 자세를 취하며 비판하려 하게 된다. 이러한 자세와 태도는 자신이 하고 있는 일이나 하려고 하는 일에 대해 확신도 없고 동의하지도 않는다. 다른 사람들의 말이나 요구를 들어주지 않으려고 하는 생각이 존재하기 때문에 '이 일을 하는 것이 옳은가, 어렵겠다, 잘 안 될 것 같다, 할 수 없다'는 마음을 갖게 한다.

사람이 하는 일은 '할 수 있다'는 생각을 하고 온 힘을 기울여 열심히 노력할 때 한계를 극복하고 성취를 이룰 수 있다. '할 수 있다'는 생각을 하면, 방법을 찾으려고 열심히 노력하고 그 일에 몰입한다. 그러나 '할 수 없다. 안 된다'라는 부정적인 생각으로 일하면 신이 나지 않는다. 문제를 해결하고 한계를 극복하려는 의욕도 생기지 않는다. 심란해 몰입도 되지 않는다. 방법이 없을 것으로 생각하므로 아예 찾으려고 노력하지 않는다. 당연히 일한 결과가 안 좋게 나오고 성취도 안 된다.

성취는 자신감을 만든다. 자신감은 도전을 통해 새로운 기회를 만들고 자신이 원하는 인생 행로를 향해 나아가게 한다. 그런데 부정적 사고를 하는 사람은 자기에게 주어진 기회를 스스로 차단하므로 고립을 자초한다. 돌아오는 기회마저 허사로 돌리고 하는 일마다 잘 안 되므로 주위 사람들과 관계도 소원해진다. 모든 것이 침체된다. 이런 마음이 심화하면 마치 수렁에 빠진 것처럼 세상은 활기차게 돌아가는데 나는 '되는 것이 없다'고 생각한다. 무기력한 삶을 살기 때문에 같은 일을 하면서도 즐거움을 느끼지 못하는 사람들이 많다.

2) 도덕적 해이

도덕적 해이는 새로운 말이 아니다. 아주 오래전부터 사용되어 왔다. 인간이 도덕에 관심을 둘 때부터 도덕적인 마음이 해이해지는 것을 경계했다. 하지만 오늘날 널리 사용되는 도덕적 해이(moral hazard)라는 용어를 처음 사용한 사람은 경제학자 케네스 애로(Kenneth J. Arrow) 교수였다. 도덕(道德)은 인간으로서 마땅히 지켜야 할 도리 및 그에 준한 행위, 도덕심(道德心)은 도덕을 지키고 받들어 행하려는 마음, 선악·정사(正邪)를 판별하여 선을 행하려는 마음, 도덕적(道德的)은 도덕에 의하여 사물을 판단하려고 하는 것 또는 도덕에 적합한 것, 해이(解弛)는 마음의 긴장·규율 등이 풀려 누그러짐, 도리(道理)는 사람이 마땅히 행하여야 할 바른 길이다.

도덕적 해이257)는 인간으로서 마땅히 지켜야 할 도리를 받들어 행하려는 마음이 느스러지는 것을 말한다. 도덕적으로 해이해져 마음이 풀려 느슨해지므로 인간의 도리를 지키지 않으려고 하므로 부정부패, 불법, 폭력, 강압 등 정당하지 않은 방법을 이용하여 탐욕을 채우려는 마음이 생겨난다. 탐욕을 부리면 누군가는 피해를 보고 법과 규칙은 도전받으며 갈등과 혼란이 나타난다. 우리가 도덕적 해이를 경계하는 이유는 법과 규칙에 따라 리더십을 발휘하는 공정경쟁 풍토를 조성하여 갈등과 혼란을 줄이고 모두가 바라는 이상 사회인 공정한 사회를 만들기 위함이다.

---

257) 도덕적 해이를 뜻하는 모럴해저드(Moral Hazard)는 원래 보험시장에서 사용됐던 용어이다. 화재보험에 가입한 보험가입자가 보험에 들지 않았더라면 다 했을 화재예방에 대한 주의 의무를 게을리 함으로써 오히려 화재가 발생하여 보험회사가 보험료를 지불하게 되는 경우가 있다. 만일 보험회사가 보험가입자의 화재예방 노력을 하나하나 모두 파악할 수 있다면 화재예방 노력에 따라 보험료를 다르게 적용하거나 보험가입 자체를 거부할 수 있겠지만, 현실적으로는 불가능한 일이다. 이렇게 보험회사가 보험가입자를 개별적으로 다 파악할 수 없는 이러한 상황을 '정보의 비대칭'이라고 하며, 이같이 어느 한쪽이 상대방을 충분히 파악할 수 없는 정보의 비대칭 상황에서는 항상 도덕적 해이가 발생할 소지가 있다.
　경제학적으로 '도덕적 해이'란 정보의 비대칭이 존재하는 상황에서 주인(principal)이 대리인(agent)의 행동을 완전히 관찰할 수 없을 때 대리인이 자신의 효용을 극대화하는 과정에서 나타난다. 예를 들어 노동자가 감시가 소홀할 때 일을 열심히 하지 않는 것, 보험을 든 자가 보험을 들고 나서 사고에 대비한 주의를 덜 하는 것, 의사가 의료보험금을 많이 타내기 위해 과잉진료를 하는 것 등 이 모든 것이 도덕적 해이에 해당한다. 여기서 기업가, 보험회사, 건강보험기관이 주인이고 노동자, 보험에 가입한 자, 의사가 대리인이지만 어떤 수직적인 신분 관계를 의미하는 것이 아니라 단지 서로의 목적하는 바가 다르다는 것을 나타낼 뿐이다. 모럴 해저드의 결과로 나타나는 게 역선택(adverse selection)이다. 고금리를 제시하는 부실금융기관에 고객이 예금을 맡기는 것은 대표적인 모럴 해저드에 해당한다.
■ 모럴 해저드의 다른 의미
　모럴 해저드는 금융기관이나 예금자가 행동의 절도를 잃어버리는 행위를 가리키는 말로 많이 쓰인다. 예를 들면 예금자가 예금보호제도에 의해 원리금 상환이 보장되므로 이율이 높으면 경영이 위태롭게 보이는 은행에도 돈을 맡기는데 이를 예금자의 모럴 해저드라 하며, 경영 불안에 빠지고 있는 은행은 높은 이자를 주고 자금을 모은 만큼 다시 위험성이 높은 대출 상대에게 높은 금리로 융자해 주게 되는데 이를 금융기관의 모럴 해저드라고 한다. 은행이 정부의 보증을 믿고 부실기업에 대출을 해주는 것도 모럴 해저드에 해당한다. 그리고 요즘은 법과 제도의 허점을 악용한 이익 추구, 자기 책임을 소홀히 하는 태도, 집단이기주의 등에 대해서도 '모럴 해저드'로 표현한다. 국회가 본연의 임무를 저버린 채 각 이해집단 간의 조정기능을 상실하고 예산낭비를 방조한다든지, 기업이 회계처리를 불투명하게 하거나 고의부도를 내는 행위 등이 대표적인 예다. 개인이 당장 편익을 좇아 행동함으로써 장기적인 손실을 가져오는 현상을 뜻한다.

◆ 숨겨진 행동으로 인한 도덕적 해이

도덕적 해이는 계약 당사자 가운데 한 사람의 행동이 드러나지 않는, 숨겨진(hidden) 행위로 인하여 상대방 계약자가 비용을 추가로 부담하거나 그러한 가능성이 커지는 현상이다. 도덕적 해이는 여러 부분에서 관찰할 수 있다. 운전 보험에 가입한 이후에 운전에 대한 조심성이 약해지고 난폭하게 운전하는 경우나 화재보험에 가입한 이후에 화재예방을 소홀히 하는 경우도 도덕적 해이이다. 도덕적 해이는 보험에서만 해당하는 현상은 아니다. 혼자서 점포를 운영하기 어려운 주인이 함께 일할 종업원을 고용했다. 주인과 교대로 상점을 지켜야 한다. 대부분의 종업원은 주인처럼 열심히 일하지만, 그렇지 않은 종업원도 있다. 주인이 상점에 없으니 종업원이 일을 소홀히 해도 주인은 알 수가 없다. 종업원의 근무 태도는 보이지 않는 행위이다. 만약 종업원이 일을 소홀히 해서 주인이 손해를 본다면, 이 또한 도덕적 해이이다.

도덕적 해이라는 용어를 처음 사용한 경제학자는 애로 교수이다. 진료비용 대부분을 보험회사가 지급하는 건강보험에 가입한 환자들은 보험이 없을 때보다 더 자주 병원에 가는 경향이 있다. 보험에 가입하여 병원비 부담이 줄어들면 감기만 걸려도 이 병원 저 병원을 찾아다니며 진료를 받는 사람이 증가한다. 의료비용 절감에 대한 보상이 적다고 생각하는 병원은 오히려 수입을 늘리기 위한 과잉진료를 한다. 예를 들어 간헐적으로 두통을 앓는 환자에게 뇌스캔(scan)[258] 검사를 하거나 경증 관절염 환자에게 인공관절 수술을 시키는 경우도 발생한다. 이처럼 건강보험 가입으로 말미암아 의료비 지출이 증대하고 보험 보상이 증대하는 행태를 애로 교수는 도덕적 해이라고 불렀다.

◆ 금융산업에서의 도덕적 해이 그리고 역선택의 심화

금융부문은 감추어진 행위로 말미암은 도덕적 해이를 가장 잘 보여 주는 예이다. 사업계획을 세운 기업은 이에 소요되는 자금을 융통해야 한다. 이들이 선택할 수 있는 자금융통 방법은 두 가지이다. 하나는 자금 제공자로부터 직접 자금을 융통하는 방법이다. 주식이나 채권 발행을 통한 자금 융통이다. 다른 하나는 은행이나 다른 금융기관에서 융자를 받는 방법이다.

은행은 대출한 자금을 모두 회수할 수는 없다. 부실대출이 발생할 가능성은 항시 존재한다. 은행은 대출한 돈을 제대로 회수하기 위해 대출받는 사람의 신용 정도를 엄격하게 심사한다. 그러나 은행은 대출자의 신용 상태에 대해 대출받는 사람보다 정보가 부족하다. 감추어진 정보 문제가 발생하는 것이다. 은행은 엄격한 대출심사를 통하여 손실을 최소화하려고 한다. 은행이 도산 위험에서 벗어나기 위한 생존 수단이다. 금융 산업이 정보문제와 가장 밀접하게 연

---

258) 뇌스캔(腦 scan)은 방사성 동위 원소를 정맥 안에 주입하여 뇌 속의 종양이나 각종 병변을 알아내는 검사 방법. 방사성 동위 원소가 종양 조직에 모이는 성질을 이용한다.

관된 연유가 여기에 있다.

적절하게 운영되는 은행은 대출 희망자의 과거 신용과 대출 용도의 건전성에 대한 확신이 서지 않으면 대출을 허락하지 않는다. 은행은 대출을 허용해도 추가적인 안전장치를 설치한다. 주택융자는 주택을 담보로 한다. 담보가 충분하지 못한 사업에 대출해 주는 때는 위험에 대한 할증금(premium)[259]으로 높은 이자율을 적용한다. 이와 함께 은행은 대출자가 다른 사업으로 확장하지 않고 계획한 사업에만 전념하도록 제약하는 계약에 동의하라고 요구한다. 또한 대출 이후에도 사업자의 재무 상태를 점검할 수 있는 장치를 도입한다.

이러한 조심스러운 조치에도 은행이 대출한 자금을 전액 회수하기는 쉽지 않다. 경제가 안정적일 때 은행은 숨겨진 정보에 대처하기 위한 일련의 대책을 통하여 이익을 내고 자금 융통을 원활하게 만든다. 그러나 경기가 불황으로 접어들면 얘기는 달라진다. 기업 이윤과 개인 소득이 감소하면서 어려움에 부닥친 사람들은 은행에 손을 벌리게 된다. 은행이 융자를 신청한 사람 가운데 누가 안전하고 누가 위험한지를 구별하기가 쉽지 않다. 레몬의 문제(Lemons Problem)[260]가 발생하는 것이다. 신규대출이 부실 대출로 이어질 가능성이 커짐에 따라 은행은 종전보다 엄격한 대출심사를 이행한다. 금융시장은 경색되고 기업은 자금부족으로 고전하고 역선택(reverse selection)의 문제는 심화한다. 상태가 악화하면 금융시장은 얼어붙고 경기는 공황의 나락으로 빠져든다. 금융위기로 인한 경제위기가 발생한다.

경제의 적신호는 저축하려는 사람들로 하여금 은행 도산을 우려하게 된다. 불안한 기존의 저축자들은 자신의 예금을 인출하고자 한다. 어느 은행이 안전한지 알 수 없는 일반 예금자들은 안전한 은행에 저축한 예금까지도 인출하려고 한다. 공포감이 확산하면서 예금인출 사태는 확산한다. 이것이 1929년의 세계대공황의 발단이다. 1929년에서 1932년 사이에 미국에서

---

259) 할증금은 일정한 가격, 급료 따위에 여분을 더하여 주는 금액, 채권 따위를 상환할 때 추첨과 같은 방법으로 주는 여분의 금액.

260) 레몬의 문제(Lemons Problem)와 시장실패: 투자자와 기업가 사이의 정보 불균형은 레몬의 문제를 야기해서 결국 자본시장 기능을 무력화할 수 있다. 레몬의 문제란 정보 불균형에 의한 시장실패를 의미한다. 중고차 시장을 생각해 보자. 중고차는 차의 원소유자가 가장 정확하게 알고 있다. 중고차를 사고자 하는 사람은 겉으로 멀쩡해 보이는 그 차가 사실은 어디가 결함이 있는지 큰 사고가 났었는지 정확하게 알 수 없다. 정보비대칭이 대단히 심각하다. 따라서 중고차를 사려는 사람은 평균적으로 반·반 정도 좋은 차와 나쁜 차가 있다는 가정 아래에 차를 선택하고 가격을 흥정한다. 이는 정말로 괜찮은 차를 중고차 시장에 내놓는 사람에게는 오히려 손해가 될 수 있다. 가격대가 '통상 반 정도는 문제가 있는 차'라는 것을 전제로 형성되어 있기 때문이다. 따라서 자기 차가 정말로 괜찮은 차인 경우, 중고차 시장에서 제값을 받기 어렵다는 사실을 깨닫고 중고차 시장 외의 다른 길을 찾는다. 이것은 다시, 중고차 시장에서 괜찮은 차는 적어지고 문제가 있는 차가 점점 더 많아지게 만든다. 그레셤의 법칙처럼 나쁜 차가 좋은 차를 구축(crowd out)한다. 중고차 시장에 문제가 많은 차가 늘어나면 늘어날수록 더더욱 가격이 부적절하게 형성된다. 좋은 차가 나올 가능성은 더욱 줄어든다. 마침내 소비자는 중고차 시장 자체를 버린다. 이런 것을 레몬의 문제(lemons problem)라고 한다. 이렇게 정보비대칭에 의해 초래된 시장실패를 역선택(reverse selection)의 문제라고 한다.

는 5,000개 이상의 은행점포가 문을 닫았다.

금융위기를 진정시키기 위해서는 예금에 대한 보장이 필요하다. 이것이 은행이 파산하게 되면 예금자의 예금을 어느 정도까지 보호하는 예금보험제도가 도입된 배경이다. 그런데 문제는 감추어진 정보 문제에 효과적으로 대처할 수 있는 예금보험제도가 내포한 부작용이다. 부실대출로 인한 손해를 보험이 보장해 주는 상태에서는 은행의 엄격한 대출심사가 다소 느슨해질 것이다.

특히 경영자의 연봉이 성과급의 형태라면 고수익을 추구하는 경영층은 예금에 높은 이자율을 제시하여 충분한 자금을 확보하고자 한다. 이들은 확보된 자금을 높은 금리로 대출할 것이다. 이때 높은 이자율을 부담하며 대출을 받는 경우는 부실화될 위험이 크다. 부실대출이 커지면 은행은 자기자본을 잠식당하고 급기야는 파산되기도 한다. 은행이 예금보호를 위한 보험제도를 믿고 높은 수익률을 추구하느라 엄격한 대출심사를 하지 않은 결과 발생한 피해는 고스란히 국민의 부담으로 귀착된다. 도덕적 해이의 극치이다.[261]

3) 이기주의와 개인주의

인간은 누구나 본능을 가지고 태어나므로 세상 사람들이 어떻게 평가하든 개인적인 관점에서 볼 때 인간은 항상 이기주의자다. 그러나 여러 사람의 이해가 얽히는 사회 속에서 이기주의는 제한을 받는다. 때로는 제재를 받을 수도 있다. 타인의 이익과 나의 이익을 동시에 만족하게 해야 하므로 법규가 공통으로 허용하는 범위 내의 행동은 그것이 이기주의라고 할지라도 자유롭게 보장한다. 즉, 이기주의이기는 한데 모두가 인정하는 이기주의이므로 합리적인 이기주의라 할 수 있다. 이기주의(利己主義)는 자기의 이익만을 행위의 규준으로 삼고, 사회 일반의 이익은 염두에도 두지 않는 주의이다. 그러므로 이기주의자는 남을 돌보지 않고 자기 이익만 차리기 위해 멋대로 행동하려고 한다.

개인주의(個人主義)는 개인의 권위와 자유를 중히 여겨 개인을 기초로 하여 모든 행동을 규정하려는 윤리주의, 개인의 자유활동 영역이 개인 사이에 침범되지 않음을 이상으로 삼는 주의이다. 개인의 자유와 권리도 존중되어야 한다. 하지만 집단이나 사회조직이 추구하는 공동 목표를 달성하기 위해서는 구성원 개인을 기초로 하는 이익을 행위의 규준으로 삼을 수는 없다. 개인의 자유와 권리를 상당 부분 제한하고 협동하도록 이끌어 나가야 한다. 이를 위해 이

---

261) 네이버캐스트(김철환 아주대학교 경제학과 교수).

기주의는 억제하고 이타주의를 늘려야 한다. 그래야 협동하여 공동의 목표를 달성하고 구성원 전체의 발전을 통한 삶의 질 향상을 이룰 수 있다. 정도를 넘는 이기주의와 개인주의를 그대로 두고서는 시너지를 발휘할 수 없기 때문이다.

4) 정실인사

정에 끌린 인사를 정실인사라고 한다. 정실인사는 연고주의와 정실주의[262]가 바탕이 된다. 정실인사의 극단적인 사례가 코드인사[263]이다. 코드인사는 파벌을 강화하여 여러 가지 폐해를 만들어 낸다. 정실인사가 문제가 되는 것은 권력을 남용하여 법규, 인사기준과 체계를 넘어선다는 데 있다. 이는 구성원의 사기를 저하하고 불만 대상이 되는 등 집단과 사회조직 내에 갈등과 혼란을 불러일으키는 원인으로 작용한다. 결국 법규를 넘어서는 행동은 자신과 조직을 위태롭게 하고 모든 구성원에게 손해를 입힌다.

우선은 나에게 이익과 도움이 되는 것 같아도 다른 사람도 그런 일을 하기 시작하여 법의 무시가 일반화되면 무질서와 혼란을 불러와 모두가 피해자로 전락한다. 공정한 사회를 만들기 위해서는 공정한 경쟁과 평가가 이루어져야 한다. 공정한 사회란 출발과정에서 균등한 능력발휘 기회를 주고 공정한 평가를 통해 나타난 결과에 대해 모두가 승복하는 사회이다. 공정사회를 위해서는 엄격한 법규 집행은 필수이다.

5) 부정부패 행위

부정부패(不淨腐敗)는 생활이 깨끗하지 못하고 썩을 대로 썩는 일, 부정(不正)은 바르지 못함, 옳지 못함, 부패(腐敗)는 정신·정치·사상·의식 등이 타락함이다. 부패(腐敗, corruption)는 한자로 썩을 부(腐), 무너질 패(敗) 자를 쓴다. 말뜻 그대로 표현하면 '썩어서 무너짐'이다.

---

262) 정실주의(patronage system, 情實主義)는 인사권자와의 개인적 신임이나 친소 관계를 임용 기준으로 하는 인사제도를 말한다. 정실주의는 정치적 신조나 정당 관계를 임용 기준으로 하는 엽관주의와 구분되나, 일반적으로는 혼용된다. 영국에서 절대군주제 확립 당시의 국왕은 자신의 정치 세력을 확대하거나 반대 세력을 회유하기 위해 개인적으로 신임할 수 있는 의원들에게 고위 관직이나 고액의 연금을 선택적으로 부여했으며, 장관들도 하급관리의 임명권을 이권화(利權化)함으로써 정실주의가 확대되었다.
263) 코드인사(code人事)는 정치·이념 성향이나 사고 체계 따위가 똑같은 사람을 관리나 직원으로 임명하는 일 또는 그런 인사.

영어의 어원을 살펴보면 'cor(함께)'와 'rupt(파멸하다)'의 합성어로 '함께 파멸한다'는 의미를 지니고 있다. 모두 정상적인 것에서 벗어나 있는 상태, 지속적 생존을 불가능하게 하는 파멸의 상태를 의미한다.[264]

부패는 사회윤리와 공직윤리가 지켜지지 않았을 때 외형적으로 드러나게 되는 병리현상이다. 그 개념은 '공무원이 직무와 관련하여 저지르는 행동으로 개인의 이익을 추구하는 의식적 행동', '직무와 관련하여 부당한 이익을 취하거나 취하려는 행동' 등으로 이해된다. 우리가 여기서 공통으로 찾을 수 있는 것은 공무원의 부패를 구성하는 요인은 그것이 직무와 관련되어야 하고, 부당한 개인의 이익을 목표로 하는 것이라는 점이다.[265] 부정부패란 국민과 국가에서 위임된 권력인 공직을 이용하여 비정상적인 방법으로 사적 이익을 의식적으로 추구하는 것이라고 할 수 있다.[266] 쉴라이퍼와 비쉬니(Shleifer & Vishny)는 '정부 등의 기구가 과도한 규제, 정부의 중앙집권화를 시도할 때, 정치적 기구들이 사회의 많은 기구와 단체들로부터 감독이 되지 않을 때 부패가 더욱 성행할 수 있다'[267]고 했다.

부패행위 속에는 횡령, 뇌물수수와 같은 명백한 불법행위는 물론, 직권 남용과 오용 그리고 부정과 같이 비록 직접적인 물질적 혜택은 없다고 하더라도 민주적 절차를 벗어나거나 공정성을 잃은 행정처분 등 공식적 규범을 벗어난 일체의 행위가 포함된다.[268] 이 외에도 부패행위를 더욱 확장하여 국민에게 시간과 경비, 기회비용을 잃게 하는 저급한 행동까지 포함해야 마땅하다. 사전에 잘 안내해 주고 방문할 때 한 번에 문제를 지적하여 해결방안을 알려 주면 될 것을 두 번 세 번 걸음을 하게 해 피해를 주는 것에 대해 민원인은 부정부패 행위보다 더 불쾌하게 생각한다. 국민이 피해를 본다는 점에서 부정부패 행위로 피해를 주는 것과 다를 바 없다. 국민은 이러한 저급한 행동에서 더 큰 불신과 불만을 품고 강한 피해의식을 느낀다.

부패는 문화적 가치와 사회조건에 따라 다양하게 정의될 수 있다. 국제투명성기구, 세계은행, 경제협력개발기구(OECD), 국제연합(UN) 등은 각각 나름대로 부패를 정의하고, 국가별로 부패수준을 평가하고 있다.[269] 부패는 공공직무관계, 즉 정책·법·제도 등을 만들고 이를 서비스로 전달하는 집행과정에 윤리규범과 법규범을 초과하고 이 초과에 대한 반대급부로서 금전적 가치 등이 교환적·대가적으로 이루어지는 잘못된 부(負)적 행동이라고 정의할 수 있다.[270]

세계은행이 정의한 부패는 개인적인 이익을 위한 공권력의 남용이다.[271] 국제투명성기구

---

264) 이종수 외(2005), 《새 행정학》, 대영문화사, p.215.
265) 노정현(1996), 《깨끗해야 떳떳하다》, 미래미디어, pp.16~37.
266) 최창호·하미승(2006), 《새 행정학》, 삼영사, p.547.
267) 배세영(2005), 《부패의 경제학》, 대경, p.28.
268) 강성철 외(2007), 《새 인사행정론》, 대영문화사, p.533.
269) 김장민(2010), 《지방자치단체장 부패 근절 방안》, 새세상연구소, p.10.
270) 이상안(2000), 《공직윤리봉사론》, 박영사, p.306.

(Transparency International, TI)[272])는 부패를 사적인 이익을 위해 주어진 권력을 오용하는 것으로 정의하고, '법에 따른 부패'와 '법에 반하는 부패'를 구분하고 있다. 급행료와 같이, 법에 당연히 해주게 되어 있는 것을 특별한 편의를 받기 위해 뇌물을 제공하는 것을 법에 따른 부패로 정의하는 반면, 법으로 금지된 것을 받기 위해 뇌물을 주는 것을 법에 반하는 부패로 정의한다.[273])

한국은 부패방지 및 국민권익위원회의 설치와 운영에 관한 법률 제2조 제4호에서 부패행위는 공직자가 직무와 관련하여 그 지위 또는 권한을 남용하거나 법령을 위반하여 자기 또는 제3자의 이익을 도모하는 행위, 공공기관의 예산 사용, 공공기관 재산의 취득·관리·처분 또는 공공기관을 당사자로 하는 계약의 체결 및 그 이행에서 법령에 위반하여 공공기관에 대하여 재산상 손해를 입히는 행위, 위에 규정한 행위나 그 은폐를 강요, 권고, 제의, 유인하는 행위 중 어느 하나에 해당하는 행위를 말한다고 규정하고 있다.

국제투명성기구의 정의와 비교하여,[274]) 공직자와 공공부문으로 그 영역을 국한하고 있는 점이 가장 큰 차이다. 시민사회단체의 요구에 따라 직접적인 부패행위 외에 부패행위를 강요, 권고, 제의, 유인하거나 그 은폐 강요 등 간접적인 부패행위도 부패행위의 개념에 포함함으로써 부패행위 신고대상뿐만 아니라 신고자 보호범위도 확대되었다.[275]) 특히 대규모 부정부패는 대부분 기업과 연관되어 있다. 부정부패 행위가 관행처럼 이루어지고 있는 기업도 많다. 따라서 기업의 내부 부정부패 예방을 위한 강한 윤리경영 의지와 노력이 필요하다. 부정부패 행위는 모두를 피해자로 만들기 때문에 백해무익하다.

6) 탐욕

욕망(欲望)은 누리고자 탐함 또는 그 마음, 부족을 느껴 이를 채우려고 바라는 마음이다. 욕

---

271) 배세영(2005), ≪부패의 경제학≫, 대경, p.3.
272) 국제투명성기구(Transparency International, TI)는 독일 베를린에 본부를 두고 있는 세계적 반부패 NGO(비정부 조직)로, 1993년 창립 이후 부패문제를 세계의 중심 의제(agenda)의 하나로 끌어올려 부패에 대한 인식을 높이는 데 기여하였다. 2006년 12월 현재 세계 112개국에 각국 본부(연락사무소 포함)를 두고 있으며, 우리나라에서는 한국투명성기구가 2000년부터 한국본부(Korea Chapter)의 역할을 겸하고 있다. 투명성(Transparency)이란 행정적 결정, 상거래행위, 자선행위 등에 의해 영향을 받는 사람들로 하여금 그와 관련된 기본적인 사실뿐만 아니라 그 메커니즘과 과정까지를 알도록 허용한다는 원칙이다. 가시적으로 예견할 수 있도록, 이해할 만하게 행동하는 것. 모든 공무원, 경영자 수탁인들의 당연한 의무이다.
273) 한국투명성기구·대한주택공사(2007), ≪청렴교육교재≫, 서울, pp.13~14.
274) 한국투명성기구·대한주택공사(2007), ≪청렴교육교재≫, 서울, pp.13~14.
275) 이진호(2011), ≪부정부패 원인과 대책≫, 한국학술정보, pp.1~3.

심(慾心)은 무엇을 탐내거나 분수에 지나치게 하고자 하는 마음, 탐욕(貪慾)은 지나치게 탐하는 욕심을 뜻한다. 욕망은 인간이 행동하게 하는 원동력이고, 욕심도 자신의 한계를 극복하기 위해 노력하게 하는 동기로 작용하기도 한다. 하지만 욕심이 지나쳐 탐욕이 되면 자신은 물론 자신이 몸담고 있는 집단과 사회조직을 위기로 몰아넣는 등 심각한 폐해를 끼칠 수 있다. 모든 부정부패는 욕망 절제의 실패, 즉 탐욕에서 시작된다.

7) 고정관념

고정관념(固定觀念, stereotype)은 잘 변하지 아니하는 행동을 주로 결정하는 확고한 의식이나 관념, 사회의 몇몇 측면에 대해 지나치게 단순화된 지각,[276] 어떤 집단이나 사회적 범주 구성원들의 전형적 특징에 관한 신념, 특정 집단의 사람들이 지니고 있는 과잉 일반화 또는 부정확하게 일반화된 신념이다. 일반적인 것으로 성, 인종, 민족, 직업집단에 관한 고정관념을 들 수 있다. 고정관념은 사회적 지각에서 많은 부정확성의 기초를 형성하며 종종 편견의 바탕이 된다.[277]

고정관념은 사회나 인간이 지니고 있는 도식에 크게 의존한다. 여기서 도식(schema)[278]이란 어떤 대상이나 개념에 관한 조직화하고 구조화된 신념이다. 인간은 사회화를 통해 각기 다른 문화 속에서 신념체계를 습득하게 되고 이를 통해 문화에 대한 확고한 시냅스[279] 연결이 뇌 속에 남게 된다. 이러한 사회화과정 속에서 고정관념이 형성되게 된다. 고정관념은 어떤 사람의 인상을 형성하는 데 큰 영향을 미치고 거기에 선입견 또는 편견을 부과하기도 한다. 또한 때로는 분쟁이나 극단적인 인종차별 같은 여러 가지 사회문제를 발생시키기도 한다.

고정관념을 갖는 것은 선천적 원인이 아닌 학습에 의한 결과이다. 사회로부터 학습된 사회관념에 대한 맹목적인 동조 때문이라고도 할 수 있다. 사회 관념은 고정 불변하며 당연하고 이론의 여지가 없으며, 앞으로도 영원히 변치 않을 것처럼 강요된다. 또한 교육이나 언론매체(media)를 통한 의미화 과정을 거치게 되고 우리로 하여금 부자연스러운 것으로 느낄 수 없도

---

276) 심리학 용어사전.
277) 교육심리학 용어사전.
278) 도식(圖式)은 사물의 구조, 관계, 변화 상태 따위를 일정한 양식으로 나타낸 그림 또는 그 양식, 외부의 환경에 적응하도록 환경을 조작하는 감각적·행동적·인지적 지식과 기술을 통틀어 이르는 말, 윤곽이나 형태라는 뜻으로, 사상(事象)을 과학적으로 취급할 때 표준으로서 사용될 수 있는 어떤 보편적인 형식을 이르는 말. 특히 칸트에게 있어서는 선험적인 동시에 감성적인 상상력의 소산이다.
279) 시냅스(synapse)는 신경 세포의 신경 돌기 말단이 다른 신경 세포와 접합하는 부위. [같은 말] 연접.

록 자연화되어 있다. 즉, 어떤 사회 속에서 자신도 모르게 고정관념을 갖게 되는 것이다. 그것을 거부하고 새로운 문화를 추구할 때는 항상 크고 작은 억압과 징벌, 고통이 가해진다.[280]

집단이나 사회조직의 지도자와 구성원에게 문제가 되는 것은 고정관념 자체가 불러올 수 있는 여러 가지 부작용도 있다. 하지만 그보다 더 심각한 문제는 끊임없이 요구되는 창의적인 생각이 생겨나는 것을 방해한다는 점이다. 창의적인 생각은 창조를 통해 새로운 가치 있는 것을 만들어 내게 하기도 하고, 목표달성 과정에서 돌출하는 문제해결은 물론 장애물과 한계 극복에 필수적이다. 그런데 고정관념에 사로잡혀 있으면 어떻게 되겠는가? 결과 창출을 통한 발전 추구는 어려워진다. 그러므로 지도자가 가장 경계해야 할 요소 중 하나가 고정관념이다.

8) 파벌 조성

파벌(派閥)은 어떤 사회적 조건을 공유하고 있는 구성원들이 세력을 확대·유지할 목적으로 의제적 동류의식(擬制的 同類意識)을 가지고, 같은 목표를 가진 다른 사람들에게 불이익이 되는 부조리한 배척활동을 하는 집합체이다. 종교·학문·예술영역에 이르기까지 사회 전반에 형성되어 있지만, 그 특이한 속성은 정치집단에서 뚜렷이 나타난다. 파벌의 유형은 여러 가지로 분류될 수 있다.

심리적 측면에서 보면 ① 과거의 출신·경력 등이 우월하다고 생각하고, 이 우월감을 다른 생활 차원까지 확대하는 과정에서 다른 집단 구성원을 경멸하는 우월적 파벌, ② 반대로 실력이 부족하여서 열등감을 가지고 방위적으로 결속력이 강한 집단이 형성되는 열등적 파벌, ③ 같은 기능을 가진 복수의 집단이 대립하여 인사(人事)라든가 금전 면에서 이해경쟁(利害競爭)을 함으로써 만들어지는 대항적 파벌, ④ 이익과 출세를 하기 위해 반드시 어떤 집단에 속하지 않으면 안 되는 단일적(독점적) 파벌 등으로 나눌 수 있다. 또한 규제력과 기능 면에서 보면 ① 파벌의 구성원이기 때문에 약간의 이익이나 보호를 받는 정도가 낮은 수준의 파벌, ② 구성원이 어느 정도 고정화되고 외부와 대항이 있으며 이해관계가 뚜렷한 중간 수준의 파벌, ③ 비밀유지나 이를 위한 상호감시 또한 사생활 침해까지 불러일으킬 정도의 결속과 유기성을 가지는 높은 수준의 파벌 등으로 분류할 수 있다.

파벌의 성격은 여러 가지가 있다. ① 봉쇄적 성격은 파벌의 구성원이 외부와 차단됨으로써 공동의 안정감을 가지는 것을 뜻한다. ② 적극적인 차별과 배타성을 야기하는 배타적 성격도

---

280) 위키백과.

있다. ③ 비합리적 성격은 근대사회의 이념인 합리주의에 반(反)하는 인습적(因襲的)이고 감정적인 의리나 인연과 같은 것이 앞서는 것을 뜻한다. ④ 이해(利害)에 매우 예민한 성격은 개인 이기심이 집단 이기심으로 대치된 것이기 때문이다. ⑤ 주종적(主從的)·가족주의적 성격 등을 들 수 있다.

파벌이 유대를 유지하고 계속 존속하기 위해서는 내부 통제가 당연히 필요해진다. 그 때문에 우두머리(boss)와 부하 사이의 온정주의적이고 내유외강적인 상황들이 형성되는 경우가 많다. 파벌이라는 말은 대개 비난의 뜻이 담긴 뉘앙스(nuance)[281]를 지니고 있다. 이것은 근대사회의 이념인 개인주의 원칙, 인격 완성, 개성 발현, 실력 발휘 등과 어긋나는 기회의 불균등, 출신배경의 존중 등과 같은 요소들을 지니고 있기 때문이며, 이러한 역기능에 대한 비판·반성 의식의 발로이다. 근대화가 늦은 한국에서도 파벌 행동이 앞서는 경우가 많은데, 이것은 역사적으로 전통적인 가족제도라든가 신분제도의 잔재와 타성에 기인한다.

이렇게 파벌이 뿌리 깊게 남아 있는 원인은 개인주의의 미발달, 창조성 결여 등과 함께 근대사회의 또 다른 측면, 예를 들면 능률주의에 꼭 위배되는 것은 아니며, 도리어 개인단위의 경쟁이 집단단위의 경쟁으로 대치되어 능률향상에 자극제가 될 수도 있다는 점 등을 지적할 수 있다. 그러나 파벌집단과 파벌행동을 공식집단(formal group)에 대한 비공식집단으로 단정할 수는 없다. 파벌은 한편으로 근대적인 공식집단을 무시·파괴할 수 있을 뿐만 아니라, 순수한 형태의 비공식집단 형성을 저해하기 때문이다.

다시 말해 일면적으로는 비공식조직이면서 실제로는 자유와 인간성을 부정할 가능성을 내포하기 때문이다. 예를 들면 같은 파벌의 구성원이 자신을 속이면서까지 필요 이상의 거짓된 친밀성을 유지한다거나, 반대로 파벌 밖의 구성원과 본심으로는 그러고 싶지 않으면서도 극단적인 대립·증오 관계를 의도적으로 조성한다든가 하는 것이다. 서유럽의 언어에는 파벌에 해당하는 적당한 말이 없다.

영어로 정계(政界)의 파벌은 'political faction', 재벌(財閥)은 'plutocracy', 군벌(軍閥)은 'military clique' 등 각기 표현이 다양하다. 그리고 우리말의 가족주의적인 연줄과 비슷한 표현으로 'nepotism'이라는 말도 있다. 문벌(門閥)과 같이 오래된 것에서부터 학벌(學閥)처럼 비교적 최근에 등장한 것도 있다. 또한 규벌(閨閥)과 같이 좁은 범위의 것에서부터 지벌(地閥)과 같이 넓은 범위의 것에 이르기까지 수없이 많다. 구조·기능상 상당히 이질적인 것도 있어, 이것을 한마디로 표현하는 것 자체에 무리가 있다. 그러나 'particularism(특수주의)'과 같은 말은 상당히 벌(閥)의 성격을 포함하는 개념이다.

---

281) 뉘앙스(프 nuance)는 어떤 말에서 느껴지는 느낌이나 인상.

독립독보(獨立獨步)를 내세우는 개인주의 문화가 발달한 나라에는, 상대적으로 파벌이 발생할 가능성이 작다. 그러나 불안과 의존, 도피 심리가 파벌의 형성과 참가의 한 요인이라는 관점에서 생각할 때, 표현의 문제는 차치하고 어느 나라나 정도의 차이는 있어도 보편적으로 발견할 수 있다. 그러나 개인의 적성과 적응에서 시행착오가 능률본위의 사회적·문화적 요소와 결합함으로써 비롯되는 집단 구성원의 교체빈도가 높은, 다시 말해서 사회이동이 활발한 사회에서는 파벌이 심각할 정도로 사회문제를 일으키지는 않는다.[282)

파벌주의(派閥主義)는 공적(公的) 사회에서 친분, 추종자 등의 사적(私的) 관계에 의하여 자파(自派)의 세력 확대, 지위·경제적 이익 획득 등을 추구하는 행동양식 또는 의식 상태이다. 공적(公的) 사회에서 정실(情實)이나 친분, 추종자 등의 사적(私的) 관계에 의하여 자파(自派) 세력 확대, 지배권 확립 및 명예·지위·경제적 이익 획득 등을 추구하는 행동양식 또는 의식 상태를 말한다. 특히 관청·정당·노동조합·학계 기타 사회적 집단에서 널리 볼 수 있는 현상이다.

파벌주의는 근대의 비개성적인 조직 내부에서 개성적인 정서적 결합을 가능하게 하는 면도 있으나, 반면에 정실인사 등으로 자유로운 사회적 이동을 방해하며 조직 전체의 합리화와 능률을 저해하고 근대적인 공적 생활을 교란하는 중대한 폐해를 안고 있다.[283) 파벌주의는 조직분규[284)에 영향을 미치며 이것이 발전하면 연고주의 현상이 굳어진다. 교류형 인사체제[285) 운용은 파벌이 형성되는 것을 막는 방안으로 활용된다.

9) 오만

오만(傲慢)은 잘난 체하여 방자함, 방자하다는 꺼리거나 삼가는 태도가 없이 건방지다. 건방지다는 젠체하며 지나치게 주제넘다. 젠체하다는 잘난 체하다. 업신여기다는 교만한 마음으

---

282) doopedia 두산백과.

283) doopedia 두산백과.

284) 조직분규(組織紛糾)는 노사분규의 일종. 근로조건 개선을 둘러싼 노사 간의 대립에 의한 분규가 아니라 노동조합의 파벌 등 노동자 조직 간의 대립에 의해서 야기된 분규.

285) 교류형 인사체제(personnel interchange system, 交流型 人事體制)는 공무원의 기관 간 이동이 자유스러운 인사 체제를 말한다. 교류에는 중앙부처 간의 이동, 중앙정부와 지방정부 간의 이동, 정부기관과 민간기업 간의 인사교류도 포함된다. 교류형은 공무원의 경력 발전을 위해, 자신의 적성에 맞는 근무처를 선택해 근무하게 함으로써 공무원의 사기는 물론 행정의 효율성도 제고하는 장점을 지닌다. 또한 교류형은 공무원을 하나의 기관 단위에 머물게 하는 인력 활용의 고립주의를 탈피하고 인력을 융통성 있게 활용할 수 있을 뿐만 아니라 공무원의 시야를 넓히고 기관 간의 배타성과 파벌 조성이 되는 것을 극복함으로써 기관 간의 협조와 조정을 용이하게 한다.

로 남을 낮추어 보거나 멸시하다. 자만(自慢)은 자신이나 자신과 관계가 있는 것을 스스로 뽐내며 자랑하여 거만하게 긂, 거만(倨慢)은 겸손하지 않고 뽐냄, 잘난 체하고 남을 업신여김, 교만(驕慢)은 젠체하고 뽐내며 방자함, 겸손(謙遜)은 남을 높이고 제 몸을 낮추는 태도가 있음을 뜻한다. 세상살이는 어떻게 변화할지 아무도 모른다. 오늘의 성공이 내일의 성공을 보장하지는 않는다. 그러므로 오만하기보다는 겸손한 것이 낫다.

수에즈운하(Suez Canal)를 건설하여 개통했을 당시 페르디낭 마리 레셉스(Ferdinand Marie de Lesseps)는 유럽에서 가장 유명한 사람이 되어 있었다. 그의 명성은 이전 시대의 웰링턴(Wellington)과 넬슨(Nelson)의 명성에 필적할 만했다. 프랑스 대통령은 그를 위대한 프랑스인으로 맞이했다. 프랑스 학술원은 그를 '미래의 위대한 전쟁터를 계획한' 사람으로서 회원으로 받아들였다. 레셉스는 과거에 자신의 계획을 거부했던 사람들이 보내온 찬사가 가장 유쾌했다. 런던타임스(The Times of London)는 운하사업에 가장 강력하게 반대했던 영국이 가장 큰 수혜자가 되었다는 점을 지적하면서 정중하게 사과했다.

운하가 완성되었을 무렵 레셉스는 60대 중반이었으나 여전히 활기에 차 있었다. 그의 상상력이 다시 부풀어 올랐다. 카이사르(Caesar)나 그의 영웅인 나폴레옹처럼 그는 새로운 정복 대상을 물색했다. 그리고 대륙을 분리하여 두 대양을 연결하는 것이야말로 그 어떤 꿈보다도 도전할 만한 일이었다. 파나마 지협을 잘라낸다는 것은 혼 곶(Cape Horn)을 도는 수천 마일(mile: 1,609.4m)의 우회로를 없애고 대서양과 태평양 사이에 직항로를 만드는 것을 의미했다. 그러나 레셉스는 수에즈의 성공에 도취하여 불운하게도 파나마에서도 수에즈운하 건설 때 사용했던 방법을 고집했다.

수에즈는 수문이 없는 운하였다. 평평한 사막지대인 수에즈에 비해 파나마에는 구릉이 있었다. 그런데도 그는 수에즈운하처럼 수문이 필요하지 않다고 생각했다. 수에즈운하가 주로 민간자본으로 건설되었듯이, 레셉스는 파나마운하를 통해서도 중산층 투자자들이 이익을 얻기를 원했다. 다시 한번 레셉스는 공사를 관리 감독했고, 프랑스 기술자(engineer)들이 그 일을 수행했다. 레셉스는 장애물들에 부딪힐 때마다 수에즈에서 했던 것처럼 문제들을 해결할 수 있다고 단언했다. 그러나 1881년 2월 일단 공사가 시작되기는 했지만, 그 장애물들은 극복할 수 없는 것들이었다. 파나마에서 레셉스의 모험은 엄청난 실패로 드러났다. 왜였을까?

기획자들은 수문 없이 해수면 높이의 운하를 만드는 데 필요한 굴착작업을 과소평가했다. 게다가 산사태와 홍수 때문에 습지와 정글을 파헤치는 어려운 작업이 더욱 더디게 진행되었다. 프랑스 기술자들과 수많은 노동자가 황열병으로 쓰러졌으나 프랑스인들은 모기가 황열병을 일으킨다는 사실조차 모르고 있었다. 위생시설은 원시적이었다. 마침내 레셉스는 임시수문을 만드는 데 동의했지만, 이미 때는 늦었다. 레셉스는 더 많은 자금을 모아야 했다. 그러나 파나마 채권은 그가 기대했던 만큼 팔리지 않았다. 1885년 그는 복권사업을 통한 자금 모집에 필사적으로 매달렸다. 복권사업에는 의회의 허가가 필요했다. 그런데 바로 이것이 레셉스를 제3공화국 부패정치의 함정에 빠뜨렸다.

그가 직접 관여했는지를 떠나서 돈의 임자가 바뀌었다. 한때는 그를 치켜세웠으나 이제는 뻔뻔한 사람이라고 비난하는 언론들이 투자자들을 자극했다. 몇몇 의원들이 뇌물죄로 유죄를 선고받았다. 그러나 모든 화살은 사기죄로 고소된 레셉스와 그의 아들 찰스에게 쏠렸다. 1893년 2월 9일의 판결은 응모자들의 돈을 사취한 죄로 레셉스와 찰스에게 최고 5년의 징역형을 선고했다. 선고대로 형이 집행되지는 않았지만, 늙고 병든 레셉스로서는 감당하기 어려운 모욕이었다. 그런데 그것이 끝이 아니었다. 또 다른 모욕이 이어졌다. 1875년 영국은 모하메드 사이드의 파산후견인 자격으로 그가 가지고 있던 수에즈운하의 주식을 내놓았고, 이제는 영국이 실질적으로 운하를 관리하고 있었다. 레셉스의 위대한 모험을 그렇게도 방해했던 바로 영국이!

이 일에는 도덕적인 교훈이 있다. '교만은 파멸을 불러온다'는 것이다. 그러나 파나마에서 레셉스의 실패는 도덕이 아니라 지식 때문이었다. 그는 세계의 한 부분에 있었던 하나의 상황에서 도출된 가정을 불운하게도 다른 곳에서도 적용했다. 하나가 잘 되면 만사가 잘 된다는 것은 이따금 있는 일일 뿐이다.[286]

10) 고립

고립(孤立)은 다른 사람과 어울리어 사귀지 아니하거나 도움을 받지 못하여 외톨이로 됨을 뜻한다. 고립은 자신의 활동을 제약하고 잠재능력 발휘의 기회를 제한하여 문제에 대한 대응 능력과 발전을 저하해 결국은 그동안 쌓아온 것들을 허사로 돌리고 삶의 질을 떨어뜨릴 수 있는 위험을 내포하고 있다. 세상의 모든 것은 인간관계에서 창출된다. 경쟁 관계에 있는 사람이나 집단 등 살다 보면 껄끄러운 상황이 빚어지는 일도 있다. 그렇다고 쉽게 단절해서는 안 된다. 단절은 자신의 운신 폭을 그만큼 좁히는 일이므로 발전 기회도 동시에 앗아갈 수 있다. 단절보다는 적정한 관계를 유지하며 우리가 발전할 수 있는 자극제로 활용하거나 상생 발전할 방안을 찾는다면 우리의 능력을 한 단계 상승시키는 좋은 기회로 작용한다.

---

286) 제임스 맥그리거 번스 지음, 조중빈 옮김, 《역사를 바꾸는 리더십》, 한국방송통신대학교출판부, pp.86~88.

11) 권위주의와 독단

권위주의(權威主義)는 권력이나 위력으로 남을 억누르거나 권위에 맹목적으로 복종하려고 하는 사고방식이나 행동 양식이다. 권위(權威)는 일정한 분야에서 사회적으로 인정을 받고 영향을 끼칠 수 있는 능력이나 위신, 권력(權力)은 남을 지배하고 복종시키는 힘이다. 특히 국가나 정부가 국민에게 행사하는 강제력을 의미한다. 권위주의적인 사고를 하는 사람에게서 나타나는 대표적인 현상이 독단이다. 독단(獨斷)은 의논하지 않고 혼자서 결단함을 말한다. 독단의 가장 큰 문제점은 편견으로 편중된 행동을 하기 쉽다는 점이다. 지도자의 편견에 의한 잘못된 의사결정은 편중된 행동으로 이어져 자신은 물론 집단과 사회조직을 위기로 내몰 수 있다.

다수가 항상 옳은 것이 아니다. 오히려 인류 발전은 소수의 능력이 뛰어난 사람들에 의해 선도되어 왔다. 독단적인 사람이 아니라도 지도자는 독단적인 결정을 내려야 할 때가 있다. 확신할 수 있는 일은 다수가 반대하더라도 밀고 나가야 한다. 하지만 이것이 독단으로 흐르지 않으려면 자신의 생각이나 판단 근거를 설명하고 설득하는 것이 필요하다. 구성원의 바람직한 의견이나 충고, 조언도 수렴할 줄 알아야 한다. 독단에 의한 일 처리가 좋은 결과를 가져온 것을 경험한 사람은 자신을 과신하는 경향이 나타나고 자꾸 독단하려 한다. 그러나 독단이 불러올 수 있는 위험성은 잘못된 의사결정에 따라 위기에 직면했을 때에 실감한다.

12) 조작

조작(造作)은 물건을 지어 만듦, 진짜를 본떠서 가짜를 만듦, 사실인 듯이 꾸며 만듦이다. '장부를 조작하다'라고 할 때는 진짜를 본떠서 가짜를 만듦이고, '조작된 사실', '사건을 조작하다'라고 할 때는 사실인 듯이 꾸며 만듦이 해당한다. 집단이나 사회에서 조작은 다방면에 걸쳐 발생하는데 주로 일 처리 과정에서 이루어진다. 조작하면 결과가 달라지거나 잘못을 위장할 수 있다. 분식회계, 서류 바꿔치기, 평가결과 변경, 정치인의 상징이나 여론 조작 등 그 내용은 다양하다. 조작하면 합격해야 할 사람이 떨어지고 불합격해야 할 사람이 합격하게 할 수도 있다. 입찰에서는 자격 요건을 충족하여 낙찰을 받아야 할 업체가 못 받고 자격 요건을 제대로 갖추지 못한 업체가 낙찰자가 될 수 있으며, 분식회계를 하면 규정상 대출을 받을 수 없는 업체가 많은 대출을 받을 수도 있다.

정치 세계에서는 처하는 상황의 내용을 어떻게 규정하는가가 곧잘 문제가 된다. 그런데 권력자에 의한 '상황규정'은 잘못하면 이기적이며 독단적인 요소를 내포하기 쉽다. 즉, 그러한 상황규정이 정보를 독점할 수 있는 이점을 갖고 있는 권력자에 의해 행해지게 될 때 쉽사리 '공적인 현실규정의 공포'로서 기능을 하게 될 것이다. 이로 말미암아 권력자에 의한 이기적이고 독단적인 상황규정은 잘못하면 '허위의 항구화'를 초래할 수 있으며, 권력자의 조종 여하에 따라 마음대로 자기에게 유리하도록 상황이 규정될 수도 있다.

특히 권력과 정보를 독점하기 쉬운 권력자는 여러 가지 상징을 조작함으로써 또는 자기에게 유리하도록 장래의 일을 예언함으로써 사람들을 움직여, 자기가 바라는 방향대로 행동하게 할 수 있다. 권력자는 자기충족적 예언의 법칙에 따라 얼마든지 주관적으로 상황을 규정할 수 있다.[287] 어떤 일이든 조작의 결과가 드러나면 대가를 치른다. 문제는 정치인에 의한 조작은 부담이 고스란히 국민에게 전가되는 등 그 폐해가 광범위하게 미치는데도 당사자들은 그 직위를 떠나는 것 외에 별다른 책임을 지지 않는다는 점이다.

13) 은폐와 은닉

은폐(隱蔽)는 가리어 숨김, 덮어 감춤, 은닉(隱匿)은 남은 물건이나 범죄인을 몰래 숨기어 감춤, 감추다는 남이 보거나 찾아내지 못하도록 숨기다. 어떤 사실이나 감정 따위를 남이 모르게 하다를 말한다. 은폐와 은닉의 대상은 주로 사건, 불법 거래나 비자금 조성 등의 비리, 잘못, 죄상이다. 사람은 누구나 감추는 것이 있다는 느낌을 받으면 의심하게 된다. 구성원이 지도자에 대해 의심을 하게 되면 신뢰가 훼손되고 자발적인 협력은 기대하기 어려워진다. 잘못에 대해서는 솔직하게 사실을 인정하고 투명하게 공개해 대가를 치르는 것이 온당하다. 사람은 자기보호 본능이 있기 때문에 잘못을 저지르면 그것을 감추려는 경향이 있다. 하지만 감추는 것은 올바른 해결방법이 아니다. 우선은 어려움이나 불리한 상황을 회피하기 위해 은폐와 은닉을 할 수 있고 그것이 유리한 것처럼 느낄 수 있어도 곪으면 결국은 터진다.

14) 모함과 음해, 시기와 질투

모함(謀陷)은 나쁜 꾀를 써서 남을 못된 구렁에 빠지게 함, 음해(陰害)는 음흉한 방법으로 남

---

287) 이극찬(1997), 《정치학》, 법문사, pp.286~287.

을 넌지시 해함을 말한다. 특히 권력 경쟁, 정국 주도권 각축, 후계자 지명, 인사와 포상을 강하게 의식할 때 상대인 정적을 모함하거나 음해하는 일이 많이 벌어진다. 모함과 음해는 주로 공정한 경쟁을 통해 자신의 능력으로 상대를 앞서기 어렵다고 생각하는 사람들의 시기와 질투에 의해 일어난다. 시기(猜忌)는 샘을 내서 미워함, 질투(嫉妬)는 우월한 사람을 시기하고 증오하고 깎아내리려 함이다. 어느 조직이나 자신의 부족한 능력을 기르는 노력은 게을리하면서 동료의 승진을 시기하거나 질투하는 사람들이 있다. 집단이나 사회단체도 마찬가지이다.

15) 법규 위반

법을 위반하면 일시적으로 좋은 결과나 실적을 얻을 수 있는 것들이 많다. 그러나 리더십은 규칙을 지키면서 능력을 발휘하는 것이 주목적이다. 위법한 수단이나 도구를 이용하는 것은 제대로 리더십을 발휘하는 방법이 아니다. 편법도 마찬가지이다. 위법(違法)은 법을 어김이고, 편법(便法)은 간편하고 손쉬운 방법을 말한다. 만약 편법을 이용한다면 그것은 구성원들의 비난을 받지 않고 불만도 사지 않는 것이어야 한다. 그런데 그런 편법은 없다. 즉, 정상적인 방법을 사용하여 좋은 결과와 실적을 만들어 내야 한다.

16) 인기영합주의(populism)

많은 지도자가 인기에 영합하는 것이 구성원의 공감을 얻는 좋은 방법으로 착각하는 경향이 있다. 그러나 인기에 영합하는 것은 유권자의 이기심에 기대어 지지를 얻을 목적으로 취하는 행동이나 공약 등이 해당하고, 공감은 합리적인 의사결정을 통해 일을 하고 난 후 결과에 대해 자기도 그렇다고 느끼는 공통된 느낌이나 기분이다. 그러므로 인기에 영합하는 것과 공감을 얻는 것은 그 개념이 전혀 다르다. 올바른 지도자는 인기에 영합하는 것이 아니라 합리성과 정당성 그리로 자신의 신념을 추구해야 한다. 대중이 싫어하는 일을 결정하는 결단성을 보여야 하는 것은 지도자에게 용기와 통찰력이 있을 때 가능한 일이다.

세상은 우선 좋은 것이 항상 좋은 것으로 끝나지 않는 일들이 많다. 그러므로 지도자는 인기에 영합하는 것이 아니라 냉철하게 판단하여 진정 무엇이 집단이나 사회조직 그리고 그 구성원에게 도움이 되는 일인지 깊이 생각하고 행동해야 한다. 결코 인기에 영합해서는 안 된다. 지도자는 희극배우가 아니다. 오늘날 보편적으로 통용되는 포퓰리즘(populism)[288]의 개념은 일반대중의 인기에 영합하는 정치행태를 말하는 것이다. 대중주의라고도 하며, 인기영합주의·대중영합주의와 같은 뜻으로 쓰인다.

득표와 우호적인 여론 형성을 위해 인기에 영합하는 정책을 남발하거나 일반대중을 정치 전면에 내세우고 동원해 권력을 유지하는 정치체제를 말한다. 소수 집권세력이 권력유지를 위하여 다수의 일반인을 이용하는 것으로 이해되기도 하지만, 다수당으로 집권한 여당이나 대통령, 소수당으로 정권 획득을 추구하는 야당 등 유권자의 지지가 있어야 하는 정치가들에 의해 폭넓게 활용되고 있다. 현실 정치에서는 출신지역에 유리한 예산 배정을 통한 국회의원들의 지역구 챙기기, 대통령의 과잉된 선거공약, 사면 남발 등 여러 가지 형태로 나타날 수 있는데, 그중에서 가장 대표적인 것이 선심성 정책이다.[289]

기본적으로 국민은 국가로부터 책임과 의무는 적게 부담하고 혜택은 많이 받기를 원하기 때문에, 언제든지 권력 획득이나 유지를 목적으로 하는 정치가들이 일반대중의 인기에 영합

---

288) 포퓰리즘(populism)은 많은 사람이 1870년대 러시아에서 전개된 '인민 속으로' 운동을 기원으로 꼽는다. 그러나 그 어원과 더욱 본격적인 의미의 포퓰리즘은 1891년 미국에서 결성된 포퓰리스트당(Populist Party), 즉 인민당(People's Party)에서 비롯된 것으로 보고 있다. 1892년 창당한 인민당은 당시 미국의 양대 정당으로서, 1792년에 창당된 민주당(Democratic Party)과 1854년에 결성된 공화당(Republican Party)에 대항하기 위해 농민과 노조의 지지를 목표로 경제적 합리성을 도외시한 과격한 정책을 내세워 소외된 농민들의 권익을 대변하면서 기성 정치 체제에 상당한 충격을 주었다. 러시아와 미국에서 태동한 이런 고전적 또는 낭만적 포퓰리즘은 20세기 중반 이후 라틴 아메리카에서 목격되는 포퓰리즘과는 큰 차이를 보인다.
　통상 정치 지도자는 반대편 정치세력 또는 정치 엘리트들의 저항에 직면할 때 국민에게 직접 호소하고, 그 대중적 지지를 권력유지의 기반으로 삼는다. 제2차 세계대전 후 노동대중의 지지를 얻어 대통령에 당선된 아르헨티나의 페론 정권이 대표적 포퓰리즘이다. 민중의 지지를 바탕으로 하였으나, 실제로는 특정 지도자나 독재자의 권력을 공고히 하는 정치행태이다. 포퓰리즘의 근본 요소는 개혁을 내세우는 정치 지도자들의 정치적 편의주의(便宜主義)나 기회주의(機會主義)이다. 예를 들면 선거를 치를 때 유권자들에게 경제논리에 어긋나는 선심 정책을 남발하는 일이 전형적이다. 포퓰리즘을 이끌어 가는 정치 지도자들은 권력과 대중의 정치적 지지를 얻으려고 겉모양만 보기 좋은 개혁을 내세운다. 민중 또는 대중을 위하는 것이 아니라 지나친 인기 영합주의로 빠지기 쉽고, 합리적인 정치·사회 개혁보다 집권세력의 권력유지에 악용되기도 한다. 사회 기득권 세력이나 특권 엘리트 계층과의 투쟁에서 일반대중의 힘과 권리를 대변하는 정치적인 독트린으로 사용되기도 한다. 포퓰리즘의 개념은 좌파와 우파 양쪽에서 적용된다.
　현실 정치에서 정치가는 포퓰리즘에 의연하기가 어렵다. 대중의 인기나 여론을 무시하거나 역행하는 정책을 펼친다는 것은 정치가들에게 있어 큰 부담이다. 때로는 정권 유지와 창출에 직접적인 장애요인으로 작용할 수도 있다. 그 대표적인 사례가 2010년 1월 19일 공화당의 스콧 브라운 후보가 당선된 미국 매사추세츠 주 연방 상원의원 선거 결과이다. 이 지역은 1972년 이후 38년 동안 공화당 후보가 한 차례도 당선되지 못했을 정도로 민주당과 케네디 가문의 아성이었다. 하원과 주지사 역시 민주당 소속이며, 2008년 대선 때는 버락 오바마 후보가 존 매케인 공화당 후보를 무려 26%포인트 차로 눌렀다. 이 같은 배경 때문에 민주당은 애초 낙승을 자신했다. 그러나 선거가 막바지에 이를수록 분위기가 급변했다. 오바마 대통령까지 현장을 방문하는 등 총력전을 폈지만 흐름을 되돌리지 못했다. 선거 전문가들은 실업률이 두 자릿수대로 치솟은 상황에서 건강보험 개혁법안 등이 통과되면 세금 부담이 더 늘어날지 모른다는 우려가 커져 부동층의 표심이 공화당 쪽으로 기운 것으로 분석했다.
289) 서병훈(2008), 《포퓰리즘》, 책세상, pp.27~28.

하는 행태에 말려들 수 있다. 또한 오늘날의 민주주의는 다수결의 원칙에 따라 전반적인 의사가 결정되므로 언제든지 여론이나 정치가의 인기 영향으로 사회에 보편화하여 있는 가치를 교란시킬 가능성을 내포하고 있다는 점도 문제다.

우선은 대중의 인기에 영합하는 정치가들이 정치를 잘하는 것 같지만, 그들이 남긴 폐해는 모두 국민의 부담으로 돌아온다. 따라서 건전한 국가로 유지 발전되기 위해서는 국민도 인내하며 합리적인 의무 부담과 이익을 추구하는 자세를 가져야 한다. 세상에 공짜는 없다. 반드시 누군가가 어렵고 힘든 일을 하고 부담을 떠안는다. 또한 세상에 노력하지 않고 항상 이익만 보는 방법은 없다. 지금은 공짜 같고 나에게 이익만 되는 것처럼 보일지 몰라도 언젠가는 나와 내 가족이 부담을 안게 되어 있다. 그렇기 때문에 세상이 돌아간다.[290]

17) 기타

폭언, 쌍소리, 막말, 협박, 공갈, 위선, 기만, 이중인격, 인격적 모독 활용, 부하 공격, 청부 폭력, 부하를 내세운 폭력, 직간접적인 방법에 의한 부당한 압력행사와 요구, 공포 분위기 조성, 음해, 권모술수,[291] 불공정 행위에 속하는 담합, 불공정 경쟁, 지나친 로비, 불법 행위에 속하는 불법 자금과 비자금 조성 등 여러 가지가 있다. 특히 최악의 리더십은 책임을 회피하기 위해 입장에 따라 말을 바꾸고, 직간접적인 방법에 의한 부당한 압력행사와 부당한 요구, 위협을 통한 것이다. 자신은 짐짓 고매한 인격자인 것처럼 대중이 보는 앞에서는 점잖은 행동을 하면서 뒤에서는 온갖 못된 짓을 하는 지도자의 탈을 쓴 사람들이 너무 많다. 흉기를 들이대거나 총구를 겨누는 등 거친 행동을 통한 협박이나 공갈을 하면 사람은 두려워서 일을 하기는 한다. 그러나 선거에 당선되고 일정한 직위를 차지하고 있다고 하여 모두 지도자가 아니며, 업적을 쌓고 성과를 냈다고 그것이 모두 리더십을 발휘한 것은 아니다.

권력과 리더십에 대해 잘못된 인식을 가진 사람은 악의적으로 특정인에게 어려운 일을 집중적으로 부과하거나 퇴근 시간이 임박해 일거리를 주며 모두 처리한 후 퇴근하라고 요구하는 등 법을 어기지 않고도 부하직원을 힘들게 하며 상부에는 자기가 일을 한 것처럼 보고하는 부당행위를 얼마든지 할 수 있다.

---

290) 이진호(2011), 《한국사회 대립과 갈등 진단(하)》, 한국학술정보, pp.140~143.
291) 권모술수(權謀術數)는 목적을 달성하기 위해서는 인정이나 도덕도 돌보지 않고 모략과 중상 등 온갖 수단과 방법을 쓰는 술책.

제3절 배척해야 할 원소가 가져오는 폐해와 사례

1. 조작이 부른 엔론 사태

엔론 크레디터스 리커버리 코퍼레이션[Enron Creditors Recovery Corporation, 구(舊) 엔론 코퍼레이션(Enron Corporation)]은 미국 텍사스주 휴스턴에 본사를 둔 미국의 에너지 회사였다. 탄생 후 불과 15년여 만에 미국과 유럽에서 거래되는 에너지의 20%를 담당하는 세계 최대 에너지기업으로 성장하는 등 엔론의 매출액은 1986년 76억 달러에서 2000년에는 1,110억 달러를 기록했고, 주식 시가 총액은 2001년에 8백억 달러 이상을 호가했다.

미국 등 세계 40개국에 2만 1천 명의 종업원을 거느린 엔론사는 매출액 기준으로 미국 제7위의 대기업으로 선정되었고, 1996년부터 2001년까지 내리 6년 동안 포천(Fortune)에 의해 '미국에서 가장 혁신적인 기업'으로 뽑혔다. 그리고 2001년 8월 14일 포천지가 앞으로 10년간 성장 가능성이 큰 10개 주식 중 하나로 엔론을 꼽았다. 엔론은 가스관 등을 소유하고 있었으나 대부분의 이익은 다른 기업이 생산해놓은 에너지 관련 상품을 사고파는 차액을 통해 창출했고, 1989년 천연가스 선물 거래로 재미를 본 뒤 사업영역을 넓혀갔다.

전력과 천연가스는 물론이고 펄프, 종이, 수자원, 인터넷 전파밴드, 석탄, 철강, 공해 배출 한도, 금융 파생상품 등이 모두 거래대상에 포함됐다. 엔론은 여기에 1990년대 초부터 인터넷을 통한 거래를 시작함으로써 전자상거래의 선두주자가 되기도 했다.[292] 2001년 하순에 부도가 나기 전까지 엔론은 2만 1,000여 명의 사원과 2000년 1,110억 달러의 매출액을 보고한, 세계에서 가장 선도적인 전기, 천연가스, 펄프 및 제지, 통신사업 회사 가운데 하나였다.

엔론은 1985년 중간 규모의 천연가스 유통회사인 인터노스(InterNorth Corporation)와 휴스턴 내추럴 가스(Houston Natural Gas)의 합병으로 탄생했다. 당시 휴스턴 내추럴 가스의 최고 경영자(CEO)였던 케네스 레이(Kenneth Lee Lay)가 엔론의 최고 경영자 겸 이사회 회장으로 취임하면서 16년 동안 미국을 농락하게 되는 이 거품기업의 역사가 시작되었다. 엔론은 출범 당시 인수합병 비용인 50억 달러의 채무를 지게 되었다. 그런데 엔론을 에너지 중개업자로 키우려는 원대한 포부를 품고 있었던 케네스 레이 회장은 이 채무가 매우 부적절하다고 생각했다. 중개업자는 신용이 생명이었으므로, 대규모 부채는 매우 적절하지 못하였다. 아마도 레이 회장은 진작부터 엔론의 대차대조표를 세탁하려는 꿈을 품고 있었을 것이다.

---

292) 네이버 지식사전.

레이 회장은 다국적 컨설팅전문회사 맥킨지(McKinsey & Company)의 상담역(consultant)이었던 제프리 스킬링(Jeffrey Skilling)을 고용했고, 후에 제프리 스킬링은 엔론의 최고 경영자 겸 사장이 되어 회사를 이끌게 된다. 어쨌든 제프리 스킬링은 홍보 활동(public relations, PR)에 매우 뛰어났다. 그는 엔론의 이미지를 잘 포장해 엔론이 지니고 있는 문제들을 전부 감춰 왔다. 레이 회장과 스킬링의 성공에는 최고재무관리자(CFO, Chief Finance Officer)인 앤드루 패스토(Andrew Fastow)가 크게 공헌했는데, 그 역시 뛰어난 각색자였다. 각종 유령회사들(추코, 채널 아일랜드 조합, 랩터 조합, LJM, LJM2 등등)을 설립하여 엔론의 부채와 거추장스러운 대규모 고정 자산들을 털어내 엔론의 신용을 포장하고 견실한 기업으로 인식시켰다.

1996년 엔론의 회장 케네스 레이는 엔론을 '세계 최대의 에너지기업'으로 키워 내는 것이 목표라고 공언했다. 하지만 경영에서 한발짝 물러나 있었던 엔론의 회장은 엔론의 기업인 수가 대부분 적절하지 못하고 수익성은 더더욱 없다는 사실을 알지 못하는 듯했다. 엔론은 아무 기업이나 무분별하게 인수했고, 그 결과 지속적인 현금고갈에 시달려야만 했다. 부채를 장부에서 털어내는 패스토의 능수능란한 술책이 없었다면 일찌감치 날개를 접어야만 했겠지만, 불행하게도 엔론은 패스토의 회계 술책으로 살아남았고, 겉보기에는 매우 건전한 회사로 거듭날 수 있었다. 레이 회장이 그런 원대하고 웅장하며 실현 불가능한 꿈을 품었던 이유이다.

한편 엔론은 당시의 시대 조류에 참여하고자 했다. 즉, 인터넷을 이용한 신경제 기업으로 거듭나고자 했다. 그래서 엔론은 텔레콤(Telecom: 전기 통신의 준말) 사업에 뛰어들었고, 직접 건설 및 매수로 3만 킬로미터의 광케이블망을 구축했다. 하지만 광대역회선 사업은 과다공급으로 추락하고 있었다. 덕분에 엔론의 미래는 암울했고, 경영진들은 회사가 계속 번창하는 것처럼 위장하기 위해서 점점 더 의심스러운 거래에 손을 뻗었다. 엔론의 대표적인 장부조작 본부인 4개의 랩터 조합이 세워진 것도 이때쯤이다. 엔론은 랩터 조합과의 내부거래로 수억 달러에 달하는 거짓 이익을 추가했고, JP모건(J.P. Morgan & Co.) 및 시티은행과의 불미스럽고 의심스러운 거래로 매출액을 날조했다.

당시 엔론은 미국 7대 대기업 중 하나로 인식되고 있었는데, 이것 역시 사실을 크게 오도한 것이다. 엔론의 매출액 1,110억 달러에는 엔론의 온라인 중개사이트인 엔론 온라인(Enron Online)에서 다른 사업자들이 거래한 금액들이 대거 포함되어 있었다. 이 금액들은 소비자에서 판매자에게 바로 전달되기 때문에 엔론의 매출로 보기 어렵다. 사실 엔론은 대부분의 닷컴 기업(dot-com enterprise)[293]들이 겪고 있던 문제들을 안고 있었다. 즉, 이용자는 많았지만, 수익은 거의 혹은 전혀 없었다.[294]

---

293) 닷컴 기업(dot-com enterprise)은 주로 컴퓨터, 인터넷 따위와 관련이 있는 벤처 기업. 이들 기업이 운영하는 사이트의 도메인 이름의 끝에 '.com'이 있다는 사실에서 유래한 말이다.

2000년 후반부터 본격화된 정보통신부문의 세계적 불황으로 광통신 등 정보통신 분야에 대한 엔론의 투자가 물거품이 되었다. 그 결과 2001년 3/4분기 영업실적에서 무려 6억 3천8백만 달러의 적자를 기록, 엔론의 주가 총액이 12억 달러나 줄어들었다. 그리고 2001년 11월 8일 엔론은 지난 5년간의 영업실적 중 적자 5억 8천6백만 달러가 계상되지 않았다고 미국 증권거래위원회(SEC, Securities and Exchange Commission)에 보고했다. 이것은 그동안 엔론이 영업실적을 부풀리기 위해 적자 부분을 공표하지 않고 외국 등 동업자들에 대한 투자로 위장했었다는 사실을 실토한 것이다.

신용에 문제가 생기자 엔론 주식의 투매가 시작되어 한때 주당 90달러를 호가했던 주식은 36센트까지 하락했다. 결국 엔론은 2001년 11월 말 경쟁 회사인 디에너지(Dynergy)에 인수를 제의했으나 엔론의 재무 상태를 상세히 검토한 디에너지 측이 인수를 거부하면서 2001년 12월 2일 파산 신청을 냈다. 당시 부채총액은 131억 달러로 미국 연방파산법 시행 후 최대 규모였다. 엔론의 파산으로 미국에서만 4천5백 명이 일자리를 잃었고 노후를 위해 저축해온 연금마저 거의 잃게 되었다. 그리고 워싱턴포스트(The Washington Post)가 부시 전 대통령 재임 시절 레이 회장이 정치자금 모금에 기여한 공로로 백악관에 초대돼 하룻밤을 묵었으며 이후 지난 10년 동안 엔론과 레이 회장은 수백만 달러의 자금을 쏟아 부으면서 의회와 백악관, 감독관청 등을 대상으로 로비활동을 해왔다고 밝혀 엔론 사태가 '엔론 게이트'로 확대되었다.[295]

2001년 말에 엔론이 보고한 재정상태가 제도적·조직적·체계적·창의적으로 계획된 회계부정(분식회계)으로 지탱된 것이었음이 드러났다. 엔론이 파산하자 경영진은 물론 회계법인, 법무법인 등을 상대로 한 민·형사 소송이 봇물 터지듯 하였다. 엔론의 회계를 맡았던 아서앤더슨(Arthur Anderson)은 엔론이 파산하기 훨씬 전부터 엔론의 회계에 문제가 있다는 사실을 알고도 이를 묵인한 것으로 볼 수 있다. 엔론은 2002년 1월 17일 아서 앤더슨과의 회계용역계약을 해지했다. 이 사건으로 당시 엔론의 회장이었던 케네스 레이 회장과 최고 경영자였던 제프리 스킬링은 연방법원에서 사기와 내부자 거래 등으로 유죄판결을 받았다.

당시 엔론의 외부 감사를 맡고 있던 미국의 5대 빅펌(회계법인) 중 하나였던 아서 앤더슨역시 이 사건으로 말미암아 영업 정지를 당하고 결국 파산하게 되었다. 이때부터 엔론은 기업 사기와 부패의 유명한 상징이 되었다.[296] 엔론의 거짓말은 기업활동의 투명성에 관한 논의를 이끌어 냈고, 전문가들은 엔론 사태를 사회 투명성 진전의 계기로 평가했다. 엔론의 거짓말은 워싱턴포스트가 2007년 보도한 '세기의 거짓말' 가운데 하나로 선정되었다.[297]

---

294) 위키백과.
295) 네이버 지식사전.
296) 위키백과.

2. 잘못된 윤리의식이 부른 도요타 리콜 사태

90년 전 자동차 시대를 예견하고 독창적인 생산방식인 저스트인타임(JIT)으로 세계적인 자동차 상표(brand)로 부상하는 등 최고 품질로 관련업계 세계 1위에 올랐던 도요타(Toyota, 豐田)에게 2009년과 2010년 2년은 악몽과도 같았다. 2010년 도요타자동차는 부품결함으로 말미암아 미국에서만 710만 대의 결함 자동차를 회수(recall)한 데 이어 11월에는 하이브리드 자동차 기술의 상징인 "프리우스"마저 제동기(brake) 결함으로 미국에서 44만 대가 리콜되면서 창사 75년 역사에 오점을 남겼다.

도요타의 첫걸음은 섬유기계 제작으로 성공한 발명왕 도요타 사키치(1869~1930년)에서 시작되었다. 그의 뜻을 이어받은 아들 도요타 기이치로(1894~1952년)가 자동차산업에 뛰어들었다. 기이치로의 자동차 산업 진출은 선친의 충고에 따른 것이었다. 창업주인 사키치는 관동대지진을 겪은 후 아들인 기이치로에게 "지진 같은 재난을 당하면 철도는 쓸모없다. 앞으로는 틀림없이 자동차 시대가 온다"고 말했다. 1920년대 당시 일본의 자동차 산업은 미국의 식민지나 다름없었다. 기이치로는 가장 먼저 자동차 발명지인 미국과 유럽의 자동차 공장을 방문하며 자동차 익히기에 열중했다.

선진기술을 익힌 기이치로는 1933년 자동차부를 만들어 자동차생산에 첫발을 내딛게 된다. 일본 정부의 국산 차 장려정책에 따라 이스즈와 닛산의 전신인 도쿄자동차공업과 자동차제조가 주식회사로 출발했다. 1937년 도요타자동차공업(주)이 독립하면서 나고야 근처의 고르모에 대형공장을 세운다. 1945년 일본은 제2차 세계대전 패배로 자동차산업이 심각한 타격을 받으면서 적자 누적으로 도요타도 시련을 겪기 시작했다. 여기에 파업사태까지 겹쳐 기이치로는 사장 자리에서 물러나야 했다. 쓰러져 가던 도요타를 기사회생시킨 것은 다름 아닌 한국전쟁이었다.

미군은 한국전쟁이 장기화하자 가까운 일본에서 군용트럭을 조달하기로 하고 새로 발족한 경찰 예비대와 함께 도요타에 각각 1,000대씩의 화물 자동차(truck)를 주문했다. 그러나 기이치로는 도요타의 성공을 보지 못하고 1952년 갑자기 세상을 떠난다. 새롭게 태어난 도요타는 도쿄올림픽이 열린 1964년 연간 생산량 50만 대를 기록하며 명실 공히 일본 최대의 자동차업체로 거듭난다. 도요타는 유류 파동(oil shock)이 한창이던 1970년대에도 독창적인 생산방식(TPS,[298] Toyota Production System)에 힘입어 승승장구했다. 적기생산방식을 뜻하는 저스트인

---

297) 아시아경제 2011. 4. 1.
298) TPS(Toyota Production System)는 도요타 생산방식. 20세기 초 헨리 포드에 의해 완성된 대량생산방식이 개성과 변화를 특징으로 하는 최근의 시장 여건에서 더는 먹혀들지 않으면서 개발된 도요타 자동차의 독창

타임(JIT, Just In Time)[299])이 대표적이다. 1966년 첫선을 보인 소형차 "코롤라"가 독창적인 생산방식의 산물이다. 1968년 미국시장에 진출한 "코롤라"는 1974년 세계 최다 판매 차량으로 기록됐다. 이는 1973년 터진 1차 석유파동(oil shock) 덕이 컸다.

도요타는 코롤라의 선전에 힘입어 닛산을 누르고 일본 최대 자동차 제조업자(maker)로 등극했다. 하지만 코롤라 역시 도요타 파문의 영향권에 들게 됐다. 핸들 결함 문제가 제기된 것이다. 게다가 친환경 자동차의 대명사인 '프리우스'마저 리콜하면서 도요타의 명성은 끝도 없이 추락했다. 가속페달과 바닥깔개, 제동장치에 이어 핸들(handle)까지, '품질 도요타' 이미지는 망가질 대로 망가진 것이다. 2006~2007년 연속 사상 최대 순이익을 올리며 2008년 거머쥔 세계 최대 자동차 기업 위상도 위태로워졌다.

도요타의 대규모 리콜사태는 TPS의 한계에서 비롯됐다는 지적이 많다. TPS의 핵심인 JIT는 재고를 없애는 게 목적이다. 그런데 이는 결국 부품업계의 경쟁력을 떨어뜨려 부품 결함이라는 부메랑(boomerang, 자업자득이 되는 것)을 불렀다는 것이다. 도요타가 시장 확대에 집중하며 국외생산 비중을 늘린 것이 패착이라는 비판도 나왔다. 도요타의 비밀주의 문화도 도마에 올랐다. 부품결함 은폐 및 늑장대응 의혹, 도요다 아키오 사장의 소극적인 자세 등이 문제로 지적되었다.[300])

도요타자동차는 "미국 정부와 자동차 안전에 대한 규제 문제를 놓고 협상을 잘해서 막대한 차량 리콜을 막아 1억 달러 이상을 절감했다(2009년 7월, 이나바 요시미 도요타자동차 북미지

적인 시스템. 이 생산방식은 질(質), 양(量), 타이밍의 조화 속에 철저한 원가절감을 실현함으로써 석유파동과 엔고 파고 속에서 위력을 발휘했으며, 도요타자동차는 이것을 개발·도입한 덕분에 1인당 부가가치 1,800만 엔, 총 재고일수 3일, 생산리드타임(자재투입에서 완성 후 출고소요시간) 10시간이라는 기록을 달성해 세계 산업계에 새로운 이정표를 제시했다. TPS는 크게 JIT와 자동화로 구성된다. JIT(just in time)는 필요한 것을, 필요한 때, 필요한 만큼 생산·판매하는 무재고 생산방식으로, 구체적으로는 ① 흐름 생산에 의한 소인화(少人化) 기술과 ② 간판방식에 의한 재고삭감기술로 나뉜다. 소인화 기술은 인력의 낭비 억제와 신축성의 제고를 목표로 인력과 기계를 최적 배분하여, 한 사람이 두 개 혹은 세 개의 기계를 담당하도록 하고 있다. 또한 부품을 가져갈 때 점표를 주고받는 간판방식은 TPS 독창성의 핵심을 이루고 있다. 자동화는 ① 표준작업에 의한 개선 및 현장관리기술과 ② 공정에 이상이 발생 할 때 자동정지장치가 붙은 자동화 기술로 압축되며, 생산 자동기계나 생산설비의 이상 유무를 자동으로 점검할 수 있고, 이상이 발생하면 자동으로 정지할 수 있는 기능을 부여한다. 스위치만 누르면 높은 속도로 가동되는 자동화 기계와는 다른 개념이다. 요컨대 TPS는 종래 전 공정에서 후 공정으로 밀어내는 방식(push system)에서 후 공정에 필요한 만큼 전 공정에 요구하는 후 공정 인수방식(pull system)으로 생산방식을 완전히 혁신한 것에 그 특징이 있다. TPS는 '사람과 기계의 공존'의 추구 등 21세기 생산문화를 주도하는 형태로 발전하고 있다. 리엔지니어링의 창시자 마이클 해머는 리엔지니어링 이후의 혁신운동을 JIT-2라고 말할 정도로 TPS는 21세기를 주도할 생산방식으로 자리 잡았다.

299) 저스트인타임(just in time)은 입하재료를 재고로 두지 않고 그대로 사용하는 상품관리방식. 재고를 0으로 하여 재고비용을 극단적으로 압축하려는 것으로 재료가 제조설비에 투입될 때에 맞추어 납품업자로부터 반입되는 이상적인 상태에 접근하려는 것이다.

300) 이투데이 2011. 1. 5.

역 사장)." 2010년 2월 23일부터 열린 미국 의회 도요타자동차 청문회에 앞서 도요타자동차가 미국 교통 당국에 로비(lobby)해 수억 달러를 절감했다고 자화자찬하는 내부 문서가 공개됐다. 도요타자동차 워싱턴사무소가 2009년 7월 작성한 이 문건은 내부 보고(presentation) 자료로 표지에 이나바 도요타자동차 북미지역 사장의 이름이 적혀 있었다. 이나바 사장은 보고서에서 "도요타와 산업의 승리(Wins for Toyota & Industry)"라는 제목 아래 "캠리 자동차의 급발진 리콜 문제를 잘 협상해 100만 달러 이상을 절감했다. 어떤 결함도 발견되지 않았다"고 적었다.

2007년 미국 교통부 산하 고속도로교통안전국(NHTSA)은 도요타자동차 캠리와 렉서스 운전자들의 급발진 불만 신고에 대해 바닥깔개(mat)가 결함을 유발하는지 조사했다. 당시 도요타자동차 측은 "바닥깔개가 가속을 유발할 수 없다"고 주장해 리콜 차량을 5만 5,000대로 줄일 수 있었다는 것이다. 이 문건은 2010년 2월 21일 디트로이트 뉴스가 보도했으며, 이후 워싱턴포스트와 AP통신 등도 문건을 확보해 보도했다.

문건은 또 전직 미국 관료들이 참여한 도요타자동차의 '워싱턴안전그룹'이 차량 지붕과 측면충격 출입문 자물쇠(door lock) 등을 다루는 안전규정 변경과 도입시기 연기 문제를 놓고 협상하는 데 이바지해 1억 2,400만 달러를 아낄 수 있었다고 AP통신은 보도했다. 또한 타코마 픽업트럭에 대한 "당국의 조사를 피했다"고 자화자찬한 대목도 포함돼 있었다. 기밀로 분류된 이 내부 문건은 도요다 아키오 사장의 24일 미 하원 출석에 앞서 하원 정부개혁감독위원회에 제출됐다.

도요타자동차는 미국 의회 청문회에 대비해 막강 로비팀을 꾸렸다. 초당적 로비회사인 '퀸 길레스피'와 민주당 홍보와 로비를 맡고 있는 '글로버파커그룹'에서 위기관리 전문가를 영입했다고 워싱턴포스트는 보도했다.[301] 그동안 도요타자동차의 리콜 사태 원인에 대해서는 많은 분석이 이루어졌다. 그러나 대부분은 핵심을 벗어났다. '품질 자동차'의 대명사에서 리콜 수렁에 빠진 도요타자동차 리콜 사태의 원인은 지도자 또는 경영진의 잘못된 판단과 윤리의식에 기인한 리더십 부족 때문이었다.

도요타자동차의 품질 부문 총괄 히로유키 요코하마 상무는 2010년 11월 3일 "유일한 원인은 도요타의 품질이 완벽하지 못했기 때문이다. 지난 1년 동안 다양한 대책을 세웠고 지금도 계속 개선안을 내놓고 있다. 세계적으로 생산이 급격히 늘며 도요타의 실력이 여기에 따라가지 못했다. 나중에 느꼈지만 2002~2006년 갑작스러운 국외생산 증가로 품질에 대한 투자가 부족했다"라고 설명했다.[302] "도요타자동차가 리콜한 고급세단 '렉서스' 등의 엔진결함은 이

---

301) 동아일보 2010. 2. 23.
302) 아주경제 2010. 11. 4.

미 3년여 전 이를 알고 있었다"는 소비자 제보가 등장했다. 블룸버그통신은 일본인 리리코 타케우치와의 전화회견을 인용해 도요타는 지난 2007년 3월, 엔진에 장착된 밸브스프링 이상으로 엔진이 꺼질 가능성이 있다는 고객의 의견을 접수한 바 있다고 보도했다.[303)

결국 도요타 리콜 파문이 수그러든 것은 '대규모 리콜의 근본 원인은 우리에게 있다'는 것을 인정하고 소비자 불만 대응을 높여 품질 강화에 주력하고 문제의 심각성을 인식하는 정상적인 의사결정이 이루어졌기 때문이다. 만약 도요타자동차 경영진이 정상적인 상황 판단을 하지 못하고 잘못된 윤리의식을 갖고 문제의 본질인 품질이 좋지 않아 결함이 생긴다는 점을 인정하지 않고 로비를 지속하며 무마하려 했다면 더 큰 피해를 보았을 것이 틀림없다.

사람이 만드는 모든 제품은 결함이 발생할 수 있다. 그 결함으로 말미암아 회사가 피해를 보거나 목표 달성에 차질이 생길 수 있다. 그렇다고 하더라도 모든 일은 정당성과 합리성을 추구하고 상황에 따라 적절하게 대처해 나가야 한다. 처음에 소비자들이 결함에 대해 문제 제기를 했을 때 정상적인 윤리의식을 가진 간부나 경영진이었다면 올바른 상황 판단을 하고 그 원인을 파악하여 대책을 세웠어야 했다. 그런데 도요타자동차 관계자들은 미국의 검사기관 종사자들을 영입하여 로비를 통해 결함을 감추려 했다.

초기에는 그것이 통용되는 듯했지만, 결함에 대한 시정이 이루어지지 못해 결국은 누적되어 한꺼번에 터져 나오면서 회사를 위기로 몰아넣었다. 문제가 인지되었을 때 해결할 방법은 그것을 일시적으로 무마하거나 감추는 것이 아니라 정상적인 절차와 방법에 따라 제대로 해결하고 넘어가는 것이다. 그러나 지도자가 윤리의식이 부족하거나 과도하게 실적에 집착하는 경우 우선 그 순간을 무마하고 넘어가려는 경향이 나타난다. 이러한 잘못은 반드시 다음에 더 큰 대가를 치르게 한다.

---

303) 조선일보 2010. 7. 6.

제5장

주변 요소에 대한
사고의 확장

1. 최고란 무엇인가

최고(最高)는 가장 높음 또는 제일임을 뜻한다. 인간에게 있어 최고는 자신이 할 수 있는 모든 정신적·육체적 노력을 기울이고 온 힘을 투입하여 도달할 수 있는 가장 높은 수준의 실력을 말한다. 하지만 인간은 측정하기 어려운 엄청난 잠재력이 있어 현실 속에서 달성하는 최고는 진정한 의미의 최고라고 말하기 어렵다. 자신이 최고라고 생각한 것, 한계라고 생각한 일, 과거에는 감히 상상하지 못했던 일, 해결할 방법이 없다고 생각했던 불가능한 것으로 여겼던 일들이 오늘날 과학기술의 발전으로 가능하게 된 것이 너무나 많다. 앞으로도 마찬가지일 것이다.

이 모든 것들이 인간의 창의성과 의지, 집념과 열정, 노력으로 이루어져 왔다. 특히 새로운 것을 생각해 내는 특성인 창의성(創意性)은 인간이 한계를 극복하고 최고 수준을 갱신하는 데 결정적인 역할을 한다. 그러므로 현재 우리가 최고라고 생각하는 것, 최고라고 쌓아 온 것, 최고라고 성취한 것은 더 높아질 수 있다는 점을 명심하고 우리는 창의성과 의지, 집념과 열정을 갖고 더욱 열심히 노력해야 한다. 그러면 우리는 그만큼 더 성취하고 발전할 수 있다.

2. 해답과 최고는 항상 우리 자신에게 있다

수많은 사람이 오늘도 당면한 문제의 실마리를 얻기 위해 고민한다. 하지만 모든 인간이 얻고자 하는 해답과 최고는 먼 곳에 있는 것이 아니다. 항상 우리 자신에게 있다. 좀 더 구체적으로 말하면 뇌 속에서 조합된 생각에서 나온다. 자신이 당면한 문제를 해결하고 한계를 극복하기 위해 우리는 끊임없이 해답을 필요로 한다. 그런데 그 답이 우리 자신에게 있다고 말하면 사람들은 잘 믿지 못한다. 믿지 못하는 이유는 그 실체를 보지 못했기 때문이다. 하지만 사람들은 평상시에도 자신이 수많은 해답을 스스로 낸다. 해답이 우리 자신에게 있다는 것을 못 믿는 사람들은 자신 안에 있는 해답을 찾지 못했다는 것을 의미한다.

가령 시험문제에서 옳은 답을 내거나 퀴즈304)를 풀고, 퍼즐305)을 맞추고 공부와 일을 효율적으로 하는 방법을 찾았다면 그것은 모두 우리 자신에게 있는 내용물을 끄집어낸 것이다. 이 내용물 속에는 교육을 통해 습득된 것들이 많기는 하지만 교육이나 공부, 지식과 정보가 항상

---

304) 퀴즈(quiz)는 어떤 질문에 대한 답을 알아맞히는 놀이 또는 그 질문의 총칭.
305) 퍼즐(puzzle)은 놀이로서 생각하게 하는 어려운 문제. 낱말·숫자·도형 따위를 이용하여 지적(知的) 만족을 얻도록 만듦.

우리가 당면하는 일에 대한 답을 주지는 않는다. 인간이 문제를 인지하고 그것에 필요한 답을 뇌에서 생각해낸 것이다. 즉, 해답은 생각 속에 있다. 필요할 때 필요한 답을 내기 위해서는 수많은 지식을 습득하고 경험을 쌓아야 하며, 정보가 필요한 때도 있다. 그러나 결론은 내가 인지하는 문제에 대한 답을 의식적, 무의식적인 여러 가지 두뇌 활동을 통해 생각해낸 것이라는 점이다.

해답이 우리 자신에게 있다는 것을 제대로 못 믿는 것처럼 최고가 우리 안에 있다는 것도 사람들은 잘 믿지 못한다. 경제개발을 시작할 즈음 한국은 세계에서 가장 가난한 나라 중 하나였다. 그때 우리나라 제품 중에 세계인들로부터 최고라고 인정받고 세계시장 점유율 1위를 차지한 제품은 아무것도 없었다. 그러나 50년이 지난 오늘날 우리나라는 많은 세계 시장 점유율 1위와 세계인들로부터 최고라고 인정받는 제품을 생산하고 있다. 2008년 12월 지식경제부가 일류상품으로 선정된 품목을 대상으로 세계시장 점유율을 조사한 결과, 1위 품목은 2004년 78개에서 2005년 86개로 늘어났고, 2006년에는 121개로 100개 품목을 넘어섰으며, 2007년 다시 6개 품목이 더 늘어난 127개 품목으로 집계됐다.[306]

2009년 12월 15일 지식경제부 발표에 의하면 광 조이스틱, 정수기, 인조 잔디 등 58개 품목이 세계일류상품으로 추가 선정됐다. 지식경제부는 현재 세계시장 점유율 5위권에 드는 상품과 앞으로 여기에 들 가능성이 큰 차세대 유망상품을 '세계일류상품'으로 선정하고 있다. 현재 세계일류상품으로 선정된 제품 수는 총 584개이며 이 가운데 현재 세계시장 점유율 5위권에 드는 '현재일류상품'은 387개, 앞으로 세계 5위권 내에 들 '차세대일류상품'은 197개이다. 현재일류상품 가운데 메모리반도체, 해수 담수화 설비, 범용상선, 자전거용 신발, 냉장고 등 121개 품목은 세계 1위를 달리고 있다[307]고 한다.

이들 제품을 생산하는 기술 중 초기에는 상당 부분 외국과 합작생산이나 기술제휴를 한 것들도 없지는 않다. 하지만 이제는 우리 기술로 만들고 있는 것들이다. 과거에 존재하지 않았던 것들이 오늘날 세계 최고로 존재하게 된 것은 모두 우리 자신에게 있는 최고를 우리 스스로 끄집어낸 것이다. 세계 최고는 타인이나 다른 나라 사람에게 있는 것이 아니라 이처럼 우리 안에 존재하고 있다. 우리가 최고가 못 되었던 것은 우리 안에 존재하는 최고를 인식하고 끄집어내지 못했기 때문이다.

해답이 우리 자신에게 있는 것처럼 창조적 리더십과 세계 최고도 모두 우리 안에 있다. 우리가 당면한 문제에 해답을 못 내놓는 것은 자신 안에 있는 것을 끄집어내지 못했다는 것을 의미한다. 우리 안에 있는 것을 찾고 끄집어내도록 우리는 더욱 열심히 노력해야 한다. 그런

---

306) 한국정책방송(KTV) 2008. 12. 12.
307) 지식경제부 경제다반사 블로그.

데 그동안 우리나라의 일부 행정기관은 해결책을 우리 자신이 아닌 외국의 다른 나라에서 찾으려 했다. 오늘날 한국 교육정책과 교육계가 국민으로부터 불신을 받는 것도 모두 우리 속에 있는 국민이 만족할 정책을 끄집어내지 못하고 외국 것을 베끼는 데 급급했기 때문이다.

리더십 모델(model)은 결코 빌려 올 수 있는 것이 아니다. 유능한 리더 개발을 촉진하고자 하는 조직이라면 남의 것이 아닌 자기 조직의 핵심 가치를 발견(discover)하고, 이를 리더십 역량에 반영한 자신만의 평가 모델을 개발하고 활용하는 것이 필요하다. 미래 리더의 육성이 필요한 조직은 물론 리더로 성장을 꿈꾸는 개인이라면 "실험은 결코 실패하지 않는다(Experiments never fail)"는 말을 명심하고, 새로운 일에 도전하는 자세를 잊지 말아야 할 것이다.308)

3. 착상 경쟁시켜야 한다

지도자는 만능이 아니다. 창조적 리더십을 발휘하는 사람이 자신에 대해 그것을 발휘할 때는 자신에 국한된다. 하지만 가족이나 집단, 사회, 국가는 그 영역 범위 내에 존재하는 모든 자원을 활용할 수 있다. 따라서 구성원의 노력이나 착상(idea)도 당연히 활용할 수 있다. 목표를 향해 일을 해나가는 데 있어 장애물 제거와 문제점 해결, 한계극복을 위한 방안, 구성원이 더 열심히 일하도록 하는 동기부여 등 성과를 올리는 데 도움이 되는 일은 지도자를 포함한 조직구성원 모두의 노력과 힘을 합하여 이룩하는 것이다. 그러므로 좋은 방법을 찾아내고 더 큰 힘을 발휘하거나 더 효과적으로 일하고 효율과 생산성을 향상할 수 있는 방법이 되는 착상이 필요하다. 구성원 모두가 그것을 찾도록 착상경쟁을 하고 착상을 찾기 위해 노력하는 것은 당연하다. 이 착상은 한계를 극복하는 기술적 지식(know-how)으로 자신의 실력을 최고가 되도록 하는 데 결정적으로 기여하는 경우가 많다. 그것은 구성원 전체를 위한 일이기도 하지만 자신의 이익과 능력을 키우는 자신을 위한 일이다.

4. 위험 감수하지 않는 성공 없다

위험(危險)은 실패하거나 목숨을 위태롭게 할 만큼 안전하지 못함을 뜻한다. 인간 삶에서

---

308) 노용진(2005), "리더십 진화를 촉진시키는 리더십역량 평가 모델", ≪LG주간경제≫, LG경제연구원, p.7.

위험을 감수하지 않으면 실패는 없을지 모르지만, 성공도 없다. 모든 도전은 항상 위험이 따르기 마련이다. 위험이 수반되지 않는 도전은 없다. 위험을 감수하지 않으면 도전이 이루어질 수 없으므로 당연히 실패와 성공 모두 없다. 창조적 리더십은 안 되는 것, 어려운 것, 힘 드는 것, 안 풀리는 문제 등 장애를 해결하고 한계를 극복하여 좋은 결과를 만들어 내는 것이다. 그런데 창조적 리더십을 발휘하기 위해서는 법규를 지키면서 좋은 결과를 만들어 내야 하므로 더 많은 노력과 인내가 필요하다. 당연히 위험도 감수해야 한다.

위험의 정도는 일 성격에 따라 다르다. 중요한 점은 어떻게 하면 일 진행과정에서 위험을 효율적으로 제거하거나 완화하여 피해는 최소화하면서 좋은 결과를 만들어낼 것인가 하는 점이다. 따라서 희생과 피해는 줄이고 실적을 향상할 방안이 강구되어야 한다. 다른 사람이 할 때와 동일한 수준의 피해가 유발된 가운데 만들어낸 결과는 다소 좋은 결과라도 호평을 받을 수 없다. 공적과 과오가 모두 크면 창조적 리더십이 제대로 발휘된 것으로 볼 수 없기 때문이다. 그리고 지금은 결과가 좋은 것으로 평가되더라도 훗날 피해를 불러일으키고 문제가 되는 결과 또한 마찬가지이다.

1957년 포천(Fortune)에서 선정한 '세계 500대 기업' 가운데 아직도 존재하는 기업이 얼마나 될까? 놀랍게도 1957년 최고의 찬사를 받던 기업 중 단지 3분의 1만이 2006년까지 생존해 있을 뿐이었다. 경영학자 피터 드러커(Peter Ferdinand Drucker)는 현재의 리더 기업이 30년 후까지 지금의 모습을 그대로 유지하려고 한다면 살아남지 못할 것이라고 단언했다. 핵심기술은 진부화될 것이고 시장은 성숙해지며 심한 경우 산업 자체가 사라질지도 모르기 때문이다. 결국 궁극적으로 기업이 영원히 존속하기 위해서는 끊임없는 신사업 추진이 필요하다. 그러나 대부분의 신사업이 실패로 끝나는 것도 주지의 사실이다.

목재회사에서 세계 최고의 휴대전화 회사로 변신한 핀란드의 전자·전기기기 회사인 노키아(Nokia)도 1990년대 초반 소형 컴퓨터와 컬러텔레비전(color television) 신사업에 뛰어들었다가 사장의 자살을 몰고 올 만큼 참담한 실패를 맛본 경험이 있다. 실제로 하버드 경영대학원의 가빈(David A. Garvin) 교수에 의하면 1970년대와 1980년대에 행해진 미국 기업들의 신사업 시도 중 60%가 실행 6년 안에 실패를 겪었다고 한다. 조사 대상을 우량기업으로 좁혀도 결과는 크게 달라지지 않는다. 같은 기간 Dupont, Exxon, IBM, P&G, 3M, Sara Lee, Zerox가 행한 신사업 중 합작(joint venture) 형태로 수행한 경우는 6년 내 50%가 실패했고, 내부에서 독자적으로 수행한 경우는 44%가 사업에서 철수했다.

신사업에는 두 가지 암초가 있다. 신사업은 사업 기회의 탐색, 사업모델 수립 및 타당성 분석, 사업 실행의 단계를 거친다. 신사업이 어려운 것은 이와 같은 과정에서 불확실성과 조직 내부의 변화 거부증, 즉 관성(inertia)이라는 암초를 만나기 때문이다. 기존 사업의 성공 방식이 최고의 방법이라는 믿음은 시장 변화에 기민한 반응을 어렵게 만든다. 결과적으로 사업 기회의 탐색 과정에서 기업은 제한적인 시야를 가지게 되고 좋은 사업 종목(item)을 놓치게 된다.

최악에는 신사업 추진 명분 아래 시장 변화에 역행하는 사업을 구상하기도 한다. 더구나 훌륭한 사업 아이템이 모든 문제를 해결해 주는 것도 아니다. 사업모델 수립과 타당성 분석 단계에서의 오류가 사업을 망칠 수 있기 때문이다. 이는 새로운 사업에 맞는 모델을 수립하고 타당성을 분석하는 출발점이 불확실한 예측과 가정이라는 점에 기인한다. 불확실성은 자의적 판단과 선입견(cognitive biases)을 가지게 하므로 예상되는 상황을 아전인수[309]식으로 해석하게 하고 결과적으로 그릇된 사업 분석을 초래한다.[310]

5. 사람이 미래다

인간의 삶은 항상 만들어 가는 과정이다. 스스로 포기하거나 죽어야 끝이 난다. 개인의 삶에서 최고 기량은 시기, 연령, 분야, 몸 상태 등에 따라 다르게 나타난다. 스포츠는 10대 후반이나 20대 초반이지만 일반적인 인간의 전체적인 삶을 놓고 볼 때는 40~50대이다. 집단이나 단체는 그 수명과 흥망성쇠에 워낙 기복이 심해 언제 최고의 기량을 발휘할지 예측을 불허한다. '구성원으로 어떤 사람들이 충원되느냐, 누가 지도자가 되느냐, 어떤 지도력을 발휘하느냐' 등 여러 가지 변수에 따라 결과는 달라진다.

인간을 둘러싸고 있는 환경은 끊임없이 변화한다. 고정된 것이 아니므로 영원한 절대 강자는 없다. 오늘 선진국이라고 미래에도 계속 선진국으로 존속할 것이라는 보장은 없다. 단지 주어진 환경을 누가 더 적절하게 활용하고 잘 대응하여 좋은 결과를 만들어 내고 유지해 나가느냐에 따라 달라진다. 지금 선진국이고 최고의 기량을 갖추고 있다고 하더라도 새로 충원되는 사람들이 더 높은 기량을 갖추지 못하면 유지는커녕 하루아침에 추락할 수도 있다.

사람이 세상을 살아가는 데 있어 미래는 주어진 환경과 여건 속에서 좋은 결과를 만들어낼 인재를 양성하느냐 못 하느냐가 가장 중요한 요소가 된다. 즉, 사람이 미래다. 훌륭한 인재를 많이 양성하면 좋은 미래가 만들어지고 그렇지 못하면 좋은 미래를 기대하기 어렵다. 지도자가 해야 할 일은 우선 목표를 달성하는 것도 중요하지만, 구성원의 능력을 향상하고 인재로 육성하는 일이 더 중요하다. 세상에 가장 좋은 힘은 자력이다. 자력은 지도자와 구성원이 가

---

309) 아전인수(我田引水)는 자기 논에 물을 끌어댄다는 뜻으로 자기에게만 이롭게 함.
310) 유호현(2006), "신사업 실행의 4S 성공 리더십", ≪LG주간경제≫, LG경제연구원, p.9.

진 힘의 합력이다. 구성원 모두가 최고의 능력을 갖춘 사람이 되면, 그 사회는 최고 역량을 발휘하고 미래 또한 밝을 수밖에 없다.

6. 생각이 에너지다

사람이 일을 하는 데는 항상 에너지가 필요하다. 에너지 중에서 가장 좋은 것이 생각이다. 생각은 아무리 사용해도 무한대로 용출한다. 생산성을 향상하고 문제를 해결하는 것도 모두 생각에 따라 이루어진다. 일차적으로 생각에서 방안이 나와야 장비나 설비, 인력을 동원해 문제를 해결하고 일을 성공적으로 이끌어갈 수 있다. 생각에서 방안이 나오지 않으면 아무것도 해결할 수 없다. 인간을 변화시킬 수 있는 에너지도 생각에서 나온다. 물리력 같은 강압에 의해 인간을 변화하게 할 수는 있지만, 그것은 순리적인 변화가 아니다. 그러나 생각이 변하면 인간은 금방 바뀐다.

에너지[311]는 일을 할 수 있는 능력의 총체 혹은 물질을 화학적으로나 물리적으로 변화시킬 수 있는 능력의 총체라고 정의할 수 있다. 모든 물질은 에너지를 가지고 있다. 에너지(energy)의 어원은 일을 할 수 있는 능력이라는 그리스어 에르곤(ergon)에서 파생되어 나온 에네르게이아(energeia)로부터 유래된 것이다. 에너지라는 말을 물리학 용어로 처음 사용한 사람은 요한 베르누이(J. Bernoulli)로 1717년의 일이다. 에너지의 형태(forms of energy)는 고체 연료, 액체 연료, 기체 연료가 갖고 있는 화학에너지, 운동에너지, 위치에너지, 핵에너지, 전기에너지, 열에너지, 질량, 빛에너지, 소리에너지 등 여러 가지가 있다.[312]

인간은 여러 가지 에너지로 구성된 생체에너지를 가지고 있지만, 특히 다른 동물과는 달리 강한 생각에너지를 가지고 있다. 생각에너지는 일의 양과 크기, 강도와 속도 조정, 통제하고 해결방안을 제시하여 적은 에너지 소비로 효율적으로 목표를 달성하게 하는 등 실질적으로 에너지를 만들어 내는 역할까지 한다. 생각에너지를 갖지 않고는 리더십을 발휘할 수 없는 것은 물론 생각에너지의 도움 없이는 최고의 기량을 인정받을 수 없다. 기술상의 최고 재주를 가진 사람들이 보유하고 있는 비밀 기술정보(know-how)는 생각에너지의 결정체이다.

비밀 기술정보는 스스로는 좀처럼 그것을 찾아내기 어렵지만, 전문가들은 그 내용을 듣거나 보면 금방 알고 이해한다. 이것들은 모두 창조적인 생각에서 나온다. 생각이 에너지이다.

---

311) 에너지(energy)는 인간 활동의 근원이 되는 힘, 물체가 물리학적인 일을 할 수 있는 능력.
312) 전홍신·김형택 공저(2006), ≪에너지·연소·환경≫, 한티미디어, p.4.

생각에너지가 큰 사람이 창조적 리더십을 잘 발휘하는 것은 당연하다.

7. 창조의 개념과 시간

1) 창조의 개념

창조(創造)는 전에 없던 것을 처음으로 만듦, 새로운 업적·가치 따위를 이룩함이다. 없던 것을 만들고 새로운 업적이나 가치를 이룩하기 위해서는 무엇인가 도구나 방법이 있어야 한다. 그 도구와 방법은 어디서 구할 것인가? 타인에게서 구할 것인가? 아니다. 우리 안에 있는 무엇인가를 끌어내어야 한다. 설령 타인에게서 그것을 구한다고 하더라도 그러한 행동을 하게 만드는 것은 내 마음에서 나온다. 그것은 우리 속에 존재하는 새로운 생각과 능력이다. 생각은 마음에 느끼는 의견 또는 깨달음을 뜻한다. 창의성(創意性)은 새로운 것을 생각해 내는 특성이고, 능력(能力)은 일을 감당해 내는 힘인데 새로운 생각과 문제해결 능력은 대부분 창의적 사고에서 나온다.

사고(思考)는 생각하고 궁리함이다. 자신의 마음에 느끼는 의견이나 깨달음을 얻기 위해서는 사전에 충분한 지식과 경험을 함양하는 노력이 필요하다. 세상에 전혀 경험하고 공부하지 않았으면서 한 번에 비결을 척척 찾아내고 매번 실수나 시행착오 없이 일을 처리할 수 있는 사람은 아무도 없다. 누구나 연관된 일과 노력, 공부를 통하여 문제해결 방법을 찾아낸다. 대부분 전문가도 수많은 시행착오와 사전 노력, 지식 함양의 과정을 거친다. 창의성을 육성하는 것도 마찬가지다.

창의성이 단순한 생각으로 머물게 해서는 소용이 없다. 더 효율적으로 일할 수 있는 새로운 방법을 생각해 내고 원인을 밝혀내고 비법이나 해법을 찾아내고 도구나 체계 또는 창작물을 만들어 내는 것으로 승화해야 한다. 이렇게 승화한 것을 활용하면 나의 생산성과 효율은 더욱 향상되고 문제해결을 잘할 수 있게 되어 능력이 향상된다. 창의성을 제고시켜 능력을 강화하면 인간은 더 효과적으로 많은 것을 할 수 있고 새로운 것도 만들어낼 수 있다. 그러므로 창조적 리더십을 발휘하기 위해서는 창의성을 육성하기 위해 노력해야 한다. 특히 창의성에 바탕을 둔 지도력과 문제해결능력을 발휘하는 것이 중요하다.

기업은 예산을 늘리고 유능한 인력을 충원하고 새로운 실험실습 장비나 최신 설비를 구매

하여 자동화하는 것으로 상당 부분 문제해결이 가능하다. 하지만 그러한 일을 무한대로 계속할 수는 없다. 예산, 인력, 장비를 늘리면 새로운 문제가 발생한다. 그리고 무엇보다도 예산, 인력, 장비를 늘리는 결정을 하는 것 자체가 새로운 생각에 따라 시작된다. 인간이 이룩한 세상의 모든 발전과 향상은 새로운 생각에 따라 향상된 능력이 창조한 것이다. 그러므로 창조적 리더십을 발휘하는 것은 우리 안에 존재하는 새로운 생각이나 능력을 이끌어 내는 작업이라고 할 수 있다. 해법이나 비법, 원인을 밝혀내는 것도 모두 생각에서 나온다.

지도자가 당면하는 문제 중 하나는 구성원에게 못 쉬게 하면서 쉬라고 하고, 자신도 쉬어야 한다고 생각하면서도 쉬지 못한다는 것이다. 시간적 여유는 휴식을 통한 건강관리뿐만 아니라 아이디어 창출, 자기관리와 주변 정리를 통해 더 많은 일을 더욱 효율적으로 하는 바탕이 된다. 그런데 과중한 업무는 지도자들로 하여금 온전하게 쉬지 못하게 한다. 그리고 아무리 바빠도 지도자 자신이 직접 참여해야 할 일들이 너무 많다. 그러므로 모든 지도자는 항상 시간에 쫓긴다.

창조에는 시간도 포함된다. 시간이 승패를 좌우하는 경우 당연히 시간을 창조하는 기업이 경쟁에서 승리한다. 시간을 창조한다고 하면 쉽게 이해가 안 돼 고개를 갸우뚱하는 사람도 있을 것이다. 시간은 우주질서의 흐름에 의해 생기는 것인데 어떻게 만들 수 있느냐고 생각할 수 있다. 하지만 시간을 창조하는 것은 얼마든지 가능하다. 발상을 조금만 전환하면 금방 이해할 수 있다. 실제로는 시간을 만드는 것이 아니라 동일한 일을 하는데 시간을 절감하면 그 절감한 시간만큼 다른 일을 할 수 있다. 즉, 새로 만든 것과 같은 효과가 발생한다.

이렇게 시간을 창조하는 방법은 얼마든지 있다. 창의적인 생각과 문제해결능력, 한계극복, 효율, 기술개발, 집중력 향상, 우선순위 적용, 일을 처리하는 방식 등을 통해 시간은 얼마든지 창조할 수 있다. 유명인이나 위인들이 보통 사람보다 훨씬 많은 사람을 만나고 일을 처리하고 바쁘게 움직이며 살 수 있는 것도 모두 시간을 창조하는 능력이 있기 때문에 가능한 일이다. 하지만 이런 삶은 발상의 전환이 있어야 가능하다. 발상(發想)은 어떤 생각을 해냄 또는 그 생각이다. 창의성이나 창조와 연관이 있다.

다른 사람보다 뛰어난 사람이나 일을 많이 하는 사람이 되느냐 되지 못하느냐 하는 것은 여러 가지 요소가 작용하지만, 그 핵심적인 것은 생각을 전환할 수 있느냐 없느냐에 달렸다. 생각이 바뀌어야 모든 것이 달라질 수 있다. 할 수 있다는 생각은 사람이 실제 많은 것을 할 수 있게 해준다. 할 수 있다는 생각을 하고 실제 행동을 통하여 도전해야 더욱 잘 성취할 수 있다. 그렇지만 할 수 있다는 생각을 하지 못하는 사람들은 잘 성취하지 못하고 고정관념 속에 갇혀서 다람쥐 쳇바퀴 돌듯이 무료함을 느끼며 단조로운 삶을 살아간다.

2) 시간을 창조하는 기업

오늘날 기업이 경쟁에서 이기기 위해서는 급변하는 시장에 대응해 재빠르게 움직이는 민첩성을 갖추는 것이 매우 중요하다. 민첩한 조직이 되려면 우선 군더더기 없는 효율적 업무수행 방안부터 고민하는 것이 바람직한 순서이다. 주 5일 근무제 도입, 재택근무나 탄력 근무제 활용 등 최근 들어 직장인들의 일하는 방식이 매우 세련되어지고 있는 추세다. 그럼에도 다른 한편에서는 '월, 화, 수, 목, 금, 금, 금'이라는 말처럼, 하루 24시간 중 대부분을 회사에서 바쁘게 보내는 직장인들도 여전히 많은 것이 현실이다.

한국노동연구원에서 2009년 발표한 자료에 의하면, 한국의 서비스업 노동 생산성이 당시 경제협력개발기구 조사대상 27개 국가 가운데 25위에 불과했다고 한다. 통계개발원이 발간한 보고서에 의하면 제조업은 일본과 비교하면 10% 정도 노동 생산성이 뒤떨어지는 것으로 나타나고 있었다. 그렇다면 그렇게 노동 생산성이 차이가 나는 이유는 무엇일까? 선진국 근로자들이 더 많은 시간 일한다는 뜻일까? 물론 답은 '아니요'이다. 경제협력개발기구(OECD, Organization for Economic Cooperation and Development) 발표 자료에 따르면 한국 근로자의 근로시간이 경제협력개발기구 회원국 가운데 가장 길다. 결국 한국 직장인들의 업무 내용 측면을 자세히 들여다보면 어딘가 모르게 비효율적으로 일하고 있는 모습들을 찾아볼 수 있다는 뜻이다. 따라서 불필요하게 직장인의 힘을 빼는 요인이 무엇인지 그리고 기민하게 움직일 수 있는 여지를 만들어 내기 위해서는 어떻게 해야 하는지 살펴볼 필요가 있다.[313]

(1) 비효율 업무의 3가지 유형

열심히 일하는 것보다는 지혜롭게 일하는 것이 필요한 세상이다. 출근해서 퇴근할 때까지 이루어지는 총 근무시간 중 효과적인 업무활동 시간을 제외한 업무 시간의 손실(loss) 부분은 크게 세 가지 요인에 의해 발생하게 된다(<그림 5-1> 참조). 그 첫 번째가 태도의 손실이다. 쉽게 말해 지각이나 개인적인 업무처리, 잡담이나 신문 보기, 인터넷 서핑[314] 등 업무에 열중하지 않는 시간을 말한다. 두 번째는 방법의 손실이다. 열심히 업무에 열중해서 일하더라도, 기술이 부족하거나 회사규정이 아직 변화되지 못한 경우, 지나치게 복잡한 결재 단계 등 잘못된 작업 방법으로 말미암아 손실이 발생한다. 세 번째는 목적의 손실이다. 열심히 효율적으로 일하더라도 그것이 진정으로 고객에게 가치를 제공하는 일이 되지 못하면 아무런 소용이 없

---

313) 노용진(2009), "시간을 창조하는 기업"(LG Business Insight), LG경제연구원, p.24.
314) 서핑(surfing)은 파도타기. 속어로 텔레비전 채널을 마구 돌리며 여기저기 조금씩 시청한다는 뜻. 인터넷에서 이곳저곳 사이트를 접속해 들여다보는 행위.

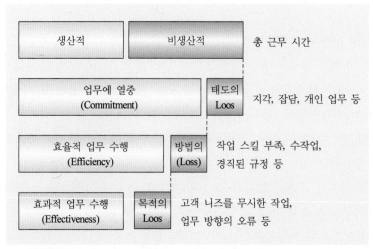

〈그림 5-1〉 3가지 비효율 업무(Losses in Working) 유형

출처: 노용진(2009), "시간을 창조하는 기업", 《LG Business Insight》, LG경제연구원, p.24.

다. 흔히 본사 지원부서, 연구와 개발(R&D, research and development) 부서에서 일어나기 쉬운 오류 대부분이 이 유형에 속한다. 조금 더 구체적으로 이들 비효율적인 업무 양식(pattern)을 살펴보자.

◆ 잘못된 업무 태도로 인한 Loss

잘못된 업무 태도에 해당하는 업무 유형 중 첫 번째는 습관적으로 야근을 반복하는 '올빼미형'이다. 갑자기 업무가 폭주할 때는 어쩔 수 없다. 하지만 대부분은 어쩔 수 없다기보다는 습관적으로 야근한다는 쪽에 가깝다. 전날 야근으로 말미암아 오후에야 몸의 건강 상태(condition)가 회복되고, 결과적으로 맡은 일을 끝내기 위해서는 또다시 밤늦도록 야근을 하게 된다.

가늘고 길게 일하는 '냉면 가닥형'도 문제다. 실제로는 금방 처리할 수 있는 일도 가능한 한 오래도록 끝내지 않는 유형이다. 이런 행태는 빨리 일을 끝내더라도 다음 일이 주어지거나, 관련 자료를 요청하는 등 귀찮은 일들이 생길 것을 회피하려는 이유 때문에 발생한다. 업무와 오락을 동시에 하는 '외도형'도 심심찮게 볼 수 있다. 겉으로 보기에 뭔가에 열중하고 있는 것처럼 보이지만, 사실은 메신저(messenger)[315]로 동료나 친구와 대화를 나누거나 스포

---

315) 메신저(messenger, 쪽지창)는 인터넷에서 실시간으로 메시지와 데이터를 주고받을 수 있는 소프트웨어. 즉시 전달한다는 의미로 인스턴트메신저라고도 한다. 1996년 미국의 아메리카온라인(AOL)이 회원의 접속 상태를 보여 주는 버디 리스트 서비스를 시작하고, 1997년에 실시간 대화기능을 추가한 것이 시초이다.

츠경기 관람, 연예 관련 뉴스 검색, 주식시세 확인 등 업무 외적인 일에 시간을 쓰고 있는 경우가 많다.

◆ 비효율적인 업무 수행 방법으로 인한 Loss

대표적인 비효율적 업무 유형의 하나가 '보여주기식 업무처리'이다. 많은 조직에서 빼놓을 수 없는 업무 중 하나가 보고서 작성이다. 보고서 작성은 중요한 의사결정은 물론 회사 현황에 대한 브리핑316) 등을 위해 가장 빈번하게 필요한 업무의 하나이다. 문제는 백과사전은 명함도 못 내밀 만큼 두툼한 분량의 보고서를 만들거나, 온갖 미사여구와 그림들로 도배된 보고서를 만드느라 시간을 낭비하는 경우이다. 그림과 미사여구로 길게 더 길게 만드느라 시간을 낭비하기보다는 간결한 장표 한 장으로 간단하게 끝내는 것이 훨씬 현명한 업무처리 방식일 수 있다.

'회의(懷疑)를 위한 회의(會議)' 방식의 비생산적인 회의도 효율을 저해하는 요소의 하나이다. 참가자들이 준비 없이 와서 앉아 있기만 하거나, 상급자 주도로 몇 시간씩 마라톤회의를 하는 경우 결코 생산적이고 창의적인 결과가 도출될 수 없다. '과거 답습형'의 업무처리 방식도 기업이 외부환경 변화에 대응한 효과적인 업무수행을 저해하는 대표적인 장애 요인이다. 우리는 주변에서 상사들이 업무지시를 할 때 '이전에 하던 대로 해'라거나 '규정대로 해'라는 지시를 내리는 경우를 흔히 볼 수 있다. 물론 과거와 단절에는 위험이 따른다. 그러나 새로운 시도를 하지 않는 조직은 서서히 더워진 물속에서 '삶긴 개구리(boiled frog)'처럼 더 큰 위험이 닥친다는 사실을 잊어서는 안 된다. 회의(懷疑)를 위한 회의(會議) 방식의 비생산적인 회의도 효율을 저해하는 요소의 하나이다.

◆ 잘못된 업무 목적으로 인한 Loss

잘못된 업무 태도나 비효율적인 업무수행 방법으로 말미암은 손실보다 훨씬 중요한 문제는 목적의 손실이다. 아무리 효율적이고 열심히 업무를 수행하더라도 목적이 잘못되면 아무 소용이 없는 법이다. 기업의 모든 활동은 최종적인 성과창출 관점에서 의미가 있는지 항상 재점검해 보아야 한다. 예를 들어 가전제품을 생산하는 전자업체들은 고객이 필요를 느끼지 못함에도 기술력을 자랑하기 위해 복잡한 기능을 추가하는 노력을 이제는 하지 않는다. 만약 복잡하기만 한 기능의 텔레비전 그리고 조작법을 다 알기도 어려운 리모컨317)을 만드는 데 계속 집착한다면 최종 소비자들의 외면만 살 뿐이기 때문이다. 이처럼 현재 수행하고 있는 업무가

---

316) 브리핑(briefing)은 요점을 간추린 간단한 보고서 또는 그런 보고나 설명.
317) 리모트 컨트롤(remote control)은 원격 제어. 원격 조작. [준말] 리모컨.

최종적으로 고객의 입장에서 가치를 느낄 수 있는 결과를 창출하는 활동인가를 끊임없이 자문하는 것이 필요하다.[318]

(2) 일벌레 아닌 일천재가 되는 방법 찾아야 할 때

이제는 일하는 시간과 일의 양을 가지고 승부를 겨루는 시대는 지났다. 열심히 일하는 것보다는 지혜롭게 일하는 것(Don't work hard, work smart)이 필요한 세상이다. 그렇다면 지혜롭게 일하는 방법 그래서 업무 효율성을 보다 높이는 방법은 과연 무엇일까? 사실 기업마다 일하는 방식은 업종, 문화, 업무 성격에 따라 다르다. 따라서 모든 기업에 공통으로 적용할 수 있는 최선의 일하는 방식을 찾아내기란 쉬운 일이 아니다. 그러나 선진 기업의 사례를 통해 몇 가지 공통적인 특징을 찾아볼 수는 있다.

◆ 비효율적 요소를 끊임없이 제거하라

일의 목적을 되새겨 보고 불필요한 일들은 끊임없이 제거해 나가야 한다. 무엇보다 먼저 별로 중요하지 않은 일로 말미암아 자원이 낭비되거나, 구성원들에게 과부하가 걸려 있지는 않은지 점검해 보는 것이 바람직한 접근법이다. 도요타(Toyota)자동차는 리더의 책임 아래 업무상 발생하는 불필요한 낭비 요소를 찾아내고 제거하는 일을 전사적으로 꾸준히 실천하는 기업으로 잘 알려져 있다. 도요타의 사례에서 보듯이 중요한 것은 리더의 역할이다.

비즈니스 프로세스 리엔지니어링(BPR)[319] 분야의 대가인 마이클 해머(Michael Hammer)도 업무상 비효율을 발견하고 개선하기 위해서는 누군가 책임을 지는 사람이 필요하다고 지적한다. 따라서 리더 스스로 먼저 혹시 자신이 불필요한 일을 만들어 내고 있는 것은 아닌지 되돌아보아야 한다. 나아가 구성원들이 잘못된 방향으로 업무를 수행하지는 않는지 살펴보고, 만약 그런 부분이 있다면 바로잡아 주는 일에 관심을 기울여야 한다.

◆ 좋은 업무방식을 제도화하라

좋은 업무방식은 제도화하여 사내에 폭넓게 공유해 나갈 필요가 있다. 비효율적인 요소를

---

318) 노용진(2009), "시간을 창조하는 기업", ≪LG Business Insight≫, LG경제연구원, pp.24~26.
319) BPR(business process reengineering)은 기업 경영 혁신. 비즈니스에서 일어나는 모든 처리 과정을 개혁해 업무성과를 올리자는 이론에 바탕을 둔 프로그램을 말한다. 발달한 정보통신기술을 기반으로 기업 전 분야의 전산 통일화를 이뤄 업무효율을 극대화하자는 취지로 창안됐다. 과거에는 한 부분의 일이 끝난 뒤에야 다른 부서에서 결과물을 이어받아 일을 진행할 수 있었다면, BPR은 실시간으로 다른 부서의 진도를 체크, 동시에 추진함으로써 업무소요시간을 획기적으로 줄일 수 있다. 한편 ERP(Enterprise Resource Planning)는 기업 내 모든 자원의 흐름을 한순간에 정확히 추출해 자원의 효율적 배치를 평가하는 것이 궁극적인 목적이라는 점에서 BPR와 구별된다.

제거함으로써 개선된 업무수행 방식이 특정 부서나 조직 단위 내에서만 활용된다면 그 효과는 제한적일 수밖에 없다. 탁월한 성과를 내는 세계적인(global) 기업들은 자회사나 각국의 법인들이 동일한 관행을 따를 수 있도록 구체적인 사항을 매우 세밀하게 제도화하여 일관성 있는 업무수행을 가능하게 하고 있다.

일례로 GE(General Electric)에서는 각 자회사에서 개발된 가장 훌륭한 업무수행 방식을 해당 자회사 내에서 적용하는 데 그치지 않고, 베스트 프랙티스(Best Practice: 다른 회사・조직이 본받을 만한 모범 경영 사례)로 다른 자회사에도 전파하여 그 성공체험을 공유하는 것으로 잘 알려져 있다. 성공사례를 만들고 전파하는 일이 저절로 되는 것은 아니므로 우수한 인재들로 구성된 비즈니스 감사(business audit)팀을 활용하기도 한다.

◆ 구성원에 대한 존중(Respect)과 임파워먼트를 부여하라

비효율적인 업무수행의 많은 부분이 의사결정권의 집중에서 비롯된 병목현상에서 그 원인을 찾을 수 있다. IBM 크레디트사의 과거 사례를 보면 구성원이 실제로 융자업무 처리를 위해 일한 시간은 전체 업무수행 과정에서 단 3%인 90분에 불과했다. 그리고 평균 처리 소요기간인 6일 중 나머지 대부분의 시간은 처리된 업무의 전달과 결재를 받는 데 소요되고 있었다고 한다. 따라서 신속하고 효율적인 업무수행을 위해서는 핵심 사항을 제외한 나머지 부분에 대해 구성원들이 스스로 의사결정을 내리고 처리할 수 있도록 적극적인 권한위임을 할 필요가 있다.

리츠칼턴(Ritz Carlton) 호텔은 직급을 불문하고 직원들은 고객불만이 발생하면 1인당 2천 불까지는 상사의 승인 없이도 집행할 수 있는 권한을 부여받는다. 이러한 권한위임(empowerment)을 통해 고객불만에 대한 대응속도 제고와 함께 호텔 서비스 수준에 대한 높은 만족도를 달성할 수 있다고 한다. 이처럼 좋은 업무방식은 제도화하여 사내에 폭넓게 공유해 나가는 것이 바람직하다.

◆ 개방적인 커뮤니케이션을 촉진하라

소수자도 배려하는 개방적인 조직이 오히려 최종 목적지에 빨리 도달할 가능성이 크다. 대부분의 기업에서 상의하달식 업무지시와 상급자에 의한 업무 점검은 일상적인 현상이라고 할 수 있다. 반면 성공한 세계적인 기업들은 개방적인 의사소통이 제도화되어 있어 업무에 대해 자신의 의견을 솔직하게 개진할 수 있는 문화가 정착되어 있다. 사실 GE의 혁신에서 가장 기본이 되는 동시에 성공적인 제도라고 할 수 있는 워크아웃(workout)[320]도 이런 솔직하고 허심탄회한 의사소통이 전제되었기 때문에 가능했다고 볼 수 있다.

상하 간 의사소통 부족과 함께 부서 간 지나친 견제와 알력도 기업의 에너지와 시간을 낭비하게 하는 요인이 되기도 한다. 여러 차례 위기를 극복한 영상 및 광학 기기 생산업체 캐논(Canon Inc.)은 기술 부문과 마케팅 부문 등 여러 부서가 참여하는 '와이가야'라는 이름의 회의로 유명하다. 이 회의의 참석자들은 다른 부서의 입장을 배려하는 태도를 견지해야 한다. 만약 그렇지 않으면 강제 퇴장을 당하게 된다. 이러한 회의 덕분에 한때 완성도가 떨어진다는 이유로 폐기되었던 디지털카메라(digital camera)[321] 기술이 다시 복원되어 큰 성공을 거두게 되었다고 한다. 결국 상이한 의견을 가진 소수자(devil's advocate)조차 포괄할 수 있는 개방적 조직일수록 최종 목적지에 더 신속하게 도달할 가능성이 커진다.[322]

(3) 개인 차원의 업무 효율성 제고 노력도 병행

기업 차원의 노력만으로 업무 효율성을 높이기는 어렵다. 결국 구성원들의 실행이 뒤따라야 하기 때문이다. 따라서 개인들 역시 자신의 업무 방법을 바꾸려는 노력이 반드시 필요하다. 그리스어에서는 시간이 물리적인 시간인 크로노스(chronos)와 주관적이고 감정적인 시간인 카이로스(kairos)의 2가지로 구분된다고 한다. 물리적 시간인 크로노스와 달리 주관적 시간인 카이로스는 어떻게 시간을 활용하느냐에 따라 변화되는 개념이다. 비록 물리적으로는 동일한 시간일지라도 주관적으로 느끼는 시간은 같지 않을 수 있다. 연인과 보내는 1시간은 1분 같이 느껴지겠지만, 권위적인 상사와 보내는 1분은 1시간처럼 길게 느껴질 수도 있는 법이다. 그렇다면 어떻게 하면 시간을 보다 효과적으로 활용하는 것이 가능해질까?

◆ 시간을 쓰는 방법부터 바꿔라

자신의 재량 아래에 사용할 수 있는 시간을 모아서 활용하면 시간을 효과적으로 사용할 수 있다. 이를 위해서는 스스로 시간을 쓰는 방법을 바꾸어야 한다. 피터 드러커(Peter Ferdinand Drucker)가 제안하는 업무 집중도(work density)를 높이는 방안을 참고로 해보자. 무엇보다 먼저 주어진 업무를 수행하는 데 필요한 최소 시간(임계량, critical mass)을 파악한다. 그리고 나서 자신의 재량 아래 사용할 수 있는 시간을 통합하여 확보한다. 산발적으로 일을 처리하는 것은 집중력과 업무효율성이 떨어지게 된다. 따라서 여러 군데 흩어져 있는 시간을 모아서 활

---

320) 워크아웃(work out)은 기업과 금융기관이 협의하여 진행하는 일련의 구조조정 과정과 결과. 이에 이용되는 방법으로, 그룹 내의 퇴출 기업 결정과 상호 지급 보증 해소, 부실 규모에 따른 감자(減資)와 부채 감면(減免), 자산 매각 등이 있음.
321) 디지털카메라(digital camera)는 사진을 찍으면 화면을 카메라에 내장된 디지털 저장 매체에 저장하여, 카메라와 스캐너의 역할을 대체할 수 있는 카메라이다. PC의 화상 데이터와 호환성이 높아 편집 및 수정이 간편하다.
322) 노용진(2009), "시간을 창조하는 기업", ≪LG Business Insight≫, LG경제연구원, pp.24~28.

용하는 것이 현명한 방법이다. 다음으로 시간 낭비 요인을 찾아 제거한다. 예를 들어 잦은 회의 문화는 지양해야 할 대표적인 업무의 하나이다. 계획에 없는 저부가가치 업무는 가급적 제외하는 것이 좋다. 끝으로 마감시간을 미리 정한다. 그렇게 하면 마감시간이 일종의 목표가 되고 스스로 목표달성을 위해 노력을 하게 된다. 목표를 달성하게 되면 성취감이라는 또 다른 보상이 생기는 측면도 있다.

◆ 일하는 방법을 개선하라

자신의 일하는 방법을 개선해야 한다. 그중 1단계는 일하는 책상부터 깨끗이 치운다. 일에 대한 집중력이 높아지고, 쓸데없이 관련 자료를 찾는 시간을 절약할 수 있는 등 이로운 점이 많다. 2단계는 '주요 업무 목록'을 작성하여 활용한다. 미국의 출판 인쇄분야, 과학과 문화 사업 분야에서 많은 공헌을 남긴 벤저민 프랭클린(Benjamin Franklin)은 자신의 성공 비결을 50년 이상 꾸준히 자신의 할 일을 수첩에 기록하고 그에 따라 실행한 것이라고 한다. 매일의 일정표를 작성하여 활용한다. 3단계는 해야 할 일은 절대 미루지 않는다. 이상에서 단순히 서두르기보다 주어진 시간을 보다 효과적으로 활용하기 위해 기업과 개인 차원에서 유의해야 할 점들을 살펴보았다. 이를 실천함으로써, 한 텔레비전 광고의 문안(copy)처럼 시간 창조형(time creator)의 기업 그리고 개인으로 거듭나기를 기대해 본다.323)

8. 구성원이 최고가 되어야 최고 실적 낼 수 있다

지도자는 소수이고 구성원은 다수이다. 일은 혼자서 하는 것이 아니다. 집단이나 단체가 최고가 되고 최고의 실적을 낸다는 것은 전체적인 평균이 최고가 되어야 한다는 것을 의미한다. 그러므로 구성원이 최고가 되지 않으면 안 된다. 구성원의 능력 크기에 편차가 심하면 전체적인 평균은 높이 올라가기 어렵다. 하지만 구성원 개개인이 최고 수준에 도달하면 집단이나 단체도 자연히 최고 실적을 낼 수 있다. 즉, 구성원이 최고가 되지 않고서는 최고 실적을 낼 수 없다. 유능한 지도자가 갖춘 탁월한 능력 덕분에 최고 실적을 내는 것은 우연히 한 번은 가능하다. 하지만 지속적으로 최고 실적을 내는 것은 전체 구성원이 최고가 되는 길밖에 없다.

구성원이 최고가 되는 것은 무엇보다도 구성원 스스로 노력해야 가능한 일이다. 지도자는 구성원을 훈련하고 교육하고 동기를 부여하고 목표를 설정하거나 방향성을 제시할 수는 있

---

323) 노용진(2009), "시간을 창조하는 기업", ≪LG Business Insight≫, LG경제연구원, pp.28~29.

다. 그러나 최고가 되는 것은 항상 자신의 노력과 의지에 달렸다. 특히 집단이나 사회조직 내에서 구성원의 능력 향상은 지도자의 지도력을 수용한 훈련에 강한 영향을 받는다. 교육과 훈련은 능력 향상에 도움이 되지만 발전에는 항상 단계가 있다. 아무리 뛰어난 능력을 갖춘 지도자도 헬리콥터(helicopter)도 제대로 못 만드는 회사가 하루아침에 우주선이나 첨단 전투기를 생산하게 할 수는 없다. 첨단 수준의 제품이 생산되고 최고 서비스가 제공되기 위해서는 장기간의 준비과정을 거쳐 연관분야의 기술을 축적하고 구성원의 행동, 태도, 자세, 마음가짐까지를 포함한 주변 제반 환경요소가 잘 결합할 때 가능한 일이다.

우주선을 쏘아 올릴 기술을 보유하고 핵폭탄을 제조하고 항공모함이나 핵잠수함을 건조할 능력을 갖춘 국가는 기술 측면에서는 첨단 수준에 이른 것으로 볼 수 있다. 그런데 이런 나라 중 기술 수준이 훨씬 낮은 일반 상용제품 분야에서는 소비자가 원하는 최고의 제품을 만들지 못하는 사례를 우리는 얼마든지 볼 수 있다. 왜 그럴까? 일반 상용제품은 시시각각으로 변화하는 시장에서 구매자인 소비자의 기호에 따라 적절하게 대응하는 가격경쟁력, 기술 수준, 사후관리, 편리성 등 전반적인 내용을 충족할 수 있어야 한다. 즉, 총제적인 경쟁력의 문제는 단순하게 특정 분야에 정부의 정책적 지원을 통해 개발한 고도로 뛰어난 기술을 비롯한 몇 가지 분야에서 앞선다고 하여 되는 것이 아니기 때문이다. 그러므로 집단이나 사회조직은 구성원이 저마다 자신만의 가치를 창출하면서 독자적인 삶의 영역을 개척하고 완성해 나가게 할 필요가 있다.

이미 널리 퍼져 있던 포털사이트(portal site)[324], 이메일(email, 전자우편) 지도 서비스 등에서 구글(Google)이 성공을 거둘 수 있었던 것은 차별화된 가치를 전달할 수 있었기 때문이다. 구글 텔레비전으로 새로운 가치를 줄 수 있다는 믿음으로 도전장을 내던진 이 회사의 가치 재창출 노력은 분야를 가리지 않고 계속되고 있다. 구글의 이러한 혁신적 서비스 개발 밑바탕에는 끊임없이 자신만의 아이디어를 탐색하고 발전시켜 나가는 조직구성원들의 가치 창출 노력이 자리 잡고 있다. 회사는 직원들이 일주일에 하루는 무엇이든 자신이 좋아하는 다른 일에 사용하도록 지원하는가 하면, 구성원들 간 자연스러운 아이디어 교류를 이끌어 내는 근무환경 조성에 투자를 아끼지 않고 있다고 한다. 구성원 개개인이 자유롭게 차별화된 가치를 창출할 수 없다면, 결국 조직의 끊임없는 자기 혁신도 불가능하기 때문이다.[325]

---

324) 포털사이트(portal site, PS)는 이용자가 웹페이지에 접속할 때 최초로 들어가는 사이트(곳).
325) 김국태(2010), "빛을 그린 화가들로부터 배우는 코피티션(Coopetition)", ≪LG Business Insight≫, LG경제연구원, p.44.

9. 달성 가능한 현실적인 목표 설정 중요하다

사람의 능력 향상과 발전에는 한계가 있다. 라이트 형제(Wright brothers)에게서 시작된 비행체 제조 기술이 오늘날 최첨단 우주선을 만들 수 있게 되기까지는 수많은 단계의 발전이 필요했다. 일이 진행되는 데는 이처럼 한계를 극복하기 위해 능력을 개발하고, 향상된 능력을 반영하는 발전 단계가 필요하다. 인간은 작은 목표라도 자신의 힘으로 달성하면 자부심을 느끼고 자신감도 가진다. 하지만 한 번에 너무 큰 목표를 설정하면 목표를 달성하지 못하고 능력한계를 실감하며 좌절감만 맛볼 수도 있다. 그리고 인간의 삶은 빠른 발전이 좋을 것 같아도 항상 그런 것만도 아니다. 지나치게 빠른 발전은 결국 부메랑처럼 자신을 위협하는 요소로 작용할 수 있기 때문이다.

매번 최고가 될 수 있는 사람은 세상에 존재하지 않는다. 항상 최고 기술을 개발해낼 수 있는 절대적인 강자도 없다. 어느 시대를 막론하고 최고를 경신하고 인류를 발전시킨 새로운 기술을 개발한 것은 강한 집념과 의지를 갖추고 장시간 인내하며 온 힘을 기울여 노력한 사람들과 그들이 흘린 땀의 결실에 의해 이루어졌다. 한 번 잘하는 것도 중요하기는 하지만 인간 삶은 지속성이 필요하다. 그러므로 지도자는 한 번 뛰어난 리더십을 발휘하는 것으로 끝나서는 곤란하다. 구성원들에게도 한 번 만에 노력하여 목표를 이루고 더할 것이 없다거나 발전하지 못하는 것은 바람직하지 않다. 인간은 살아 있는 동안에는 무엇인가 지속적으로 일하고 의식주 문제를 해결하고 인간 존엄성을 실현하고 삶의 질을 향상해 나가야 한다. 그러므로 처음에는 작은 목표로부터 시작하여 자신감과 성취감을 쌓고 이를 바탕으로 하여 좀 더 큰 목표를 설정하고 달성하는 방식으로 최고에 도달하고 유지 발전시켜나가는 전략이 필요하다.

10. 재능보다 열정, 열정보다 노력이 더 중요하다

지능(知能)은 두뇌의 작용으로 생물체가 미지의 상태·환경에 적응하는 능력, 문장 작성 등의 지적인 작업에서의 적응 능력, 재능(才能)은 재주와 능력, 재주는 무엇을 잘할 수 있는 타고난 능력과 슬기, 능력(能力)은 일을 감당해 내는 힘, 열정(熱情)은 어떤 일에 열중하는 마음, 노력(努力)은 애를 쓰고 힘을 들임이다. 인간은 기본적으로 자동과 수동이 동시에 작동하는 이중적 구조로 되어 있으며, 타고난 높은 지능과 우수한 육체적 조건으로 일할 수 있는 능력을 기본적으로 갖고 있다. 하지만 그것을 스스로 활용해야 삶에 도움이 된다. 즉, 좋은 지능이나 재능을 타고났다고 하더라도 그것을 활용하지 않으면 소용이 없다. 그러므로 재능이 빛을 발휘하기 위해서는 열정이 있어야 한다.

재능이 있고 열정이 있다고 하더라도 인간의 삶은 일회성이 아니다. 천명을 다하는 인생을 살아가기 위해서는 어느 한순간의 좋은 실적이나 몰입도 중요하지만, 지속적으로 삶을 영위하는 데 도움이 되게 하는 것이 더 중요하다. 그러한 삶을 살기 위해서는 살아가는 동안 내내 지속적인 노력이 수반되어야 한다. 이처럼 인간 삶에서 가장 중요한 것은 노력이다. 자신의 변화와 발전도 모두 노력에서 나온다. 세상에 노력 없이 이루어지는 것은 아무것도 없다. 세상을 살다 보면 한번 정도는 우연히 좋은 일이 생기고 일이 잘 풀리는 것을 느낄 수 있지만, 이 또한 나 자신의 과거 노력이나 다른 사람의 노력이 일시적으로 작용하여 시현된 것에 불과하다. 그러나 일은 그냥 열심히 노력한다고 항상 좋은 성과를 올릴 수 있는 것은 아니므로 타고난 재능을 활용하며 열정을 갖고 노력을 통해 목표를 달성하고 최고 수준에 이르게 하여 유지하는 것이 바람직하다.

11. 상호존중 모든 인간관계 문제의 열쇠

어떤 일이든 목표를 달성하기 위해서는 구성원 모두가 적극적으로 동참하지 않으면 좋은 결과를 가져올 수 없다. 모두가 동참하기 위해서는 동기부여와 목표의식 등 여러 가지 요소가 필요하다. 그중에서 가장 핵심이 되는 것이 상호존중이다. 스스로 뛰어난 리더십을 발휘하는 지도자가 되고 싶다면 그 첫걸음은 구성원과 상대방을 존중하는 일에서 시작해야 한다. 자신이 존중받지 않는다고 생각하면 사람들은 비협조적인 태도를 보인다. 그동안 개혁이 실패로 돌아가고 좋은 리더십을 발휘하지 못한 사람들의 공통점은 구성원들을 존중하지 않았다는 것이다. 구성원들이 지도자의 진정성을 의심하고 지도자가 구성원의 적극적인 협조와 동참을 유도하지 못하면 모든 일은 실패하기 마련이다.

모든 인간관계 문제의 열쇠가 되는 것은 '상호존중'이다.[326] 상호존중하는 체제에서 일은 그것을 행할 필요가 있기 때문에 행해지고 만족은 일을 함께하는 둘 또는 그 이상 사람들의 조화로부터 나온다.[327] 조화를 이루는 데 도움이 될 수 있는 네 가지 원리는 갈등이 존재하는

---

326) Rudolf Dreikurs · Pearl Cassel · Eva Dreikurs Ferguson 지음, 최창섭 역(2007), ≪눈물 없는 훈육≫, 원미사, p.175.
327) Rudolf Dreikurs · Pearl Cassel · Eva Dreikurs Ferguson 지음, 최창섭 역(2007), ≪눈물 없는 훈육≫, 원미사, p.155.

어떤 곳에서든 민주적 상황에서 갈등 해결을 위한 기초로서 루돌프 드레이커스(Rudolf Dreikurs)에 의해 공식화되었다.

첫째는 싸우지도 말고 굴복하지도 말라. 싸운다면 여러분은 시민에 대한 존경을 침해하는 것이다. 여러분이 굴복한다면 여러분 자신에 대한 존경을 침해하는 것이다. 둘째는 사람들은 반드시 갈등의 성격을 규명해야 한다. 갈등문제는 의견 차이가 존재하는 것에 대해 좀처럼 진술하지 않는다. 그것은 주로 공무원의 개인적인 연루, 지위에 대한 관심, 이기거나 지는 것, 야망이나 다른 개인적 목표에 관한 문제이다. 셋째는 당신이 하기를 원하는 것에 동의하라. 우리는 항상 다른 사람이 변하기를 원한다. 자유자재로 바뀔 수 있는 유일한 사람은 당신뿐이다. 당신이 변한다면 모든 관계는 변한다. 당신 자신에게서 벗어나는 것이 공무원과 시민 사이의 합의를 바꾸는 첫걸음이다. 넷째는 갈등에서 모든 사람을 의사결정에 참여하도록 허용한다. 시민이 말을 하려 할 때 우리는 그의 말을 경청해야 한다.

싸우지도 않고 굴복하지도 않지만 통합하는 민주적인 지도력이 필요하다. 갈등은 연관되는 모든 구성원이 의사결정 과정에 적극적인 참여와 노력 없이는 해결할 수 없다. 그렇다고 민주주의가 모든 사람이 원하는 대로 행동할 수 있다는 것은 아니다. 그것은 통합하고 상호 동의를 통해 승리하는 지도성을 요구한다.[328]

12. 듣는 것이 말하는 것만큼 중요하다

리더가 되면 쉽게 범하는 과오 중 하나가 남의 말을 잘 듣지 않게 된다는 것이다. 그래서 사람은 지위가 높아질수록 듣는 귀도 함께 작아진다고 한다. 그러나 듣는 것이 말하는 것만큼 중요하다. 말을 잘하기 위해서는 상대방이 기대하는 바를 잘 파악하는 것이 중요하기 때문이다. 리더에게 경청이 중요하다고는 하지만 이행하기가 결코 쉽지는 않다.

경청에도 단계가 있다. 경영학자 토니 알렉산드라(Tony Alessandra)의 연구에 따르면, 대화에 대한 집중력과 대인 감수성에 따라 리더의 경청 수준을 구분할 수 있다고 한다. 첫 번째 단계는 무의지 청취이다. 상대방의 말은 들으려고 하지 않으면서 대화의 대부분 혹은 전부를 자신이 이끌어 나가려는 수준을 말한다. 두 번째 단계는 소극적 청취이다. 상대방의 이야기를 듣기는 하지만 자신이 다음에 말할 내용을 준비하는 것에만 몰두한 나머지 상대방이 말한 내

---

328) Rudolf Dreikurs · Pearl Cassel · Eva Dreikurs Ferguson 지음, 최창섭 역(2007), 《눈물 없는 훈육》, 원미사, pp.171~174.

용의 의미나 속뜻은 잘 이해하지 못하는 수준이다. 세 번째 단계는 분별력 있는 청취이다. 비교적 적극적으로 듣기는 하지만 말하는 사람의 감정까지 이해하려는 노력은 기울이지 않는 것을 말한다. 네 번째 단계는 적극적 청취이다. 상대방의 말을 이해하는 데 있어 강한 집중력과 주의력을 쏟아 부으며, 대화 내용을 가능한 이성적일 뿐만 아니라 감성적으로도 이해하려고 노력하는 것을 말한다. 즉, 상대방의 관점을 이해하는 데 초점을 맞춘다고 할 수 있다.

리더가 적극적 청취의 수준이 되면 조직에서는 소통(communication)의 단절을 방지할 수 있고, 돈독한 인간관계를 형성할 수 있어 구성원의 사기를 증대시킬 수 있다. 성공하는 리더가 되고자 한다면 자신의 능력을 효과적으로 표현하고 전달하는 것도 중요하지만, 상대방의 이야기를 적극적으로 경청하는 자세가 필요하다는 것을 잊어서는 안 될 것이다.[329]

13. 인식의 차이

리더와 부하직원이 서로 이해하지 못해 인식의 차이가 벌어지면, 조직 분위기가 좋을 수 없고 업무 성과 역시 떨어질 수밖에 없다. 업무수행 과정을 같이 겪었음에도 리더는 "아래 사람들 생각이 내 마음 같지 않다. 잘해 주려고 노력해도 있는 그대로 받아들여 주질 않아 어떻게 해야 할지 모르겠다"라는 푸념을 하고, 부하직원들은 "내가 상사라면 그렇게 하지 않겠다. 우리도 나름대로 열심히 하고 있는데 알아주지 않는다"는 불평을 하곤 한다. 소위 '인식의 차이'가 존재하는 것이다.

리더와 부하 간에 서로의 진심을 이해하지 못하여 발생하는 인식의 차이는 오해를 낳고 불신과 반목의 씨앗이 되곤 한다. 그러나 많은 경우 이런 인식의 차이에 대해 '그냥 작은 오해인데……, 별것 아니니 그냥 넘어가자', '상사와 부하 간에 항상 나타나는 어쩔 수 없는 문제 아니냐'는 식으로 적극적인 대응을 기피하곤 한다. 그러나 이런 인식의 차이를 쉽게 무시하고 넘어가는 것은 바람직하지 않다. 고객과 회사의 관계를 생각해 보면 인식이 가지는 중요성을 새삼 느낄 수 있다.

회사 입장에서 아무리 좋은 제품을 시장에 내놓는다고 해도 고객이 '별것 아니다'라는 식으로 생각하고 외면하면 팔릴 수 없다. 혹은 아주 사소한 불량에 대해서도 고객은 제품 자체가 문제인 것으로 생각할 수도 있고, 더 나아가 그 회사 제품은 다 문제가 있다고 생각할 수도 있다. 어떻게 보면 회사의 입장에서는 억울할 수도 있다. 그렇다고 해서 회사가 고객에게 불

---

329) 조범상(2006), "성공 리더의 스피치 경영", ≪LG주간경제≫, LG경제연구원, p.20.

만을 털어놓으면서 "당신의 인식에 문제가 있으니 고치세요"라고 이야기할 수 있는 것도 아니다. 어찌 됐든 회사는 고객들의 부정적인 인식을 긍정적으로 전환하려 노력할 수밖에 없다.

리더와 부하직원 간의 관계에서도 마찬가지다. 리더는 부하직원들을 잘 이끌어 성과를 창출해야 하는 사람이다. 그러므로 만약 부하직원과 리더 간에 인식의 차이가 있다면 이를 좁히려고 노력해야 한다. 제때 치유하지 않으면, 팀워크 저하, 인력 이탈 등 더 심각한 문제를 야기할 수도 있기 때문이다. 행여 이 인식의 차이가 부하직원들의 오해로부터 비롯된 것이라 하더라도 리더들은 그냥 방치해 둬서는 안 된다.330)

14. 모멘텀과 통찰력

통찰력은 거부할 수 없는 성장의 동력이다. ≪모멘텀 이펙트(The Momentum Effect)≫는 책 출간 이후 우리 사회 전 영역에 걸쳐 인용되면서 '지속적인 성공을 이끄는 보이지 않는 힘'을 뜻하는 용어로 자리 잡았다. 이 책의 저자 장클로드 라레슈(Jean-Claude Larreche)는 "모멘텀(momentum)이란 그 자체의 성공으로부터 스스로 에너지를 축적해 기업 성장의 가속 효과를 만들어 내는 힘"이라고 말한다. 비단 기업에만 모멘텀이 필요한 것은 아니다. 어떤 조직이나 사람이든 모멘텀의 힘으로 효율적인 성장을 이룰 수 있다. 세계적인 예술가나 기업가로 성장한 사람들 역시 끊임없는 노력과 더불어 모멘텀을 활용해 성공을 이끌어 냈다. 모멘텀 이펙트에는 이러한 성장의 비밀이 담겨 있다.

모멘텀의 힘은 어떻게 얻을 수 있는 것일까? 모멘텀 이펙트의 시작은 바로 '고객'이다. 고객이 거부할 수 없는 강력한 가치를 담은 제품을 만들면 별다른 마케팅이나 물량 공세 없이도 잘 팔려 나간다. 그러자면 우선 고객의 욕구를 알아내는 통찰력(insight)이 필요하다. 3M의 포스트잇(Post-it)331)은 통찰력을 발휘해 모멘텀을 만든 생생한 사례다. 1968년 3M의 연구원인 스펜스 실버(Spence Silver)는 강력한 접착테이프를 연구하다가 실수로 약간의 끈적임을 가진 접착제를 만들어 냈다. 6년 뒤 이 접착제는 아서 프라이(Arthur Fry) 연구원의 기발한 생각을 통해 붙임쪽지로 탄생했다.

성가대 합창 때 찬송가에 끼워진 책갈피를 자주 떨어뜨리곤 했던 아서는 너무 끈적이지 않

---

330) 한상엽(2007), "인식의 차이를 만드는 리더의 유형", ≪LG주간경제≫, LG경제연구원, pp.16~20.
331) 포스트잇(Post-it, 붙임쪽지)은 3M에서 개발하고 생산하고 있는 사무용품이다. 포스트잇은 뒷면에 부착하고 다시 떼어 내다가 다시 부착할 수 있는 접착성이 있는 끈끈이가 있는데, 주로 문서나 컴퓨터의 모니터 같은 보이는 곳에 간단한 메모를 써서 부착해서 사용한다.

으면서도 약간의 부착성이 있는 접착제가 있으면 좋겠다고 생각한 것이다. 실패처럼 보이는 '너무 끈적이지 않는' 접착제가 아서의 통찰력과 만나 결국 3M의 엄청난 가치를 만들어내는 일등 공신이 되었다. 이러한 예는 고객 통찰력의 중요성을 잘 보여 준다. 이렇듯 통찰력은 새로운 가치를 만들어 내고 새롭게 창조된 가치는 다시 고객을 끌어들인다.

라레슈 교수는 "고객 속에 숨어 있는 요구와 가치를 찾아내는 게 중요하다. 고객이 원하는 것은 새로운 제품이 아니라 새로운 가치"라고 강조한다. 가치를 잘 만들면 이는 다시 기업에 자산으로 돌아온다. 이런 선순환 구조가 자리 잡았을 때 우리는 모멘텀을 만들었다고 얘기할 수 있다. 최초의 모멘텀을 만든 다음 가장 중요한 과제는 이를 유지하고 지속시켜 나가는 것이다. 고객이 제품에 만족하는 단계를 넘어 충성을 다하고 나아가 연대하는 단계에 이르면 기업은 강력한 모멘텀을 가지게 된다.

아이팟332)에 이어 아이폰333)으로 고객 충성도는 물론 고객 연대까지 만든 애플(Apple Inc.)이 대표적인 성공 사례이다. 애플에서 나오는 제품은 마케팅334)에 돈을 쏟아 붓지 않아도 출시되자마자 불티나게 팔린다. 새로운 가치를 찾아서 제품이 스스로 팔리게 하는 모멘텀 이펙트를 제대로 누리고 있는 것이다. 사람들은 종종 경영에 대해 "물살을 타야 한다"고 말한다. 그런데 물살이 나타나기를 기다리지 않고 스스로 물살을 만들어 올라타고 멀리까지 갈 수 있게 만들어 주는 것이 바로 모멘텀 전략이다.335)

---

332) 아이팟(iPod)은 애플사에서 개발한 디지털 오디오 재생기. 터치식 휠을 사용하여 쉽게 재생 목록을 선택하고, 수천 곡을 스크롤하여 음악을 재생하며, 임의 재생과 한 번 충전으로 최대 12시간 재생도 가능하다. 맥(Mac)이나 개인용 컴퓨터(PC)에 콤팩트디스크(CD)를 넣고 다양한 형식(MP3 또는 AAC 등)의 음악을 가져올 수 있으며, 애플 무손실 인코더를 선택하면 원래 CD 음악의 절반밖에 안 되는 크기에다 CD 수준의 고음질 음향이 제공된다. 또한 Fire Wire 및 USB 2.0 지원으로 CD 한 장을 5초 만에 아이팟으로 전송할 수 있다.

333) 아이폰(iPhone)은 2007년 1월 9일에 애플이 미국 샌프란시스코에서 열린 맥월드 2007에서 발표한 터치스크린 기반의 아이팟, 휴대전화, 모바일 인터넷이라는 세 가지 주요 기능을 가진 스마트폰이다. 2007년 6월 29일 오후 6시 미국 AT&T 대리점과 애플 매장에서 판매가 시작되었다.

334) 마케팅(marketing)은 생산자가 상품 또는 서비스를 소비자에게 유통하는 데 관련된 모든 체계적 경영활동. 매매 자체만을 가리키는 판매보다 훨씬 넓은 의미를 지니고 있다. 기능내용은 제품관계 · 시장거래관계 · 판매관계 · 판매촉진관계 · 종합조정관계로 대별된다. 제품관계에는 신제품의 개발, 기존제품의 개량, 새로운 용도의 개발, 포장 · 디자인의 결정, 낡은 상품의 폐지 등이 있다. 시장거래관계에서는 시장조사 · 수요예측, 판매경로 설정, 가격정책, 상품의 물리적 취급, 경쟁대책 등이 있다. 판매관계로서는 판매원의 인사관리, 판매활동의 실시, 판매사무의 처리 등이 있다. 판매촉진관계에서는 광고 · 선전, 각종 판매촉진책의 실시가 있다. 종합조정관계로서 이상의 각종 활동 전체에 관련된 정책, 계획책정, 조직설정, 예산관리의 실시 등이 있다.

335) 아시아경제 2010. 11. 8.

15. 한계 극복과 문제해결 생각과 인화에서 나온다

지도자는 방향성과 문제해결방안을 제시할 수는 있지만, 실제 한계를 극복하고 장애물을 제거하고 문제를 해결하는 것은 대부분 구성원이 일하는 것에서 나온다. 효율적인 일 처리를 통하여 한계를 극복하고 문제를 해결하는 것은 육체적이나 물리적인 힘보다는 새로운 생각이 바탕이 되는 정신적인 힘, 개인의 힘보다는 협동이 더 중요하다. 집단이 당면하는 문제는 개인의 힘이 아니라 집단의 힘으로 해결해야 한다. 물론 개인의 힘이 모여서 집단의 힘이 되지만, 집단의 힘이 중요한 의미가 있는 것은 구성원인 개인이 갖는 힘의 산술적인 합이 아니라 협동을 통해 발휘될 때 산술적인 힘을 훨씬 능가하는 힘이 창출될 수 있기 때문이다. 즉, 정의 시너지 효과를 통해 발휘되는 힘이다.

어떤 경우든 집단이 당면하는 한계를 극복하고 문제를 해결하는 것은 구성원이다. 구성원 중에는 지도자도 포함된다. 유능한 지도자가 문제해결 능력을 발휘하여 해결하는 때도 있다. 하지만 단합된 힘이 필요할 때는 개인인 지도자의 힘은 전체를 구성하는 하나의 부분 힘에 불과하므로 큰 도움이 되지 못한다. 이때 힘을 발휘하는 것은 구성원의 단결과 협동이고 힘을 발휘하게 하는 것이 지도자의 역할이다. 그러므로 유능한 지도자는 구성원 개인의 육체적인 힘의 배양은 물론 문제해결의 실마리가 되는 정신적인 힘을 개발하고 육성하기 위해 노력해야 한다. 즉, 육체적인 힘과 정신적인 힘의 균형 발전을 통해 어떻게 구성원들이 서로 화합하고 단결하고 협동할 수 있게 하느냐 하는 것이 리더십 발휘의 관건이다. 인화가 중요한 이유가 여기에 있다. 단결과 협동은 인화에서 나온다.

16. 긍정적 사고와 부정적 사고

긍정적인 사고를 하는 사람들은 대체로 어디서나 당당하고 기가 살아 있다. 일하는 데 희망적이고, 생산적이고, 열정적이고, 적극적이고, 창의적인 태도를 보인다. 사회를 이끌어 가는 리더로서 자신에 차 있고 강인하며 끈기가 있는 아름다운 존재들이다. 그들은 일 속에서 재미와 보람과 희열을 맛보며 활력이 넘친다. 젊고 건강한 삶을 영위하며 가정과 사회의 건전한 발전을 선도한다. 이런 면모는 사회발전의 긍정적 요인으로 작용한다. 이제까지 세상을 지배하고 주도적으로 움직여온 것은 모두 긍정적인 사고를 하는 사람들이었다.

이에 반해 부정적 사고의 소유자는 대체로 주위의 부정적인 자극에 재빨리 반응하며 불평

불만이 많고, 비생산적이고, 소극적이고, 파괴적이고, 냉소적인 태도를 보인다. 시기심과 질투심이 많고, 자신의 일에 만족과 보람을 느끼지 못한다. 일의 효율이나 효과는 보잘것없어 발전의 저해요인으로 작용하기도 한다. 부정적 사고의 가장 큰 폐해는 자기에게 주어진 기회를 스스로 차단함으로 고립을 자초하는 것이다.

세상을 살아가는 데 있어서 가장 중요한 요소 중 한 가지가 생각이다. 일을 하고 세상을 변화시키는 것이 모두 관심과 생각에서 시작된다. 반쯤 찬 물잔을 쳐다보면서 한 사람은 "어! 물이 반밖에 없네"라고 이야기하고 다른 한 사람은 "아! 아직도 물이 반이나 남아 있네"라고 이야기하는 차이가 바로 사고방식의 차이이다. 같은 상황이 보기에 따라서 전혀 다르게 인식되는 것은 바로 우리 마음과 사고방식에 달린 것이다. 그러므로 우리의 경쟁력을 키우고 21세기에 성공하는 사람이 되기 위해서는 미래에 대한 꿈과 미래상, 일에 대한 뜨거운 열정과 추진력, 끊임없는 자기 계발과 더불어 성공의 밑그림을 그릴 수 있는 긍정적인 사고가 필수조건이다.

살다 보면 여러 가지 역경과 곤란한 상황을 접하게 된다. 우선 어려움을 회피하고 싶은 마음이 간절한 때도 있지만, 어려움이 항상 나쁜 것만도 아니다. 어려움을 극복한 사람들은 더 큰일을 할 수 있는 저력이 생긴다. 이렇게 어려움이 우리에게 주는 교훈이 분명히 있음에도 상황에 대한 불평과 불만을 토로하는 사람들이 적지 않다. 하지만 모든 일에는 원인이 반드시 있기 마련이다. 일반적인 상황에서는 원인이 없는 결과는 생기지 않는다. 우리에게 나타나는 현재의 결과는 모두 과거 자기 삶의 산물이라는 생각을 마음속에 간직하고 세상을 긍정적으로 바라보는 노력을 해야 한다. 우리가 처한 상황에 대해 긍정적인 면을 보다 가치 있게 생각하고 부정적인 면은 최소화하려는 노력을 함께하여야만 어려움을 헤쳐 나갈 수 있다.

17. 자신감과 열등감

자신감은 자기 자신의 평가에서 긍정적인 사고와 능력에 대한 긍정적인 경험이 만들어낸 마음가짐이고, 열등감은 부정적인 사고와 능력에 대한 부정적인 경험이 만들어낸 마음가짐이다. 콤플렉스(complex)는 강한 정서적 반응을 일으키는 관념이나 기억 일군의 모임 또는 현실적인 행동이나 지각에 영향을 미치는 무의식의 감정적 관념을 말하는데 이것은 열등감과 강한 연관이 있다. 그러나 자신감이나 열등감 모두 구체적인 실체가 있는 것은 아니다. 특정한 시기에 과거 자신의 행동과 삶에 대해 느끼는 감정 또는 평가의 결과이다. 자신감과 열등감은 외부에서 들어오거나 주어지는 것이 아니라 사람에게는 누구 할 것 없이 자신의 마음속에 두 가지를 모두 가지고 있다.

일상을 살아가면서 순간순간 이루어지는 선택에서 시작하여 여러 가지 누적된 경험이 쌓여 영향을 미친다. 머릿속에서 긍정적인 요소로 크게 자리하면 자신감을 갖게 되고, 부정적인 요소로 크게 자리하면 열등감을 갖게 된다. 이것은 고정된 것이 아니다. 현재와 미래의 여러 가지 선택과 경험 결과들이 머리에 새롭게 내재화되더라도 평범한 것들은 기존에 형성된 가치관의 균형에 변화를 일으키지 못하므로 자신감과 열등감의 크기에 영향을 주지 못한다. 즉, 자신감을 가진 사람은 자신감을, 열등감을 가진 사람은 열등감을 그대로 유지한다. 하지만 시기나 상황이 특별히 중요하다고 인지된 좌절감과 성취감, 패배감이나 만족감은 자신감과 열등감의 역학적 평형 구도를 한 번에 반대쪽으로 기울도록 크게 변화시킬 수도 있다.

이때는 그 결과에 따라 자신감을 느끼고 있던 사람이 열등감을 갖게 하기도 하고, 열등감을 가졌던 사람이 자신감을 갖게 하기도 한다. 그리고 때로는 선택의 결과나 경험과 상관없이 자기 암시나 약물치료를 통해 이 기울기를 변화시킬 수도 있으므로 긍정적인 사고를 하는 것이 아주 중요하다. 자신의 표정, 행동을 긍정적인 방향으로 전환하도록 계속 노력하면 반드시 그에 상응하는 결과를 얻을 수 있다. 자기암시, 최면을 통해 마음을 움직이면 우리 몸과 마음은 긍정적인 방향으로 재조정 또는 설정될 수도 있고, 살아가면서 결과가 좋은 일을 만들어 내기도 한다. 긍정적인 자세를 강조하는 사람 중에는 이러한 일을 실제 경험한 사람이 적지 않다.

그럼 이러한 '자신감과 열등감은 어떻게 만들어지는 것일까'라는 의문을 갖게 된다. 간단하게 말하면, 이것은 모두 마음먹기에 달렸다. 먼저 '자신감은 어떻게 하면 생기게 할 수 있을까'라는 점부터 살펴보자. 자신감의 형성은 '나는 할 수 있다'는 마음에서 출발하고 이것이 가장 중요하다. 이 외에도 ① 선택과 판단에 대한 긍정적인 결과인지, ② 목표달성과 도전에 대한 성공, ③ 실제 일에 착수했을 때 끝까지 그 일을 수행하고 완성도를 높이는 것, ④ 반복된 실패 끝에 이룬 성공, ⑤ 어려운 문제에 대한 방안을 스스로 찾거나 해결했을 때, ⑥ 고난도의 강도 높은 훈련 이수, ⑦ 반복을 통한 기술 숙련, ⑧ 자기 한계에 대한 도전과 극복, ⑨ 자신에 대한 타인의 긍정적인 평가의 누적, ⑩ 부모나 배우자 등 가족이나 상사의 신뢰, ⑪ 안정되고 경제적 여유가 있는 가정환경, ⑫ 경쟁에서의 승리, ⑬ 어려운 일의 완수 경험을 통하여 어떤 일이든 해낼 수 있다고 자신의 능력을 믿는 마음에서 생긴다. 또한 의도적으로 밝은 표정이나 긍정적인 태도와 자세, 자기암시를 통해 마음을 움직여 자신감을 형성시키는 것도 가능하다. 하지만 아무래도 자연스럽게 형성되도록 하는 것이 더 바람직하다.

이에 비해 열등감의 형성은 '나는 안 된다. 나는 못한다'는 생각에서 출발한다. 이 외에도 ① 선택과 판단에 대한 부정적인 결과인지, ② 목표달성과 도전에 대한 실패, ③ 착수한 일에 대한 중도 포기, ④ 평상시 잘하다가 맞이하는 결정적이거나 큰 실패에서 오는 좌절감과 상실감, ⑤ 아무리 노력해도 어려운 문제를 해결하는 방안을 못 찾고 진전이 없을 때 느끼는 자기한계극복의 실패, ⑥ 누구나 할 수 있을 것처럼 쉽게 느껴지는 일로 다른 사람들은 간단하게 처리하는 일을 제대로 해내지 못하는 자신을 확인할 때, ⑦ 경쟁에서의 패배, ⑧ 자신에 대한 타인의 부정적 평가의 누적, ⑨ 과잉보호, 무관심, 완벽주의, 독재와 처벌, 비난과 비판, 불신 등 잘못된 양육태도, ⑩ 신체적·정신적 장애와 체념, ⑪ '나는 할 수 없어'라는 등의 학습된 비합리적 생각, ⑫ 타인에게서 예기치 않은 피해를 본 경험 등 여러 가지가 있다. 그러나 현재 자신감과 열등감을 갖고 있느냐 갖고 있지 않느냐와 상관없이 굳은 표정, 부정적 태도와 자세는 경직된 것으로 자신이나 타인 모두에게 부담을 준다. 대인관계에도 도움이 되지 않으므로 개선하는 것이 좋다.

자신감이 없는 경우에는 어떤 문제가 생길까? 기본적으로 나는 못났다고 자신을 비하하거나 자신을 존중하지 못하는 사람들의 동기, 태도, 행동에 부정적인 영향을 미친다. 모든 것을 부정적인 관점에서 보게 되는 것이다. 자신이 어떤 일을 혼자 스스로 해야 하거나, 동료와 경쟁해야 하는 상황, 혹은 남에 의해서 평가를 받게 되는 경우 자신감이 모자라는 사람들은 자신의 노력에도 좋은 결과가 나타나지 않을 것으로 생각하는 경향을 보인다. 시작하기도 전에 자신이 '무능력하다', '열등하다'고 생각하고 쉽게 비관적이 되고 낙담을 잘하게 된다. '잘하는 게 없어, 노력해도 상사가 꾸지람할 터인데 뭐' 하는 식이다. 결과적으로 자신감이 없는 사람들은 상사들의 눈치를 보거나, 실적이 떨어지게 되고 쉽게 사소한 실패에도 우울증에 빠지게 된다. 또한 자포자기 상태에서 스스로 상사가 싫어하는 문제 행동을 하기도 한다.

그럼 자신감이 부족한 사람들은 어떻게 도와주어야 할까? 첫째는 긍정적인 요소의 강화와 실패의 순화이다. 긍정적인 요소 강화의 가장 쉬운 방법은 사소하고 작은 일이라도 구성원이 잘한 것에 대해 칭찬해 주는 상사의 긍정적인 자세와 태도이다. 광고효과는 장점만을 집중적으로 부각해 좋은 상을 형성시키는 것이다. 개인의 삶에서 이 광고효과를 통해 자신의 긍정적인 상을 만들어갈 수 있는 대표적인 행동이 자기암시이다. 그리고 잘하는 일, 좋아하는 일, 달성 가능한 일을 하도록 하여 자신감을 기른 후 힘들고 어려운 일에 도전하게 한다. 상사의 긍정적인 태도와 자세는 그대로 구성원에게 전이된다. 구성원들은 보고 배운다. 자신감 없고 소극적인 상사 밑에서 생활하는 구성원은 상사를 닮아 간다. 그러므로 상사는 인생의 주체가 자신이라는 적극적인 태도를 보여 주어야 한다. 실패 순화의 좋은 방법은 용기나 의욕이 솟아나도록 북돋워 주는 격려(激勵)이다. 우리가 잘 아는 바대로 '실패는 성공의 어머니'이다. 실패에 대해 상사가 침착하게 다독여 주고 다음 기회를 기약하는 태도를 보인다면, 구성원은 실패를 두려워하지 않게 된다. 실패와 좌절을 관리하고 다루는 방법을 가르쳐 주는 것도 좋은 방법이다. 혹시 '실수를 하지 않을까? 그 결과 창피를 당하지 않을까'라는 두려움이 자존심을 해친다. 구성원이 실수하더라도 자극적인 말은 피해야 한다. 오히려 상사 자신의 실패담 그리고 그 실패를 어떻게 이겨냈는지를 말해 주는 것이 바람직하다. 모든 일에 항상 성공하는 사람은 아무도 없다. 일어나지 않을 일을 고민하는 것은 어리석은 일이다. 고민하고 있을 시간이 있으면 그 시간에 고민을 해결하는 방안을 찾기 위해 노력하는 것이 훨씬 현명한 행동이라는 것을 가르쳐야 한다. 둘째는 스스로 성공적인 삶을 살게 하려면 능력을 갖추도록 해주어야 한다. 단순히 칭찬해 주는 것만으로는 부족하다. ① 기술이나 전문지식 습득을 위한 반복학습과 같은 훈련을 통해 숙련하도록 해야 한다. 구성원들에게 있어 자신감을 결정하는 가장 중요한 요소는 전문지식과 개인기라고 하는 특기이다. 다른 사람들보다 일을 잘하는 것, 특정한 분야에서 뛰어난 기량을 갖추는 것은 반복학습과 훈련을 통한 숙련이 가장 큰 영향을 미친다. ② 좋은 습관을 기르도록 해야 한다. 높은 실적이나 인정받을 수 있는 능력은 하루아침에 만들어지지 않는다. 인내와 장기간의 노력이 필요하다. ③ 합리성과 자기통제 능력을 키워 준다. 자신을 자율적으로 다스릴 수 있는 구성원은 자신감이 있다. 일관된 규칙, 해서는 안 되는 한계 행동의 설정, 자신의 행동에 대한 결과를 책임지는 능력을 배양시켜 주어야 한다. 지나치게 풀어 놓거나 너무 엄격한 태도 모두 구성원의 합리성과 자기 통제를 해친다. 상사의 현실적인 기대, 명확한 규칙, 이성적인 결과도 중요하지만 따뜻함, 배려 그리고 감싸 안아 주는 태도도 필요하다. ④ 적성을 계발해 주고 즐거움을 가르친다. 자신이 잘할 수 있는 것이 무엇인가를 상사는 잘 파악해 구성원이 스스로 자신을 개발해 나가도록 도와야 한다. 그리고 그 적성에 맞는 행동의 결과가 즐겁다는 것을 스스로 깨달을 기회를 제공하는 것이 좋다. ⑤ 책임감을 키워 주고 구성원이 할 수 있는 일을 시킨다. 사람은 누구나 자신이 무엇인가 할 수 있다는 능력과 존재가치를 확인할 때 삶의 의미를 찾고 책임감도 생기며 행복도 느낀다. 구성원들에게 집단이나 사회조직 내에서 역할을 주고 자신의 행동을 통해 조직에 어떤 기여를 했다는 긍정적 경험을 할 기회를 제공해 준다. 구성원들은 조직 내에서 희로애락을 함께하는 일원이길 원한다. 무슨 일이든지 간단한 일이라도 시키면 자신의 존재가치를 재확인한다. ⑥ 자신이 할 일을 스스로 선택하고 결정할 기회를 준다. 우리는 모두 강요나 강제되는 것보다 자율적으로 일을 하고 살아가는 것이 좋다는 것을 안다. 내가 그렇게 생각하면 구성원들도 그렇게 살도록 하는 것은 당연한 일이다. 그리고 세상에서 가장 중요한 일은 자기 자신에게 기회를 주는 것이다. 실패 후에 성공하는 사람들은 모두 자신에게 그 실패를 만회할 기회를 주었다. 구성원에게 자주 선택의 기회를 주자. ⑦ 자신이 '특별한 사람'라는 느낌이 들게 한다. 종교지도자나 역사적으로 유명한 군인, 정치가 중에는 '나는 특별하다. 나는 뭔가 할 사람으로 사명감을 부여받았다. 나는 선택받은 사람이다. 나는 신의 부름을 받았다'고 자신의 존재에 대해 특별한 인식을 함으로써 성공하고 위대한 일을 하거나 인류의 역사에 큰 영향을 미친 사람들이 적지 않다. 특히 종교지도자들은 신의 부름을 받았다거나 그러한 일을 하도록 계시를 받았다고 생각하는 경우가 많다. 히틀러가 나치당을 만들고 제2차 세계대전을 일으킨 일도 여러 차례 전장에 나가 생환한 것이 스스로 특별한 존재로 인지하도록 한 점이 결정적인 영향을 미쳤다고 한다.

개인이 갖는 열등감과 자신감은 자신의 주관적인 것으로 마음의 상태일 뿐 타인과는 상관이 없다. 특히 자신감은 언제 어디서나 통용될 수 있는 검증된 능력이 아님에도 자신감이 있는 사람들은 대부분 실제 삶에서 좋은 성과를 내는 경우가 많다. 사람의 마음은 본능적인 강한 필요성에 대한 의식과 의지에 의해 방향성이나 목표가 정해질 때 평상시보다 더 큰 힘이나 능력을 발휘할 수 있도록 자신의 능력을 조정하는 기능이 있다. 같은 사람이라도 자신감을 느끼고 할 수 있다는 마음으로 신바람이 나서 자기가 좋아하는 일을 할 때와 강한 열등감과 회의적인 마음을 갖고 있으면서 하고 싶지 않은 일을 억지로 할 때의 결과에는 많은 차이가 난다. 그렇지만 자신감을 갖는 것보다 더 중요한 것은 자신의 능력 범위 안에서 자신감이 있어야 정신적으로 건강한 사람이 될 수 있다는 사실이다.[336]

18. 결과에 대한 책임 절반은 구성원에게 있다

리더십은 리더 혼자만의 노력으로 이루어지는 것은 아니다. 성공하는 기업, 성공하는 리더를 위해서는 리더와 뜻을 함께하고 행동하는 건전한 팔로어(follower)가 필요하다. 대다수의 사람은 몰락해 가던 공룡 기업 IBM(International Business Machines Corporation)의 성공적인 부활은 루 거스너(Louis V. Gerstner)라는 걸출한 리더가 있었기에 가능했다고 말한다. 그는 1990년대 초 적자투성이의 위기에 처한 회사를 흑자회사로 탈바꿈시켰다. 하지만 경영학의 대가인 헨리 민츠버그(Henry Mintzberg) 교수의 생각은 좀 다른 듯하다. 민츠버그는 루 거스너가 모든 것을 다한 것으로 알려졌지만, 사실 루 거스너는 구성원들이 IBM의 부활을 위해 최선을 다할 수 있는 여건만 만들어 주고, 정작 자신은 뒤로 적당히 물러서 있었다고 이야기한다. 리더와 뜻을 함께하고 행동하는 구성원(follower)들의 역할 또한 리더십 못지않게 중요함을 시사하는 바라 하겠다.[337]

---

336) 이진호(2011), ≪현명한 부모의 자녀교육≫, 이담북스, pp.133~138.
337) 한상엽(2005), "리더의 성공, 팔로워십에 달려 있다", ≪LG주간경제≫, LG경제연구원, p.3.

1) 안 되면 리더 탓?

성과가 좋지 않거나 일이 잘못되었을 때, 리더만을 비방하거나 리더에게 모든 책임을 지우는 경우가 종종 있다. 조직에서 경영상 중추적인 역할을 수행하며, 높은 위상을 갖고 있다는 면에서 경영성과에 대한 최종 책임을 리더가 진다는 것은 어느 정도 이해할 만하다. 그렇지만 손뼉도 마주쳐야 소리가 난다고 했던가? 리더 혼자만 뛰어난 실력을 갖추고 있거나, 홀로 고군분투한다고 해서 좋은 성과를 얻을 수 있는 것은 아니다. 리더의 비전을 함께 바라보고 이를 뒤에서 적극적으로 지원하는 팔로어십 또한 절실히 필요하다. 리더와 함께하여 조직을 성공으로 이끄는 팔로어들이 있는가 하면, 리더의 노력을 헛되게 하여 조직과 리더를 실패의 나락에 빠뜨리는 팔로어도 있다. 그 몇 가지 대표적인 유형과 특징을 살펴보자.[338]

2) 리더를 죽이는 팔로어십

◆ 팔로어임을 거부하는 팔로어

'사공이 많으면 배가 산으로 간다'는 속담이 있다. 모든 사람이 리더임을 자처하는 상황이 얼마나 위험한지를 잘 보여주는 말이다. 조직에서도 자신이 팔로어 본연의 역할을 하기보다는 마치 리더인 양 생각하고 행동하는 사람들이 있다. 이들은 상당한 수준의 역량과 경험을 근거로 강한 자신감과 자존심을 갖고 있기 때문에, 리더가 주목받는 만큼 자신들도 주목받기를 원한다.

이들은 '내가 리더보다 못한 것이 무엇인가, 나도 잘할 수 있는데……'와 같은 생각을 하곤 한다. 그 결과 이들은 리더가 내리는 의사결정에 대해 감정적으로 반발하거나 비판하는 때도 있다. 더욱이 나름대로 대안 제시를 위한 비판보다는 무조건적인 비판, 소위 '딴지'를 걸기도 한다는 것이 더 큰 문제이다. 리더와 팔로어는 나름대로 해야 할 역할이 다른데 팔로어들이 모두 리더의 역할만을 원한다면 조직이 원활히 굴러갈 수 없다. 팔로어들의 반대를 무마하고 동참을 이끌어 내기 위해 리더는 일일이 설득의 과정을 거쳐야 하기 때문이다.

◆ '여기는 내 땅', 텃세형 팔로어

리더의 자리에 처음 오르거나 새로운 조직을 맡게 된 병아리 리더를 대상으로 소위 '텃세'

---

338) 한상엽(2005), "리더의 성공, 팔로워십에 달려 있다", 《LG주간경제》, LG경제연구원, p.3.

를 부리는 유형이다. 이러한 유형의 팔로어들은 특정조직에 오랜 기간 근무했거나 부서 내 여러 사람과 폭넓은 인간관계를 맺고 있는 사람에게서 주로 나타난다. 텃세형 팔로어는 병아리 리더의 실수를 감싸거나, 리더가 새로운 환경에 적응할 수 있도록 도움을 주기보다는 텃세 부리기와 같은 행동으로 리더가 발붙일 틈을 주지 않는다.

새롭게 리더로 승진한 사람이나 새로 조직을 맡게 된 리더들은 아직 세부적인 조직 현황에 대해 깊이 알지 못할뿐더러, 새로운 자리에도 익숙하지 않기 때문에 모든 것이 어설프기 마련이다. 이런 시기에는 일시적으로 리더가 제시하는 방향과 방침이 다소 혼란스럽더라도 이를 이해하고 적극적으로 협조해 주는 팔로어들이 필요하다. 초기에 팔로어들이 리더를 제대로 받쳐 주지 못한다면, 병아리 리더는 잠재된 리더십을 채 발휘해 보지도 못하고 자리에서 물러날 가능성이 크다.

◆ 불평불만형 팔로어

리더에 대한 불만을 여기저기 퍼뜨려 리더의 부정적인 이미지를 형성함으로써 조직 안팎에서 리더십을 훼손하는 유형이다. 이런 팔로어들은 불만이 있을 때 리더와 직접 대면하여 이야기하고 건설적인 방향으로 문제를 풀려 하기보다는 주변 사람과 이야기하면서 불만을 해소하려는 경향이 있다. 예컨대 '상사가 내린 결정에 대해 내가 이런 식으로 수정해야 하지 않는가 하고 말했는데, 잘 받아들이지 않더라……. 내 상사는 고지식하고 자기주장만 너무 센 거 같다'고 말하곤 한다. 이런 팔로어 유형이 미치는 가장 큰 부정적 영향은 구성원들의 리더에 대한 신뢰 형성을 막을 수 있다는 점이다. 특히 리더에 대한 사전적인 정보가 없는 신입이나 외부고객들에게 리더에 대한 부정적인 이미지를 심어줄 수 있는데, 이는 리더는 물론 회사나 팔로어 자신에게도 도움이 되지 않는다.

◆ 예스맨형 팔로어

리더에게 항상 듣기 좋은 말만을 하거나 리더나 회사에 대한 부정적인 정보를 의도적으로 차단함으로써 리더를 현실로부터 괴리시키는 유형이다. 흔히 말하는 간신(奸臣)이나 예스맨(Yes-man), 학연, 지연 등을 이유로 리더와 과다하게 사적인 친분을 쌓거나, 사조직을 만드는 팔로어들도 여기에 해당한다. 이러한 유형은 리더의 바른 생각과 합리적 경영을 가로막거나 자신의 이익만을 챙긴다. 또한 조직 내에서 파벌을 만들어 팀워크를 저해하는 예도 있다. 역사를 돌아보면 이런 유형의 팔로어를 쉽게 접할 수 있다.

삼국지에 나오는 황제를 측근에서 보필하던 환관들로 이뤄진 십상시(十常侍)[339]가 대표적인 예다. 당시 황제였던 영제는 십상시를 너무나 총애하여 다른 사람들의 말은 듣지도 않았다고 한다. 채옹이라는 신하는 영제에게 상소를 올려 외척과 십상시를 멀리할 것을 간언했지만, 영제는 채옹을 헐뜯는 십상시의 말만 믿고 오히려 채옹을 멀리 내치고 만다. 십상시에 둘러싸여 있던 영제에게는 채옹과 같은 충신의 말은 거짓으로 들릴 수밖에 없었던 것이다. 십상시는 영제의 눈과 귀를 막아 버리고 자신들의 사리사욕을 채우기에 급급했고, 혼란에 빠진 나라는 결국 황건적의 난으로 망해 버렸다.

◆ 시키는 것만 하는 팔로어

자신에게 주어진 일은 나름대로 성실하게 수행하지만 그 이상의 창의적인 생각, 리더나 조직을 위한 적극적인 행동은 하지 않는 유형이다. 이들의 가장 큰 특징은 책임감 부족과 소극적인 태도라 할 수 있다. 이들은 충분한 역량을 가지고 있으면서도 조직에 대한 주인의식이나 리더에 대한 애착이 부족하여 '적당히 하면 되지', '이 정도 하면 나머지는 리더가 알아서 해주겠지' 등의 생각을 하곤 한다. 그 결과 회사를 위한 적극적인 의견 개진 또는 개선 활동이나 자신의 업무 영역을 넘어서는 추가적인 노력이 드는 일에는 소극적인 태도를 보인다.

이러한 팔로어들은 어찌 보면 앞서 언급한 유형보다는 상대적으로 리더를 덜 죽이는 유형이라 말할 수도 있다. 하지만 리더가 모든 일에 끊임없이 관여하고 일을 챙기게 하여 정작 리더로서 집중해야 할 중요한 일에 신경을 쓰지 못하게 할 가능성이 크다. 이처럼 리더를 죽이는 팔로어도 있고, 리더를 살리는 팔로어도 있다.340)

3) 리더를 살리는 팔로어십

≪Built to Last≫의 저자인 제리 포라스(Jerry Porras)는 ≪위대한 2인자들(Co-Leaders)≫이라는 책의 추천사에서 '지속적으로 위대한 기업을 경영해 나가기 위해서는 통찰력 있는 최고 경영자와 그를 보조할 위대한 2인자 또한 필요하다'고 지적한 바 있다. 최고 경영자가 위대한 2인자를 필요로 하듯이, 리더 역시 자신을 도와줄 팔로어가 필요하다.

---

339) 십상시(十常侍)는 중국 후한 말 영제(靈帝) 때에 정권을 잡아 조정을 농락한 10여 명의 중상시, 즉 환관들을 말한다. 역사서 ≪후한서(後漢書)≫에는 십상시들이 많은 봉토를 거느리고 그들의 부모·형제는 모두 높은 관직에 올라, 그 위세가 가히 대단하였다고 쓰여 있다. 특히 그들의 곁에서 훈육된 영제는 십상시의 수장인 장양(張讓)을 아버지, 부수장인 조충(趙忠)을 어머니라 부르며 따랐다. ≪후한서≫에는 이들이 모두 옥중에서 죽었다고 적혀 있으나, ≪삼국지연의≫에서는 영제의 붕어 이후, 대장군 하진(何進)을 죽인 후에 하진의 부하들에게 도륙당한 것으로 묘사되고 있다. 그들의 이름과 수 모두 차이가 난다. ≪후한서≫에서는 12명, ≪삼국지연의≫에서는 10명이다.
340) 한상엽(2005), "리더의 성공, 팔로워십에 달려 있다", ≪LG주간경제≫, LG경제연구원, pp.3~5.

◆ 리더 입장에서 생각하는 팔로어

리더를 살리는 팔로어십은 리더 입장에 서서 리더가 원하는 것이 무엇인가를 진지하게 고민하는 데에서 시작된다. 부모가 되어 봐야 부모 마음을 안다는 말처럼 팔로어들은 리더의 입장이 되기 전까지는 리더들이 왜 그렇게 행동하는지 도저히 이해할 수 없을 수도 있다. 하지만 건전한 팔로어는 리더에 대해 다소 불만이 있더라도 왜 리더가 그러한 결정을 했는지, 그럴 수밖에 없었는지 등에 대해서 한 번쯤 진지하게 고민하는 사람들이다. 이는 단순히 업무적인 측면만을 이야기하는 것은 아니다. 감성적인 측면에서도 리더의 고충을 이해하고 마음으로 다가가려는 노력 또한 필요하다.

리더가 아무리 다가서려고 해도 구성원들이 무조건 심리적 방어선을 치고 거부하면 리더로서는 마땅히 방법이 없다. 바쁜 시간을 쪼개 점심을 같이 하고 수시로 현장을 찾아다니며 이런저런 이야기를 들으려고 하는 리더의 행동을, 그저 냉소적인 시선으로 바라봐서는 곤란하다. 물은 건너 봐야 알고, 사람은 겪어 봐야 안다. 리더를 마냥 거부하기보다는 함께 동고동락하면서 서로의 생각과 마음을 가슴으로 느끼는 것이 필요하다. 높은 자리에 있는 특성상 외로울 수밖에 없는 리더들에게 힘을 불어넣어 주는 것은 다른 무엇보다도 팔로어들의 리더에 대한 열린 마음과 협조임을 명심해야 할 것이다.

◆ 절반의 책임을 지는 팔로어

대학생들에게 가장 존경받는 최고 경영자(CEO)로 뽑힌 안철수 씨가 펴낸 ≪지금 우리에게 필요한 것은≫이라는 책에 나오는 글의 제목 중 하나가 '절반의 책임을 믿는 사람'이다. 저마다 사람을 판단하는 기준을 가지고 있는데, 안철수 씨가 중요하다고 생각하는 기준 중의 하나는 바로 '절반의 책임을 믿는 사람인가'라고 한다. 안철수 씨는 자신의 인생과 몸담고 있는 조직을 위해 절반의 책임을 지는 사고방식을 가져야 하며, '나만 잘하면 된다'는 소극적인 인식을 버릴 때만이 진정으로 발전하는 개인, 발전하는 조직이 될 수 있다고 이야기하고 있다. 리더에게만 전적으로 의지하고 책임을 전가하기보다는 내 몫에 대한 책임감을 가지고 일하면서 리더와 함께 성공을 이루어가는 자세가 중요하다는 의미이다.

이런 팔로어들은 리더의 목표나 지시를 냉철하게 검토하고 보다 더 나은 의견을 제시하려 노력하며, 일단 결정이 내려지면 최선을 다해 완수하려 한다. 조용히 입을 다물고 시키는 일이나 하는 것은 책임질 줄 아는 사람의 자세가 아니다. 필요하다면 건설적인 방법으로 리더에게 문제를 제기하고 기존의 의사결정을 재고하도록 조언하여야 한다. 이와 더불어 결정이 된 사항에 대해서는 한 팀으로서 '운명공동체'라는 인식을 하고 최선의 결과를 얻기 위해 노력을 다하는 팔로어가 건전한 팔로어다. 때로는 '조국이 당신에게 무엇을 해줄 수 있는가를 묻기

전에 당신이 조국을 위해 무엇을 할 수 있을지를 고민하라'는 케네디(John F. Kennedy)의 말처럼 리더에게 무엇을 요구하기 전에 리더와 조직을 위해 자신이 무엇을 할 수 있을지를 고민할 필요가 있다.341)

4) 건전한 팔로어십은 윈-윈(Win-Win)

리더와 함께하면서 같이 성공을 만들어 가는 팔로어십이 필요하다. 지금까지 언급한 건전한 팔로어십은 리더에게만 득이 되는 것처럼 느껴질 수도 있다. 하지만 건전한 팔로어십은 리더와 팔로어 모두에게 도움이 되는 윈-윈(Win-Win)의 관계라고 할 수 있다. 우선 리더와 팔로어는 기본적으로 성공과 실패를 함께하는 관계이기 때문이다. 조직의 성과가 좋을 때 리더가 더 많은 조명을 받는 것은 사실이지만, 뛰어난 성과를 보인 구성원들에게도 더 많은 보상이 돌아가는 것 역시 자명한 사실이다.

한편 건전한 팔로어십은 자아 성장의 원천이 되기도 한다. 리더의 생각을 잘 헤아리고 적극적으로 실천하는 사람에게는 더 많은 성장 기회와 일을 줄 수 있다. 팔로어가 어떤 태도를 보이는가에 따라 리더들이 팔로어를 대하는 태도 역시 달라지기 때문이다. 예컨대 리더와 같이 책임을 나누어 진다고 생각하지 않고 리더만이 모든 책임을 진다고 생각하는 구성원과 일하고 싶은 리더는 없을 것이다. 반대로 책임을 나누어 가질 줄 아는 팔로어라면 리더 역시 믿고 중요한 일을 맡김으로써 팔로어에게 더 많은 성장의 기회를 제공하는 배려를 할 수 있다. 또한 이런 팔로어들에 대해서는 리더가 개인적으로 시간을 할애하여 과외지도(coaching)해 주기 때문에 업무와 리더십에 대해 학습할 좋은 기회를 잡을 수도 있다.342)

5) 모든 사람은 리더이자 팔로어

모든 사람은 리더인 동시에 팔로어이다. 건전한 팔로어십을 이끌어 내기 위해서는 무엇이 필요할까? 이 질문의 답은 의외로 쉬운 곳에 있다. 모든 사람은 리더이자 팔로어라는 사실이다. 최고 경영자나 신입사원을 제외하곤 모두 자신의 상사가 있고, 아랫사람이 있다. 이를 알고 나면 답은 분명해진다. 스스로 자신의 리더에게 바라는 바를 자신의 팔로어에게 베풀고,

---

341) 한상엽(2005), "리더의 성공, 팔로워십에 달려 있다", ≪LG주간경제≫, LG경제연구원, pp.5~6.
342) 한상엽(2005), "리더의 성공, 팔로워십에 달려 있다", ≪LG주간경제≫, LG경제연구원, pp.6~7.

자신의 아랫사람에게 바라는 것을 자신의 리더에게 실천하는 것이다. '남을 따르는 법을 알지 못하는 사람은 좋은 지도자가 될 수 없다'는 고대 그리스 철학자 아리스토텔레스(Aristoteles)의 말처럼 좋은 팔로어가 된다는 것은 좋은 리더가 되기 위한 선행 조건이다. 건전한 팔로어십을 발휘하다 보면 어느 순간 자신의 부하에게서 존경과 신뢰를 받는 리더로 커가고 있는 자신을 발견할 수 있을 것이다.[343]

6) 사례: 오늘의 HP를 만든 팔로어

지금은 대부분의 매출이 컴퓨터와 관련된 제품에서 발생하고 있는 휴렛패커드(HP, Hewlett-Packard Company)지만, 적극적인 팔로어십을 발휘한 사람들이 없었더라면 오늘날의 HP는 없었을지도 모른다. HP의 창업자인 패커드(David Packard)나 경영진들은 컴퓨터 사업이 HP의 역량을 벗어나는 사업이라 여겼었다. HP가 컴퓨터기업으로 대변화를 하게 된 것은 '오메가 프로젝트'라는 컴퓨터 개발 프로젝트에 참여했던 사람들의 적극적인 팔로어십 덕분이었다.

오메가 프로젝트의 첫 시작은 회사 내의 프린터기 등에 연결된 기기들을 자동화할 수 있는 시스템 개발이었다고 한다. 그 후에 이를 당시 주력사업이었던 계측시스템을 위한 자동제어 장치로 개발하였다(Model 2116, HP의 첫 소형 컴퓨터). 하지만 시장에서 Model 2116은 애초 의도인 제어장치로 보다는 독립형의 소형 컴퓨터로 더 많이 팔렸다. 당시 HP의 경영진은 이를 별로 중요하게 생각하지 않았다고 한다. 더구나 오메가 프로젝트가 HP의 기업 이념인 HP Way[344]에 어긋난다는 문제도 있어 결국 오메가 프로젝트는 취소되었다.

HP Way에는 'HP가 기술에 기여할 수 있는 충분한 능력이 있다는 인식을 하고 현재의 능력을 기초로 일을 추진할 수 있을 때만 사업을 확장하고 다양화한다'는 조항이 있는데 오메가 프로젝트는 너무나 많은 자금과 당시 HP가 가지고 있지 않은 전문성을 요구했기 때문이었다. 오메가 프로젝트에 참여했던 사람 중 대부분이 좌절로 말미암아 회사를 그만두었지만, 일부 열렬한 추종자들은 비밀리에 개발을 계속하였다. 이들은 애초 계획인 32비트가 아닌 16비트로 축소하고, 운영 시스템을 단순화하여 시장성을 높인 시제품을 경영진에게 선보임으로써 결국 지지를 얻어 냈다.

이 시제품은 오메가가 아닌 '알파'로 다시 명명되어 HP의 첫 범용컴퓨터가 되었고, 1972년

---

343) 한상엽(2005), "리더의 성공, 팔로워십에 달려 있다", ≪LG주간경제≫, LG경제연구원, p.7.
344) HP Way 의미와 내용은 활력 넘치는 인본주의(人本主義) 경영, 회사설립 후 매일 아침 10시 전체 종업원에게 과일과 도넛 제공, HP Way는 HP만의 독특한 기업 문화와 경영 스타일을 총칭하는 개념이다.

시장에 HP3000이라는 이름으로 출시되어 HP는 컴퓨터 기업으로 첫발을 내딛게 되었다. 디스플레이 모니터(display monitor)[345] 사업에서도 이와 비슷한 일이 있었다. 개발 초기 경영진은 디스플레이 모니터의 개발을 중단하도록 지시했으나, 척 하우스라는 기술자(engineer)는 자신의 휴가 동안 시제품을 잠재 고객들에게 보여 주면서 가능성을 다시 확인, 개발을 계속한 결과 HP는 한동안 디스플레이 모니터 시장에서도 엄청난 매출을 올렸다.[346]

19. 지식과 능력은 활용할 때 가치가 생긴다

가장 강력한 힘은 지식이 아니라 그것을 활용하는 능력이다. 그러므로 지식과 경험을 창조적으로 활용해야 한다. 능력은 고여 있는 물이 되어서는 안 된다. 끊임없이 양성되고 발전되어야 한다. 어떤 지식이든 지혜가 되려면 경험에 의한 확신과 예증이 필요하다. 자신이 여러 가지 지식을 갖고 있다는 것, 많이 안다는 것은 중요하지 않다. 사용하지 못하면 그것은 무용지물이다. 사용할 수 있는 지식을 습득하는 것이 무엇보다 우선이다. 수동적 경험은 유능해지는 데 그다지 도움이 되지 않는다. 경험에 지식과 기술이 더해져야만 이것에서 교훈을 얻을 수 있다. 다른 사람의 경험을 통해 자신의 경험을 수정하고 완성하는 것이 중요하다. 어떤 기술이나 도구를 가졌더라도 능숙하게 사용할 수 없다면 못 가진 사람보다 나을 게 없다.[347]

---

345) 디스플레이 모니터(display monitor)는 브라운관(CRT) 화면을 사용한 컴퓨터 출력장치.
346) 한상엽(2005), "리더의 성공, 팔로워십에 달려 있다", ≪LG주간경제≫, LG경제연구원, p.7(Packard, D. 1995. The HP Way, HarperCollins Co.).
347) 웨스 로버츠 · 빌 로스 지음, 최창현 옮김(2004), ≪위기관리 리더십≫, 한언, pp.95~112.

제6장

창조적 리더십 발휘
전범이 될 만한 인물

1. 이순신 장군

이순신(李舜臣: 1545년~1598년) 장군은 조선시대 임진왜란 때 일본군을 물리치는 데 큰 공을 세운 명장이다. 옥포대첩, 사천포해전, 당포해전, 1차 당항포해전, 안골포해전, 부산포해전, 명량대첩, 노량해전 등에서 승리했다. 본관은 덕수(德水)이고, 자는 여해(汝諧), 시호는 충무(忠武)이다. 서울 건천동(乾川洞, 현재 인현동)에서 태어났다. 1572년(선조 5년) 무인 선발시험인 훈련원 별과에 응시하였으나 달리던 말에서 떨어져 왼쪽 다리가 부러지는 부상으로 실격되었다. 32세가 되어서 식년 무과에 병과로 급제한 뒤 권지훈련원봉사(權知訓練院奉事)로 첫 관직에 올랐다. 이어 함경도의 동구비보권관(董仇非堡權管)과 발포수군만호(鉢浦水軍萬戶)를 거쳐 1583년(선조 16년) 건원보권관(乾原堡權管)·훈련원참군(訓鍊院參軍)을 지냈다.

1586년(선조 19년) 사복시주부(司僕寺主簿)를 거쳐 조산보만호(造山堡萬戶)가 되었다. 이때 호인(胡人)의 침입을 막지 못하여 백의종군하게 되었다. 그 뒤 전라도 관찰사 이광(李洸)에게 발탁되어 전라도의 조방장(助防將)이 되었다. 1589년(선조 22년) 선전관과 정읍(井邑) 현감 등을 거쳐 1591년(선조 24년) 유성룡(柳成龍)의 천거로 절충장군·진도군수 등을 지냈다. 같은 해 전라좌도수군절도사(全羅左道水軍節度使)로 승진한 뒤, 좌수영에 부임하여 군비 확충에 힘썼다.

이듬해 임진왜란이 일어나자 옥포에서 일본 수군과 첫 해전을 벌여 30여 척을 격파하였다(옥포대첩). 이어 사천에서는 거북선348)을 처음 사용하여 적선 13척을 격파하였다(사천포해전). 또 당포해전과 1차 당항포해전에서 각각 적선 20척과 26척을 격파하는 등 전공을 세워 자헌대부(資憲大夫)로 품계가 올라갔다. 같은 해 7월 한산도대첩에서는 적선 70척을 대파하는 공을 세워 정헌대부가 되었다. 또 안골포에서 가토 요시아키(加藤嘉明) 등이 이끄는 일본 수군을 격파하고(안골포해전), 9월 일본 수군의 근거지인 부산으로 진격하여 적선 100여 척을 무찔렀다(부산포해전).

1593년(선조 26년) 다시 부산과 웅천(熊川)에 있던 일본군을 격파함으로써 남해안 일대의 일본 수군을 일소한 뒤 한산도로 진영을 옮겨 최초의 삼도수군통제사가 되었다. 1594년 명나라 수군이 합세하자 진영을 죽도(竹島)로 옮긴 뒤, 장문포해전에서 육군과 합동작전으로 일본군을 격파함으로써 적의 후방을 교란하여 서해안에 진출하려는 전략에 큰 타격을 가하였다. 명나라와 일본 사이에 화의가 시작되어 전쟁이 소강상태로 접어들었을 때에는 병사들의 훈련을 강화하고 군비를 확충하는 한편, 피난민들의 민생을 돌보고 산업을 장려하는 데 힘썼다.

---

348) 거북선은 조선 선조 때 이순신이 만들어 왜적을 처부순 모양이 거북 비슷한 세계 최초의 철갑선.

1597년(선조 30년) 일본은 이중간첩으로 하여금 가토 기요마사(加藤淸正)가 바다를 건너올 것이니 수군을 시켜 생포하도록 하라는 거짓 정보를 흘리는 계략을 꾸몄다. 이를 사실로 믿은 조정의 명에도 그는 일본의 계략임을 간파하여 출동하지 않았다. 가토 기요마사는 이미 여러 날 전에 조선에 상륙해 있었다. 이로 말미암아 적장을 놓아주었다는 모함을 받아 파직당하고 서울로 압송되어 투옥되었다. 사형에 처할 위기에까지 몰렸으나 우의정 정탁(鄭琢)의 변호로 죽음을 면하고 도원수(都元帥) 권율(權慄) 밑에서 두 번째로 백의종군하였다.

그의 후임 원균은 7월 칠천해전에서 일본군에 참패하고 전사하였다. 이에 수군통제사로 재임명된 그는 13척의 함선과 빈약한 병력을 거느리고 명량에서 133척의 적군과 대결하여 31척을 격파하는 대승을 거두었다(명량대첩). 이 승리로 조선은 다시 해상권을 회복하였다. 1598년(선조 31년) 2월 고금도(古今島)로 진영을 옮긴 뒤, 11월에 명나라 제독 진린(陳璘)과 연합하여 철수하기 위해 노량에 집결한 일본군과 혼전을 벌이다가 유탄에 맞아 전사하였다(노량해전).

무인으로 시문(詩文)에도 능하여 난중일기와 시조·한시 등 여러 편의 뛰어난 작품을 남겼다. 1604년(선조 37년) 선무공신 1등이 되고 덕풍부원군(德豊府院君)에 추봉된 데 이어 좌의정이 추증되었다. 1613년(광해군 5년) 영의정이 더해졌다. 묘소는 아산시 어라산(於羅山)에 있으며, 왕이 직접 지은 비문과 충신문(忠臣門)이 건립되었다. 통영 충렬사(사적 제236호), 여수 충민사(사적 제381호), 아산 현충사(사적 제155호) 등에 배향되었다. 유품 가운데 ≪난중일기(亂中日記)≫가 포함된 ≪이충무공난중일기부서간첩임진장초(李忠武公亂中日記附書簡帖壬辰狀草)≫는 국보 제76호, 장검 등이 포함된 이충무공유물은 보물 제326호, 명나라 신종이 무공을 기려 하사한 '충무 충렬사 팔사품(통영 충렬사 팔사품)'은 보물 제440호로 지정되었다. 이 밖에도 그와 관련하여 많은 유적이 사적으로 지정되어 있으며, 그의 삶은 후세의 본보기가 되고 있다.[349]

세계사에 이순신 장군만큼 탁월한 창의력과 용기를 가졌던 사람은 없었다. 국가와 국민을 구하기 위해 희생정신을 발휘한 그는 진정한 영웅[350]이다. 내 나라와 국민을 반드시 지키겠다는 굳은 의지로 병력과 무기 등 현저한 전력(戰力) 차이가 나는 때도 결코 물러남이 없었으며 사력을 다해 싸워 항상 전쟁을 승리로 이끌었다. 도덕성, 이타성, 창의력, 추진력, 통제력, 통찰력, 통합력을 골고루 구비한 창조적 리더십의 대표적인 전범(典範)[351]이다.

---

349) doopedia 두산백과.
350) 영웅(英雄)은 지력(智力)과 재능 또는 담력·무용(武勇) 등에 특히 뛰어나서 큰일을 해낼 사람.
351) 전범(典範)은 본보기가 될 만한 모범.

2. 루스벨트 미국 대통령

프랭클린 루스벨트(Franklin Delano Roosevelt: 1882년 1월 30일~1945년 4월 12일)는 미국의 제32대 대통령(재임 1933~1945년)이다. 강력한 내각을 조직하고 경제공황을 극복하기 위하여 뉴딜정책352)을 추진하였다. 외교 분야에서는 호혜통상법, 선린외교정책을 추진하였으며 먼로주의353)를 주장하였다. 제2차 세계대전 중에는 연합국 회의에서 지도적 역할을 다하여 전쟁 종결에 많은 노력을 기울였다.

뉴욕주(州) 하이드파크 출생으로 하버드대학교를 졸업했다. 1904년 컬럼비아대학교에서 법률을 공부하였으며, 1907년 변호사 개업을 하였다. 1910년 뉴욕주의 민주당 상원의원으로 당선되어 정계에 진출하였다. 윌슨(Wilson, Thomas Woodrow)의 대통령선거를 지원해주고, 1913~1919년 윌슨 정부의 해군 차관보로 임명되어 제1차 세계대전 기간 상당한 활약을 하였다.

---

352) 뉴딜정책(New Deal Policy)은 미국의 루스벨트 대통령이 공황 타개를 위해 펼쳤던 경제정책. 1916년 이래 대통령직을 독점해 오던 공화당의 후버(Hoover) 대통령에 대항해서 입후보한 민주당 후보 프랭클린 루스벨트는 인민당과 사회주의자들의 주장을 수용하여 공황 타개를 위한 정책제안으로 대통령에 당선되었다. 여기서 탄생한 것이 '뉴딜정책'이다. 뉴딜정책은 대중에게 더욱 풍요로운 삶을 가져다주겠다는 정책이다. 루스벨트는 1933년 취임하면서 3R 정책, 즉 Relief(구제), Recovery(부흥), Reform(개혁)을 구호로 내세우고 의회로부터 비상대권을 인정받아 공황타개책을 마련하여 그 실시에 나섰다. 당시 루스벨트에게 있어 가장 중요한 문제로 부각된 것은 약 1,500만 명에 달한 실업자의 구제와 무한정으로 생산되고 있는 농산물의 처리였다. 루스벨트는 이들을 위하여 미국이 존재하게 된 이래로 지켜 오던 자유경쟁의 원칙을 버리고 컬렉티비즘(Collectivism, 집산주의)을 취하였다. 그 요점은 첫째, 은행 및 통화를 국가가 통제하여 은행을 정부의 감독 아래에 두며 금은화 및 금은괴를 회수하고 그 대신 정부의 통화를 발행하는 것이었다. 둘째, 파산 직전에 있는 회사 및 개인에게 크레디트(신용대출)와 보조금을 교부하여 구제하는 것이었다. 셋째, 농업조정법(AAA)을 통과시켜서 농민들의 생산을 조정·절감하면서 생산의 감소로 나타나는 농민의 불이익을 메워 나가는 여러 가지 방법을 썼다는 것이다. 넷째, 전국산업부흥법(NIRA)을 통과시켜 기업을 조성하며 한편으로는 TVA(Tennessee Valley Authority: 테네시 계곡 개발공사)를 세워 테네시 계곡에 댐을 건설하는 대규모의 토목공사를 일으켜 실업자들을 소화하였다. 다섯째, 사회복지정책으로 노동자의 단결권과 단체교섭권을 인정하고 실업보험과 최저임금제를 실시하여 사회복지를 도모하였다.

353) 먼로주의(Monroe Doctrine)는 1823년 12월 미국의 제5대 대통령 J. 먼로가 의회에 제출한 연두교서에서 밝힌 외교방침. 러시아의 태평양 진출과 독립 직후의 라틴아메리카 여러 나라에 대한 유럽으로부터의 간섭에 대처하기 위하여, 영국이 공동선언을 제의한 데 대하여 미국이 독자적으로 선언하여야 한다고 주장한 국무장관 J. Q. 애덤스의 의견이 받아들여져서 발표되었다고 한다. 먼로주의의 근원은 대통령 G. 워싱턴 이래의 고립주의(孤立主義)에 의한 것이지만 그것을 더욱 명확하게 하여, ① 미국의 유럽에 대한 불간섭의 원칙, ② 유럽의 아메리카 대륙에 대한 불간섭의 원칙, ③ 유럽 제국에 의한 식민지건설 배격의 원칙 등 3개 원칙을 분명히 하였다. 먼로주의는 미국 외교정책의 일방적 표현에 지나지 않고 따라서 국제법과 같은 강제력을 가지는 것은 아니지만, 실제적인 효과는 충분히 있었고, 또 각종 사건에 의하여 국제적으로도 사실상 이를 승인하는 결과가 되었다. 예컨대, 베네수엘라 국경분쟁에서 국무장관 오르니가 먼로주의에 기초를 둔 강경한 의견을 제시한 데 대하여 영국이 그것을 인정한 점 등이다. 대통령 T. 루스벨트는 이러한 외교방침을 더욱 확산시켜, 미국이 서반구에서 국제경찰력을 행사할 것을 주장하였고, 카리브 해 지역으로의 진출을 정당화하였으며, 미국 이외의 나라가 영토적으로 발전하는 것을 배척하였다. 1930년대 대통령 F. D. 루스벨트는 선린외교정책을 내세우면서 먼로주의를 아메리카주 전체의 외교정책으로 삼을 것을 제의하였다.

1920년 민주당 부통령 후보로 지명되어 대통령 후보인 J. M. 콕스와 함께 국제연맹 지지를 내걸고 싸웠으나, 공화당 대통령 후보인 하딩(Warren Gamaliel Harding)에게 패하였다. 그 후 다시 변호사로 일하며 보험회사에도 관계하였으나, 1921년 39세의 나이에 소아마비에 걸렸다. 치료 후 체력이 회복되자 1924년 정계로 복귀하였다. 1928년 뉴욕주지사에 당선되어 2기(期)를 재임하였다.

1932년 민주당 대통령 후보로 지명되자, 지명수락연설에서 '뉴딜(New Deal)'을 선언하였다. 1929년 이래 몰아닥친 대공황으로 수천, 수백만에 달하는 실업자를 배출하고 있던 당시 미국 국민은 뉴딜을 대환영하였고 마침내 후버(Herbert Clark Hoover)를 물리치고 당선되었다. 대통령 취임 후에는 강력한 내각을 조직하고 경제공황을 극복하기 위하여 뉴딜정책을 추진하였다. 통화금융제도 재건과 통제, 산업 특히 상공업의 통제, 농업의 구제와 통제, 구제사업과 공공사업 촉진, 정부재정 절약 및 행정의 과감한 개혁 등으로 성공을 거두어, 국민 생활은 점차 안정되어 갔다.

외교 분야에서는 소련의 승인, 필리핀의 독립과 함께 호혜통상법(互惠通商法)을 제정하게 하고 공황의 원인이 되었던 국제무역의 불균형을 시정했다. 라틴아메리카 제국(諸國)에 대해서는 우호적인 선린외교정책(善隣外交政策)을 추진하였으며, 먼로주의를 미국만의 정책으로 삼지 않고 아메리카주(洲) 전체의 외교정책으로 할 것을 강력히 주장하였다. 1936년 대통령에 재선되었고, 1940년 3선되었다.

1935년 유럽 정세가 악화함에 따라 중립법이 제정되었지만, 원래 국제주의자였던 그는 고립주의를 억제하여 제2차 세계대전 초기에는 중립을 선언하였으나 후에 적극적으로 영국과 프랑스를 원조하였다. 1941년 일본의 진주만(眞珠灣) 공격을 계기로 참전하였다. 대서양헌장의 발표를 비롯하여 카사블랑카·카이로·테헤란·얄타 등의 연합국 회의에서 전쟁 주도권을 장악하여 영국의 총리 처칠과 긴밀한 연락을 취하면서 지도적 역할을 다하고 전쟁 종결에 많은 노력을 기울였다. 1944년 대통령에 4선되고 국제연합 구상을 구체화하는 데 노력하였으나, 1945년 4월 제2차 세계대전의 종결을 보지 못하고 뇌출혈로 사망하였다.[354]

루스벨트 대통령은 용기, 기획과 계획, 안목을 바탕으로 뛰어난 문제해결 능력을 발휘하여 미국의 경제공황을 극복하고 제2차 세계대전 후 미국이 패권을 잡고 초강대국이 될 수 있는 기반을 마련하는 데 결정적인 역할을 했다. 여러 가지 리더십 요소 중 추진력, 통제력, 통찰력, 통합력 부문에서 뛰어난 역량을 발휘했다.

---

354) doopedia 두산백과.

3. 리콴유 싱가포르 총리

리콴유[李光耀(이광요): 1923년 9월 16일~]는 싱가포르의 정치가이다. 싱가포르 자치정부 총리를 지낸 뒤, 독립 싱가포르 총리로 취임하여 26년간 재직하였다. 작은 도시국가 싱가포르를 세계 수준의 금융과 물류 중심지로 탈바꿈시켰으며 세계 최고의 깨끗한 정부로 발돋움하는 데 기여했다. 1923년 9월 16일 싱가포르에서 출생하였다. 제2차 세계대전 중 일본의 군보도부(軍報道部)에 근무한 뒤, 1949년 영국의 케임브리지대학교 법학과를 졸업하였다. 1950년 영국에서 변호사 자격을 취득하고 귀국해 1951년 변호사 사무실을 개업, 노조 법률고문으로 활동하면서 정치 기반을 구축하였다.

1954년 인민행동당(人民行動黨, PAP) 창당 사무총장을 거쳐, 1955년 구헌법 아래 실시된 최초의 총선거에서 입법평의회(立法評議會) 의원이 되었다. 1959년 싱가포르 자치정부 총리를 지낸 뒤, 1963년 9월 말레이시아연방 발족(發足)에 따라 싱가포르 주정부(州政府)의 총리가 되었고, 1965년 8월 싱가포르가 말레이시아에서 분리·독립함에 따라 독립 싱가포르 총리로 취임하였다. 1990년 11월까지 26년간 총리로 재직하다 퇴임한 후에도 2002년까지 선임장관(Senior Minister)을 맡기도 했다. 인구 300만의 작은 나라 싱가포르를 아시아의 작은 용으로 일으켜 세운 인물이자, 냉철한 현실감각과 능수능란한 정치 기술, 대중적 인기에 영합하지 않는 확고한 신념을 지닌 지도자로 평가받고 있으며, 20세기 세계를 이끈 지도자 가운데 한 사람으로 꼽힌다.

일찍이 공산주의자들과 결별하고 사회민주주의를 정치이념으로 삼았지만, 때로는 제국주의와 손을 잡기도 하고 공산주의자들을 포섭하기도 하면서 차례차례 당면한 문제들을 해결해 나감으로써 작은 도시국가 싱가포르를 아시아는 물론, 세계 수준의 금융과 물류 중심지로 탈바꿈시켰다. 또한 싱가포르가 세계 최고의 깨끗한 정부로 발돋움하는 데 절대적 역할을 한 인물이다. 1999년 회고록 ≪싱가포르 이야기(The Singapore Story)≫와 2001년 두 번째 회고록 ≪일류국가의 길(From Third World to First)≫을 출간하였다.355) 리콴유 수상은 추진력, 통제력, 통찰력, 통합력 등 여러 가지 리더십의 핵심 요소를 갖추었지만, 특히 추진력과 도덕성이 돋보인다. 그러나 부정부패를 예방하고 청렴한 국가를 만들기 위해 공무원의 월급을 너무 많이 올려주었다는 비판을 받고 있다.

---

355) doopedia 두산백과.

4. 마하트마 간디

마하트마 간디(Mohandas Karamchand Gandhi: 1869년 10월 2일~1948년 1월 30일)는 인도의 민족운동 지도자이자 인도 건국의 아버지이다. 남아프리카에서 행한 인종차별에 대한 투쟁으로 유명해졌다. 제1차 세계대전 이후 영국에 대해 반영·비협력 운동 등의 비폭력 저항을 전개하였다. 1869년 10월 2일 인도 서부 포르반다르(또는 수다마푸리 Sudamapuri)에서 태어났다. 간디의 집안은 상인계급(Bania Caste)에 속했고 식료품상이었다. 그의 할아버지 우탐찬드 간디(Uttamchand Gandhi)는 포르반다르에서 관리로 근무했다. 그는 아들 6명을 두었다. 그중 다섯 번째 아들 카바 간디(Kaba Gandhi)가 마하트마 간디의 아버지이다.

카바 간디는 부인이 매번 사망하여 네 번이나 결혼을 하게 되었다. 마지막 아내였던 푸틀리바이(Putlibai) 사이에서 딸 하나와 아들 셋을 두었는데 그중 막내가 마하트마 간디였다. 카바 간디가 라지코트의 관리로 봉직했기 때문에 그곳으로 이주하여 초급학교에 다녔다. 조혼 풍습에 따라 13세에 동갑인 카스투르바이(Kasturbai)와 결혼했다. 당시 결혼은 형, 삼촌과 동시에 치러진 합동결혼식이었다. 16세에 아이를 낳았으나 4일 만에 죽었고 그해 아버지도 치루염으로 사망하였다. 훗날 마하트마 간디는 그의 자서전에서 어린 시절 결혼생활에 죄책감을 느꼈고 인도의 조혼풍습을 강도 높게 비판했다.

1887년 18세 때 아메다바드(Ahmedabad)에서 치러진 대학 자격시험에 합격하였다. 학비가 싼 사말다스(Samaldas)대학에 입학하였지만, 수업 내용이 어려워 첫 학기만 다니고 그만두었다. 하지만 영국에서 법률을 공부하고 돌아오면 좋은 일자리와 수익이 보장된다는 권유에 영국 유학을 결심하게 된다. 집안에서는 종교에 반대되는 생활을 하게 될 것이라고 반대했지만, 간디는 종교에 어긋나는 행동을 하지 않을 것이라는 맹세를 하고 9월 4일 뭄바이를 떠나 런던으로 향했다. 영국에 도착하여 채식과 관습의 차이로 어려움을 겪으면서 런던 법학원에서 법률을 공부하였다. 1891년 6월 10일 간디는 변호사 면허를 취득하였다. 11일에 고등법원에 등록하였고 12일 인도 귀국길에 올랐다.

간디는 당시 런던에서 시험에 통과하여 변호사 자격을 취득하는 과정이 쉬웠고 그 시험조차 가치가 없다는 것을 누구나 알고 있었다고 자서전에 기록했다. 면허는 취득했지만, 그것으로 어떻게 법정에 서고 직업으로서 밥을 먹고살 수 있을지 의심과 걱정으로 가슴이 찢어지는 고통을 겪었다고 술회했다. 귀국하여 뭄바이와 라지코트에서 변호사로 개업하였지만, 변호사로서 자질이 부족하여 실패하였다. 1893년 소송사건을 의뢰받아 1년간의 계약으로 남(南)아프리카 연방의 더반으로 건너갔다. 이 남아프리카 여행은 간디의 생애에 커다란 전기를 가져왔다. 당시 남아프리카에는 약 7만 명의 인도사람이 이주해 있었는데 백인에게 차별대우를 받고 있었다.

이에 그는 거기에 사는 인도사람의 지위와 인간적인 권리를 보호하기로 작정하고 남아프리카 연방 당국에 대한 인종차별 반대투쟁단체를 조직, 1914년까지 그 단체의 지도자로 활동하였다. 그동안 진리를 구현하기 위한 실천을 하였으며, 이러한 기반 위에 아힘사(ahimsā: 불살생)356)를 중심으로 하는 간디주의357)를 형성하였다. 간디 자신이 전개한 인종차별, 압박에 대한 투쟁(사티아그라하: satyagraha) 및 자기실현을 위한 인격 도야와 수양(修養) 노력은 어느 것이나 훗날 간디가 인도에서 전개한 독립운동의 모형이 되었고, 또한 아슈라마(修道場)를 중심으로 이루어진 인도인 정신개조계획의 토대가 되었다. 남아프리카에서 행한 최초의 사티아그라하 투쟁은 1906년 아시아인 등록법을 제정한 트란스발주(州)에서 일어났다.

이 투쟁은 그로부터 약 8년 동안 인두세(人頭稅)를 비롯한 여러 차별법에 반대하기 위하여 계속되었으며, 남아프리카의 여러 주로 퍼져 나갔다. 특히 1913년에 44세가 된 간디가 선두에 서서 행진한 나탈주(州)에서 트란스발주까지의 '사티아그라하 행진'은 세계의 이목을 집중시켰다. 간디를 비롯한 행진 참가자 4,000명은 남아프리카 당국에 체포되었으나, 악법을 반대하는 주장은 세계적 여론의 동정을 모아 당국을 굴복시켰다. 결국 아시아인 구제법이 제정되어 인도인에 대한 차별법은 모두 폐지되기에 이르렀다. 이 투쟁으로 간디는 남아프리카의 간디에서 일약 세계의 간디가 되었다. 남아프리카에서 사명을 다한 간디는 1915년에 귀국하였다. 하지만 한동안 그는 정치운동에는 참여하지 않고 토지분쟁 해결 등에 노력하였다.

제1차 세계대전이 일어나자 처음에는 인도 독립을 촉진하기 위하여 영국 입장을 지지하였으나, 전쟁 후 영국의 배신과 1919년의 롤라트 법안(Rowlatt Act)과 같은 반란진압 조령(條令)의 시행 때문에, 사티아그라하 운동을 전개하기도 하였다. 이를 위하여 인도 여러 곳을 두루 순회하였고 수방(手紡, charkha) 운동을 장려하였다. 1919년 인도국민회의파의 연차대회에서는 간디의 지도로 영국에 대한 비협력운동 방침이 채택되어 납세거부·취업거부·상품불매 등

---

356) 아힘사(ahimsā)는 불살생(不殺生)·불상해(不傷害)를 뜻하는 인도의 종교·도덕의 기조 사상이다. 오랜 역사를 가지고 있는 정통 브라만교의 근본경전(經典)인 《우파니샤드》에서 역설하고 있으며, 힌두교에서 그 이상(理想)으로 삼고 있다. 자이나교에서는 이를 특별히 중시하여 극단적이라고 할 만큼 엄수한다. 또한 불교에서는 재가(在家) 신도의 5계(五戒) 중 첫째가 불살생계(不殺生戒)이며, 출가자가 지켜야 할 율장(律藏)에도 그 엄격한 규정이 있다. 고대의 아소카왕(阿育王)이나 간디가 불살생을 강조한 일은 잘 알려져 있다.

357) 간디주의(Gandhiism)는 인도 독립운동의 지도자 M.간디의 사상과 실천철학. 간디가 반영(反英)항쟁 때 주장한 불복종·비협력·비폭력주의적 저항주의를 뜻한다. 간디는 독특한 철학으로 사티아그라하(satyāgraha: 진리파악), 브라흐마차리(brahmacharya: 자기 정화), 아힘사(ahiǎsā: 無傷害)의 3가지를 내세우고, 나아가 이것에 스와라지(swaraj: 자치)를 결부시켜 비폭력·비협력의 독립운동을 전개하였다. 베옷을 입고 염소젖을 마시며, 직접 물레를 돌려 실을 잣고 천을 짜면서 민중을 지도한 간디의 모습은 이와 같은 독특한 사상의 실천이었다.

을 통한 비폭력 저항을 하였다. 1920년 반영·비협력 운동이 선언되고 외국제 직물 불매운동은 성공하였으나, 인도 각지에서 유혈 사태가 일어나자, 1922년 간디의 호소로 운동은 잠시 중지되었다.

그동안 간디는 투옥되었다가 풀려 나왔다. 1924년부터 1년간 인도국민회의파의 의장으로 있으면서 수방 운동으로써 인도인이 자력에 의한 농촌구제에 나설 것을 역설하면서 전국을 돌아다녔다. 1929년의 연차대회에서 국민회의파는 창립 이래 처음으로 완전독립을 선언하였고, 61세가 된 간디는 1930년 3월에 사티아그라하 운동의 지지자들을 이끌고 소금세 신설 반대운동을 벌였다. 이로 말미암아 그는 구금되었다. 1931년 석방 후 어윈 총독과 절충한 결과, 간디-어윈 협정(Gandhi-Irwin Pact)을 체결하여 반영(反英) 불복종운동을 중지하였다. 그러나 간디-어윈 협정에도 다시 탄압정책을 쓰는 영국 당국에 항의하기 위한 불복종운동을 재개하여 투옥되었다가 1932년 석방되었다.

제2차 세계대전이 일어나자, 영국은 인도의 찬성을 얻지도 않고 인도를 전쟁에 투입하였다. 이 기회를 이용 인도는 완전독립 약속을 얻어 내려고 노력하였으나 상반된 이해관계로 타결을 보지 못하고, 1942년의 뭄바이대회에서 국민회의파는 영국세력의 즉시 철퇴를 요구하는 공전(空前)의 대규모 반영 불복종운동에 돌입하였다. 이로 말미암아 간디는 73세의 노령으로 다시 체포되어 1년 9개월의 옥고를 치렀다. 전쟁 후에는 인도를 하나의 감옥으로 보고 전화(戰禍)와 굶주림으로 거칠어진 인심에 용기와 희망을 불어넣기 위해 인도의 여러 곳을 순회하면서, 힌두·이슬람의 화해에 따른 인도 통일 필요성을 역설하였다. 그러나 영국이 주권을 넘겨주면서 인도의 대정당인 국민회의파와 전인도(全印度) 이슬람 연맹이 인도를 둘로 분할 독립할 것을 협정한 결과 오히려 격렬한 힌두·이슬람의 대립소동이 벌어졌다.

1947년 7월 인도가 이러한 분란 속에서 분할 독립했을 때, 간디의 나이는 78세였으나 고령에도 소동이 가장 격화되어 있던 벵갈에서 힌두·이슬람의 융화를 위해 계속 활동하였다. 1948년 1월에는 이 활동의 행선지를 뉴델리로 연장 뉴델리의 소요를 진압하는 데는 성공하였으나, 1월 30일 반(反)이슬람 극우파인 한 청년의 흉탄에 쓰러졌다. 1922년 12월 인도의 문호 타고르(Rabindranath Tagore)의 방문을 받아 '마하트마(Mahatma: 위대한 영혼)'라고 칭송한 시를 받았다. 그 후로 마하트마 간디라고 불리게 되었는데, 그의 위대한 영혼은 인도민족에게 커다란 영향을 주었다.

일반적으로 민족의 독립을 위해서는 폭력이 커다란 역할을 하였으나, 인도에서는 간디의 사티아그라하 사상에 따라 평화적으로 추진되었다는 점이 특징이다. 간디의 주저 ≪인도의 자치(自治)≫에서 집약적으로 표현된 반서구사상(反西歐思想)은 그의 편모(片貌)에 지나지 않는다. 그의 평화사상과 평화에 바친 업적은 실천 측면에서 볼 때 민주적 민족주의자라고 보는 편이

타당하며, 특히 비폭력・저항주의는 인류의 역사에 길이 남을 업적으로 평가받는다.[358]

간디가 발휘한 리더십의 특징은 도덕성에 기반을 둔 추진력과 통합력이 주류를 이루었다. 특히 비폭력적 방법을 통한 인도의 독립 실현으로 그는 성인[359]의 반열에 올랐다. 그러나 안타깝게도 일각에서는 동성애 문제에 대한 논란이 일고 있다.

5. 박정희 대통령

박정희(朴正熙: 1917년 11년 14일~1979년 10년 26일)는 한국의 군인, 정치가이다. 사범학교를 졸업하고 한동안 보통학교 교사로 봉직했다. 후에 만주군관학교와 일본육사를 졸업하고 만주군 중위가 되었다. 해방 후 한국군 소장이 되어 5・16 군사정변을 주도하였다. 1963년 제5대 대통령이 되어 경제개발을 단행하였고 국가발전의 기틀을 마련하였다. 1967년 재선된 후 장기집권을 위하여 3선 개헌을 통과시켰다. 중앙정보부장 김재규(金載圭)의 저격으로 서거하였다.

1917년 경상북도 선산(善山)에서 출생하였다. 부친 박성빈(朴成彬)과 모친 백남의(白南義) 사이에서 5남 2녀 중 막내로 태어났다. 1926년 구미 공립보통학교에 입학하여 1932년 졸업하였고 그해 4월 대구사범학교에 입학하여 1937년 졸업하였다. 사범학교 졸업 후 경상북도 문경에 소재한 문경 공립보통학교에서 3년간 교사로 부임하여 1940년 2월까지 근무하였다. 교사를 그만두고 만주의 무단장시(牡丹江市)에 소재한 제6군관구사령부 초급장교 양성학교인 신경(新京: 지금의 長春)군관학교를 지원하여 합격하였다. 이때 그는 나이 제한에 걸려 1차에서 낙방하였으나 장교가 되겠다는 자신의 간곡한 편지를 보내 합격하게 되었다.

2년간의 군사교육을 마치고 우등생으로 선발되어 1942년 일본육군사관학교 3학년에 편입하였다. 1944년 일본 육군사관학교 제57기로 졸업하였으며, 8・15 광복 이전까지 주로 관동군에 배속되어 중위로 복무하였다. 일본이 패망하자 베이징을 거쳐 천진항에서 부산항으로 귀국하였다. 귀국 후 1946년 9월 조선경비사관학교(육군사관학교 전신)에 입학하여 3개월간 교육을 마치고 조선국방경비대 육군 소위가 되었다. 1946년 9월 대구에서 좌익세력의 시위가 일어나고 그 여파로 10월 1일 대구시민과 경찰 간 충돌이 발생하였다. 당시 박정희의 형 박상희가 주도적인 역할을 하였고 경찰에 의해 살해되는 사건이 일어났다.

---

358) doopedia 두산백과.
359) 성인(聖人)은 지혜와 덕이 뛰어나 길이길이 우러러 받들어 본받을 만한 사람.

박정희는 남로당에 가입하여 활동하였으며, 1947년 육군 소령이 되어 육군사관학교 중대장이 되었다. 1948년 10월 국방군 내 좌익계열 군인들이 제주 4·3 사건 진압을 거부하고 일으킨 여수·순천 사건이 일어나자 육군 정보사령부 작전참모로 배속되었다. 그해 박정희는 국군 내부 남로당원을 색출하자 발각 체포되었으며 군법회의에 회부된 뒤 사형을 선고받았다. 하지만 만주군 선배들의 구명운동과 군부 내 남로당원 명단을 알려준 대가로 무기징역을 언도 받았다. 이후 15년으로 감형되어 강제 파면되었다.

군에서 파면되었지만, 육군본부에서 비공식 무급 문관으로 계속 근무하다가 1950년 6·25 전쟁이 발발하자 소령으로 군에 복귀하였다. 1953년 11월 준장이 되었고, 미국으로 건너가 육군포병학교에서 고등군사교육을 받았다. 1954년 제2군단 포병 사령관, 1955년 제5사단 사단장, 1957년 제6군단 부군단장과 제7사단 사단장을 거쳐 1958년 3월 소장으로 진급한 뒤 제1군 참모장으로 임명되었으며, 1959년 6관구 사령관이 되었다. 1960년에 군수기지 사령관, 제1관구 사령관, 육군본부 작전참모부장을 거쳐 제2군 부사령관으로 전보되었다.

1961년 5월 16일 제2군 부사령관으로 재임 중에 5·16 군사정변을 주도하여 7월 국가재건최고회의 의장이 되었고, 1962년 대통령권한대행을 역임하였으며, 1963년 육군 대장으로 예편하였다. 이어 민주공화당 총재에 추대되었고, 그해 12월 제5대 대통령에 취임하여 1967년 재선된 후 장기집권을 위하여 1969년 3선 개헌을 통과시켰다. 제3공화국 재임 동안 '한일국교 정상화'와 '월남 파병'을 강행하였다. 1972년 국회 및 정당해산을 발포(發布)하고 전국에 계엄령을 선포한 후 '통일주체국민회의'에서 대통령으로 선출되었다. 이로써 유신정권인 제4공화국이 출범하였다.

유신 초기에는 새마을운동의 국민적 전개로 농어촌의 근대화에 박차를 가하였고, 제5차 경제개발계획의 성공적 완성으로 국민의 절대적 빈곤을 해결하는 데 기여했다. 그러나 상대적 빈곤의 심화와 장기집권에 따른 부작용, 국민의 반유신 민주화운동으로 그에 대한 지지도가 약화하자 긴급조치를 발동하여 정권을 유지하려 하였다. 이런 가운데서 내치(內治)의 어려움을 통일문제로 돌파하고자 자주·평화·민족대단결을 민족통일의 3대 원칙으로 규정한 1972년 7·4 남북공동성명과 1973년 6·23 선언이라 불리는 '평화통일외교정책(할슈타인원칙의 폐기)'이 제시되었다. 그러나 그 내용의 획기성에도 불구하고 실제 정책 측면에서는 북한의 비협조와 당시 국제정세로 성과를 거두지 못하였다.

1974년 8월에는 영부인 육영수가 북한의 지령을 받은 조총련계 문세광(文世光)에게 저격당했다. 이러한 정권의 위기는 결국 '부마민주항쟁(釜馬民主抗爭)'을 야기시켰으며, 1979년 10월 26일 궁정동 안가(安家) 만찬 자리에서 중앙정보부장 김재규(金載圭)의 저격으로 서거(逝去)하였다. 저서로 ≪우리 민족이 나아갈 길≫, ≪민족의 저력≫, ≪민족중흥의 길≫, ≪국가와 혁

명과 나》, 《지도자의 길》, 《연설문집》 등이 있다.[360]

　박정희 대통령에 대한 평가는 상반되는 부분이 있다. 특히 1970년대와 1980년대에 민주화를 추진한 세력이나 정적들은 대단히 비판적이다. 그러나 박정희는 한국전쟁에 참전하고 국가건설을 주도한 민주화 공로자이다. 그럼에도 권력을 유지하기 위해 억압정치를 한 부분, 일본에 대한 충성 맹세, 야당총재 파면 등의 공작정치는 거의 업적에 흠이 되고 있다. 하지만 민족중흥과 국가발전을 통한 국민의 삶의 질 향상을 위해 박정희 대통령은 불굴의 추진력을 발휘했다. 현대 세계사에 전쟁의 폐허 위에서 가난의 굴레를 벗어나기 위해 자신의 리더십에 의존 외국 원조로 생활하던 나라를 세계 일류국가가 되게 하는 초석을 만든 사람은 박정희 대통령밖에 없다.

　그는 탁월한 추진력을 가진 뛰어난 지도자였다. 박정희 대통령이 권력 연장을 추진한 것이 자신의 권력 욕구를 충족시키기 위한 것인지 민족중흥의 역사적 사명을 다하고자 한 것인지는 구분하기 쉽지 않다. 그러나 중요한 점은 그가 권력 욕구를 충족하기 위한 목적으로 유신헌법을 통과시켰다고 하더라도 대통령으로서 자신에게 주어진 사명을 다했으며, 개인의 부와 안락을 추구하지 않다는 점에서 몇 가지 논란에도 충분히 존경할만하다.

---

360) doopedia 두산백과.

:: 참고문헌

강성철 외(2007), ≪새 인사행정론≫, 대영문화사, p.533.

강진구(2008), "인격적 리더가 뜨고 있다", ≪LG Business Insight≫, LG경제연구원, pp.44~46.

권석만(2003), ≪젊은이를 위한 인간관계 심리학≫, 학지사, pp.81~92.

김국태(2010), "빛을 그린 화가들로부터 배우는 코피티션(Coopetition)", ≪LG Business Insight≫, LG경제연구원, p.44.

김석우 · 이상호(2008), ≪공학기술과 리더십≫, 지호, pp.172~180.

김장민(2010), ≪지방자치단체장 부패 근절 방안≫, 새세상연구소, p.10.

김정훈(1998), "카리스마는 죽었다", ≪Prime Business Report≫, 현대경제연구원, pp.4~5.

김종현(2007), ≪콘디의 글로벌 리더십≫, 일송북, pp.78~211.

김치품(2011), "직원 건강도 평가한다? 건강성과표(Wellness Scorecard)", ≪SERI 경영노트≫, 제109호 (2011.6.30), 삼성경제연구소, pp.1~4.

김현기(2003), "감성 에너지가 높은 회사의 5가지 특징", ≪LG주간경제≫, LG경제연구원, pp.31~35.

노엘 티시 · 엘리 코헨 지음, 이재규 · 이덕로 옮김(2000), ≪리더십 엔진≫, 21세기북스, pp.100~166.

노용진(2004), "리더십에 대한 3가지 오해", ≪LG주간경제≫, LG경제연구원, p.8.

노용진(2005), "리더십 진화를 촉진시키는 리더십역량 평가 모델", ≪LG주간경제≫, LG경제연구원, p.7.

노용진(2009), "시간을 창조하는 기업", ≪LG Business Insight≫, LG경제연구원, pp.24~29.

노정현(1996), ≪깨끗해야 떳떳하다≫, 미래미디어, pp.16~37.

다니엘 골먼 외 지음, 장석훈 옮김(2003), ≪감성의 리더십≫, 청림출판, pp.21~302.

데일 카네기 지음, 김동사 옮김(2009), ≪리더가 알아야 할 31가지 카네기 리더십≫, 삼진기획, pp.83~261.

마이클 J. 마쿼트 · 피터 론 지음, 원은주 옮김(2006), ≪멘토, 지식경영시대의 새로운 리더≫, 이른 아침, p.205.

박기성(2001), "리더 어떻게 육성할 것인가", ≪LG주간경제≫, LG경제연구원, p.37.

박병량(2003), ≪학급경영≫, 학지사, p.242.

박지원(2007), "나보다 똑똑한 부하를 리드하는 방법", ≪LG Business Insight≫, LG경제연구원, pp.50~51.

박천식(1999), ≪재미있는 심리학≫, 원출판사, p.95.

배세영(2005), ≪부패의 경제학≫, 대경, pp.3~28.

서병훈(2008), ≪포퓰리즘≫, 책세상, pp.27~28.

서재현(2009), ≪리더십 베이직: 리더를 꿈꾸는 사람의 참고서≫, 한경사, pp.25~158.

안순권(2011), "청년실업과 '한국판 저커버그'의 꿈", 한국경제연구원 칼럼, p.1.

웨스 로버츠 · 빌 로스 지음, 최창현 옮김(2004), ≪위기관리 리더십≫, 한언, pp.95~181.

유영옥(1998), ≪경영조직론≫, 학문사, p.345.

유호현(2006), "신사업 실행의 4S 성공 리더십", ≪LG주간경제≫, LG경제연구원, pp.1~14.

이극찬(1997), ≪정치학≫, 법문사, pp.286~287.

이상안(2000), ≪공직윤리봉사론≫, 박영사, p.306.

이성혜 · 최승욱(2000), ≪신조직행동론≫, 청목출판사, p.157.

이윤로(2007), "권한강화/역량강화(empowerment)와 사회복지실천."

이종수 외(2005), ≪새 행정학≫, 대영문화사, p.215.

이종수(2006), ≪정부혁신과 인사행정≫, 다산출판사, p.19.

이진호(2011), ≪부정부패 원인과 대책≫, 한국학술정보, pp.1~3.

이진호(2011), ≪한국사회 대립과 갈등 진단(하)≫, 한국학술정보, pp.140~153.

이진호(2011), ≪현명한 부모의 자녀교육≫, 이담북스, pp.85~317.

이춘근(1996), "학습 없이 임파워먼트 없다", ≪LG주간경제≫, LG경제연구원, pp.43~48.

이춘근(2011), "중동에 부는 바람, 동북아에도 불 것이다", 한국경제연구원, pp.1~2.

전흥신 · 김형택(2006), ≪에너지 · 연소 · 환경≫, 한티미디어, p.4.

제임스 맥그리거 번스 지음, 조중빈 옮김, ≪역사를 바꾸는 리더십≫, 한국방송통신대학교출판부, pp.27~88.

조범상(2006), "성공 리더의 스피치 경영", ≪LG주간경제≫, LG경제연구원, p.20.

존 H. 젠거 · 조셉 포크먼 지음, 김준성 · 이승상 옮김(2005), ≪탁월한 리더는 어떻게 만들어지는가≫, 김앤김북스, pp.54~201.

천승길(2006), ≪미국 흑인문학과 그 전통≫, 서울대학교출판부, p.210.

최병권(2004), "감성파괴형 리더들에게 경종을 울려라", ≪LG주간경제≫, LG경제연구원, pp.9~13.

최병권(2004), "구성원의 자부심을 높여라", ≪LG주간경제≫, LG경제연구원, pp.9~14.

최병권(2004), "동기부여 강화를 위한 3가지 포인트", ≪LG주간경제≫, LG경제연구원, pp.15~19.

최영(1999), "소아청소년에게 동기 부여하기." 최영정신과의원 학습증진센터

최창호 · 하미승(2006), ≪새 행정학≫, 삼영사, p.547.

켄 블랜차드 외 지음, 조천제 · 정미우 옮김(2009), ≪내 안의 리더≫, 21세기북스, pp.155~159.

하봉규(2008), ≪한국 정치와 현대 정치학≫, 팔모, pp.19~30.

한국투명성기구 · 대한주택공사(2007), ≪청렴교육교재≫, 서울, pp.13~14.

한상엽(2004), "리더십의 연속성을 확보하라", ≪LG주간경제≫, LG경제연구원, pp.8~9.

한상엽(2005), "리더의 성공, 팔로워십에 달려 있다", ≪LG주간경제≫, LG경제연구원, pp.3~7.

한상엽(2007), "인식의 차이를 만드는 리더의 유형", ≪LG주간경제≫, LG경제연구원, pp.16~20.

한상엽(2009), "리더를 잘 육성하는 기업", ≪LG Business Insight≫, LG경제연구원 pp.23~24.

허진(2006), "나는 임파워먼트형 리더인가", ≪LG주간경제≫, LG경제연구원, p.17.

홍경자(2004), ≪청소년의 인성교육 나는 누구인가≫, 학지사, pp.41~42.

홍성렬(2004), ≪사회심리학≫, 시그마프레스, p.343.

황인경(2002), "리더 육성의 세 가지 축", ≪LG주간경제≫, LG경제연구원, p.36.

황인경(2009), "자신감(Self-Efficacy)을 높이는 법", ≪LG Business Insight≫, LG경제연구원, pp.31~36.

Anita Woolfolk 지음, 김아영 외 옮김(2007), ≪교육심리학≫, 박학사, p.123.

Rudolf Dreikurs · Pearl Cassel · Eva Dreikurs Ferguson 지음, 최창섭 옮김(2007), ≪눈물 없는 훈육≫, 원미사, pp.155~175.

:: 언론

동아일보
서울신문
세계일보
아시아경제
아주경제
연합뉴스
이투데이
조선비즈

조선일보
중도일보
중앙일보
프레시안
한겨레21
한국정책방송(KTV)
YTN

:: 사전

과학용어사전
교육심리학 용어사전
네이버 국어사전
네이버 백과사전
네이버 영어사전
네이버 용어사전
네이버 지식사전
브리태니커생명과학대사전

시사경제용어사전
심리학 용어사전
위키백과
철학사전
특수교육학 용어사전
한국민족문화대백과
행정학사전
doopedia 두산백과

:: 기타

네이버 블로그
네이버캐스트
대한지적공사 블로그
이명헌 경영스쿨

자유기업원
지식경제부 경제다반사 블로그
행세성각 블로그

:: 색인

(ㄴ)

(ㄷ)

(ㅈ)

(ㅊ)

이진호 ——————————————————————

대구대학교 불어불문학과 졸업
한국방송광고공사 광고교육원 매체과정 수료
부산대학교 지방자치 및 NGO과정 수료
부산대학교 환경대학원(환경공학 전공) 졸업
한국가스신문사 근무
한중씨아이티 품질보증팀장 역임
현) 교육, 부정부패, 행정개혁, 리더십, 정치, 사회갈등문제 연구·저술가

『독도 영유권 분쟁 과거, 현재 그리고 미래』
『부정부패 원인과 대책』
『한국 공교육 위기 실체와 해법』
『한국사회 대립과 갈등 진단』
『현명한 부모의 자녀교육』

귀뚜라미그룹 기술아이디어 경진대회 동상 수상
(가정용 가스보일러 연도 폐가스 누출방지용 이음장치)

연락처: 010-8724-5910
이메일: bljh5910@nate.com

지도자론

지도자가 갖추어야 할 자질과 리더십

초 판 인 쇄 | 2011년 12월 5일
초 판 발 행 | 2011년 12월 5일

지 은 이 | 이진호
펴 낸 이 | 채종준
펴 낸 곳 | 한국학술정보㈜
주   소 | 경기도 파주시 문발동 파주출판문화정보산업단지 513-5
전   화 | 031) 908-3181(대표)
팩   스 | 031) 908-3189
홈 페 이 지 | http://ebook.kstudy.com
E - m a i l | 출판사업부 publish@kstudy.com
등   록 | 제일산-115호(2000. 6. 19)

ISBN   978-89-268-2867-0 03320 (Paper Book)
          978-89-268-2868-7 08320 (e-Book)

이담 Books 는 한국학술정보(주)의 지식실용서 브랜드입니다.